Eduard Duller

Das deutsche Volk
in seinen
Mundarten, Sitten, Gebräuchen
Festen und Trachten

REPRINT – VERLAG
LEIPZIG

Die zum Teil geminderte Druckqualität ist auf den
Erhaltungszustand der Originalvorlage zurückzuführen

© REPRINT-VERLAG-LEIPZIG
Volker Hennig, Goseberg 22-24, 37603 Holzminden
ISBN 3-8262-0403-4

Reprint der Originalausgabe von 1847
nach dem Exemplar der Universitätsbibliothek Leipzig
(Signatur: 60-5566)

Lektorat: Andreas Bäslack, Leipzig
Einbandgestaltung: Jens Röblitz, Leipzig
Gesamtfertigung: Westermann Druck Zwickau GmbH

Das deutsche Volk

in seinen

Mundarten, Sitten, Gebräuchen, Festen und Trachten

geschildert von

Eduard Duller.

Mit 50 kolorirten Bildern.

Die angebornen Bande knüpfe fest,
An's Vaterland, an's theure, schließ Dich an,
Das halte fest mit Deinem ganzen Herzen!
Hier sind die starken Wurzeln Deiner Kraft!
Schiller.

Leipzig,
Georg Wigand's Verlag.
1847.

Vorbemerkung.

Von vielen Seiten her wurde eine Zusammenstellung der in meinem größeren Werke „Deutschland und das deutsche Volk" enthaltenen Schilderungen deutschen Volkslebens gewünscht. Diesen Wünschen suchte ich durch die Herausgabe der nachfolgenden Blätter zu entsprechen, in welchen der Natur der Sache nach manche Schilderungen zusammengezogen werden mußten, manche andere dagegen erweitert werden konnten. Die dem obengenannten größeren Werke zu Grunde gelegte Eintheilung nach fünf Gruppen, der österreichischen, preußischen, nord-, mittel- und süddeutschen, wurde nicht etwa aus Bequemlichkeit beibehalten. Obgleich ich die Gründe nicht verkenne, welche für eine Eintheilung nach den Volksstämmen sprechen, so schien es mir doch zunächst nöthig: das Volk, welches innerhalb der verschiedenen politischen Gränzen je zu einem politischen Ganzen, (Bayerthum, Preußenthum und dergleichen) zusammenge-

1

faßt ist, vorerst seine ursprünglichen Stammcharaktere im besonderen Staate selbst wieder erkennen zu lassen. Es ist der erste Schritt, die Wiederbesitzergreifung des Allerinnersten, das jedem Einzelnen im Volke zusteht. Die anderen Schritte werden dann schon folgen!

C. D.

Motto:

Muttersprache, Mutterlaut,
Wie so wonnesam, so traut!
Erstes Wort, das mir erschallet,
Süßes erstes Liebeswort,
Erster Ton, den ich gelallet,
Klingest ewig in mir fort.
Schenkendorf.

Es ist eine alte Sage vom goldnen Pflug, mit dem der kühne, kluge Held, auf raschem Roß reitend, sich die weitesten Gränzen seines Eigens gezogen. Solch ein glückliches Wagstück mit dem Pflug hat auch die germanische Sprache gewonnen; ein rechter Preis germanischer Volkskraft! Von dem Boden, den sie dem Urwald und dem Meere abgetrotzt, auf welchem sie ihre Eigenthümlichkeit gefestigt, ihre Besonderheiten ausgegliedert, ist sie mit Schwert und Pflug, zu Roß und zu Schiff ausgezogen, über die Breitengrade von Mittag und Mitternacht, nach Aufgang und Niedergang, hat die Furchen gerissen, hat die Saatkörner ausgestreut. Wie manches davon vom Winde verweht, von frischen Trieben aus älteren Wurzeln wieder überwuchert, von nachgekommenen Männern anderer Art und Zunge zertreten worden, — immer noch groß genug ist der Kreis germanischer Sprachgränze, und noch drüber hinaus ragen vereinzelte Sprachstämme; sie sind nicht aus verlornem Samen aufgegangen, oft sind nur die Wege und Stege, die von jenen Einzelgebieten zum großen ganzen Verband hinführten, verschüttet, vergessen worden; sie gehören uns doch, kraft eines Rechts, das älter und heiliger als alle Verträge ist.

Muttersprache! Erster Weihekuß des Volks auf die Stirn des Kindes, erste Anwartschaft, vollgültig ausgestellt auf so viele Rechte und Pflichten, auf so viel Freud' und Leid, mit so viel Tausenden zu genießen, zu erfüllen und durchzumachen, — erstes unaustilgbares

Merkmal, dem Einzelmenschen eingeprägt, daß er Aufnahme gefunden in die Gemeinschaft Aller, die nur Ein Leben, nur Einen Charakter, die Ehre und Lehre Einer Vergangenheit, Eine Losung der Gegenwart, Eine Größe gemeinsamer Zukunft haben! Die unsichtbare Fahne, um welche sich die Besten lebensfreudig und todesmuthig scharen, die Schlachten des Geistes zu schlagen, die Siege der Wahrheit und des Rechts zu erringen, — du bist's, o Muttersprache! Vollkommenster Ausdruck des Volks l e b e n s, säuselst und donnerst, jauchzest und kla= gest du, Musik der Volks s e e l e, immer bewegt und bewegend wie das Meer, und fassest tausend Einzelklänge zur Vollstimmigkeit zusammen, dazu jede Mundart hinstrebt! Wage des Gerichts der Geschichte, ge= halten von der Hand Gottes über allen Mächtigen der Erde; sie gehen dahin in ihrem Stolz, als könnten sie nie sterben und brauchten Keinem Rechenschaft abzulegen, — aber das Kind am Wege, das noch im Sande spielt, trägt schon ihr Urthel für kommende Zeiten zwischen den Lippen. O Muttersprache, welch ein unschätzbares Kleinod ist jeder Klang von deiner Fülle dem Auswanderer, dem Verbannten, findet er einen einzigen armen Gruß, den er einst in der Heimath wie weggeworfen, in seiner Verlassenheit inmitten der tausend Menschen, die seine Sprache nicht re= den; ein einziger solcher Gruß in der Muttersprache, da wird es Frühling in ihm, und ist ihm, als tönten aus ferner Kinderzeit die Sonntags= glocken über all die Berge und Ströme und Meere, und die Düfte der Hollunderblüten von den Gräbern der Eltern wehten zu ihm herüber. Muttersprache, letzter Trost des Sterbenden, wenn ihm des Auges Seh= kraft schon umnachtet ist, öffnest du mit leiser, liebelinder Macht das Thor der Seele und umgaukelst sie noch einmal mit Träumen von allem Schönen, das sie je empfunden hat, und wandelst alles Herbe, das sie ge= litten, zu freundlichem Ausdruck, und dein ist ihr letzter Hauch! Wenn die Wogen der Begebenheiten vom großen Ganzen eines Volkes einzelne Inseln losgerissen, und dazwischen in gefährlichsten Engen brausen, und die losgerissenen Theile und das Ganze sich nicht mehr des gemeinschaft= lichen Ursprungs besinnen, baust du in stillen Nächten die geheimnißvolle Brücke, rufst die Menschen von hüben und drüben an die Ufersäume und fragst sie: Ihr, e i n e r Mutter Söhne, könnt euch neiden, hassen und zu verderben trachten, statt daß ihr fest zusammenhieltet am guten alten Erbtheil, daß ihr, jedes in seiner Art, und ohne daß jedes seine besondre aufzugeben braucht, das Gemeinsame, das euch zu Ehren gebracht, vor aller Welt in Ehren haltet! O wahrlich: etwas Heiliges ist dieser Hort eines Volksthums, die Sprache, aus seinem innersten Wesen erzeugt und es ausdrückend. Und die germanische! Führt eine Sprache von allen lebenden an, die ihr den Preis streitig machen kann an Reichthum und Bildsamkeit, an Ursprünglichkeit und Keuschheit, an Kühnheit und Tiefe, an Unverwüstlichkeit und Verjüngungskraft, — ja gewiß, ganz das Ab= bild und der Ausdruck des Volks. Welche stolze Pracht ihrer Absenker, wo sie selbständige Wurzel geschlagen und zu Bäumen herangewachsen; wie ist ihr Grundstoff auch da noch zu erkennen, wo er sich mit anders= artigen zu einem neuen Ganzen verbunden hat! Und nun, vom großen germanischen Sprachstamm auf die deutsche Zunge zu kommen, — was hat sich durch alle Zeiten, selbst die schlimmsten, so gehalten und bewährt wie sie? Wie bei uns das Wort die Sache oder den Gedanken oder Bei= des aufs Entschiedenste ausprägt, so die besondere Mundart den Charakter des Volksstammes, der in dem großen Ganzen das Recht freier, der reichsten Fortbildung fähiger Persönlichkeit behauptet, das Eigenthümliche unserer ganzen Art. Nur bei den Griechen sprang wie bei uns das Wort so fertig, wie die Göttin aus dem Haupt des Gottes, aus dem Gedanken; und wahrlich: wir sind vorzugsweise das Volk des Gedankens und des Worts, und mehr als einmal ist ein deutsches Wort That gewesen, gedankenbe= freiende, weltgeschichtliche That. Wann wird dies wieder der Fall sein?!

Fassen wir nun die Scheidelinien der deutschen Sprachgränze näher ins Auge*). Sie beginnt mit der Herrschaft der flamändischen Zunge an

---

*) Nach Bernhardi „Sprachkarte von Deutschland" (Kassel, 1844). Schon 1834, bei Gründung des Vereins für hessische Geschichte und Landeskunde, war die Entwerfung einer Sprachkarte von Deutschland als eine gemeinschaftliche Aufgabe für sämmtliche deutsche Geschichtsvereine in Anregung gebracht worden, und unter Hormayr's Vermittelung hatten sich dreizehn derselben im Allgemeinen zur Förder= ung eines solchen Unternehmens bereit erklärt. Bernhardi hat nun den Plan neuer= dings angeregt. (Er schlägt vor, daß die Forscher von Dorf zu Dorf, von Feldstein zu Feldstein wandern, und vermessen, aufnehmen, feststellen, wie das Volk sich im Innern des großen deutschen Sprachgebietes nach Stämmen, Familien und Arten weitere und engere Kreise der Individualität gebildet. Ein schwieriges Werk, über dessen Vollendung leicht ein Menschenalter hingehen kann, aber wichtig genug, daß redliche Vaterlandsfreunde, mit gründlichen Kenntnissen und kritischem Scharfblick ausgerüstet, alle Mühe und Ausdauer, die dazu erforderlich, nicht scheuen. In ver=

der Nordsee zwischen Calais und Gravelingen, nimmt dann eine beinahe rein östliche Richtung gegen die Maas, überschreitet diesen Strom bei Maastricht und Lüttich und wendet sich dann südlich bis zu dem piemontesischen Dorfe Issime zwischen dem Monte Rosa und Turin. Von da zieht sie sich wieder in östlicher Richtung bis zum Dorfe Pontafel in den Kärnthner Alpen. Die Linie von Gravelingen bis Issime, welche Belgien in zwei Sprachgebiete, ein größeres deutsches und ein kleineres romanisches, trennt, umfaßt das preußische Rheinland mit Ausnahme von Malmedy, von Luxemburg die Hauptstadt mit der östlichen Landeshälfte, von französisch = Lothringen die Hälfte des Moseldepartements, jedoch ohne Metz, sodann ein Stück des Meurthedepartements und ganz Elsaß, endlich von der westlichen Schweiz Basel, Solothurn, Bern (mit Ausnahme des Pruntruter Landes), halb Freiburg und Oberwallis, und von Piemont einige Thalgemeinden um den Monte Rosa als deutsches Sprachgebiet, gegenüber dem romanischen. In Graubündten herrscht gutentheils italiänische Zunge; südlich von Trient in den venedischen Alpen tauchen die sieben und die dreizehn Kommunen als deutsche Sprachinseln hervor. Bei Pontafel treffen die Gebiete der deutschen, italienischen und slawischen Sprache zusammen. Die größte Ungleichheit (bemerkt Bernhardi) herrscht in unserer Gränze gegen die östliche, vorherrschend slawische Nachbarschaft. So lange hier noch die östliche Richtung herrscht, folgt die Gränze der Drave in einiger Entfernung von deren linkem Ufer, so daß Villach zur deutschen, Klagenfurt und Marburg zur slawischen Zunge fallen. In ziemlicher Entfernung südostwärts von der Gränze, zwischen Triest und Karlsstadt, liegt hier wieder eine deutsche Sprachinsel, Gottschee. In der Donauebene wird das Slawische in der Begränzung unserer Sprache für einige Zeit vom Magyarischen abgelöst. Aber hart am linken Ufer des großen Flusses, wenig oberhalb Preßburg, nimmt es seine Stelle wieder ein und hält sich an unserer Seite bis an das Gestade des baltischen Meeres. Die Gränzlinie ist jedoch hier so gewunden, daß in ihr schon auf den ersten Blick das Werk eines lang und ungleich wogenden Kampfes vor Augen tritt. Schon die Sprachinseln, die hier weit östlich von der eigentlichen Gränze zum Vorschein kommen, sind sehr auffallend,

---

dienten Ehren muß hier auch ein anderes Werk der Liebe und deutschen Fleißes erwähnt werden, die Sammlung der deutschen Mundarten durch Firmenich, „Germaniens Völkerstimmen."

namentlich die drei in Siebenbürgen, von deren höchst ehrenhaftem Fest=
halten an väterlicher Weise ein deutsches Ohr mit Freude hört, und die
Bergwerkskolonieen in der Zips, mitten im karpathischen Gebirge, süd=
östlich von Krakau. In dieser Breite greift dann der slawische Sprach=
kontinent mittelst Böhmens weit in den deutschen herein. Die Verhältnisse
sind hier vielleicht mehr als irgendwo der Art, daß wir uns daraus über
die Geschichte solcher Gränzbildungen unterrichten können. Da nämlich
Mähren bis gegen Brünn, Schlesien bis gegen Olmütz hin deutsch reden,
so hängt Böhmen mit dem slawischen Kontinent nur durch eine schmale
Zunge zusammen. Da ferner die ganze innere Seite des böhmischen Ge=
birges deutsch, ja sogar die oberschlesische Mundart mit der niedermähri=
schen auffallend verwandt ist, und da endlich die Geschichte lehrt, daß die
Gebirgsbevölkerungen, die älteren, vor denen der Ebene zurückgewichen
sind, so möchten hierin, nach Bernhardi's Annahme, hinreichende Be=
weise dafür zu finden sein, daß die Czechen das böhmische Land nie voll=
ständig besetzt haben; in der obenerwähnten schmalen Zunge aber, auf
der zudem noch einzelne deutsche Sprachinseln, wie die der Schönhingstler
um Iglau im mährischen Gebirge, sich erhalten haben, wäre der Weg zu
suchen, der die Czechen in den böhmischen Gebirgskessel hineingeführt
habe. Eben so weit (fährt unser gelehrter Gewährsmann fort) als sie
hier in deutsches Gebiet übergreifen, springt Schlesien mit seiner ganz
deutschen Bevölkerung in Slawisches hinein, und, um die Aehnlichkeit
voll zu machen, hat auch in diesem Eroberungssysteme ein Eiland von der
überflutheten Zunge sich erhalten; die Wenden um Cottbus und Bauzen
sind für diesen Theil des deutschen Gebiets, was die Deutschen von Iglau
für die czechischen Slawen. Bemerkenswerth ist in Betreff jener Wenden=
sprache die Thatsache, daß sie, nach ungefährer Berechnung, binnen 50
Jahren um eine Meile an Gebiet verliert, wonach unsere Zeit noch Zeugin
wäre von den letzten Zuckungen des Sprachkampfes, der diesen Theil von
Deutschland so lange bewegt hat. Die freilich längst verwischte Gränz=
linie des im Nordosten des jetzigen Deutschlands zu Anfang des Mittel=
alters von slawischen Völkerschaften besetzten, nun aber beinahe vollstän=
dig germanisirten Gebiets geht von Kiel südwärts bis zur Elbe, schneidet
noch von deren linkem Ufer ein Stück bei Salzwedel und Stendal ab, folgt
dem Flusse bis zur Mündung der Saale und dann der letzteren bis ins
Fichtelgebirge. Ostwärts von diesem ganzen Striche war einst, nach dem

Ausbruche der Germanen ins römische Reich, Alles den Slawen unter=
geben; vom 9. Jahrhundert an dauerten die Kämpfe, die jene weiten
Strecken wieder deutsch gemacht haben; doch möchte die Besitznahme durch
die Slawen nicht alles deutsche Blut vertrieben und die Wiederbesitznahme
durch die Deutschen dessen noch vieles vorgefunden haben. Ein Werk der
vollständigen Eroberung hingegen, und zwar nicht weniger gegen die
Slawen als gegen den Stamm der Litthauer, zu dem die Preußen zählten,
ist die Herrschaft der deutschen Sprache im Küstenlande von Danzig, El=
bing, Königsberg. Dieses Gebiet hängt mit dem großen deutschen Sprach=
kontinent nicht unmittelbar zusammen, wohl aber stößt es an's Meer und
gibt sich so als Folge einer Kolonisirung zu erkennen, die von einigen
zu Anfang gewonnenen Hauptpunkten aus kreisförmig wirkte, ebenso wie
Gumbinnen, Libau, Mitau, Riga und andere nördlich auftauchende
Spracheilande. Gegen Mitternacht zieht sich die Gränze zwischen Dänisch
und Deutsch, welche an der Widau bei Tondern anhebt, in südöstlicher
Richtung bis beinahe in die Mitte zwischen Husum und Schleswig, und
wendet sich von da wieder nordöstlich nach dem Meerbusen bei Flensburg,
so daß Tondern im dänischen, Schleswig und Flensburg im deutschen
Sprachgebiete liegen.

Dies sind die Gränzen, welche das deutsche Volk mit seiner Sprache
gezogen, ein Bruder von den dreien der großen germanischen Familie;
der Skandinavier, der Brite sind die beiden andern, frühzeitig ausein=
andergetreten, zu selbstständigen Charakteren ausgeprägt. Dieser Grän=
zen=Umfang zeigt, was eigentlich und für immer als großer Verband
zusammengehört. Wie viel enger dagegen stellen sich uns die politischen
Gränzen Deutschlands dar, welche die deutschen Niederlande, das deutsche
Lothringen und Elsaß, die deutsche Schweiz und die deutschen Ost=
seeländer von uns trennen. Betrachten wir diese politischen Gränzen
Deutschlands im Vergleich mit den sogenannten natürlichen, d. h.,
in wiefern ein nach Außen hin als Ganzes geltender Verband von Län=
dern eben nach außenhin auch natürliche Bollwerke, Pässe, und ebenso
bequeme als sichere Verbindungen hat. Deutschlands politische Gränzen
scheiden sich gegen außerdeutsche Staaten: im Norden von Dänemark,
im Osten von Westpreußen, Posen, Krakau, russisch= und österreichisch=
Polen, Ungarn und Kroatien, im Süden vom österreichischen Italien und
der Schweiz, im Westen von dieser, Frankreich, Belgien und Holland

ab. Die Umfangslinie der ganzen Gränze mißt in ihrer ganzen Länge
an 600 Meilen, wovon etwa 160 an den Säumen dreier Meere, der
Ost= und Nordsee und des adriatischen hinführen. Deutschlands natür=
liche Gränze trifft gegen Mitternacht mit der gegenwärtig bestehenden
politischen ziemlich zusammen. Da ist die Nordsee, freilich nicht von der
äußersten Spitze des Terels, sondern vom Dollaert an, als müsse der
Riß, den die Nordsee ins Land gethan, die Menschen scheiden, — dann
die Eider und ihr Kanal, dann die Ostsee; aber hinter der kurzen Wasser=
scheide, welche die jütische Halbinsel vom Verband der deutschen Bundes=
staaten absperren soll, wächst noch genug deutsche Art und greift mit
Ästen und Zweigen, mit jungem Laub und frischen Blüten zu uns her=
über, und beim Namen Schleswig, wenn das nicht deutsch sein soll,
rauschen die Eichen, als schritte leibhaft der alte Finkler, der die Mark
als Bollwerk aufgerichtet, durch den Wald, und hinter ihm käme sein
Sohn Otto und höbe aufs Neue den Speer zum Wurf in den Ottensund.
Im Osten senkt sich die politische Gränze Deutschlands nach Süden ab
und läßt das schöne deutsche Stück von Danzig bis Königsberg wie einen
Vorposten, auf die Wacht ausgestellt. Wohl böte sich als natürliche
Gränze im Osten der Hügelzug zwischen den Stromgebieten der Weichsel
und der Oder, von da im Anschluß an die Sudeten, somit an die Kar=
pathen bis zur Donau bei Preßburg, wo dann noch von Osten nach
Süden die Alpen als deutsche Gränzwehr. Die politische Gränze aber
führt, das eigentliche Preußen vom Verband mit Deutschland ausschlie=
ßend, mit einem Sprung über die Warthe, Pommern und Westpreußen,
Brandenburg und Schlesien von Polen, Mähren, Steyermark und
Illyrien von Gallizien, Ungarn und Kroatien trennend, bis an's adria=
tische Meer, in welches die schmalauslaufende Halbinsel hineinragt, die
Spitze des Keils, der von Nord= und Ostsee her durch die Mitte Europas
getrieben ist. Deutschlands natürliche Gränze gegen Mittag wäre der
weite Alpenbogen, der in seinen Ausläufen von der Donau bei Preßburg
bis zum Jura und zum Genfersee umgreift, ein stattliches Bollwerk, wie
nicht leicht ein anderes Land und Volk in Europa eine gleiche Schutz=
wehr haben möchte, mit soviel Ein= und Auslaßpforten. Wie viel enger
die politische Gränze, von der Donau bei Preßburg, über Mur, Drave
und Save, zu jener Spitze auslaufend, dann die große erprobte Felsen=
burg Tyrol vom Venetianischen, von der Lombardei und der Schweiz

2 *

scheidend, strebt sie rasch zum Bodensee und folgt dem jungen Rhein bis Basel, soviel deutsche Art hinter sich lassend in dem „Haus der Freiheit, das Gott gegründet." Im Westen geht die natürliche Gränze zunächst vom Jura zu den Vogesen; dann parallel mit diesen an Mosel und Maas bis zu den Ardennen, der Eifel, hohen Veen, Maas, Rhein und Nord=see. Wie viel deutsches Land mit einem Geschlecht, das in der Geschichte unseres Volks eben so wenig, wie an den edelsten Anlagen und dem treff=lichsten Beruf das letzte ist, haben der Pariser Friede vom 30. Mai 1814, die deutsche Bundesakte vom 8. Juni 1815, die Schlußakte des Wiener Kongresses vom 9. Juni 1815 und der Pariser Hauptvertrag vom 20. November 1815 in Deutschlands Gränzen aufzunehmen versäumt, deut=schen Herzen fast wie zum Hohn und Trotz, die doch von Gottes=, Rechts= und Blutswegen in dieser Sache hätten einzig und allein den Ausschlag geben sollen! Da ist nun die Gränze, — die von 1790 als Regel ange=nommen, als wäre Deutschlands Beraubung, Schmälerung und De=müthigung nicht älter als von diesem Jahre; — der Thalweg des Rheins, von Basel bis zur Spitze des Winkels, welchen die Lauter bei ihrer Mün=dung in den Rhein mit diesem bildet; und drüben, wo altes deutsches Land unter französischer Herrschaft, steht der Straßburger Münster, wie ein gegen den Himmel gewandter Vorwurf, und die prächtigen Höhen des Wasgaus in ihrem saftigen Grün grüßen fragend nach dem Schwarz=wald hinüber, ob denn unter all den gewaltigen Stämmen dort, die sie dem Welthandel hinab nach Holland verkaufen, nicht auch noch ein ge=diegener Muth mit starken, tiefen, weitausgestreckten Wurzeln in vater=ländischer Erde haftet, ein höherer Muth, als der, Schwert und Büchse zu ergreifen, damit durch Waffengewalt zurück erobert werde, was Über=macht und List, durch Ohnmacht und Verrath auf der andern Seite treff=lich begünstigt, dem deutschen Namen entrissen haben, — nein, vielmehr der Muth des Geistes und des festen Willens, da ein deutsches Herz nicht dran denken mag, die Verwandten überm Rhein zum Aufgeben des theuren Gutes, des einzigen, was sie fürs verlorne Vaterland gewonnen haben, der bürgerlichen Freiheit zu berauben, sondern wohl daran, alles dran zu setzen, damit ächte Freiheit mit allem heiligen Recht, mit allem Segen für die Lebenden und ihre Enkel, auch diesseits des Rheins heimisch werde, und unsere Brüder von drüben sich dann des kostbaren Horts, der ihnen um den theuersten Preis zu eigen geworden, um so besser erfreuen können, wenn ihn der heilige Cherub des Vaterlands mit seinen Schwingen deckt?! Hinter den Höhen des Wasgau's (von unserer deutsch = bundes= staatlichen Hochwarte aus betrachtet) sehen wir, wie die Mosel durchs schöne Lothringen an Metz und Diedenhofen (es ist Thionville draus ge= worden) und die Maas an Verdun vorbeieilt, und denken dabei an eine noch gar nicht zu ferne Zeit, an die Karls V., als diese lothringischen Bisthümer noch deutsch waren, als deutsche Fürsten sich noch nicht in den Verzweiflungsentschluß stürzten, deutsches Land an Frankreich hinzu= opfern, um die „deutsche Freiheit" (das deutsche Fürstenthum) vor dem außer=, ja gegennationalen Kaiserthum zu erretten. Die politische Gränze wendet sich durch altes deutsches Land um die bayrische Rheinpfalz herum vom Einfluß der Lauter am Departement Niederrhein hin bis an's Mo= seldepartement, folgt dann dem Saum desselben, überschreitet die Saar und die Mosel (bei Sierk), durchschneidet die Ardennen, umfaßt Luxem= burg, schließt Lüttich aus und zieht in einer mit dem Lauf der Maas ziemlich parallelen Linie von Aachen bis zum Rhein hin kurz vor seiner Trennung in die zwei großen niederländischen Adern unterhalb Emmerich; dann strebt sie, an den niederländischen Provinzen Gelderland, Ober=Yssel, Drenthe und Groeningen vorbei, in ziemlich paralleler Linie mit der Ems wieder dem Dollaert zu. Man sieht also, daß die politischen Gränzen Deutschlands herrliche deutsche Volksstämme vom gemeinsamen Vater= landsboden ausschließen und enger gezogen sind als die sogenannten na= türlichen Gränzen.

Motto: Was ist des Deutschen Vaterland?
. . . .
So weit die deutsche Zunge klingt
Und Gott im Himmel Lieder singt!
Das soll es sein!
Arndt.

Innerhalb der angegebenen politischen Gränzen liegt also der Grund und Boden, den man „Deutschland" nennt, die Vielheit von 38 als unabhängige Staaten abgeschlossenen deutschen Ländern, deren größtes (der österreichische Verband) 9619, deren kleinstes (das Gebiet der freien Stadt Frankfurt am Main) zwei Geviertmeilen im Umfang hat. Aller Grund und Boden Deutschlands breitet sich auf 11,438 Geviertmeilen aus; eine Linie, von dessen äußerster Nord= zu seiner äußersten Südspitze gezogen, mißt die Länge von 150 Meilen, eine andere, von der äußersten West= zur äußersten Ostspitze gezogen, 140 Meilen. So, nach der Ausdehnung seines Grund= und Bodengebiets betrachtet, ist Deutschland das größte Land unseres Erdtheils nächst Rußland und Skandinavien, und es könnte, im höheren Sinne genommen, auch vor diesen beiden, ganz unbedingt das größte sein durch sein Volk, wenn dies nur will. Was Deutschlands Grund und Boden, seine klimatischen Verhältnisse, seine Lage zwischen den andern Ländern Europa's, die Eigenartung seiner Oberfläche betrifft, so vereinigt sich Alles, um diesem Lande eine ganz bestimmte Bedeutung anzuweisen, wie anderseits wieder Geschichte und Charakter des Volkes, welches dasselbe bewohnt, diese Vormeinung recht= fertigen. Zwischen dem 45. und 54. Nordbreitegrade und zwischen dem 23½. bis zum 37. östlichen Längegrade gelegen, mehr dem Norden als dem Süden angehörig, nimmt Deutschland gleichwohl die Gegensätze von beiden zu glücklicher Vermittelung auf, deren Einfluß sich wieder in den Menschen aufs Entschiedenste abspiegelt. Denn in diesen (das Volk im Ganzen und Großen betrachtet) verbinden sich die Innerlichkeit des Nor= dens und die Äußerlichkeit des Südens, scharfe Verstandesdurchdringlich= keit und Leichterregbarkeit des Gefühls — zur Höhe der Vernunft und zur Tiefe des Gemüths, tritt die Leichtigkeit des Aneignens der Nachhal=

tigkeit des Selbstschaffens ergänzend zur Seite, da verlischt kein Eindruck des Geschehenen, die Thatsache läutert sich durch unabweisliche Prüfung zum Gedanken, der Gedanke zieht sich den Willen heran und geht durch ihn in Überzeugung über. Deutschlands Stellung zwischen den übrigen Ländern Europas in's Auge gefaßt, muß man immer wieder zu der Vergleichung zurückkehren, wie alt sie ist, und wie oft sie ausgesprochen worden: „Deutschland — Europas Herz''; schlagend ist und bleibt sie, rechte Wahrheit, kein bloßes Spiel der Phantasie. Seht auf die nächste beste Karte des Erdtheils, wie dies Deutschland, gleichsam als Kern und Halt an die große Alpengrundfeste hingelehnt, durch die Rippen Europas geschützt, seine Schlagadern nach allen Seiten hin aussendet, die Nahrungsstoffe des Lebens zu empfangen und wiederzugeben, das gesunde Blut eines Volkes, das noch der rechte Mittler für alle andern Völker werden muß, wie es für sie und durch sie als Heiland schon gelitten; von Aufgang nach Niedergang, von Mittag nach Mitternacht — alle Straßen des Handels und der Ideen treffen in diesem Mittelpunkt zusammen; hier ist der große Stapelplatz, der Markt des Umsatzes und Austausches, hier das Emporium der Freiheit, von dem Schöpfer der Erde abgesteckt, von seinem Odem zur Geschichte geweiht, wenn sein Geist, der der Freiheit und Menschheit, der des deutschen Volkes durch und durch geworden, wenn es ihn vollkommen begreift und bethätigt. Blickt endlich auf die Oberfläche des deutschen Grundes und Bodens. Beobachtet die unendliche Mannigfaltigkeit der Ablagerungen, den glücklichen Wechsel von Höhen und Tiefen, den Reichthum abgeschlossener Gebiete, wie sie in großen Gebirgskesseln, Stromgebieten, Meeresniederungen sich so recht gemacht zu einer vollkommensten Ausbildung von Einzelcharakteren darstellen und dafür eignen, und vergleicht damit die Vielheit der Deutschen im Stämmen, in größeren und kleineren Besonderungen, und wie sie doch wiederum ein= und dieselben bleiben. Nirgends als im alten Hellas war Ähnliches vorhanden, nirgends eine so innige Wechselbeziehung zwischen Land und Menschen, nirgends eine so starke durch die Mannigfaltigkeit des Ersteren, wenigstens großentheils bedingte, so bestimmte Ausprägung und Geltendmachung des Rechts der Persönlichkeit, welches bei uns der allererste Anfang des Freiheitsgefühls in der Völkerschaft war. Land und Volksstamm, sie ergänzten und ergänzen noch einander. Durch diese Vielheit in Deutschland ist das deutsche Volk das geworden, was es heutzutage als Ganzes und Großes ist, eine Staatengemeinde, in der Jeder für sich selber steht. Und wenn wir auch die Schattenseiten davon nicht verkennen dürfen (wir haben blutiges Lehrgeld dafür bezahlt, daß wir so lange Zeit eine Eigenschaft unseres Wesens für das Wesen unserer Eigenheit selbst nahmen!) so sollen wir uns doch nie zur Ungerechtigkeit gegen den Gang unserer Entwickelung hinreißen lassen, der, von vorneherein durch den Charakter unseres Landes mitbestimmt, seinen Abschluß noch nicht erreicht hat.

Wie reich gegliedert ist des Deutschen Vaterland! In wie vielfache besondere Landschaften getrennt, die doch alle wieder lebendig verbunden, liegt es vor unsern Blicken da; von jener ewigen Ruhe der Alpen zu jener ewigen Bewegung der Meere, von der eisigen Luft der Gletscher zur feuchten der Dünen, welche Abwechselung so vieler Eigenthümlichkeiten in Formen und Arten des Bodens wie Erzeugnissen unter bedingenden Einflüssen der Luftschichten, der Sonnenwirkung, der Windströmungen und Gebirgsdämme, unter begünstigenden des Menschengeistes, welcher Boden und Witterung der Wissenschaft unterthan macht, die Kultur durch den Handel vervollständigt, und die Verbindungswege, welche die Natur geschaffen, durch solche vermehrt, die er der schöpferischen Kraft des Willens verdankt. O wie schön bist du, Boden des Vaterlands! Schön in allem und jedem Sinn, wofür unsre Sprache Worte hat, erhaben im Alpenglühn, schauerlich entzückend im stäubenden Sturz der Wasser, lieblich in den stillen Waldthälern, wo Rehe und Hirsche auf den saftiggrünen Triften weiden oder in stiller Mondnacht sich im See baden, gleich wunderherrlich, wo deine Städte im üppigen Stromthal die goldenen Thürme und Zinnen in die blauen Lüfte hinanheben, und wo der Kyffhäuser in seiner Einsamkeit, selbst wie ein vergessener Kaiser, im tiefen Naturschweigen ringsum thront und sinnt, und wo an den Kreuzwegen sich die Fuhrleute aus aller Welt Enden anrufen, und wo deine Inseln aus dem tiefdunkeln Meer aufragen und man, im Kahn zu ihnen segelnd, unten noch die alten Bahnen des Festlands erkennt, und über den Dächern der versunkenen Städte hinrudert und leises Getön wie von Glocken durch die Fluthen heraufsäuselt! Und wie reich bist du, Boden des Vaterlands! Alles zeugst du und treibst es an's frohe Licht der Sonnen, was den Menschen nährt und stark macht, die goldene Ähre, die sich ihm zu Brot verwandelt, die überatlantische Frucht, unscheinbar wie der Arme, den sie in schlimmen Zeiten vor dem Hungertode schützt, Obst die Hülle und

Fülle, daß die hellen Länderstreifen wie unabsehbare Gärten ausgebreitet liegen, die Traube, deren Saft das Herz erfreut, des Hopfens dichtüppiges Gewind, wie all' die Kräuter, deren heilbringende Säfte der Arzt dem Kranken mischt! Welche Farbenpracht auf deinen Feldern, die blauen Blüthenwogen des Flachses, die blaßveilchenfarbigen des Saffrans, die gelben des Rapses! Welche Empfänglichkeit des Bodens. die mannigfach=sten Pflanzen hervorzubringen, deren entweder der Gewerbfleiß bedarf, wie Farbekräuter, oder welche das Gebot des Luxus zu einem Gegenstand des Gewerbfleißes und des Handels gemacht hat, wie Tabak u. dergl. Welcher Reichthum an saftigen Weiden, die sich die Viehzucht, unterm Einfluß der Wissenschaft veredelt, in Anspruch nimmt. Welche Abwech=selung der Baumgattungen, vom Nadelholz des Nordens an bis zum Maul=beerbaum, der eine deutsche Seidenzucht gestattet, alle Hölzer zum Haus= und Schiffbau, für alles Nützliche und Schöne des Hausraths; und die Wälder — Eichen und Buchen die deutschesten Bäume darin! — wenn gleich viel gelichtet, und wenn auch sie unter den Schutz wissenschaftlicher Aufsicht, staatswirthschaftlicher Fürsorge gestellt, noch immer der holde Irrgarten, in dem die zwei Feen Mährchen und Sage mit ihrem lustigen fliegenden Hofhalt auf und unter den singenden Bäumen und sprechenden Sträuchen leben und weben. Und welche Schätze in den geheimen Tiefen des deutschen Bodens endlich: die edlen Metalle, dabei man leider wohl des alten Volksspruchs gedenken mag: „Ein Quintlein Goldes wigt mer als ein Centner Recht," aber auch des andern gedenken sollte: „Juwer Grueß mer danne Gold als Gesmid;" — und das deutsche Eisen, von dem der Rothbart sagte: „Wir pflegen den Paß mit Eisen zu eröffnen und nit mit Gold und Silber," die Adern von Kupfer, Zinn, Zink und Queck=silber, die reichen Kohlenlager und Salzquellen, die gesegneten Bronnen endlich, die dem Kranken Heiltrank und Heilbad ausströmen, wär' nur ein Staat muthig genug, das Giftkraut des Spiels auszureuten, das rings um den Segen wächst! O wohl ist es herrlich anzuschauen, reich, frucht=bar und ergiebig jetzt und für alle Zeiten, der Boden Deutschlands, und werth, ein seiner selbst bewußtes, großes, freies Volk zu tragen, das zu einer Grundlage, unerschütterlich wie seine Alpen, das Gesetz habe, vor dem der Fürst nicht höher als der Bauer ist, ein Volk, von Sittlichkeit durchpulst, wie sein Boden von den rauschenden Strömen.

Motto: Viel tausend Funken, Eine Glut,
Viel Herzen und Ein Schlag!
Herwegh.

Dies Land gehört dem deutschen Volke, das heißt, jenem Theil des=
selben, welcher durch den deutschen Bund zu einem Ganzen geeinigt wor=
den ist und zur Zeit durch 34 Fürsten vertreten wird, während vier kleine
Staatsgebiete sogenannte republikanische Verfassungen haben. Die Ge=
sammtzahl der Bewohner Deutschlands beträgt nahe an 40 Millionen
Seelen (wollte jede davon den Odem der Volksseele fühlen!), aber nur
34 Millionen davon sind Menschen germanischen Geblüts, 6 Millionen
slavischen (sie wohnen an der Leba, am Ober= und Mittellauf der Spree,
dann in Schlesien, Böhmen und Mähren und endlich zwischen den Alpen
Steiermarks, Kärnthens und Krains, Reste alter Seßhaftmachung, über
die das deutsche Element in gewaltiger Fluth hereingebrochen), eine halbe
Million romanischen oder verwandten Geblüts, theils Wallonen an den
Westgränzen, theils Italiäner an den Südgränzen, theils Franzosen, in
ganz Deutschland versprengt, wo sie, vom Despotismus aus der Heimath
getrieben, religiöse Duldung gefunden. Wie diese Franzosen, sind auch
die Juden, deren Zahl auf 400,000 angeschlagen wird, in Deutschland
versprengt, und wie jene französischen Kolonisten durch Gemeingenuß von
Rechten und Pflichten mit den Deutschen in ein und dasselbe Staatsbür=
gerthum zusammengewachsen sind, möchten und sollten es auch diese
letztern auf demselben Wege; denn nicht der, der Gott in einer von den
meistübrigen Staats= und Volksangehörigen verschiedenen Weise anbetet
oder nach verschiedenen Satzungen sich im Privatleben richtet, sondern
nur der ist ein Fremder, ein Gast im Staate, der einem andern ange=
hört; alt und heilig ist das Uebereinkommniß des Volksthums, aber die
Aneignung der Sprache, ihres festesten Bandes und tiefsten Geheimnisses,

bildet die Brücke von Vater zu Sohn, Enkel und Urenkel, und darum
ist es eben so lächerlich, von in Deutschland lebenden Juden, statt von
israelitisch glaubenden Deutschen zu reden, als wenn man die Abkömmlinge jener aus Frankreich vertriebenen Hugenotten, die in späteren Zeiten
iu Deutschland eingewandert und eingebürgert, deutsche Franzosen nennen
wollte. Ein solches Verhältniß paßt allenfalls für die paar tausend Griechen und Armenier, die in Deutschland wohnhaft sind, oder für die paar
hundert Zigeuner, die auf deutschem Boden umherstreifen. Betrachtet
man die Zahl der Bewohner Deutschlands im Verhältniß zur Scholle,
so ergibt sich für die Volksdichtigkeit die Durchschnittszahl von 3510
Menschen für die bewohnte Bodenfläche der Geviertmeile, wobei sich noch
der Unterschied herausstellt, daß diese Volksdichtigkeit in Süddeutschland
stärker als in Norddeutschland ist (für das Erstere 3630, für's Letztere
3400); in der Volkstüchtigkeit macht das keinen Unterschied, wenn sie
im Norden wie im Süden weiter nichts als vollkommene Deutsche sein
wollen, weder den Russen verwettert, noch den Römlingen angekindet,
sondern freie Menschen überall, die auf eignen Füßen stehn. Wie das
Verhältniß der Volksdichtigkeit zwischen Nord= und Süddeutschland angegeben worden, könnte man auch eine Vergleichung von Zahlen der katholischen und evangelischen Bewohner Deutschlands anführen, aber nicht
im Sinne einer Sonderung, so wenig wie ja jene beiden geographischen
Hälften eigentlich vor dem Gesammtgeiste als solche bestehen; solche Sonderungen (in Deutschland leben 22 Millionen katholischer und 17½
Millionen evangelischer Christen) lassen sich nur im Hinblick auf so viel
edles Blut, das in vergangenen Zeiten vergossen worden, als Lehre für
die Zukunft betrachten.

Es sind früherhin die Gränzen angedeutet worden, welche das deutsche
Volk mittelst der Sprache gezogen. Innerhalb dieser großen Linie der
Sprachgränze, welche das Ganze unseres Volksthums umschließt, zeigt
sich nun wieder eine eben so reiche Mannigfaltigkeit der Besonderarten,
der Einzelcharaktere in Stämmen und Mundarten, wie jene der verschiedenen Abstufungen des deutschen Bodens, der verschiedenen durch Gebirgs=
systeme abgeschlossenen Landschaften, deren Thalkessel, Stromgassen und
Hochebenen mit ihren von einander abweichenden, selbstständigen Eigen=
thümlichkeiten. Die Mundarten sind gleichsam die Wegweiser, um die
Stämme aufzufinden, so weit nämlich, wenn man sich hütet, den letzteren

bis zur Urgeschichte nachzugehen, sondern sich darauf beschränkt, in der Gegenwart nur noch die Spuren jener Epochen der Vergangenheit wahrnehmen zu wollen, in welchen sich das Leben der Deutschen nur erst in den Einzelstrebungen, Kämpfen und Reibungen der Stämme untereinander kundgab, wodurch sich denn eben Gestalt, Sicherheit und Recht der Individualität vollkommen entwickelte. Betrachtet man das Ganze des deutschen Volkes in der Gegenwart in der Art, wie das Gesammtgebiet unseres Vaterlandes, aus der Vogelperspective, so treten zunächst allerdings nicht sowohl die mehrfachen Stämme und Mundarten vor den Blick, als sich vielmehr zwei größere Sprachgebiete unterscheiden lassen, welche im Allgemeinen ungefähr nach derselben Richtung gegeneinander abgeschlossen sind, wie der alte Herkanwald den deutschen Boden in eine nördliche und südliche Hälfte theilt; es sind das niederdeutsche und das hochdeutsche Sprachgebiet. Sieht man über die politischen Gränzen nach Westen hinaus, so gewinnt das Erstere an Umfang und kann in Holland und Belgien ebenso die geistige Bedeutung geltend machen, auf welche sich das Hochdeutsche gern stützt, daß sich aus ihm eine allgemeingültige Schriftsprache herangebildet und gefestigt, worin die geistigen Errungenschaften der Nation als ihr ewiger, innerer, Zinsen tragender Schatz bewahrt bleiben. Gleitet also der Blick über die jetzigen politischen Gränzen Deutschlands hinweg und erfaßt er die niederländischen (holländischen, friesischen, flamändischen) Mundarten als deutsche, nämlich niederdeutsche, so nimmt er ein Gebiet derselben wahr, welches folgendermaßen umschlossen ist. Die Umfangslinie beginnt an der Spitze bei Gravelingen, führt bis Emden, wendet sich dann und läuft in senkrechter Richtung bis zum Bourtanger Meer, dann in einer mit dem Lauf der Yssel parallel gehenden bis über den Rhein und ferner wieder parallel mit dem Gang der Maas bis zwischen Maastricht und Aachen nach Eupen. Die Linie, welche nun das niederdeutsche Sprachgebiet vom hochdeutschen scheidet, windet sich aus dem südlichen Winkel bei Henry = Chapelle heraus über Roeremonde (westwärts davon herrscht sassische Mundart) Erkrath, Hübbelrath (bei Düsseldorf), dann in östlicher Richtung zwischen der Eder und der Diemel, zwischen Kassel und Münden, Aschersleben und Bernburg weiter, von Barby an der Elbe bis Dessau, über Wittenberg nach Luckau, dann über Lübben bis gegen Krossen und Züllichau hin. — Innerhalb des großen hochdeutschen Sprachgebiets nun, welches sich süd=

abwärts von dieser Scheidelinie ausbreitet, treten wieder zwei Haupt=
gruppen von Mundarten hervor: die der mitteldeutschen und die der ober=
deutschen. Die Gränze zwischen beiden läuft von Westen nach Osten aus
dem Winkel zwischen Saarburg und Pfalzburg parallel mit der Moder,
zwischen Hagenau und Rastadt, von da im Bogen zwischen Heilbronn
und Hall an der Werrnitz zur Donau nieder bei Donauwörth, von da
parallel mit diesem Strom bis über Regensburg (welche Stadt, wie Do=
nauwörth, zum oberdeutschen Sprachgebiet gehört) und von dort längs
der Gränzen der slavischen Sprachhalbinsel weiter. Betrachtet man so=
dann wieder das Gebiet der mitteldeutschen Mundarten insbesondere, so
lassen sich auf demselben, mit Ausschluß der (nach Bernhardi's Ansicht
wahrscheinlich zum Oberdeutschen gehörigen böhmischen, sächsischen und
schlesischen Gebirgsmundarten) neun Gruppen unterscheiden. Zuerst die
der sogenannten fränkischen Mundarten (am Ober= und Mittel=Main,
an Ober=Werra und Rhön, vom Odenwald und Spessart bis an's Fich=
telgebirg und vom Rennstieg des Thüringer Waldes bis beinahe an den
Ausfluß der Werrnitz in die Donau); dann die sogenannte rheinische
Mundart (Main=Lahndialekte zwischen dem Rhein, dem untern Main
und der Lahn); drittens die Gruppe der mittelrheinischen Mundarten,
welche durch die Vogesen wieder in eine südöstliche Gemarkung (Rhein=
Neckar) und in eine nordwestliche (Rhein=Mosel, — Luxemburg=Lüttich=
sche, Triersche und Kölnische Mundarten) geschieden werden; viertens
die niederrheinische Gruppe (um Bonn, Köln, Aachen, Düsseldorf);
fünftens die westerwäldische, deren Gebiet im Süden durch Main=Lahn,
im Westen durch Niederrhein, im Norden durch das Niederdeutsche und
im Osten durch die Eder=Fulda=Mundart begränzt wird; sechstens die
Eder=Fulda=Mundart (das sogenannte Niederhessische); siebentes die
Gruppe der Unstrut=Saale=(thüringischen) Mundarten; achtens Mittel=
elbe; neuntens endlich Mitteloder (diejenigen schlesischen Mundarten um=
fassend, welche weder zum oberdeutschen noch zum niederdeutschen Sprach=
gebiet gehören). Hier also, im Gebiet der mitteldeutschen Mundarten,
läßt sich eine auffallend größere Mannigfaltigkeit wahrnehmen, deren
Grund (nach Bernhardi's Ansicht,*) welche mit dem bereits früher im

---

*) Die Resultate von Bernhardi's Forschungen liegen den obigen Angaben
zu Grunde.

Allgemeinen Angedeuteten zusammentrifft) darin zu liegen scheint, „daß in diesen durch Berge und Wälder geschützten Ländern, welche, soweit die Geschichte reicht, nie von Fremden besetzt worden sind, jeder einzelne Volksstamm sich viel selbstständiger entwickeln konnte, als in dem weiten Donauthal und in der norddeutschen Ebene. — Aber auch im ober= deutschen Sprachgebiet treten die Mundarten in charakteristischen Aus= prägungen auseinander. Und zwar in drei Gruppen; die eine (Bern= hardi nennt sie die alemanische, Schmeller bezeichnet sie als „Oberrhein") am Rhein und dessen Nebenflüssen bis unter Straßburg hinab; die zweite (Bernhardi nennt sie die schwäbische, Schmeller „Westlech"), sowohl im größten Theil des Neckargebiets als auch an der Donau (und ihren Zuflüssen) oberhalb des Lechs; die dritte die bayrische (nach Schmeller „Ostlech"), „das ganze übrige Gebiet der Donau und ihre Seitengewässer umfassend, so weit überhaupt deutsch gesprochen wird." In dieser letzten Gruppe sondern sich wieder der bayrische und der ober= und unteröster= reichische Dialekt, so wie nicht minder wieder die reiche Gliederung der Alpenländer (Tyrol, Salzburg, Steyermark) in viele abgeschlossene Gebiete ihren Einfluß auf Bildung und Erhaltung der Dialekte daselbst geltend macht.

Betrachtet man die Mundarten im Verhältniß zu den deutschen Volksstämmen, so sieht man recht, wie sich das Charakteristische der Letzteren in den Ersteren abspiegelt, wie ihr Wesen, in allen geschicht= lichen Proben und Wandlungen unzerstört, sich auch die ächte Ursprüng= lichkeit der aus demselben hervorgegangenen Form größtentheils erhalten hat. Von diesem Gesichtspunkte aus lassen sich die Mundarten in einer geringeren Anzahl von Gruppen zusammenfassen: die friesische an den Küsten der Nordsee von der Mündung der Elbe bis zu jener der Ems, die niedersächsische über der deutschen Tiefebene ostwärts von der Weser auf den alten Stammsitzen der Sassen (Nordalbinger, Ostfalen, Angern), und auf den großen Landstrichen, wo das deutsche Wesen über das wen= disch=slavische hereinfluthete, also im Holsteinischen, Hamburgischen, Braunschweigischen, Lüneburgischen, Hannöverschen, Pommerschen, Märkischen; dann die westfälische; ferner die fränkischen Mundarten (ost= und westfränkische); die bayrische; endlich die alemanisch=schwä= bische; dann, als Misch= und Uebergangsmundarten, die thüringisch= obersächsische und die niederrheinische (aus dem Zusammentreffen und

der Verschmelzung der westfälischen, westfränkischen und flamändischen
hervorgegangen).

Friesen, Sachsen, Franken, Thüringer, Bayern, Alemannen, das
sind die edlen, kräftigen Stämme, die ihre Wurzeln und Zweige zum
Ganzen eines deutschen Volkes ineinandergeschlungen; jeder einzelne
Stamm stattlich von Wuchs, reich von Entfaltung, eigenthümlich von
Art. Der Friese fest und spröd, kühn hinaus in die See und für Frei=
heit auf heimischem Boden; der Sachse ernst, ausdauernd und nach=
haltig in Glauben und Arbeit, mächtig durch Gedanken und Treue, un=
ermüdlich das Wesen der Freiheit zu ergründen, und unerschütterlich:
jede solche geistige Errungenschaft zu bewahren; — der Thüringer offen
an Verstand und Gemüth, regsam zu allem wackeren Thun, treuherzig
in Handel und Wandel, heiter in Sanges = und Sagenlust; — der
Franke raschwallenden Bluts, voll Funken der Erfindsamkeit, klug und
gewandt, hochstrebenden Sinns und tapfer, aber nicht immer auch voll=
kommen beständig und verläßlich; — der Bayer handfest und derb, ge=
diegener Treue, lustig und behäbig im frischen Lebensgenuß; — der
Alemanne mehr nach innen gekehrt, tiefsinnig zum Dichten und Denken,
ja selbst zur Versenkung in die geheimnißvolle Welt der Ahnung und
Wunder, aber dabei nicht weniger mannhaft und streitbar, anstellig und
fleißig zum Größten wie im Kleinsten; — so geartet sind die deutschen
Stämme, wie sie aus den verschiedennamigen Völkerschaften der Urzeit
zusammengewachsen.

Wie auch bei dem einen und andern von ihnen diese oder jene
Eigenschaft mehr oder minder hervortreten möge, — in Allen zeigt sich
doch eine Uebereinstimmung gemeinsamer Grundzüge, welche den Ge=
sammtcharakter des deutschen Volkes bezeichnen. Zuerst und vor Allem:
Liebe zur Freiheit, — ein Grundzug seines Wesens, der als ewiger
Impuls seines Lebens, als bewegende und gestaltende Kraft seiner ganzen
geschichtlichen Entwickelung betrachtet werden kann. Mit unwiderleg=
barer Gewißheit kann es seine ursprüngliche Selbstbestimmung nach=
weisen; was es an Großem und Herrlichem vollbracht, kam aus diesem
Bronnen ewiger Verjüngung; wie oft er auch verschüttet, vergessen
schien, plötzlich in den beklommensten Zeiten ließ sich sein mächtiges
Rauschen wieder vernehmen, und das Volk, das schon völlig gedemüthigt

und rettungslos verloren schien, erhob sich dann wieder in frischer Kraft und neuer Lust des Daseins. Ich komme später darauf zurück. Die zweite Eigenschaft des deutschen Volkscharakters ist ein starkes Sittlichkeitsgefühl, so unverwüstlich wie die Liebe zur Freiheit; und wahrlich: beide stehen im innigsten Zusammenhange; denn wie die Liebe zur Freiheit eben durch das Sittlichkeitsgefühl bedingt ist, so kann das Letztere ohne die Erstere gar nicht gedacht werden. Es äußerte sich in zwiefacher Erscheinung, als Rechtsgefühl und Treue, — im Familienleben, in Keuschheit und Ehrfurcht vor dem weiblichen Geschlecht, in der ersten Zusammensetzung der Volksgemeinde, in der Waffenbrüderschaft, im Gefolgschafts- und Lehenwesen, in der Entfaltung des Bürgerthums, in den Bünden und Einungen, endlich, als die neuere Monarchie sich als Rechtsstaat ausgebildet, in einer schönen und edlen Anhänglichkeit des Volks an die Fürsten, welche, eben weil sie ein sittliches Beharren freier Männer an der Heiligkeit des gegebenen Wortes ist, so hoch über einem bloßen blinden Gehorsam und über gemeiner Demuth vor einem sogenannten göttlichen Recht steht. Diese Kraft des Sittlichkeitsgefühls ist es auch, wodurch ein dritter Grundzug des deutschen Volkscharakters, religiöse Innigkeit des Gemüths, ihre höchste Weihe erhält, so wie anderseits der starke Trieb der Freiheit es vor den Abwegen, vor Selbstentäußerung, Aberglauben, Bigotterie und Fanatismus theils bewahrt hat, theils noch bewahren muß. Ein vierter Grundzug, dem Triebe der Freiheit nah verwandt, ist die unaustilgbare Forschbegierde des Deutschen, die sich einerseits im Sinnen des Geistes, der Neues erfindet oder Vorhandenes vervollkommnet, so wie anderseits seit uralten Zeiten, soweit unsere Geschichte zurückreicht, als Wandertrieb kundgibt. Dies Merkmal des germanischen Menschen hängt auf's Innigste zusammen mit der vorragenden Bildungs- und Gestaltungskraft des Deutschen, mit seiner schöpferischen Begabung, welche wieder durch sein großes Geschick ergänzt wird: sich Fremdes anzueignen und, durch sein eigenes Wesen vollkommen umgearbeitet, aus demselben als Neues wiederzugebären; so durchdringt er fremde Volksart, wohin er kommt, mit seinem Geist, seinem Gemüth, seinem Glauben und seiner Sitte; so ergänzen einander seine eigene Bildungsfähigkeit und sein Vermögen, Alles um sich nach seinem Wesen zu bilden, und hierin läßt sich seine weltgeschichtliche Aufgabe erkennen, wie er schon mehrmals zu ihrer Lösung gewaltige

gewaltige Anfätze genommen und fie noch vollbringen wird; jener Wan=
dertrieb, welcher die Impulfe zum Sturze des römifchen Weltreichs,
zur Völkerwanderung, zu den Kreuzzügen gegeben, welchem die Menfch=
heit die Verbreitung des Buchdrucks und der Reformation verdankt,
welcher jetzt noch jedes Jahr die deutfchen Auswanderer nach allen Welt=
gegenden hinaus in die Ferne treibt, und felbft innerhalb der Gränzen
Deutfchlands die verfchiedenen Volksftämme, mittelft des Rechts der
Freizügigkeit aus einem Bundesftaat in den andern, wechfelfeits erfrifcht,
— ift er nicht auch ein Wahrzeichen der oben angedeuteten weltgefchicht=
lichen Aufgabe des deutfchen Volkes? Zu diefen hervorragenden Grund=
zügen des Volkscharakters gefellen fich nun noch, — theils aus ihnen
hervorgehend, theils ihnen entfprechend, fie ergänzend, fie in Wort und
That ausprägend, — Mannhaftigkeit, Ausdauer und Lebensfreudigkeit,
drei Blüten aus e i n e m Trieb. Mannhaftigkeit im heldifchen Muth des
Angriffs und der Vertheidigung, ein Kind der Freiheitsliebe, — im
Teutoburger Wald und auf der Tiberbrücke wie an der Katzbach und vor
Leipzig, zu Worms in jener Rede Luthers: „Hier ftehe ich, ich kann
nicht anders, Gott helfe mir! Amen!" und in Huttens Wahlfpruch:
„Ich hab's gewagt" hat der Deutfche fie zu erkennen gegeben. Aus=
dauer im harten Werk der Idee wie im Lichten des Urwalds, — die hat
nicht leicht ein Volk in der Stärke, wie das deutfche, weil es, Gott und
fich felbft vertrauend, auch in den dunkelften Tagen die Kraft des Hoffens
nicht verliert, „Gott verläßt feine Deutfchen nicht", fagen wir gern,
und recht eigentlich ift's eben wieder die Treue, die gegen die Idee, welche
dabei den Muth ftützt und aufrecht hält. Lebensfreudigkeit endlich, wie
fie fich in Volkswitz, Volkslied und Volksfeft, bald fein und finnig, oft
derb genug, meift nicht tropfenweife, fondern üppig fprudelnd kundgibt,
fie ift wieder Zeugniß für die ftete Jugendlichkeit unferes Volkes, deren
es in feiner ungemeinen Verjüngungskraft genießt. Das find die tüch=
tigen Grundftoffe des deutfchen Volkscharakters, feine großen, ehrwür=
digen und fchönen Eigenfchaften, womit er in der Gefchichte gearbeitet
und wodurch er fich Geltung verfchafft hat. Aber auch die Schattenfeiten
fehlen nicht, — und es wäre übel gethan, fie zu verfchweigen, — die
Gebrechen und Fehler, die fich fo dicht an die Vorzüge reihen, daß fie
wie Auswüchfe und Parodieen derfelben erfcheinen; und da ift's denn
freilich vorzugsweife die neuefte Zeit, in der wir fie am Schärfften er=

Duller, deutfches Volk.   4 kennen und rügen müssen, wenn wir eine helle Zukunft dranknüpfen wollen. Da sehen wir nun freilich hie und da hart an dem Vorzug der Treue die Gewohnheit als ein, und die Selbstaufgebung der Persönlichkeit als das andere Zerrbild der Treue, statt ihres edlen Goldes die falsche Münze: Wohldienerei, mit dem Antlitz des Mächtigen als Gepräge, worunter sich schlechtes Blei der Selbstsucht birgt; Wohldienerei — ein Rostfleck auf dem blanken Spiegel deutscher Treue, nichts als „Untreu, die ihren eigenen Herrn schlägt", wenn das Blatt sich wendet; Fürsten sollten das bedenken und schlichte Gradheit, auch wenn sie ihnen heut oder morgen nicht zu Gefallen spricht, um ein Angesicht, das blos ihre Wünsche ausdrückt, und um einen gekrümmten Rücken nicht vertauschen. Das edle Hoffen ferner, dessen Kraft den deutschen Geist und das deutsche Herz in allem Ungemach der Zeiten so frisch erhalten, — auch das hat seinen Afterwuchs, seine Schmarotzerpflanze, nämlich die Geduld, die mehr und länger duldet, als ein edles, freies Herz erdulden darf, wenn der Mensch immer blos auf ein Kommen besserer Zeiten wartet und rechnet, statt eine bessere Zeit oder die Zeit besser zu machen. Auch die edle Forschbegierde des Deutschen hat ihr Zerrbild; der Trieb, dem Gedanken seine Stelle anzuweisen, der Wissenschaft ihr Recht zu behaupten, führt uns nämlich nur zu oft von der handhaften That ab; wir opfern unser großes Theil, das Wort, der kindischen Lust: Worte zu machen; die künstlerische Schöpfung verzehrt uns allzuoft die Kraft: nationale Schöpfungen im höchsten Sinne hervorzubringen, und indem wir das Ideal des Schönen zu erfassen und darzustellen uns bemühen, versäumen wir nur zu häufig, das Ideal gesetzlicher Freiheit zu verwirklichen. Unser schönes Erbtheil, Glauben und Vertrauen, lassen wir nur allzuoft zu Leichtgläubigkeit entarten und allzuspät wollen wir dann einsehen, daß wir betrogen worden sind, allzuschwer fällt es uns, dies einzugestehen und uns zu ermannen, um die Schmach abzuschütteln. Unsere Lebensfreudigkeit schwärmt nicht allzuselten über das richtige Maaß hinaus, sei's durch Trunk und Spiel (was schon die Römer erkannten und rügten; und doch gab es damals das Nichtswürdigste, die Spielbanken, noch nicht), sei's in's Nichtige und Läppische, was fast noch schlimmer ist. Wir sind von Anfang her aus Bescheidenheit ungerecht gegen so viel Großes, Gutes und Tüchtiges gewesen, was unsere

Männer hervorgebracht, und erst nachträglich, wenn hundert und et=
liche Jahre vergangen, suchten wir diese unsre Schuld etwa durch Denk=
mäler auszugleichen. Das ist ein arger Fehler: aber noch ärger vielleicht
ist der entgegengesetzte, in den wir jetzt zu verfallen scheinen, daß wir
uns leichtfertig überschätzen, daß wir Impulse gleich wie ganze Thaten,
bloße Anfänge gleich wie vollkommene Abschlüsse achten, daß wir vor
der Zeit triumphiren, um uns dann freilich nach der Hand beschämt
in einen dunklen Winkel zurückziehen zu müssen. Das Schlimmste aber
ist, daß wir nirgends fremder zu sein pflegen als im eignen Vaterland
und daß wir unseren edlen heimischen Boden durch heillose Nachäfferei
des Fremden entwürdigen; fremde Tracht, Sprachmengerei, fremde
Sitte, leider haben sie seit alten Zeiten bald mehr, bald weniger, und
in der neuesten wahrlich nicht eben im kleinsten Maaße den edlen Kern=
wuchs unserer Sinnesart überwuchert, und noch vermochte kein vater=
ländischer Zorn dies Unkraut auszureuten. Unser Wandertrieb, ver=
bunden mit dem Vermögen: Alles um uns zu bilden und neuzugestalten,
treibt uns in die fernsten Fernen, wo wir das Fremde verstehen und
durchdringen, und daheim auf unserem eigenen Boden hält es so schwer,
daß wir uns selbst untereinander verständigen, daß die Stämme aus
einer und derselben Wurzel ihre Aeste und Zweige als ein ganzer deut=
scher Wald ineinander flechten. Das ist eine der ältesten und an Unsegen
reichsten Eigenheiten des deutschen Volkscharakters, ein Ueberrest jener
Zeiten, da die Volksstämme noch untereinander um die Erhaltung je
ihrer Individualität kämpften, da zum Beispiel die Sachsen, als sie in's
Frankenreich eintraten, darum noch nicht Franken werden wollten, —
ein ehrenhafter Ursprung gewiß, aber der unselige Zwiespalt des Kam=
pfes oder der Eifersucht zwischen den Deutschen untereinander, dieser
Riß, welchen allezeit die Fremden zu unserem Verderben benutzten,
er ist noch nicht geschlossen; diese Entfremdung unter uns selbst ist noch
immer das Lindenblatt zwischen den Schultern des deutschen Recken,
welches sich der Fremde wohl gemerkt hat und wo er ihn, vom dreißig=
jährigen und vom siebenjährigen Krieg an, im Basler wie in den Pari=
ser Friedensschlüssen, gar meisterlich zu treffen gewußt hat. O ihr
Deutschen, Volk der Menschheit, wann werdet ihr denn anfangen, euch
auf euch selbst zu besinnen, euch als Ganzes und nicht bloß als spröde

4 *

Theile selbst zu achten, damit doch endlich keine Macht auf Erden auch nur den kleinsten Theil von euch geringschätzen dürfe oder ungestraft zu beleidigen wagen könne? Wagt es doch selbst endlich, ein ganzes Volk zu sein! Ermeßt nur einmal eure Geschichte, nicht nach dürren Namen und Zahlen, nicht nach den starr dastehenden Ereignissen und That= sachen, sondern nach dem ewig lebendigen und lebendig machenden Geiste, der sie bewegt! Die Geschichte ist ja nur die Offenbarung des Geistes der Menschheit, des Volksgeistes.

Die Deutschen in der Österreichischen Monarchie.

Motto: Auf, gewalt'ges Österreich,
Vorwärts, thu's den andern gleich!
Vorwärts!

Uhland.

Zwei Staaten, welche in der Reihe der europäischen Großmächte stehen und im hohen Rathe der die Weltgeschicke bis jetzt entscheidenden Pentarchie ihre vollgewichtigen Stimmen abgeben, Österreich und Preußen, haben den hehren Beruf, in jenem Rathe vorzugsweise deutsche Interessen zu vertreten, so wie ferner (ein Blick auf die Karte weist darauf hin): Deutschlands Vormauer in Osten zu sein, Preußen in der nördlichen, Österreich in der südlichen Hälfte. Allerdings sind die Angehörigen beider Staaten keineswegs ausschließlich Deutsche; und wenn von den 5092/₁₁ Geviertmeilen des preußischen Staates nur 3362/₈₇ in Deutschland gelegen sind und von den 14,907,091 Menschen der Bevölkerung wenig über 16 Prozent nicht deutschen (zumal fast 15 Prozent slavischen) Ursprungs sind, so ergibt sich für die auf das Areal des österreichischen Kaiserstaates (12,166 Quadratmeilen) kommende Gesammtbevölkerung von 36,949,594 Menschen gar nur die Zahl von 6,701,604 Deutschen (nur 18 Prozent gegen 82 Prozent Nichtdeutsche!), welche, mit Menschen anderen Ursprungs gemischt, in den sogenannten deutschen Erbstaaten, oder in den nichtdeutschen (polnischen, italienischen und ungarischen) Ländern wohnen.

Betrachtet man nun die deutschen Erbstaaten der österreichischen Monarchie, so ergiebt sich folgende Vertheilung der absoluten Bevölkerung auf das Areal der einzelnen Provinzen. Österreich unter der Enns mit 359 Gev. Meilen und einer Bevölkerung (im J. 1840) von 1,409,626, Österreich ob der Enns mit 347 Gev. M. mit 857,568 Einw., Steyermark mit 407 Gev. M. mit 975,309 Einw., Tyrol und Vorarlberg mit 516 Gev. M. und 839,755 Einw., Böhmen mit 952 Gev. M. und 4,174,168 Einw., Mähren und Schlesien mit 497 Gev. M. und 2,166,638 Einw., Kärnthen mit 188, und Krain mit 181

Geo. M., beide zusammen mit 759,541 Einw., das Küstenland mit 144 Geo. M. und 481,189 Einw.

Nach Stamm- und Sprachverschiedenheit ist die Bevölkerung in den deutschen Erbstaaten folgendermaßen zusammengesetzt.*) In Österreich unter der Enns: 1,380,133 Deutsche, dazu 24,500 Slaven (20,000 Slowaken und 4500 Kroaten) 1600 Neugriechen, 400 Armenier, 2993 Juden; in Österreich ob der Enns: 847,568 Deutsche und 100,000 Winden oder Slowenzen; in Steyermark: 585,709 Deutsche und 389,600 Wenden; in Tyrol und Vorarlberg: 537,637 Deutsche, 291,678 Italiener, 9890 Rhätier, 550 Juden; in Kärnthen und Krain: 238,341 Deutsche, 512,000 Slaven (462,000 Winden, 10,000 Kroaten, 40,000 Serben), 9000 Italiener, 200 Zigeuner; im Küstenland: 20,000 Deutsche, 401,329 Slaven (175,000 Winden, 30,000 Kroaten, 196,329 Serben) 57,000 Italiener, 2660 Neugriechen, 200 Juden; in Böhmen: 1,252,230 Deutsche, 2,850,138 Czechen, 71,600 Juden, 200 Zigeuner; in Mähren und Schlesien: 454,986 Deutsche, 1,677,862 Slaven (1,358,105 Czechen, 127,757 Slowaken, 192,000 Polen), 33,690 Juden, 100 Zigeuner. In den nichtdeutschen Ländern des Kaiserstaates finden wir die Deutschen in Galizien (90,000 in der Gesammtbevölkerungszahl von 4,797,243), im Gubernialbezirk Venedig (20,000 in der Gesammtbevölkerungszahl 2,168,553), sodann in Ungarn, Kroatien und Slavonien (825,000 in der Gesammtbevölkerungszahl von 12,371,000), in der ungarischen Militärgränze (4000 in der Gesammtbevölkerung von 1,024,000), in Siebenbürgen endlich (446,000 in der Gesammtbevölkerung von 1,983,000).

Aus den angeführten Zahlen sieht man also, daß die Deutschen in den nach ihnen genannten Erbstaaten weder ausschließlich die Masse der Bevölkerung bilden, noch in denselben durchweg die nichtdeutsche Bevölkerung überwiegen. Das Letztere ist nur im Erzherzogthum Österreich, im Herzogthum Steyermark und in der gefürsteten Grafschaft Tyrol der Fall; in Böhmen und Mähren, sowie in Kärnthen, Krain und dem Küstenlande überwiegt der slavische Menschenschlag. Die ört-

*) Nach A. v. Roon, die Zahlen sollen nicht als absolut, sondern nur als annähernd richtig betrachtet werden.

liche Vertheilung der Deutschen ist folgende. *) Am kompaktesten, am wenigsten durchbrochen liegt die deutsche Bevölkerung über dem Pathen- und Kernlande der Monarchie, dem Erzherzogthum Österreich, ausgebreitet; Wien bildet, bei seinem alten, ächtdeutschen Bevölkerungskapital, doch in seiner Eigenschaft als Mittelpunkt der Monarchie, gewissermaßen die Repräsentation aller in dem Kaiserstaate vorhandenen Nationalitäten; ein nicht deutscher Bevölkerungsstreifen folgt dem Saum einiger Gränzgegenden nach Mähren und Ungarn hin. In Tyrol lagert die deutsche Bevölkerung auf dem nördlichen und mittleren Theil des Landes, in Steyermark auf dem sogenannten Ober-Steyermark, in dem Grazer Kreis und theilweise im Marburger, in Kärnthen auf den nordwärts der Drave gelegenen Gegenden und dem oberen Gailthal, während in Inner- und Untersteyermark, Süd-Tyrol, Krain und Istrien die deutsche Bevölkerung nur versprengt, dichter in Städten und in besonderen ländlichen Kolonien vorkommt, so in Gottschee, wie ferner in den sieben Gemeinden bei Feltre und in den dreizehn bei Verona ein Drittel der Einwohner deutschen Stammes ist. Böhmen ist von der deutschen Bevölkerung wie von einem Kranz umfaßt, der seine Gränzen deckt, dichtere, weiter in die Mitte hinein ragende Blumenparthieen dieses Kranzes sind in der Nähe Bayerns und Schlesiens, besonders aber in jener Sachsens, im Nordwesten. In Mähren liegt deutscher Menschenschlag am dichtesten im südlichen Theil des Znaymer Kreises und eben wieder an den Gränzen Österreichs und Schlesiens, namentlich den Quellbezirken der Oder und der March. Überwiegend ist er in den schlesischen Fürstenthümern Troppau und Jägerndorf und in der nordwestlichen Ecke des Teschener Kreises. — Was nun die deutsche Bevölkerung in den nichtdeutschen Ländern des Kaiserstaates betrifft, so leben (nach Berghaus) **) „Deutsche in Ungarn, theils als Nachkommen der alten Kolonisten unter den früheren Königen Ungarns, vornehmlich in den Karpathen auf der Hochebene der Zips und längs der österreichisch-steyerischen Gränze, theils als Nachkommen der späteren schwäbischen Kolonisten aus Deutschland unter der Regierung Marien Theresiens und Josephs II., theils als Bewohner vieler königlicher Freistädte und bischöflicher Städte,

---

*) Nach A. v. Roon.

**) Allgemeine Länder- und Völkerkunde. 4. Band. (S. 806.) Stuttg. 1839.

die fortwährend durch neue Ansiedler zunehmen, da die meisten Hand=
werker und Künstler in Ungarn Deutsche sind. Außer einigen Kolonien
in Galizien findet sich eine an Zahl nicht unbedeutende deutsche Bevölkerung
in Siebenbürgen, die Deutschen heißen hier Sachsen, die ihren Ursprung
von den Kolonien herleiten, welche die Könige arpadischen Stammes
seit dem 12. Jahrhundert unter vortheilhaften Bedingungen in's Land
riefen. Sie bilden hier den Kern des eigentlichen Bürger= und Gewerb=
standes, der in neuester Zeit durch protestantische Kolonien aus Baden
und dem Erzherzogthum Österreich einen nicht unansehnlichen Zuwachs
erhalten hat." — So sehen wir denn, wie deutsche Art in den verschie=
denen Bestandtheilen des imposanten Staates, welcher an Deutschlands
östlicher Gränze steht, aufs mannigfachste vertheilt ist. Und zwar, wie
uns dünkt, nichts weniger als zum Nachtheil jener Einzelbestandtheile
des Kaiserstaates oder gar des letzteren selbst im Ganzen und Großen.
Wo deutsche Art auch nicht eben herrscht, da kann sie doch glücklich ver=
mitteln, und wie gedeihlich müßte eine solche Vermittelung erst wer=
den, wenn der Deutsche überall, wo er auch ist, einen Funken des hei=
ligen Feuers bewahren könnte, das auf dem Altare seines eigenen Vater=
landes rein und schön lodern sollte, wenn gesetzliche Freiheit der Aus=
gangs= und Endpunkt aller Deutschen in Deutschland wäre, deren un=
sterbliches Theil auch der außerhalb Deutschland lebende Deutsche sein
eigen nennen dürfte. Dann erst würde seine Aufgabe in der neuen Heimath
— und wie viel Raum bieten eben die unteren Donaugegenden dem deut=
schen Auswanderer, — eine ebenso nationale als reinmenschliche. Dann
wäre er wahrhaftig fähig, seiner Nation die vollkommenste Hochachtung
des Fremden zu gewinnen, indem er diesem alle Errungenschaften seiner
Kultur mittheilt. Eben im österreichischen Kaiserstaate würde dann, was
Kaiser Joseph II. im mächtigen Drange eines wahrhaft deutschen Herzens
erstrebt und nicht erreicht, zu Stande kommen, — eine geistig=sittliche
Einigung und Verinnigung der verschiedenartigen Bestandtheile des Kai=
serstaates durch den bildenden, versöhnenden, harmonisirenden Einfluß
des germanischen Prinzips in seiner höchsten Potenz, da es, selbst die
Freiheit und Autonomie der eigenen Nation zur Anerkennung bringend,
auch die anderer anerkennete, fördern hälfe, und nicht weniger dafür
wieder von denselben empfinge als es ihnen gäbe.

———————

Feſt und gediegen iſt der gemeinſame Grundcharakter des im öſter=
reichiſchen Kaiſerſtaate wohnenden d e u t ſ ch e n Volkes. Vielfache pro=
vinzielle Ausgliederung zeigt ſich in Mundarten und Sitten! Der Boden,
auf dem die Menſchen ſtehen, dem ſie frohnen, daß er ſie nährt, die
Luft des Himmels und der Beſchäftigung, die Umgebung von Menſchen
andrer Land=, Sprach= und Denkart, — das alles zuſammen wirkt jene
Ausprägung ins Einzelne; im Hochgebirg iſt das Thal die Welt, in der
Ebene rückt die Welt von allen vier Himmelsgegenden heran und erwei=
tert den Sinn und berührt die Nerven zur Empfänglichkeit für jede Be=
wegung der Geſchichte. Im Hochgebirg bleibt all die urſprüngliche Eigen=
thümlichkeit im Guten und Schlimmen feſter beiſammen, in der Ebene,
am Strom bildet ſie ſich durch Aufnehmen und Verſchmelzen zu neuen
Geſtaltungen aus. In den nachfolgenden Schilderungen iſt hauptſäch=
lich das Landvolk bezeichnet, als diejenige Klaſſe der Bevölkerung, in
welcher ſich alles urſprünglich Eigenthümliche noch am lauterſten er=
halten hat.

Überblickt man die Vertheilung der Mundarten auf dem ganzen
Gebiete der deutſchen Provinzen des Kaiſerſtaates, ſo ſieht man, daß in
den ſüdlichen vorzugsweiſe die bayeriſche, in den nördlichen die oſt=
fränkiſche und die oberſächſiſch = ſchleſiſche vorwalten. Die Ausprägung
derſelben in's Einzelne ſoll je bei den Schilderungen der verſchiedenen
Volksſtämme angedeutet werden.

Der Unter= und Oberöſterreicher.

Der Öſterreicher iſt es, von dem billig zuerſt die Rede ſein muß,
ein altgermaniſcher Menſchenſchlag, wohlgebaut, mittleren Wuchſes,

knochen= und muskelfest, eher schlank als beleibt, nicht in allen Gegen=
den gleich angenehm durch schönes Ebenmaß der Formen und Gesichts=
züge; das weibliche Geschlecht anmuthiger in den Städten, wie Linz,
Wien, Salzburg, das männliche Geschlecht hübscher auf dem Lande, zu=
mal in den Bergen, frischer von Blick und Farbe.

„Die österreichische Volksmundart, welche sich längs der
Stromgaße von Passau bis Wien in die ober= und unterennsische
trennt, ist (nach Franz Tschischka)*) wie ihre nächste Stammver=
wandte, die bayersche, eine Tochter der oberdeutschen Sprache. Dies
bezeugen, abgerechnet von der bekannten historischen Thatsache, daß das
Land nach Vertreibung der Avaren durch Ansiedler aus Süddeutschland
wieder bevölkert wurde, viele Denkmale der Schrift, welche sich von die=
sem Hauptzweige germanischer Sprache erhalten haben, und welche alle
mit der Sprachweise des österreichischen Volks, besonders des Gebirgs=
bewohners, die auffallendste Ähnlichkeit darbieten. Was insbesondere
die deutsche Mundart im Lande unter der Enns anbelangt, so hat sich
dieselbe am reinsten in den beiden Vierteln des Wienerwaldes, und fast
noch ganz in ihrer alterthümlichen Gestalt in der schönen Gebirgskette
erhalten, die sich von des Schneeberges ernsten Waldwüsten herüberzieht
bis hart an die brausenden Wogen der Donau." (So lauten z. B. selbst
die Häusernamen in der Grafschaft Guttenstein noch ganz altdeutsch:
der Rosengarten, Wurmhof, Wurmgarten, am Venusberg, an der Linde,
am Kappenthal, der Edelstein, Falkenstein, Findelhof, bei der Thor=
säule, im Seethale u. s. w. Fast scheint es, als hätte unser Heldenbuch
dem Grundbuche seine Namen geliehen. So werden in dieser Gegend
auch die Grundhelden entweder nach ihren Häusern, Grundstücken oder
besonders nach den Vorfahren (Guck=Ähnl, Ähnl und Vater) genannt,
wodurch ein Bauer oft den ganzen Stammbaum im Namen trägt; es
heißt zum Beispiel ein Landmann in Buchberg am Schneeberg: „der
Groze=Simmerl=Tonnerl=Jörchl=Michel=Seppel", ein zweiter: „Hansel=
Steffel=Andredl, Kasparl=Hannsjörgl" u. s. w. Die Gerichtssprache
hat zwar diese Namen vereinfacht, aber das Volk spricht sie ohne Irrung
fort. Noch hört man in der Nähe des Schneebergs Worte wie „Wetter=

---

*) „Bemerkungen über d. österr. M. A." in Tschischka's „Österreichischen
Volksliedern" (Pesth 1844.)

maal" (statt Regenbogen), „weibete Leut" (Weiber), „mannete Leut"
(Männer), „fert" (voriges Jahr), dann den Ausruf des Wunderns: „O
Mutter Gottes rein", und so Ähnliches.

„Auch das Mannhartsgebirge bewahrt einen reichen eigenthümlichen Sprachschatz; doch ist hier schon mehr Einwirkung der slavischen
Sprache, von dem nahen Böhmen und Mähren herbeigeführt, zu spüren.
Der nordöstliche Theil des Landes diesseits der Donau, besonders das
große Marchfeld hingegen bietet einen Tummelplatz verschiedener Mundarten dar, was zum Theil die Ansiedlung mannichfacher Nationen in
dieser Gegend, theils auch der lebhafte Verkehr, in welchem die Einwohner mit den angränzenden Slaven und Ungarn von jeher standen,
nothwendig veranlassen mußten. Wien hingegen, wo im buntesten Ge-
mische die gesammten Sprachen Europens und des Orients, vorzüglich
aber die verschiedenartigsten deutschen und italienischen Mundarten durch-
einandergesprochen werden, zeigt nicht viel Eigenthümliches in seiner
Volkssprache. Sie ist ein Gemengsel des Hochdeutschen mit der Landes-
mundart und hat insbesondere viele Italienismen in sich aufgenommen.
Das Land ob der Enns nähert sich in seiner Volkssprache schon mehr der
bayerschen Mundart; doch bieten das Salzkammergut und Salzburg
viele sonst nirgend übliche Idiotismen dar. Im Salzburger Hochland
endlich ist schon die Sprache der Tyroler vorherrschend." (Tschischka)

Ich lasse nun als Proben der österreichischen Mundart einige
Volkslieder folgen, über deren Tonfall (Rhythmus) Tschischka die
nachstehende interessante Bemerkung macht: „Ihr Klang ist stark, frisch,
oft jubelnd und verräth mit dem ersten Tone seine Heimath, das Gebirge,
aber auch zugleich sein frühes Alter, sie haben durchgehends gleichen
Tonfall, Drei-Viertel-Takt in acht Abschnitten. Dieser Rhythmus liegt
zugleich dem sogenannten Deutsch-Tanzen zu Grunde, und trifft mit dem
Rhythmus der Nibelungen, der alten dänischen, englischen und deutschen
Volkslieder ganz zusammen, wodurch die frühe Entstehungszeit dieser
Weisen beurkundet wird. Die bei uns vierzeiligen Verse lassen sich, ganz
der alterthümlichen Form entsprechend, recht füglich in zwei Zeilen zu-
sammenziehen, die dann auf einander reimen und in der Mitte den Einschnitt haben; unstreitig sind die Lieder und Tanzweisen feststehend geblieben hinter den Felsen, ihre Worte aber wurden täglich gewechselt und
von jeher nur dem Gesange angepaßt, vergessen, neu erfunden und dann

5 *

zusammengeschmolzen, wie es der Zufall gab. Es athmet in ihren Tönen
ein keckes Aufstreben und Jauchzen, das nicht im 16. und 17. Jahrhundert, viel weniger noch später geboren werden konnte, in einer Zeit,
wo der Volksgeist in Deutschland nicht mehr kräftig und selbstständig genug sich herauszuarbeiten oder frisch zu verzweigen vermochte."

Zunächst ein Scherzlied:

> „'n Mondah hads g'reg'nt
> und 'n Irdah had's g'schnaibt,
> Und 'n Midwoh da had's mich
> hald ah nid recht g'frait;
>
> 'n Pfingstah da bin ih
> in's Rabad'n g'foar'n;
> Und 'n Fraidah da bin ih
> ganz schlafari woar'n.
>
> 'n Samstah da had's hald
> sih ah nid recht g'schickt,
> Und 'n Sundah da hoa-ih
> ma' d' Hos'n ausg'flickt."

Ferner ein Schützenlied:

> „Ih bin a jung's Biabal,
> Lass's Bigsal oft knall'n;
>
> Und hed ih viar Dinga —
> De liass ih ma g'fall'n:
>
> Vom Gams'l de Krikal,
> Vom Hiarsch'l de G'woih,
> Vom Schüldhahn de Fedan,
> Vom Dearndal de Troi."

Endlich auch ein „Schnadahipf'l"

> „Vom Wald bin ih fiara,
> Wo d' Sune so schen schaint,

Und main Sch̊az is ma liaba
Als å̊ll maini Froind.

Als å̊ll maini Froind,
Und als å̊ll eana Göld,
Main Sch̊az is ma liaba
Als å̊lls in da Wöld.

Main Vå̊da, main Muada,
Main Schwesta, main Bruada,
Main ganzi Froendschaft
Hå̊d ma's Dea^rndal varacht.

Und eh'-a-ih main Dea^rndal lå̊ss,
Ēhanda lå̊ss ih å̊lls,
Ehanda Schuch und Schtrimpf —
's Diachal vom Hå̊ls."

Als Proben der **oberösterreichischen** Mundart folgende aller=
liebste Reime von **Stelzhammer** *), welche zugleich oberösterreichische
Naivetät und Gemüthlichkeit charakteristisch wiedergeben:

1.

„Kain Tag ahne Sunn
Und kain Nacht ahne Stern,
Und kain Herz åf dá Welt,
Das kain anders had gern.

Zwai Fischerl in See
Und zwai Vögerl in Wald
Und zwai Leut, dö sö gern ham,
Dö finden sö bald.

Kain See ahne Wassá,
Kain Wald ahne Bám,
Und kain Nacht, wori schlaf,
Vo mán Schatz ahne Drám.“

---

*) „Neue Gesänge in obberenns'scher Volksmundart,“ von **Franz Stelz=
hammer.** (Wien 1844.)

2.

's Haimátg'sang.

Haimátland, Haimátland!
Han di so gern,
Wia rá Kinderl sein Muedár,
Á Hünderl sein'n Herrn.

Duris Thal bin i gláffen,
Áfn Höchel bin i g'lögn,
Und dein Sunn had mi trickert,
Wann mi g'nötzt had dein Rögn.

Dein Hitz is nöt z' grimmi,
Nöt z' graoss is dein Frost,
Ünsá Traubben haisst: Hopfen,
Ünsán Wein nennt má: Most.

Und zun Bier und zun Most
Schmäkt á kröftige Kost,
Und dö wächst olli Jahr,
Mit dá Naoth hads kain Gfahr!

Deine Bám, deine Staudná
Sánd graoss worn mit mir,
Und sö blüehn schen und tragn
Und sagn: Machs ázwie mir!

Án schenere machts Bácherl,
Láft ollweil thala,
Awás Herzerl, wos auárinnt,
's Herzerl lásst's da.

Und i und dö Bachquell
Sán Vödern und Maihm:
Treibts mi wodáwöll hi,
Dö Gödánká zaign haim.

Dáhaim is dáhaim,
Wannst nöt furt muesst, so bleib;
Denn d' Haimat is ehntá
Dá zweit Muedáleib!"

Wie rührend ist diese kindliche Einfalt des Gemüths — aber wie stark die Liebe und Treue, – ein rechtes Spiegelbild des Volkes.

Im Ennsthal und in den Gegenden um Rastadt ist die Mundart rauh; besonders scharf wird das K herausgestoßen; einzelne eigenthümliche Ausdrücke sind: Hisch (fast), da bleibe (ganz), gankl (gut bei Fuß), dümpl (dunkl), sapadisch (fröhlich), Klopf (Felsen), Zag (Zugochs), Esta (Speiseglocke), Kemmethe (Speisegewölbe), Magire (kann ich dafür?), auf dö Platz köma (aufs Äußerste kommen), Nunsch (Dachrinne), z'an Bauern gehe d' Hund auf wöfn (an einen Ort selten kommen), kraud (gerade), übacha (herüber). Als Proben der Mundart folgende „Schnodahüpfl."

> „Aufs Gassl bin i ganga,
> Wars Fensta vafrorn,
> Wie da recht Bua is käma,
> Is auentlaint worn" (aufgethaut).

Und:

> o
> „'s Dierndl ist grosl kloan,
> Sie plaudert nix aus,
> Sie gibt ma dos Gloar,
> Wann i fuscht geh von Haus.
> Sie gibt ma dos Gloat
> Und a Bussl dazue.
> Sagt: bitt di gar schön mein Bua,
> Schmirb di fist nindascht zua!"

Im Lungau, dem südöstlichen Alpenbezirk des Herzogthums Salzburg, wohnt ein starkgefügtes, arbeitsames, aber minder gebildetes, schwerfälliges und bis zur Grobheit derbes Geschlecht, dessen Mundart ein Gemisch aller benachbarten, der kärnthnerischen, steyermärkischen und salzburgischen ist. Der Lungauer sagt: Braid statt Brot, greiß statt groß, gei statt gehen, leit statt liegt, mach und sach statt mein und sein, sei statt sie, mit söne statt mit ihnen, doalgöt statt dieses, nöt da statt nicht, lampern und ploapern statt plaudern, Hoalskelpern statt Halsbinde, Hoagarschte statt Besuchen, gar statt plötzlich, Schäube (Frauenrock), Kotter (Stube), Angarn (Nebenstube), Flötz (Stubenboden), Labn (Laube, Vorhaus), Hnitdern (Boden unter dem Dach), Frischling (Schaf), Lambitzen (Mutterschaf), gras Aelbeil (graues Lamm), Fadl (kleines Schwein, Ferkel), Kalbitzl (Küheklb), Gmahn (Zugvieh), Happ (ein Stück Vieh), onstea (öfter), o wa nöt da (o nein), Frento (Milchgeschirr), Kaschga (Käsekübel), Ausfladn (auswaschen), Schnitteling (Holzhauen), Anggeil (Hebamme), Greatn (Bank vor dem Hause), aufhangen (von der Arbeit ausruhen).

Im Allgemeinen hat der Österreicher mehr freudige und gesunde
Gemüthlichkeit als ernstere Gemüthstiefe, er besitzt Biederkeit, Treu=
herzigkeit, Sinn für fremdes Geschick, Gastfreiheit und Wohlthätigkeit,
was man mit einem Wort und im schönsten Sinne „ein gutes Herz"
nennt. Aber der gesunde Verstand bleibt dabei nicht zurück. Wie lebens=
froh, leichtsinnig, vergnügungssüchtig der Österreicher (besonders der
Wiener ist) so glaube man doch ja nicht, daß Schau=, Hör=, Eß= und
Tanzlust ihn auf Kosten des klaren Blickes und der richtigen Überzeugung
ganz und gar einnehmen. Namentlich hält ihn, wie sehr er auch an
Dulden gewöhnt worden, ein starkes Rechtsgefühl aufrecht, und in den
Städten, insbesondere in Wien, regt sich unter all den Blumendecken
der Sinnlichkeit der Geist mit gebieterischem Verlangen um die ihm ge=
bührende Theilnahme an allem, was die germanische Menschheit zu for=
dern und zu vollbringen hat. Wie mächtig dieser Trieb in allen Gebilde=
teren, im rechten Kern des Volkes ist, ebenso mächtig ist auch die Vater=
landsliebe, einer der schönsten und ehrenhaftesten Charakterzüge des
Österreichers. Es ist nicht die bloße Scholle, die er liebt, es ist die hei=
lige Idee des Vaterlandes, für die er freudig jeder Gefahr trotzt, wie
das die Türkenzeiten und die Tage des Aufgebots glorreich erwiesen haben.

Eine besondere Stellung nimmt der Wiener ein. Wien ist die
Stadt des heißblütigsten Lebens, die Freudenstadt, in welcher dem Frem=
den auf jedem Schritt und Tritt Glanz und Pracht und Jauchzen, Witz
und schwellender Lebensgenuß begegnen, als könne hier Niemand sterben
und Niemand elend sein. So Alles ist hier blühende, leuchtende, tönende
Gegenwart, so Alles Farbe, Glanz und Rauschen, für den ersten Ein=
druck wahrhaft betäubend, daß man nicht sogleich an die zukünftliche
Bestimmung Wiens denkt, auf welche Berghaus in folgenden ebenso
schönen als wahren Worten aufmerksam macht: Wien liegt für jetzt auf
der Scheidung des hochcivilisirten Occidents und des halbcivilisirten Orients
von Europa; von Wien kann und muß sich das Licht verbreiten über das
europäische Morgenland, weithin über die Gränzen des Kaiserreiches
hinaus, wo Alles in dunkler Finsterniß liegt. Das ist die große Be=
stimmung der Kaiserstadt, nach geographischer Lage, als Beherrscherin
des Donaubeckens, wie nach historischer Bedeutung und intellektueller
Bildung; von Wien aus wird ein Glied des großen germanischen Völ=
kerstammes die Fackel der Aufklärung tragen zu den Völkern slavischen

und thrako=pelasgischen Sprachstammes, die in den unteren Donaulän=
dern und auf der Halbinsel des Hämus ihre uralten Wohnsitze aufge=
schlagen haben. Möchte in dieser Ansicht eine Prophezeihung enthalten
sein und der Geist des Volkes, über welches Joseph II. seine Hand seg=
nend ausstreckt, sie erfüllen! In Mitten des weltstädtischen Treibens,
wie es sich im Durcheinandertönen der verschiedensten Sprachen, der
deutschen, französischen, italiänischen, englischen, ungarischen, all der
slavischen, der griechischen, der morgenländischen kundgibt, hat das Ei=
genthümliche des Wiener Charakters sich noch nicht verwischen können,
wenn gleich einzelne typische Gestalten, welche das alte ehrenfeste Bürger=
thum ausgebildet hatte, immer mehr verschwinden. Der Charakter des
Wieners aber war, ist und bleibt ein durchweg liebenswürdiger; denn
seine Grundzüge sind Gutmüthigkeit, Lebensgenuß und Humor: die erste
zieht an, der zweite verbindet, der dritte belebt. Das sanguinische Tem=
perament des Österreichers ist im Wiener bis zu Neugier, Leichtgläubig=
keit, Leichtsinn, Genußtaumel gesteigert, der tüchtige Kern davon: Wiß=
begier, Vertrauen und Treue, Frohsinn, Empfänglichkeit fürs Schöne
des Lebens und der Kunst, ist unvertilgbar. Der Wiener ist mehr als
gutmüthig, er ist gut; Ausnahmen dürfen uns an ihm nicht irre machen,
sie kommen auf Rechnung des weltstädtischen Babels; der größte Schatz
aber, den der Wiener besitzt, ist der V o l k s h u m o r. Durch ihn spricht
sich die öffentliche Meinung aus, welche sich der Presse nicht bedienen
kann, und er vermittelt sie wahrlich aufs allertreffendste; der gesunde
Sinn des Volks, der sich seiner unvergleichlichen Naturanlage, des Witzes,
bedient, richtet unbestechlich jede Thorheit, jede Verkehrtheit, gleichviel
ob sie im niederen oder im hohen Kreise, in der Verwaltung oder in der
Politik, innerhalb oder außerhalb der Mauern vorkomme. Dies wahr=
haft attische Element schützt und bewahrt den ganzen Wiener Charakter
in seiner ursprünglichen Frische, es schützt und bewahrt den Freisinn und
Freispruch, die sich im Schriftthum nicht äußern, durch dasselbe nicht
wirken können. Dadurch daß der Wiener Witz so weitumfassend, so un=
barmherzig gegen Privilegien und Privilegirte, und ebenso tief ernsthältig
als um seiner selbst willen vorhanden ist, dadurch ist er um soviel mehr
als bloßer Spaß, ist er H u m o r. Ein Volk, dem dies Geschenk der
Götter zu Theil geworden, kann nicht so leicht zu Grunde gehen, wieviel
Widerwärtiges auch an dasselbe kommen möge. Das Schlimmste aber

möchte fein, wenn der Hang zum Lebensgenuffe fich wie in jeder großen
Stadt (und felbft in kleineren leider) fo auch in Wien, in leidenfchaft=
licher Haft übertaumelt und die beften Säfte und Kräfte des Volks für
feinen Eintagsfliegenbedarf in Anfpruch nimmt. Wollte man einen Feft=
kalender Wiens entwerfen, fo wäre kaum ein Tag zu finden, der nicht
eine mehr oder minder raufchende, betäubende Luft in feinem Gefolge hat,
wenn auch nicht ein eigentliches V o l k s f e ft in wahrhaft volksthümlicher
Bedeutung, denn der Brigittenkirchtag ift nicht mehr das, was er war,
und all die andere Luft ift mehr Schauen von Vergnügungen des Hofes
und Adels oder von kirchlichen Ceremonien, oder fie ift das Vergnügen
des Einzelnen an Orten, wo Viele zufammenkommen.

Übrigens, da ich einmal das Wort „B r i g i t t e n k i r ch t a g“ aus=
gefprochen, ohne welches bis vor kurzem der alte Kehrreim: „’s gibt nur
an Kaiferftadt, ’s gibt nur an Wian“ nicht rechte Wahrheit gewefen
wäre, muß ich doch wenigftens das Andenken deffelben in folgenden im
Jahre 1836 niedergefchriebenen Worten erneuern. D e r B r i g i t t e n=
k i r ch t a g! Da ftrömen viele Taufende zufammen, reich und arm, jung
und alt; kein Unterfchied des Ranges und Standes gilt; Alle huldigen
nur der Freude des Augenblickes und Jeder fühlt fich vergnügter als ein
König auf feinem Throne. Auf dem grünen Rafen fchlagen ganze Fami=
lien Bivouac auf, während andere in vielen hunderten von ephemeren
Tavernen oder in dem bei der Kapelle erbauten Jägerhaufe fich gütlich
thun; jede Art von Vergnügen ift da entfeffelt und felbft in rafende Or=
gien wähnft du dich zuweilen wie durch einen Zauber mit hineingeriffen.
Eine Welt im Kleinen und doch groß genug, um alle Sinne zu betäuben,
umgibt dich mit ihrem Braufen; es ift ein Karneval mitten im Sommer,
bei welchem jeder in derfelben Maske, mit welcher er zur Welt kam, und
doch wie ein Faftnachtfchwärmer erfcheint; felbft das Elend tritt als
poffierliche Charge, als Narrenkönig auf, ein toll Charivari von allen
erdenklichen Inftrumenten ift feine Heermufik, Hanswurft fein Marfchall,
Gaukler und Luftfpringer, Menageriewärter und Kreuzerkomödianten
find fein geflickter Hofftaat. In diefer phantaftifchen Traum= und Zauber=
fphäre, in die du eingegangen, wähnft du dich fern der Gegenwart und
der Kaiferftadt, wenn du nicht zufällig an irgend einer freien Stelle der
Au den alten ehrwürdigen Stephansthurm gewahrft, der ernft in
das Getümmel hereinftarrt, oder ein feines blaffes Geficht aus dem

Salon erhaſcheſt, das aus dem wildſchäumenden Meere der ſtürmiſchen
Volksfreude, wie das eines verlornen Schiffbrüchigen, emportaucht.

Wie in den Mundarten, ſo iſt auch in Sitte und Tracht zwiſchen
Nieder- und Oberöſterreichern und bei den erſteren wieder zwiſchen
den Bewohnern verſchiedener Gegenden zu unterſcheiden, ſelbſt in Be=
ziehung auf Körperbildung, Schönheit und Kraft. Die Tracht iſt in
Mitten des ganzen Landes ziemlich dieſelbe, und nicht eben kleidſam;
Tücher, bei den Reicheren ſchwarzſeidne, um die Köpfe gebunden, daß
zwei lange Zipfel auf den Nacken fallen, kurze Jäckchen mit hoher Taille
und breiten Schulterblättern, buntes Tuch um Hals und Buſen, lange
Röcke, Schürzen beim weiblichen Geſchlecht; beim männlichen die von
Handwerkern in kleinen Städten, Tuchkappen oder altmodiſche Filzhüte,
mittellange Röcke, theils lange, theils kurze Hoſen; näher den Bergen
und in denſelben treten die Beſonderheiten der angränzenden Alpen= oder
Bergländer ein, näher den Städten zeigen ſich deren Einflüſſe, zumal
bei Wien, meilenweit in der Runde.

In Sitten und Bräuchen hat ſich manches Uralte glücklich er=
halten, was die ganze liebenswürdige Schlichtheit und Gradheit des
Öſterreichers bekundet; ein ausgeſprochenes Element davon bildet das
Religiöſe, in Bittgängen und Wallfahrten (ſinnlich=kindliches Vertrauen).
Die Oberennſer zeichnen ſich vor den Unterennſern durch harmloſere,
heitere Naivetät aus (ich zähle zu den erſteren auch die Salzburger); ſie
ſind auch ein ſchönerer, geſünderer Menſchenſchlag, außerdem betrieb=
ſamer, das Wohlwollen und die Biederkeit ſprechen ihnen aus den Augen.
Dies oberöſterreichiſche Volk ſteht (wie ich ſchon anderwärts bemerkt habe)
zwiſchen den Eigenthümlichkeiten des bayriſchen und der Hochländer in
der Mitte und hat das Beſte von beiden ſich angeeignet; ſeine Naivetät
iſt zugleich Empfänglichkeit, ſeine Lebhaftigkeit zugleich Strebſamkeit,
ſeine Herzlichkeit iſt mit Klugheit und Gewandtheit gepaart. Alle dieſe
Eigenſchaften verbindet harmoniſch und durchdringt bei den Linzern
eine Bildung, die dieſe weit über das Niveau von Landſtädtern erhebt.
Die Schönheit der oberöſterreichiſchen Frauen iſt bekannt, die der Lin=
zerinnen ſogar ſprüchwörtlich (ihre charakteriſtiſche Kopfzier, die präch=
tig=kleidſame „Linzerhaube,“ verſchwindet übrigens immer mehr); im
Hausruckkreiſe heißt ſogar ein Ort „Weibern,“ da ſoll auch nicht einzige
Häßliche zu finden ſein; — ob's wahr iſt?

6 *

Das Landvolk betreffend, so ist in Oberösterreich bessere Bodenkul=
tur als in Niederösterreich, wo noch ein veraltetes schlechtes System der
Bodenbewirthschaftung vorwaltet; der Oberösterreicher hat durch eine vor
mehr als vierzig Jahren angenommene rationellere Methode einen hohen
Stand der Blüte erreicht; überdieß hat er seit einigen Jahrhunderten so
gut wie keine Roboth, in Folge der durch das Interimale Rudolfs II.
bloß auf 14 Tage festgesetzten Robothleistung. *) Der Oberösterreicher hat
seine Wirthschaft arrondirt und sein Gehöfte bildet gleichsam den Mittel=
punkt derselben, während die Grundstücke in Niederösterreich allenthalben
zerstreut sind und wegen des bestehenden Bestiftungszwanges sehr schwer
durch Tausch oder Verkauf arrondirt werden können. So hat der nieder=
österreichische Bauer bisweilen 100 — 120 Joch Ackergründe, wovon er
vielleicht nur 20 bebaut, die übrigen aber unbenutzt liegen läßt (nament=
lich im Marchfeld). In Niederösterreich ist Weide, in Oberösterreich
Stallfütterung und Kleebau. Im Salzburgischen hat man statt der Drei=
felderwirthschaft „Ehegartenwirthschaft" (welche die Brache ganz aus=
schließt), Alpenwirthschaft im Großen aber nur im Gebirgslande Salz=
burgs, mit bestem Erfolg im Pinzgau. Der niederösterreichische Bauer
hat meistens überall bloß 5 Prozent Gebühren bei Veränderungen im
Besitzstande zu bezahlen, der Oberösterreicher dagegen in der Regel zehn,
der Salzburger 1, 3, 7, 7½ vom Hundert. Treten nun bei einer Bauer=
wirthschaft 2 bis 3 solcher Besitzveränderungen in e i n e m Jahre ein (was
sich durch Todesfälle, Kauf und dergleichen ereignen kann) so benach=
theiligt die zwei= bis dreimalige Entrichtung der diesfälligen Gebühren
(in Oberösterreich „Freigeld", in Salzburg „Anleit", in Niederösterreich
„Pfundgeld", „Todtenpfundgeld", „Laudemium", „Mortuar" genannt)
den bäuerlichen Besitzstand bei einer Bemessung von 10 Prozent in höchst
empfindlicher Weise, so daß der eine oder andere Bauer dadurch ganz
abhaust. Auch sind, aus dem feudalistischen Leibeigenschaftsverbande zahl=
reiche gutsherrliche Abgaben („Willengelder", „Stiften", „Gülten", „Ster=
behaupt") hervorgegangen, welche meist gar keinen Rechtsgrund für sich
haben, sondern lediglich in der Willkür begründet sind. Die meisten
wurden zwar durch Maria Theresia und Joseph II. abgethan; demunge=

---

*) M. Koch, Oberösterreich im Jahre 1843, im „Oberösterreichischen Jahr=
buch" (Linz 1844).

achtet bestehen noch andere derlei grundherrliche Giebigkeiten und Dienste
in Oberösterreich und Salzburg in solcher Menge, daß sie in der Mehr=
zahl der Fälle die landesfürstlichen Abgaben eines Zweifachen übersteigen.
Diese hindern denn auch das Emporkommen kleiner Wirthschaften und
obwohl die Regierung die Verminderung und gänzliche Abschaffung sol=
cher Dienste und Giebigkeiten wünscht, so hält es doch damit sehr schwer.
Immerhin ist Oberösterreich, durch den glücklichen Humor und die leichte
Empfänglichkeit seiner Bewohner, wie nicht minder durch seine Natur
ein schönes Land, dessen Anblick zur freudigsten Heiterkeit stimmen muß.
Da ist (Oberösterreich heißt ja in der Volkssprache das „Landl") der
lustige „Landler" zu Hause, jener nette, allerliebste Tanz, den sie auch
„draußen im Reich" kennen, und eine rechte Lust ist's, zuzusehen, wie
der frische Bub sein strotzendes Dirndl schwingt.

Im Innkreis hat sich noch viel alter Aberglaube erhalten. So
glaubt das Volk dort noch steif und fest an das „Teufelausbrüten",
um durch des Bösen Hülfe reich zu werden; wer das wolle, der müße
Gott absagen und werde ein schwarzes Ei finden, das ein Hahn gelegt,
das müsse er, die ewige Seligkeit abschwörend, neun Tage lang in der
Achselhöhle tragen, in der neunten Nacht aber werde mit dem zwölften
Glockenschlage der Böse aus dem Ei hervorspringen und ihm dienen (be=
kanntlich entspringt auch der Basilisk, dessen Anblick tödtet, aus einem
Ei, das ein Hahn gelegt). Auch das „Rauneln" (Chiromantie) wird
in der Sylvesternacht noch veranstaltet; so auch das „Kreisststehen"
in der Christnacht. Um das Schloß Forchtenau am „Hunnen"=
(Ungarn)=„Schlachtfeld" tobt das „wilde Gejaide"; der schwarze
Hund hetzt dort noch immer den gottlosen Grafen. Wie stark noch die
Gewalt des Aberglaubens, das bekundet folgende Geschichte aus
neuester Zeit (den dreißiger Jahren): Da kam ein Bäcker zu einem „be=
rufenen" (im Geruch geheimer Künste stehenden) Mann, und bat ihn,
daß er ihn mit dem Bösen bekannt mache. Der vermeintliche Hexenmeister
legte nun dem Bäcker, dessen Geduld er prüfen wollte, auf: er müsse sich
zuvörderst geraume Zeit im Wald in einen Ameisenhaufen bis an den
Hals eingraben lassen. Und so groß war die Macht des Aberglaubens:
der Bäcker that's, nach einiger Zeit fand man — sein Skelett! Im Inn=
kreis lieben sie das Ringen und Eisschießen, das Fischerstechen, das
Ringelstechen, Sack= und Hosenlaufen, Pferde= und Ochsenrennen,

des „Ganshenkens" nicht zu erwähnen, das „Nägelschlagen", wobei große eiserne Nägel mittelst eines Hammers um die Wette in einen harten Pflock geschlagen werden, das Baumsteigen und dergleichen. Am Dreikönigstage halten sie das „Sternsingen" und zu Ostern spielen sie den Streit des Sommers mit dem Winter, der dann zu guter Letzt tüchtig zu Schanden geprügelt und besiegt wird. *) Ein auch in vielen anderen Gegenden Deutschlands noch aus der Heidenzeit erhaltenes Volksfest, das „Sonnenwendfeuer", besteht im Land ober der Enns, wie weit über den Inn und davon nördlich über die Donau. Mein Gewährsmann schildert es so: Irgend ein Bürger oder Bauer stellt, wie ihn nach Jahresfrist die Reihe trifft, einen Wagen, ein anderer ein Pferd, ein Dritter und Vierter einen Knecht oder Buben, welche sämmtlich, mit Strohbändern festlich aufgeputzt, am Morgen des feierlichen Sonnenwendtags von Haus zu Haus, von Hütte zu Hütte fahren und mit einem herkömmlichen Spruche Holz in Scheiten oder Prügeln nach Maaßgabe der Vermögensumstände begehren. Jeder giebt willig seinen Theil und verspricht, sich Abends mit den Seinigen am bewußten Platze einzufinden, wenn das Zeichen gegeben wird. Der „Feuerplatz" ist ein Stoppelfeld, eine Aue, ein Hain; das Einladungszeichen wird durch eine überaus hohe, mit Strohbändern umwundene und in Flammen gesetzte Stange gegeben, welche weithin in die Runde leuchtet und bei ihrem Niederbrennen den Holzstoß entzündet aus dessen Mitte sie emporragt. Sie brennt und flackert ungefähr eine Viertelstunde lang; inzwischen sind mit Einbruch der Nacht die „Springer", „Bäher" und „Gaffer" von allen Seiten herbeigeeilt. Die „Springer" sind in der Regel junge, lebensfrohe Ehegatten, Brautleute und Liebespaare, die da in anderer Form und Behausung ihren Ball halten und so lange paarweise durch das Feuer springen, als sie die Füße zu regen vermögen. Ist die Menge der Springer zu groß, wie es häufig geschieht, so werden noch zwei, drei Holzstöße angezündet und fleißig unterhalten. Auch zur Belustigung der Kinder brennen zwei oder drei kleinere Feuer, neben welchen die Altmütter, alten Basen und Greise sitzen und mit Salz bestreute Brodschnitten an langen Stäben zur Glut halten, um sie zu rösten (zu „bähen") und für die Hungerigen in

---

*) Vergl. Grimms deutsche Mythologie (neue Aufl. Göttingen 1844.) 2. Thl. 732 ff.

Bereitschaft zu halten, während der Schenkwirth des Orts seinerseits Labsal für den Durst ausbietet. Die müßigen Zuschauer, „Gaffer" genannt, sind die beständigen Recensenten der springenden Paare, bringen durch ihren Contrast das regsamste Leben in die festliche Unterhaltung, die selten vor Mitternacht endet, legen den Holzstoß oft so hoch an, daß die kühnsten, geübtesten Springer stutzen, — höhnen und spotten (ohne eben zu beleidigen) wenn man mit Springen eine Weile einhält oder wenn ein Waghals, der keck hinübersetzt, einen unglücklichen salto mortale macht und entweder in die Flamme oder neben derselben niedertaumelt, beloben aber mit ohrzerreißendem Jubelrufe den glücklichen Springer, führen ihn zum Schenkwirth und zechen ihm ein Räuschchen an, hofiren aber noch tumultuarischer einem kühnen Mädchen, wenn es einen gewagten Sprung thut und erklären es zur „Kaiserin." (Auch in Wien war das Sonnenwendfeuer eine uralte Volkslustbarkeit, an welcher auch der Bürgermeister und die Rathsherren Theil nahmen, indem sie um das Feuer ritten, worauf dann den „gemeinen Frauen", welche mit dem Volk um das Feuer tanzten, Bier gereicht wurde, während sich die Rathsherren entweder im städtisch bevorrechteten Bierschank am hohen Markt oder in des Bürgermeisters Haus erquickten; auch hier wurde das Holz durch freiwillige Beiträge von Haus zu Haus gesammelt; erst im 18. Jahrhundert (1705 und 1724) wurde das „Sonnenwendfeuer" in Wien abgeschafft. *) „Im Land ob der Enns" (erzählt schon 1705 ein Österreicher, Mathias Abele von Lindenberg,) „gibt es wackere und starke, wie sie sich selbst nennen, Räiffinger oder frische Buben, welche oft einem zu gefallen, so ihres Gleichen sein will, 1, 2, 3 ja 4 Meilen auf die Tanz oder Hochzeiten nachgehen und alsdann Gelegenheiten suchen, mit den andern vermittelst der Faustwechselung bekannt zu werden. Im Lande Steyr, sonderlich in Obersteyermark" (fügte er hinzu) „tragen dergleichen Fausthelden oder Raiffer auf ihren Hüten eine Kranichfeder; alsdann muß er sich auf zween seiner Gegner wagen und ihnen, wie sie es nennen, Bescheid thun." Im Pinzgau haben sie noch manch gewaltiges Spiel; da fassen zwei starke Bursche einer den andern an der Hose und nun gilt's, wer den Widerpart so aufhebt und zu Boden wirft; oder es springt einer dem andern über den Kopf, oder zwei solcher Recken nehmen jeder einen

---

*) Schlager, Wiener Skizzen aus dem Mittelalter I. (Wien 1836.)

Menschen und schlagen so wie mit Hammer auf Ambos, und was dergleichen halsbrecherischen Wettkampfs und Kraftübermuths mehr ist. Die Lust am Scheibenschießen theilt der österreichische Gebirgsbewohner mit allen übrigen Alpensöhnen, und der Stutzen, sein treuer Kammerad, knallt wohl auch im einsamen Forst auf verbotenen Wegen; daneben ergötzt er sich auch, wie das Volk in der Ebene, am Kegelschieben; besonders hält er an der Alpenfreiheit fest, wie der Steyermärker und der Tyroler oder der Schweizer, nämlich an der Freiheit des „Fensterln's", wenn der frische Bub zu der „Schwaigerin" in die Sennhütte schleicht, und sein „Gsangl" oder „Schnodahüpfl" singt und lustig jodelt; in der „Schwaig" (Sennhütte) ist's ihm fein genug, so klein und unsauber sie ist. Die „Schwaigen" gleichen sich so ziemlich auf allen österreichischen und bayerischen Alpen; die Schwaig ist eigentlich nichts als ein hölzernes Blockhaus, wo die Thür auch Schornstein und Fenster ist. Da wacht und schläft die Schwaigerin in dem einen Raum, der zugleich Küche ist; etwas vertieft liegt der Milchkeller, auf dem Dachboden das Heu, in der Nähe die Stallung fürs Vieh bei schlechtem Wetter und eine eingehegte Wiese zum Abmähen von Grünfutter während des Melkens. Oft ist eine Quelle nicht weit; wenn nicht, erhält sich die Schwaigerin den Schnee, der sich in Vertiefungen ansammelt. Da lebt nun die Schwaigerin mutterseelenallein in der Höh, singt und jodelt beim Melken oder wenn sie mit Lebensgefahr Futter von steilen Plätzen holt, wo das Vieh nicht weiden kann, und nur des Abends, wenn die Arbeit gethan, kommen ihrer mehrere aus den Schwaigen in der Nähe bei einem Kreuz oder Heiligenbilde im Freien zusammen und beten. Weiter unten in den Thälern geht's nicht besser mit Buben und Dirndln; — 's ist Unbefangenheit in solchem freien Zusammenleben, aber der frische Bub läßt sein Dirndl nicht sitzen, wenn er's endlich ernähren kann.

Im Ennsthal und in den Gegenden um Rastadt (im südöstlichen Theile Oberösterreichs nahe der Gränze gegen Steyermark) sind die Menschen klein und unansehnlich von Wuchs (in Folge des „Übermänntwerdens" der Kinder, d. h. des allzufrühen Anhaltens derselben zu beschwerlichen Arbeiten), aber gesund und langlebig. Auch hier kommt, wie in den Alpenländern überhaupt, Blödsinn und Cretinismus, mit verschiedenen Abartungen, vor; hier heißen die Blödsinnigen „Unresierige," „Lappen" (in Salzburg heißen sie „Feren", in Steiermark „Trotteln," in

Kärnthen „ungescheite", „umweltläufige", „Dosten" oder „Döcker" (die männlichen Geschlechts) und „Treapen" (die weiblichen Geschlechts); auch dicht am Donauufer fehlen sie nicht, so z. B. bei Engelhardszell). In diesem Gebirgsrevier hat sich viel Altes in Sitten und Bräuchen erhalten. Da sind noch die „Rauchnächte" (in denen die Geistlichen räuchern) am Thomasabend, am Christabend (die „Rumpelnacht") und am Vorabend vorm Dreikönigstag, da ist noch das Berchtenlaufen und das Anglöckeln. Gasseln (Fensterln) ist hier auch im Schwunge, Tanz eine Lieblingsbelustigung, daneben Rätheln, Springen, Holtristen, Fröscheln, Piroßeln, Hosenrecken und dergleichen athletisches Spiel, das Hackbrettl, die Schwögelpfeife und die Maultrommel sind die Lieblingsinstrumente.

Eigenthümliche Bräuche im Lungau sind das „Apachschnalzen" der Hirten beim Eingang des Frühjahrs, sobald die Witterung den Austrieb des Viehs in die nächst gelegenen Triften gestattet (Knallen mit großen, oft 4—5 Klafter langen Peitschen) und das „Jaggosen" (Jakobsen), d. h. am Jakobs- und Annatag Besuch der Sendinnen auf den Almen, wobei dann die Sendinn die Buben reichlich bewirthet. Beim Bau eines neuen oder der Herstellung eines alten Hauses schicken alle Nachbarn, denen dies förmlich angezeigt worden, einen Knecht zur Beihülfe und steuern außerdem Beiträge zur Verköstigung. —

Die Salzburger sind zu allen Zeiten ein poetischer, tüchtiger, mannhafter Menschenschlag gewesen, die der Krummstab nie völlig krumm zu machen vermocht hat. Sie haben den Untersberg in der Nähe, worin der verzauberte Kaiser schläft, der noch wiederkommen und siegen soll und Deutschland aufs neue groß und herrlich machen (die Hoffnung ist nun einmal unaustilgbar in unserm Volk von Geschlecht zu Geschlecht; aber es liegt nur an uns selbst, den verzauberten Kaiser zu erlösen). Da tönt auch aus der alten Volksüberlieferung noch bis in die Gegenwart hinein die Weissagung von den zwei großen Schlachtfeldern, dem einen am Rhein, und dem andern auf den Walserfeldern bei Salzburg, wo der Kaiser, mit seinen Mannen aus dem Berge hervorkommend, streiten und siegen werde, und die Weissagung von dem verdorrten Birnbaum, der schon einmal umgehauen worden und aus der Wurzel frisch getrieben; wenn er aber noch einmal umgehauen worden und nochmal Zweige und Früchte bekommen, dann werde ein Fürst von Bayern seinen Schild dran hängen und Bayern groß und herrlich machen; die Zeit, wann dies ge-

schehe, habe einst Friedrich der Rothbart dem Kaiser Ludwig dem Bayer
in der Liebfrauenkirche zu München heimlich ins Ohr gesagt. — Das
sind wundersame Sagenklänge, aus denen des großen deutschen Volkes
unerloschene Sehnsucht nach seiner Weltgeltung wiederhallt, aber offen=
bar tönt daraus auch das uralte Gefühl nachbarschaftlicher Reibung zwi=
schen Bayern und Österreichern, wie sie gerade im Kampf Ludwigs des
Bayern mit einem andern Friedrich, dem schönen Habsburger, einen so
entschiedenen Ausdruck gefunden hat. Sie wissen noch davon zu erzählen,
wie der Wundermann Theophrastus Paracelsus die Salza goldträchtig ge=
macht; auch vom „Schmeckenwitz" wissen sie noch, der die List des Erz=
bischofs geschmeckt und so dem Verderben entronnen; und auch von ihren
Landsleuten können sie erzählen, den einfachen schlichten Gebirgssöhnen,
die um 1731 zu Schwarzach im Wirthshaus die Schwörfinger ins Salz
gesteckt, darauf, daß sie lieber sterben als dem reinen Wort Gottes untreu
werden wollten, wovon sie „Salzlecker" genannt worden, und die dann
endlich aus dem lieben Vaterland um der Wahrheit und des Gewissens
willen fortgezogen, ihrer wohl an zwanzigtausend fromme, treue und
fleißige Menschen, weit weg bis nach Hessen und Preußen, bis nach Hol=
land und Nordamerika hinaus.

Der Steyermärker.

Der Steyermärker strotzt von Gesundheit des Leibes und der
Seele; Muskelkraft in den Gliedern, scharfes Gesicht, offener Sinn und
ein treues Gemüth, das noch den Handschlag heilig hält. Wie frisch und
keck steht er in seiner malerischen Tracht da, mit den Auer= oder Birk=
hahnsfedern oder dem Gemsbart am breitrandigen spitzen Hut, das
schwarze Flortuch lässig um den braunen Hals geschlungen, den grünen
Hosenträger überm schwarzen oder rothen Brustfleck, den lodenen grauen,
braunen oder grünen Rock mit niederem Kragen, hoher Taille und Häf=
teln statt Knöpfe, oder den lodenen Wettermantel um, der an beiden
Seiten zugeknöpft ist, in den kurzen ledernen oder lodenen Beinkleidern,
blauen oder grünen Wollstrümpfen und derben Bundschuhen, Messer und
Gabel in der Hosentasche an der Seite, und den Stutzen im Arm; so

schaut er lustig von der Alpe auf seine wunderherrliche Heimath hinab und jauchzt vor Freuden hoch auf, wenn er an seinen lieben „Hansel," seinen fürstlichen Landsmann und Wohlthäter denkt, an den Erzherzog Johann, der so oft in derselben Landestracht Alp' auf, Alp' ab gestiegen und die Hütten besucht. Bescheiden, aber freundlich steht das hölzerne Steyrer Haus auf seinem steinernen Unterbau da, mit seinem Schindel- oder Strohdach und den kleinen Fenstern, mit dem hölzernen Körner- kasten und dem „Gasthaus" oder „Ausnahmsstockel" in der Nähe. Da seht ihr nun die frischwangige, blauäugige Steyermärkerin mit dem gro- ßen breitrandigen grauen oder weißen, rothgefütterten Hut auf dem mit der Bodenhaube bedeckten Kopf, im vielgefältelten schwarzen, grünen oder braunen Tuchrock, dem bunten Brustfleck, dem braun- oder schwarz- kattunenen Korsettchen, der blauleinenen steif geglätteten Schürze, den blauen oder weißen Wollenstrümpfen und den flachen Leder- oder Bund- schuhen, — ein reinliches, fleißiges, schaffendes, häusliches, frommes Geschöpf.

Auch in der Steyermark findet sich viel Wechsel der Mund- arten je nach den Thälern; so weicht z. B. die um Graz von jener um Judenburg bedeutend ab, und nicht blos die Aussprache, sondern auch die Wortbedeutung ist verschieden. Im Allgemeinen ist die Mundart rauh und hart und hat eine Fülle veralteter Wörter und Provinzialis- men, so gilt z. B. das alte „Kunter" noch jetzt für Ungeheuer, Unge- ziefer, wie es zur Zeit Ulrichs von Lichtenstein, Herrants von Wildon und Ottokars von Horneck galt; einzelne Provinzialismen sind: affte, ofte (hernach), ahi (hinunter), abu (ei), artlö (sonderbar), achten (ver- achten), anhabi (zudringlich), anherrisch (stolz), adrat (klug), abscheiben (von der Alpe abfallen), blahn (zürnen), brodeln (plaudern), daigi (die- ser), dotzi (jener), dakämen (erschrecken), eanchl (auf der andern Seite), Fürt (Fürst), ferten oder ferschlen (im vorigen Jahr), feintla (viel stark), Faunzen (Ohrfeige), froiten (frieren), frei (sehr), Gweibaz (Weib), Gagg (Blöder), Gmoanat (Mond), gamazen (gähnen), gschmoaßn (hager, schlank), gnätig (eilig), das Gschatz (das Vertrauen, die Achtung), Gotts- laimastag (Frohnleichnamstag), graß (gereißig), Hörli (Weise), Hetl (Ziege), hasen (glatt), himmlatzen (blitzen), haantz? (wie, was meinen Sie?), hörscht (hart), kain, auskain (umwerfen), klösche (schlagen), koabig (neblig), Käusche (geringeres Bauernhaus), koaben (leiden), letz

7 *

(ſchlecht), Löckach (Krummholz), laas (ſchwach), Lanzig (Frühling), nachten (geſtern), nutz (derb, groß, ſtark), oaaſt (geſchwind), oanlaſi (elf), Oedlan (Erlen), peanket (krumm), preſſen oder kallen (bellen), pfnoten (trotzen, ſchmollen), Pranſterling (Sonderling), rärn (weinen), Straßgiatl (liederlicher Menſch), ſaunle (zaudern), ſchiach (garſtig), ſpeer (bitter), Streanze (faules Weibsbild), ſtücklig (ſteil), ſchreams (ſchräg), tengg (link), toll (brav), tangeln (wetzen), tümmeln (poltern), utſcher (ach), ungät (unartig), Wurt (Wurſt), Wirſcht (Wirth), wolletzen (du= deln), Yrckſen (Achſelhöhle), znaläſt (unlängſt), zannen (weinen*).

Der Oberſteyermärker hat (nach Göth**) einen mehr gedrun= genen, ſtarken Körper, eine feſtere, mehr Unbilden zu ertragen fähige Leibesbeſchaffenheit, während der Unterſteyermärker in ſeinen milden Ge= genden und bei ſeinen weniger beſchwerlichen Arbeiten größer und ſchlan= ker heranwächſt, aber auch weniger zu ertragen im Stande iſt. Eine vom Oberſteyermärker unzertrennliche Eigenſchaft iſt der Frohſinn. Jede Arbeit begleitet er mit Geſang, und zum Tanze, der nicht nur charakteriſtiſch und originell, ſondern in ſeinen reinen Manieren auch ſinnvoll iſt, iſt er ſtets und ſelbſt nach jeder Ermüdung bereit. Die Muſik zum Tanz, bei der nie eine Art von Cimbal, hier „Hackbrettl“ genannt, fehlen darf, neben welchem nur noch zwei Violinen, wovon eine den Ton angibt, und ein Violon mitwirken, hat meiſtens Volksmelodien zum Grunde liegen, und ſo beredt der ſchon an ſich originelle ſteyeriſche Tanz durch ſein Dre= hen, Wenden, Verſchlingen, Loslaſſen, Entfernen, Wiederfinden und ſtilles Dahinwiegen iſt, und hierdurch mit der edelſten Einfachheit und den mimiſchen Ausdrücken einer herzlichen, gutmüthigen Fröhlichkeit die ſüßen Tändeleien der Liebe darſtellt; ſo bleibt es doch nicht bei dieſer Ge= berdenſprache allein, ſondern die Tänzer miſchen oft einzelne Liederſtrophen ein und nicht ſelten beim Aufſpringen und Händeklatſchen einige abge= brochene Ludeltöne oder einen hellſchneidenden Pfiff, welches das höchſte Entzücken bezeichnet. (Göth a. a. O. S. 141.) In den Liedern des Oberſteyermärkers lebt Herz, Sinn und Sitte; was den Geſängen an Silbenmaß und Reimgleichheit abgeht, wird durch Witz und Natür= lichkeit erſetzt. Nicht immer iſt der Inhalt ſeiner Lieder rein von Zwei=

---

*) Sartori, neueſte Reiſe (Leipzig 1812) 3. Band.
**) Das Herzogthum Steyermark. I. (Wien 1840.)

deutigkeit; aber sie singen laut, was sie singen lehrte, und sind hierdurch wenigstens eben so gut, als der Feingebildete scheinen will, der oft nicht hören mag, was er in der Stille zu sein nicht verlernt hat. Sind gleich die Bedürfnisse des Bergbewohners einfach und gering, so ist doch ihre Mannigfaltigkeit für Haus, Feld und Wald groß genug, um die Kräfte in Thätigkeit zu setzen und den Erfindungsgeist rege zu machen, denn jeder muß streben, sich selbst zu genügen, daher seine Unverdrossenheit, sein Mutterwitz, sein stets unverlegenes Benehmen. Wie ganz anders dagegen ist der Untersteyermärker, der Wende! Nicht als ob äußerer Druck und Noth seine Düsterheit erzeugten, nein, auch wenn es ihm wohlgeht, herrscht eine gewisse Melancholie vor, die sich ganz unläugbar in der Melodie seiner Gesänge ausspricht. Bei einer weniger furchtbaren und kargen Natur, die ihm seine Mühe leichter und besser lohnt, koncentrirt sich auch sein ganzes Thun und Trachten nicht so sehr auf die Erhaltung seiner Existenz, er ist um diese, da sie fast gesichert ist, weniger beküm-mert, und richtet daher seine Thätigkeit nach Außen für die Gesellschaft, weshalb man bei dem Untersteyermärker bei weitem mehr Gemeingeist findet, als bei dem isolirten, mehr auf sich selbst beschränkten Oberländer, der stets nur für sein Ich zu sorgen hat.

Der Steyermärker (hier immer den Obersteyermärker im Auge behalten) ist fromm bis zur Bigotterie und zum Aberglauben, ohne daß dies jedoch seine angeborne Lustigkeit zu dämpfen vermöchte, — es kommt von seinem festen Beharren am Alten, das oft bis zum trutzigen Eigen-sinn wird. Er ist vertrauensvoll und wird nur dann mißtrauisch, wenn sein Vertrauen einmal mißbraucht worden; er ist mitleidig und wohl-thätig, der gemeine Mann (von dem hier vorzugsweise die Rede) ist trutzig stolz auf seinen Stand, dem Höherstehenden nicht demüthig, noch unter-würfig, und haßt nichts mehr als Partheilichkeit. Das Fensterln („Gas-seln") ist auch hier Sitte, und die leisen Töne des „Brummeisens" (der Maultrommel) verrathen der auserkornen Dirne die Werbung des rüsti-gen Burschen draußen in stiller Nacht. Außer Gesang und Tanz liebt der Steyermärker mit wahrer Leidenschaft Scheibenschießen und Jagd, und streift er im Wald und zeigt sich ein Wild, so kann er's nicht lassen, den Stutzen zu probiren und achtet solch Thun für keinen Frevel, ja, je gefährlicher dies Handwerk ist, um so mehr liebt er's. In seiner herz-haften Lust am Pulverknall begrüßt er den ersten Ostertag, bevor die

Sonne hinter den Bergen aufsteigt, mit Böllerschüssen. Am zweiten
Ostertag aber ist die Volksfreude auf allen Wiesen im vollen Gang, da
giebt's Baumklettern, Sacklaufen, Hahnenschlagen, Stangenreiten und
Wettlaufen; am Vorabend der Sonnenwende flammen die Johannisfeuer
auf den Bergen, am Johannistag selbst aber wird auf die Alpe gezogen.
Nicht minder erfreut die Schlittenfahrt steile Hänge hinab. Auch der
Beichttag in der österlichen Zeit wird als Festtag im Wirthshaus beschlossen; von den Kirchweihen gar nicht zu reden. Eine eigenthümliche
Sitte hat sich hier erhalten, die Gemeindeberainung. Alle zwei, fünf
oder zehn Jahre ist ein Frühlingstag dafür bestimmt, daß der Gemeinde-
vorstand nachsieht, ob die Markzeichen noch unverrückt stehen; dazu
nimmt er den Ältesten der Gemeinde und das junge Volk mit, geht
von einem Gränzzeichen zum andern und gibt bei jedem den Jungen eine
Ohrfeige, damit sie dran denken, wo die Gränze der Gemeinde ist. Freien
und Hochzeit sind also landüblich: der Junggesell und die Jungfer, die
sich heirathen sollen, haben von Anfang her gar nichts mit der Sache zu
thun. Haben die Ältern oder die Verwandtschaft das Aug' auf eine Wahl
geworfen, dann wählen sich beide Theile die „Bittelmänner," welche die
Vorarbeit thun, und ist die gethan, dann gehen die Bittelmänner mit
dem Bräutigam oder der Braut zu dem Theile, auf dessen Haus, Gewerb
oder Wirthschaft geheirathet werden soll, zur Beschau. Ist die wieder
abgethan (und sie geht nicht ohne ein stattliches Mahl in den blanken,
festlich geputzten Räumen vor sich), so wird der Heirathsvertrag entworfen und das „Versprechen" gehalten (die Verlobung), und nun geht der
Bittelmann mit dem Bräutigam aus, die Gäste zur Hochzeit einzuladen,
die drei Wochen nach dem Versprechen stattfindet. Am Hochzeitstage nun
kommen die Gäste im Wirthshaus zusammen, wo sie Blumen mit Bändern und zu dem Frühstück, das sie selbst bezahlen, Hausbrot, welches die
Braut gebacken, bekommen. Vom Wirthshaus geht dann der Brautzug
mit Musik zur Kirche, wo der Pfarrer die Messe liest, die Brautleute
einsegnet und ihnen dann den Johannissegen (von ihm geweihten Wein)
beut, von dem der Bräutigam der Braut, diese aber den andern Gästen,
und die letzteren unter sich dem Brautpaar zutrinken. Dieß geschehen,
schallt wieder die lustige Hochzeitsmusik zum Heimzug in's Wirthshaus,
wo die Braut das Kraut salzen muß, sie wirft nämlich ein Geldgeschenk
in einen Topf mit Sauerkraut, den ihr die Köchin darreicht. Eine

Stunde später beginnt der Hochzeitsschmaus, wobei die Braut, die zwischen der Brautmutter sitzt, nicht selbst in die Schüssel langen darf, sondern sich von der ersteren vorlegen lassen muß. Jeder Gast bezahlt seinen Antheil; deshalb, daß doch alles aufgezehrt werde, läßt er sich dann auch von Weib und Kind in der Mitte des Essens ablösen; nach dem Rindfleisch bekommt er seinen hölzernen Teller vor sich gestellt, auf dem er das „Bschaidessen" mit nach Hause tragen kann, nämlich den Rest seines Essens, den weder er, noch sein Weib und Kind aufzuzehren vermocht. Die Köchin darf dabei nicht leer ausgehen, die kommt während des Essens mit einem großen Schaumlöffel und holt sich darauf ihr Trinkgeld; die Musikanten, die genug aufzuspielen haben (denn getanzt wird die ganze Nacht, und wer auch nicht eingeladen ist, darf mittanzen), bringen jedem Gast ein Glas Wein und bekommen dafür ein Trinkgeld; sie begleiten auch die Brautleute mit Sang und Klang nach Haus bis an's Thor, wo der Bittelmann sich bei den Gästen bedankt, und spielen dann noch ein Wiegenlied auf. Bei Taufen sieht der Steyermärker aus religiösem Glauben sehr darauf, daß das Kind so bald als möglich nach der Geburt in die Kirche getragen wird (wär' diese auch drei Stunden oder mehr noch entfernt) und daß es nüchtern ist, oft bekommt es die erste Muttermilch erst nach der Taufe; der Pathe des ersten Kindes hebt auch alle spätern in derselben Familie, und muß nicht blos alle Kosten der Taufe und des bei dieser Gelegenheit gerüsteten Mahls bestreiten, sondern auch dem Kinde an baarem Gelde einbinden, der Mutter eine ganze Tracht Eßwaaren, worunter die oft 2—3 Schuh lange und 15—20 Pfund schwere „Kindbettstrizel," „Waisach" genannt*), senden, späterhin das Kind in einen vollständigen Anzug kleiden und bei jedem Geburts= und Namenstag beschenken; das sind die „Krösengeld" des Kindes; sein Eigen, sein Sparpfennig, der den Ältern — auch in der bittersten Noth — unantastbar heilig bleibt. Bei Begräbnissen der Reichen werden 10—20 Personen bezahlt und verköstigt, die in dem Zimmer, wo die Leiche ist, täglich einige Stunden, auch die Nacht hindurch beten und geistliche Lieder singen; nach Beerdigung und Gottesdienst folgt das stattliche Todten= mahl („Todtenzehrung").

---

*) Im Ennsthal und in der Gegend um Radstadt in Oberösterreich heißt der Besuch bei der Wöchnerin „Weiset."

Der Tyroler.

Der deutsche Tyroler ist ein gesunder, kräftiger, schöner Men=
schenschlag, mit offnen Zügen und einem klugen Ausdruck des Blickes,
hoch und breitschultrig, langlebig, mehr als ein anderer Alpensohn, und
bis ins hohe Alter, bis an und in die achtzig Jahr ungeschwächt an
Rüstigkeit. Mannigfach von einander abweichend sind die Mundarten in
Tyrol; doch lassen sie im Ganzen drei Hauptgruppen unterscheiden, die
Bregenzer, die Unterinnthaler und die Zillerthaler. In der ersteren, die
aus alemannischer Wurzel getrieben, zeigen sich noch viele altdeutsche
Sprachformen; die zweite ist die weichste, leicht und nachlässig, die dritte
hingegen nachdrücklich und hart, mit starker Betonung der Kehllaute, —
beide letztere verläugnen ihre Abstammung aus bayerischer Wurzel nicht*).

Als Probe der Bregenzer folgendes Bruchstück:

„Es ischt an aute Sag: am Wienacht-Obed
In schpäter Geisterstunde teufem Schweige
Soll alles Wasser in Wing verwandlet syng
Zum Freudequell durch Gottes Wunder-Göble
Wie deut zu Kana bei dem Hochzeitsmohl.“

Als Probe der Zillerthaler Mundart:

„Znagst hat mich a mahl oar aufm Kirchtag genacht (genarrt),
Und hat gsoat ear wollt mar zalln,
Mier kaman aft dö längiste Pois (Zeit) nimar zsamm,
Weil dar Lottar (Schelm) focht (fort) war gen Alm.
Ich hun nam an gruessen Rosmaristock gekaft
Hatn lassn recht schiene übargoldtn,
Und der Lottar hat sich aft nit söhn lassn mear
Aftang hat ich mach wohl hoemalch darscholtn.
Ich suechat alle Gassn und Kirchplatze aus
Und dar Lottar lasst sö nindacht (nirgends) findtn,
Hoasst das aft dö Loit nit für an Nage (Narrn) gehoat?
A mein Seale, wie weacht ear sö nit vasindtn (versündigen)!“

Endlich als Probe der Unterinnthaler Mundart:

„Wenn der Mun (Mond) so schien blickt,
Iss fü's Dianal a Dlück (Glück)
Und fün Bauan a Schad,
Der a schiens Dienal had.“

---

*) Schmidt, die gefürstete Grafschaft Tyrol (Stuttgart 1837).

Malerisch ist die Tracht des Tyrolers insgemein, obwohl fast in
jedem Thal eine besondere vorherrscht (Nordtyrol hier vorzugsweise gemeint, in Südtyrol ist mehr Übereinstimmung). Wie stattlich tritt der
Innthaler auf in seinen das Knie bloß lassenden Wadenstrümpfen und
kurzen dunklen lodenen oder ledernen Hosen, mit dem breiten Gürtel und
dem breiten Hosenträger über der rothen Weste, der kurzen Jacke und dem
großen runden, mit breiten Bändern geschmückten Hute, — dann die
Unterinnthalerin mit dem hohen spitzigen Hute auf dem hübschen Kopfe,
im kurzen Faltenrock und dem stattlichen Latz, die Oberinnthalerin mit
dem grünen Filz= oder gelben Strohhut, im grünen Leibchen, mit weiten, blendend weißen Hemdärmeln und dem schwarzen Stutzen, und das
schwarze Halstuch äußerst zierlich geknüpft, die Strümpfe blau oder roth.
Wie hübsch sieht der Pusterthaler aus, mit dem breiten grünen Hute auf
dem rund geschornen Kopfe, in der dunklen Weste und mit dem schwarzen, breiten, ledernen Gurt, der mit Federkielen gestickt ist; die Puster-
thalerin trägt einen grünen Faltenrock, blaues Leibchen und blaue
Schürze, weiße Strümpfe und einen großen grünen Hut mit langen Bändern. Der Passeyrer hat seine braune Jacke roth und grün schmal eingefaßt, die Hosenträger desgleichen braun, und den Hut gelb. Die Bre-
genzerin, die an Schönheit den übrigen Tyrolerinnen so vorangeht, wie
der Zillerthaler den Mannsleuten im Land, trägt im Sommer eine him-
melblaue Mütze, im Winter eine Pelzhaube auf dem Kopfe, ein buntes
Leibchen und ein weißes gesticktes Busentuch drüber, die Ärmel roth, so
lang sie noch Mädchen, später schwarz, und einen schwarzen leinenen
Rock, der in gar viele Falten gelegt ist.

Nirgends in den deutschen Alpenländern tritt der Bauer so frei-
sam stolz auf als in Tyrol, und dies hat seinen Grund darin: zwar
existirt in Deutschland keine Leibeigenschaft des Bauern mehr und dennoch
ist dessen Stand — namentlich in Österreich — noch keineswegs benei-
denswerth. Er ist, wenn auch persönlich frei, doch im Durchschnitt nur
gewissermaßen Pächter und die Masse von Roboten, die auf ihm lastet,
hindert ihn an der rechten Bewirthschaftung, an der Möglichkeit, sich
dauernden Wohlstand und Selbstständigkeit zu schaffen und ein tüchtiges
Selbstgefühl zu erlangen. In Tyrol ist das ganz anders. Da ist der
Bauer freier Eigenthümer des Bodens, den er bebaut, da nimmt er Theil

an der Landstandschaft (Prälaten, Herren, Bürger und Bauern sind ja die vier Stände, aus denen die Tyroler Landschaft besteht).

Der Tyroler liebt seine Heimath und wahrlich: er „hat auch Ursache, sie zu lieben;" er liebt sein Fürstenhaus, und wie er es liebt, getreu bis in den Tod, das hat er wahrlich dargethan. Liebt er sein Land Tyrol mit all' seinen alten Rechten und Freiheiten, so hängt er an seinem Fürstenhaus eben auch aus derselben unerschütterlichen Anhänglichkeit an's Alte, die ihn auch am alten Glauben der Urväter halten macht. Sein Temperament ist frisch und immer lustig; seiner Naturwüchsigkeit aber ist er bewußt geworden, und bewußt behauptet er sich auch, klug und pfiffig, wie er ist, all' seiner Treuherzigkeit unbeschadet. Eine wunderliche Mengung ist das in ihm: Wandertrieb und Heimweh, Naturbehagen und Kunstfertigkeit, Arbeitsamkeit und Spekulation. Sinnlich ist er, wie irgend ein Alpensohn und das „Gassigehn" läßt er sich nun einmal nicht nehmen; aber der Bub verläßt sein Dirndl nicht, von dem er „ungeästet," „ungescheitert," „ungewasnet" (d. h. ungeprügelt oder unbeworfen), sein „Gaßllied" stolz hinaus schmetternd, heimgegangen; — höchstens dann verläßt er es, wenn es unfruchtbar blieb.

Der Tyroler, das kann ihm Keiner abstreiten, ist von Haus aus ein poetischer Mensch. Was seines Landes Natur in Himmelsbläue und Alpenglühn, im Rauschen der wilden Waffer und im Donner der Schneelähnen an poetischen Elementen hat, in ihm ist das alles so recht unmittelbar lebendig, es jauchzt oder trutzt aus ihm heraus, wie er's mit seinen vollstrotzenden Sinnen erfaßt, ohne daß er sich über jeden Eindruck Rechenschaft gegeben. Es ist alles frischer Naturtrieb, der stimmt ihm die Kehle zum Gesang seiner „Gaßlreime," seiner „Trutzliedl" und „Schnodahage," wie die glückliche Anlage, poetische Auffaffung überhaupt und Witz den Funken schlagen; das ist das eigentliche Improvisiren, diese Naturpoesie, die auf der „Alm" zu Hause ist; wenn die Leuchtspäne geschnitzt oder die „Latschen" geflochten werden (Schuhe aus Ruthen), da quillt und strömt das prächtig und unaufhaltsam, und das Hackbret, die Maultrommel, die Schwögelpfeife tönen dazu. Will man aber den Schlüssel zu den Schatzkammern der Volkspoesie, zu den Volkssagen und Volksmährchen Tyrols bekommen, so muß man in's Etschland gehn; da schreiten vor den Weinbergen abenteuerlich ausstaffirte Menschen herum, die „Saltner" (Weinhüter) mit gewaltiger Hellebarde, auf dem

Kopf einen Hut mit Federn oder einem Eichhornsbalg, ein paar Gems=
hörner auf der von einem ledernen Koller bedeckten Brust; die Saltner
wissen in der ganzen poetischen Welt Tyrols Bescheid und lassen den
Bronnen rieseln. Auch der Tyrolertanz ist ein Stück nationeller Poesie
und ein Stück Arbeit dazu (er besteht eigentlich in mannigfachen künst=
lichen Windungen und Stellungen, in denen sich der Tänzer unaufhörlich
um die Tänzerin dreht und kreiselt*); die ganze Sinnlichkeit arbeitet
ungestüm mit Ton, Geberde, Geklatsch und Gestampf nach einem Aus=
druck. Dies poetische Bedürfniß einer gewaltigen Sinnlichkeit macht sich
auch in der Bauernkomödie Luft, welche — wie dies bei der reli=
giösen Gewohnheit des Volkes nicht anders sein kann — ihre Stoffe
meistens der biblischen Geschichte entlehnt (so ist's denn auch bei
den Bauernkomödien im bayrischen Hochland der Fall); eine blu=
tige Tragödie hat das Volk heldisch in Masse gespielt.
Aber außer jenem Drang der Naturwüchsigkeit gibt sich das poetische Ta=
lent des Tyrolers auch im Streben des einfachen Handwerkers oder
Bauern nach Erreichung künstlerischer Formschönheit kund, zumal in
Malerei, Bildhauerei, Baukunst ic., und so sieht man nicht blos die
Kirchen, sondern auch die Giebel der meisten Häuser, wie sie massiv und
in freundlicher Helle aus dem grünen Grunde der Landschaft blendend
hervortreten, mit Bildern geschmückt, und auch der fromme Spruch fehlt
nicht darauf, noch die den poetischen Sinn bekundende Blumenzier auf
der Galerie, welche das erste Stockwerk des Blockhauses umgürtet.

Die Mannhaftigkeit des Tyrolers erinnert noch an jene alte
Zeit, da der deutsche Bauer mit seinem Schwert an der Seite, seiner
Feder auf dem Hut, und seinem Stoßring an der Faust trutzig und her=
ausfordernd einhertrat. Der Tyroler trägt noch, wie sein Nachbar, der
Bauer im bayerischen Hochlande, seinen Stoßring von Eisen und Silber
mit einem großen Knopf zum Faustkampf; der Unterinnthaler singt:

> „A Bichsal zun schiessn
> Und an Stoussring zum schlogn
> Und an Dienal zun liebn
> Muss a frischa Bue habn!"

---

*) Schmidl, Tyrol. S. 31.

Und nun die „Robler" (Raufer), zumal im Unterinnthal und im Zillerthal! Ihr hört plötzlich einen gellenden Schrei im Gebirge; da steht nun der trutzige Robler, der ihn ausgestoßen und dem sich alle Muskeln vom Verlangen nach einem tüchtigen Raufen anspannen, steht und wartet mit Ungeduld, bis ein anderer den herausfordernden Schrei vernimmt und erwiedert; ist das der Fall, dann geht jeder dem Schrei nach, bis die Beiden zusammenkommen. Nun gilt's. Ist Volk in der Nähe, so macht es die Kampfrichter. Es ist kein sanftes Werk, es geht hitzig her, daß die Glieder krachen, und oft heißt's: Zahn um Zahn, Aug' um Aug', oder Nase um Nase. Der Preis des Sieges ist, daß der Überwinder dem Überwundenen die Federn vom Hut nimmt. Steckt er drei auf den eigenen, so soll dieß sagen: er scheut keinen, er nimmt's mit jedem auf. Ein anderer Kampf, in dem sich Kraft mit Kraft mißt, ist das „Hackeln," wenn einer den andern am Mittelfinger faßt und so zu sich herüber zu ziehen sucht. Auch das „Hosenrecken" ist in Tyrol so beliebt wie im Pinzgau. Leidenschaftlich liebt der Tyroler das Scheiben=schießen; und wie gut er zielen kann, hat er bei der Insurrektion bewie=sen. Eben so leidenschaftlich liebt er die Jagd. Auch das Kegelschieben ist eine Lieblingsbelustigung, desgleichen das „Schmarakeln" (Kugelwer=fen), dann der Widderkampf. Wetten liebt der Tyroler trotz dem Eng=länder, und oft genug wird eine Streitsache „ausgehopst," d. h. durch Karten= oder Würfelglück entschieden.

Eigenthümlich sind die Hochzeitsbräuche; fast jedes Thal weicht darin von dem andern ab, und namentlich sondern sich die Deutschen scharf von ihren romanischen Nachbarn. Im Zillerthal halten sie's so: wenn sich die Brautleute beim Landgericht anmelden, thun sie grade, als wär's jedem Theil ganz bitterbös zu Muthe; das soll für die künftige Ehe Glück bringen (der uralte Glaube: künftiger Unsegen lasse sich ent=kräften durch vorangegangene Traurigkeit). Diese Form gewahrt, beginnt dann das freudige Werk mit dem „Nachttanz" im Hause der Braut am Abend vor der Hochzeit; am drauf folgenden Morgen bringen die „Jung=fernknechte" (Brautführer) den Gästen die „Nesteln" (rothlederne Streifen mit Messingspitzen), die sie an den Hut binden; die nächsten Verwandten bekommen noch Kränze von Silberdraht, Flinserln und Glasperlen. Die Morgensuppe (wobei außer Suppe noch Rindfleisch, Würste und Kuchen gereicht werden) eröffnet die Festlichkeiten; ihr folgt ein Tanz, diesem

um 10 Uhr der Zug zur Kirche, wobei die Musikanten, flott aufspie=
lend, voranziehn; hinter ihnen schreiten dann die jungen Bursche heran,
dann kommen zwei „Mantelträger," und hierauf die Dirnen mit Kränzen
in den Haaren, den benestelten Hut in der Hand. Sodann sieht man den
Bräutigam, begleitet von einem Geistlichen und von dem Hochzeitsbitter,
hinter ihm kommen die Männer; die Braut, die einen Rosamarinkranz,
einen Gürtel mit einem Spitzentuch und den Rosenkranz trägt, begleitet
auch ein Geistlicher und die Brautmutter (ihre leibliche Mutter wird
durch diese vertreten; die Sitte verlangt, daß sie nicht mit zur Hochzeit
geht), hinterher kommen dann die Weiber alle. In der Kirche: Messe
oder Hochamt, Trauung, Opfergang und dann Johannissegen, wie wir
ihn in Steyermark kennen (die Mantelträger reichen ihn herum, nachdem
der Geistliche den Anfang gemacht). Von der Kirche zum Mahl! Da
wird stattlich aufgetischt, selten unter zehn bis zwölf Gerichten; in der
Mitte wird Suppe, zum guten Schluß das „Ehrenkraut" (Speckkraut mit
Knödeln, Klößen) gegeben, dann — das Mahl währt oft sechs Stunden,
denn es wird wacker dazwischen getanzt — eine Predigt und ein kurzes
Gebet gehalten, und nun beginnt ein neues Essen. Dabei werden eine
Schlange von Butterteig und eine verdeckte Wiege aufgetragen. Die
letztere muß die Braut so schnell sie kann verstecken, sonst wird sie aus=
gelacht; zu gutem Schluß wird mit süßem Wein wacker angestoßen, und
dann bringen die Gäste dem Brautpaar das „Weißat" (Geldgeschenk zur
Bestreitung der Hochzeitkosten).

Ein Hauptinteresse des Volks bildet in Tyrol die Alpenwirth=
schaft; ich lasse hierüber meinen Gewährsmann reden*). „Das Land
ist reich an den trefflichsten Alpentriften, so daß in den nördlichen Thä=
lern fast jede Ortschaft ihre eigene „Alm" hat. Man unterscheidet die
Almen der Vorberge (im Innthal „Asten," im Vorarlberg „Majensäße"
genannt) und die Hochalmen; jene liegen über 4500', diese von 5—7000'
hoch. Im Zillerthal gibt es sogenannte Grund= und Brodalmen, jene
in einem hohen Thale, zwischen Bergen eingeschlossen, diese auf den
Bergrücken gelegen. Die Grundalmen haben innere und äußere „Läger,"
tiefere oder freiere Plätze, deren jeder eine eigene Hütte hat und abwech=
selnd besucht wird, damit das Vieh immer frische Weide hat. Die Vor=

---

*) Schmidl a. a. O. S. 39 u. 40.

almen werden nicht blos als Weide, sondern oft auch als Wiese benutzt, indem man sie zuerst abweiden, dann am Jacobstage mähen und im Spätsommer nochmals abweiden läßt. Im Bregenzerwald liegen sie so niedrig, daß fast das ganze Dorf im Frühjahr dahin übersiedelt und nur auf die Hochalmen die Sennen allein ziehen. Dort enthalten denn sie auch ganze Dörfer von Alphütten, deren 20 bis 30 mit den nöthigen Ställen beisammen stehn. Auch im Lechthal ist dies der Fall. So zieht das ganze Dorf Stanzach auf die schöne Alm Fallerschein, und nur ein paar Wächter bleiben zurück. Gewöhnlich wird am St. Pankraztage auf die Voralmen gezogen, von da um St. Veit (im Vorarlberg um St. Kilian) auf die Hochalmen, um St. Bartholomäus auf jene zurück, wo man so lange als möglich, bis im October, bleibt. Die Almenzeit dauert also 17 bis 21 Wochen, von denen 12 bis 15 auf die Hochalmen kommen. Das „Almfahren" ist ein Fest, welches Jung und Alt kaum erwarten kann. Den feierlichen Zug eröffnet der „Melcher" (Melker, Senn) mit der „Mairkuh." Zu dieser Würde wird jene Kuh erwählt, welche in den Kämpfen des Viehs am öftersten siegte; sie trägt zur Auszeichnung die große Schelle, der „Hafen" genannt. Ihr folgen die übrigen Kühe, im Unterinnthal oft über 100, dann kommt der „Galterer" mit dem Geltvieh, der „Gaißer" mit den Ziegen, der „Schaafer" mit den Schafen, endlich die „Saudirn" mit den Schweinen. Meistens gehört eine Alm mehreren Bauern, welche die Wirthschaft auch gemeinschaftlich treiben. Die Hütten (im Oberinnthal „Thaie" genannt) sind rohe Blockhäuser, selten mit einem Unterbau aus trocknem Mauerwerk, noch seltner mit einem Stockwerk. Mit Moos werden die Ritzen und Fugen verstopft, womit es aber der Älpler nicht so genau nimmt; oft finden sich des Morgens hohe Schneestreifen in der Hütte, die ein nächtliches Gestöber durch die Fugen hineinwehte. Auf den Hochalmen sind die Hütten oft nur aus übereinandergelegten Steinblöcken aufgeführt, mit einem Breterdache, welches gegen die Wuth der Stürme durch große Steine beschwert ist. Gewöhnlich hat die Hütte zwei Abtheilungen, deren vordere offen bis zum Dache reicht. Hier steht ein großer viereckiger Herd, der zugleich als Ofen, Tisch und Bank dient, sowie der Raum selbst als Küche, Wohn= und Schlafstätte. Sehr oft ist das Bett hoch oben an der Wand befestigt, um Raum zu gewinnen, und hölzerne Zapfen in der Wand dienen als Leiter. Die zweite Kammer dient als Milch= und Käsekammer

und der kleine Boden darüber auch oft zur Schlafstelle. Aus dieser Kam=
mer kommt man in den Stall, wenn derselbe nicht eine besondere Hütte
einnimmt. Vor der Hütte ist eine Verzäunung für die Schweine, und
das Ganze schwimmt gewöhnlich in einer Pfütze, rings von Dunghaufen
umgeben, welche, in Fladen geschlagen, beim ersten Frost hinab auf die
Felder geführt werden. Die Alpenwirthschaft wird überhaupt in Tyrol,
wo sie meistens Männer führen, viel weniger reinlich betrieben als in
Österreich und Steyermark durch die Schwaigerinnen, die Senner („Al=
mer,“ „Käser,“ „Senner“) sind berüchtigt wegen ihres Schmutzes, der
aber für sie ein Ehrenpunkt geworden ist. Bei der Heimfahrt wetteifern
sie, wer das schmutzigste Hemde aufzuweisen habe, als untrüglichen Be=
weis unausgesetzter emsiger Arbeit. (Wie ganz anders im Salzkammer=
gut, wenn die Sennerin bei der Heimfahrt von der Alm im besten Putz,
mit dem Strauß auf dem Hut und dem Strauß mit Bändern und Flit=
tergold am Busen, an der Spitze der Herde einhergeht.) Das Vieh bleibt,
wenn es die Witterung zuläßt, Tag und Nacht im Freien, wird also
auch da gemolken; ist aber die Alm sehr felsig, daß es in der Nacht
Schaden nehmen könnte, so wird es Abends eingetrieben. Für diesen
Fall muß der Senn für Futter sorgen, welches er auf schroffen Klippen
und Klüften sammelt, wo das Vieh nicht hin kann. Die Ziegen dienen
ihm als Wetterpropheten; wenn sie sich um die Hütte sammeln, kommt
sicher schlechtes Wetter. Jede Alm hat (besonders im Zillerthale) ihren
eigenen Denkspruch, der sie charakterisirt, z. B.:

> „Z’ Käserlär wär’s schon fein,
> Wenn man nicht müsst’ tragen
> Das Schmalz von aussen hiuein.“

Samstags schicken die Bauern Brot und Mehl für die ganze Woche
auf die Alm, außerdem sieht der Senn die ganze Zeit über Niemand,
wenn nicht etwa ein Jäger, Wilddieb oder Wurzelgräber einspricht. Und
doch fühlen sie sich glücklich auf ihrer einsamen Höhe, und wählen nicht
leicht einen andern Erwerb; die Almwirthschaft ist die Poesie des Gebirgs=
lebens. Das Tyroler Rindvieh bildet eine eigne Race, welche der lang=
gestreckte Körper, dicke Köpfe, breiter Hals und Stirn und kürzere Füße
bezeichnen. Unläugbar ist aber das Alpenvieh kräftiger, aufgeweckter und
von verschiedenerem Instinkt. Jede Herde hält fest zusammen, so daß
alle warten, bis auch das letzte Stück gemolken ist und den Stall verläßt,

ehe sie sich von der Hütte entfernen. Kommt neues Vieh auf die Alm, so geht es nie ohne Kampf ab. Jedes Stück erhält vom Senn einen besonderen Namen und folgt bald auf seinen Ruf. Aber der Senn lebt auch ganz für seine Herde, wie denn überhaupt der Tyroler seinem Vieh eine Sorgfalt widmet, wie kaum seinen Hausgenossen. Wenn ein Stück verunglückt, so trauert das ganze Dorf, wenn aber ein Mensch im Holzschlage oder sonst das Leben verliert, so wird es als ein ganz gewöhnliches Ereigniß betrachtet. Übrigens ist in vielen Thälern, wie z. B. in Enneburg, die Stallfütterung eingeführt, und die Ställe sind oft reinlicher als die Stuben."

Der Kärnthner und Krainer.

Der deutsche Kärnthner ist kräftig gebaut, stark, breitschultrig. Schultes („Reise auf den Glockner," Wien 1804 II. S. 70 und ff.) schildert die Staunen erregende körperliche Stärke der Heiligenbluter Bauern und ihre bewundernswerthe Gewandtheit in den Verrichtungen, wozu die ersten Bedürfnisse des Lebens sie zwingen. „Ein Bursche von 17 Jahren (erzählt er) hob mich mit einer Hand beim Genick über einen Felsenklumpen hinauf, den ich nur mit Mühe übersteigen konnte; ein Bauer hielt ein Seil, an dem wir sieben uns mit beiden Armen hielten, um eine Felsenwand hinanzuklettern; Mädchen trugen centnerschwere Lasten auf dem Kopfe die Alpe hinan und über den jähen Abhang herab. Nur bei dieser Athletenstärke und bei einer Gewandtheit im Ringen und Klettern, die über alle Begriffe geht, ist es dem Menschen möglich, hier Haus zu halten; diese Geschicklichkeit ist hier so nothwendig, daß ein Knecht oder Bauer, der nicht in hohen Alpen geboren worden, hier schlechterdings nicht fortkommen kann." Hier ein Bild, wie Körperkraft und Muth sich im Winter erproben muß! Auch bei aller Kühnheit und Stärke wird es den Heiligenbluter Bauern unmöglich, im Sommer ihr Heu nach Hause zu bringen. Sie müssen sich glücklich dünken, wenn sie, auch ohne fremde Last, jene ihres Körpers über die Schluchten und Abgründe hinbringen, über welche sie setzen müssen, um auf ein Grasplätzchen zu kommen. Auf diesem speichern sie das Gras in Schobern auf bis zum nächsten Winter. Ende Dezember, Mitte Januars, wenn der Schnee am gräßlichsten wüthet, wenn die herabgerollten Schneelähnen von den beschneiten Gipfeln die Abgründe in Schnee begraben haben, versammelt in einer mondhellen Nacht der Hausvater seine Knechte und bittet seine Nachbarn um Hülfe. Wenn sie nun hinaus kommen zum Kreuze vor der Kirche, knieen sie nieder und beten um glückliche Fahrt, und nun wird die gefahrvolle Reise auf Schneereifen und mit Steigeisen, Gries= beilen und Seilen die beschneite Alpe hinauf begonnen. Waren sie glück= lich genug, die Abgründe überzusetzen auf der gefährlichen Brücke des trügerischen Schnees, waren sie glücklich genug, den kleinen Vorrath von Heu zu finden, für den sie so viel gewagt haben, so müssen sie nun erst dieses Glück mit der noch größeren Gefahr der Rückreise erkaufen. Oft schleudert der schwerbeladene Schlitten den Ziehenden hinab in die unab= sehbare Tiefe; oft sinkt er ein in den Schnee und mit ihm versinkt sein Führer; oft löset die neugebrochene Bahn die hoch oben überhängende Lawine, die den ganzen Zug in Schnee begräbt. Und an dem schönsten reinsten Wintertage kann dieses Unglück sie treffen. Wenn aber Nebel heraufsteigen, nachdem der Mond hinabgesunken, wenn Schneestürme sich heben und den Schnee der Erde mit jenem des Himmels paaren, wenn unter ihren Füßen der Abgrund wieder aufgerissen wird, über den sie setzten, und dort die Windsbraut eine neue Alpe von Schnee vor ihnen aufthürmt, dann ist auch oft die grausenvolle Nacht, die sie hier hin= bringen müssen, die letzte in ihrem Leben; und glücklich noch, wenn das Schicksal sie nicht zu dem größeren Jammer des Hungertodes aufbewahrte. Kommt der Zug aber heim am Abend, vollzählig, ohne seinen Führer, ohne einen guten Nachbar oder einen treuen Knecht verloren zu haben, dann jubelt das Dorf den Wiederkehrenden entgegen. Dieses Heuziehen im Winter heißen sie das „Hatzen"*), und das „Hatzermahl" lohnt für all' das überstandene Mühsal.

Die Landestracht nähert sich der steyerischen; der Bauer trägt

---

*) Andere Provinzialismen sind: „Griesbeile" — lange, mit eisernen Spitzen beschlagene Stangen zum „Hatzen," „Kees" — Gletschereis, „Hangast" — Be= such, „Längar" — Lenz, „Dähne" — Dämmerung, „Pitz" — eine Höhe mit einem schmalen Pfade, „Zlap" — eine Höhe am Fuß einer größeren, „Palfen" — überhängende Felsenwände u. s. w.; alle schönen Alpenpflanzen nennen sie „Speik."

einen kurzen wollenen Rock (im Winter einen von Schafpelz mit der Wolle nach innen gekehrt), ein lodenes oder lebernes Wams mit einer Reihe Knöpfe in der Mitte, ein schwarzes Tuch um den Hals geschlungen, kurze lederne Hosen, in deren Seitentasche nach Gebirgssitte Messer und Gabel stecken (bei den Heiligenbluter Bauern hängen die Beinkleider unter die Weichen herab am Hosenträger), weiße Strümpfe und Bund= schuhe, die mit Riemen am Fuße befestigt werden, die Bäuerin einen kurzen Rock, die Schuhe mit Bändern befestigt, auf dem Kopfe eine glatt anliegende, rings mit Band gezierte Haube oder eine Pelzkappe, und drüber einen sehr großen runden Hut. Der deutsche Krainer trägt mei= stens ein rothes Kamisol, einen dunkelbraunen Tuchrock, kurze schwarze Hosen und blaue Strümpfe, der Unterkrainer auf Reisen die Torba (eine kleine Tasche) der Oberkrainer die Bissaga (den Zwergsack) über der Schulter, der Letztere im Winter einen weißen Schafpelz, die Krainerin eine mit weißen Spitzen besetzte schwarzseidene Haube, ein schwarzes Oberkleid, das in viele Falten gelegt ist, und rothe Wollenstrümpfe. —

Der Kärnthner theilt alle Vorzüge und Fehler der Alpensöhne; er ist gutmüthig, liebt seine Heimath und hängt fest am Alten, auch am Aberglauben (Wahrsagerei, Gespensterfurcht, Hexenglauben, Nestel= knüpfen, Festmachen, Wetterkochen) und einer stark ausgesprochenen Bi= gotterie (insbesondere Hang zu Wallfahrten). Arbeitsscheu kommt dazu, daher Gelage in Wirthshäusern, häufiges Betteln, Unreinigkeit in den Häusern. Die Sinnlichkeit macht sich in nicht geringem Grade geltend. Das „Brenteln" (gleichbedeutend mit dem Fensterln, Gäßln) ist stark im Gange; wird der Bursch jedoch ertappt, so muß er das Wagniß büßen, dann zünden die Knechte des Hauses Lichter und Späne an, werfen ihn in den Wassertrog und walken ihn tüchtig. Erb erzählt, als Beweis für die in Mittelkärnthen vorherrschende Sinnlichkeit, daß sich am Vorabend des Johannistages die männersüchtigen Dirnen entkleiden und darauf im Haferfeld umher wälzen, mit dem Wunsch: so einen schönen Buben zu haben, „wie jetzt der Haber is." Ich möchte jedoch eher darin forschenden Aberglauben erkennen*).

Auch den Kärnthner drängt eine unwiderstehliche Kampf= und

---

*) Vergl. Grimm, deutsche Mythologie.

Raufluft. Jenseits des Loibls (erzählt Sartori*) im Herzogthum
Krain unweit Krainburg ist ein Wallfahrtsort Gedoze, wo die windischen
Bauern sich mit den krainerischen messen, die ihren Besuch diesseits erwie=
dern. Die ausgemachtesten Ringer kommen in den obersteyerischen Grän=
zen bei Jungbrun, einer Gegend, welche Zauserin genannt wird, zusam=
men. Am Pfingstsonntag bilden sich zwei Parteien aus Steyerern und
Kärnthnern. Das Losungszeichen sind einige am Hute wehende Federn.
Derjenige aber, der sich schon seit einigen Jahren siegreich bewies, trägt
einen auszeichnenden Federbusch. Nachdem wacker gezecht worden ist, be=
ginnt zwischen den Anführern beider Parteien der Streit in Gegenwart
einer großen Volksmenge. Die Ehre des Sieges wird entweder den
Steyerern oder den Kärnthnern zu Theil, je nachdem der Anführer in
diesem oder jenem Lande geboren ist. Am Jacobstage kommen von den
zusammenstoßenden Gegenden des nördlichen Kärnthens und Obersteyers
auch die berüchtigtsten Ringer am Seethale zusammen, wo ebenso wacker
gekämpft wird. Charakteristische Volksbelustigungen der Kärnthner,
welche übrigens die Leidenschaft aller Alpenbewohner für Scheibenschießen
und Kegelschieben theilen, sind das „Kugelschlagen“ und das „Eisschieben.“
Beim ersten Spiel wird eine an einem Faden hängende oder zwischen zwei
Fingern in die Höhe gehaltene beinerne Kugel mittelst eines breiten Holzes
nach einer bestimmten Entfernung hingeschleudert. Beim zweiten gleitet
eine runde, mit einem Handgriff versehene Scheibe am Eis hin, um eine
Kugel zu erreichen oder sich ihr anzunähern, die in einer Entfernung von
50 bis 100 Schritten am Eis sitzt, um das Ziel in's Auge fassen zu
können; der Punkt des Zieles bleibt der nämliche, wenn auch die beweg=
liche Kugel durch eine Scheibe weggeschoben wird; mehrere Parteien bilden
sich, wovon eine die andere zu übertreffen und die Scheiben der Gegner
aus der Nähe des Zieles wegzustoßen, die ihrigen aber festzusetzen sucht**).
Andere landesübliche Bräuche sind das „Schimmeln,“ im Mittel=
land überraschen die Bauernbursche beim Dungführen im Frühling oder
Herbst den Vorübergehenden, heben ihn auf ihre zusammengefügten Mist=
gabeln und tragen ihn unter übermüthigem Gejauchze eine Strecke Weges

*) Neueste Reise durch Österreich, Salzburg, Berchtesgaden, Kärnthen und
Steyermark (Leipzig, 1812) 2. Band.
**) Sartori, neueste Reise. Bd. 2. S. 340 und 331.

fort; — dann das „Glockenfest" im gebirgigen Oberland gegen Tyrol
und Salzburg (das Bekränzen des im Spätjahr heimkehrenden Viehes;
die feisteste und am schönsten geputzte Kuh heißt die „Glöcknerin"). Am
Fest der unschuldigen Kindelein wecken Dienstleute und Kinder in aller
Frühe die Schlafenden im Bette mit Ruthen und rufen dazu: „Frisch
und gesund, frisch und gesund," (es ist auf ein Geschenk dabei abgesehen);
am Dreikönigstage sammelt sich das ganze Hausgesinde des Morgens vor
dem Bett eines Hausgenossen, der noch im Schlaf liegt, setzt ihm eine
Krone von Tannenzweigen auf, weckt ihn und begrüßt ihn dann mit lautem Gelächter als König. Beim „Christkindelspiel" stellt eine Bauern-
gesellschaft, von Ort zu Ort wandernd, die Geburt Christi dramatisch
im derbsten Holzschnittstyl dar. Das „Brechelnspiel" ist also: „Nach der
Beendigung der Flachsreinigung, die im October gewöhnlich durch Mäd-
chenhände geschieht, sammeln sich die jungen Bursche am späten Abend
vor dem Hause, wo die Mädchen arbeiten. Es entsteht ein sonderbarer
Wettkampf; wer die größten Zoten vor dem Hause sagt und seine Dirne
am schlüpfrigsten beschreibt, wird als Sieger belacht und beklatscht. Sie
begehren endlich tobend die sogenannte Brechelbraut, und es wird ihnen
statt der rüstigen Dirne ein altes runzeliges Mütterchen aus der Thür
geschoben, das wacker ausgehöhnt wird; man kann nur versteckter Weise
diesem Spiele zuhören, denn der bemerkte Vorwitz würde mit einem
Steinregen büßen müssen"*). Ein anderer Wettstreit findet beim Tanze
statt; da singt ein Bursche einige aus dem Stegreif gemachte Reime zum
Lob seiner Geliebten und dem Nebenbuhler zum Spott und Hohn; ein
anderer stimmt nun gleichfalls aus dem Stegreif Reime an, um ihn zu
widerlegen; der Erste nimmt dies nicht gleichgültig hin, sondern sucht
ihn zum Schweigen zu bringen; dies spornt wieder den Witz des Zweiten, und so geht es fort, bis Einer von Beiden sich überwunden erklären
muß. Die Frauen und Jungfrauen hinwieder sind treffliche Zither- (und
Hackbrett-) Spielerinnen, auf welchem Instrument sie ihren Gesang begleiten. Der Wettstreit des Winters und Sommers, dessen bereits bei
den Oberennsern gedacht worden, wird auch in Kärnthen gehalten. Sartori schildert ihn wie folgt: die Bauernbursche theilen sich in zwei Parteien; die eine stellt den Winter, die andere den Sommer vor. Die Er-

*) Sartori, Reise. Bd. 2. S. 331.

steren haben Winterkleider an und tragen Schnee in den Händen, die Andern tragen grüne Sommerhüte, Gabeln und Sensen. So kommen sie vor die Häuser der vermöglicheren Bauern und singen Lieder, die das Lob des Sommers und des Winters enthalten. Gewöhnlich geschieht dies im März, an einigen Orten aber am Maria=Lichtmeßtage. Dieser Gebrauch ist einer der schönsten, aber nur an den Bergen, die an die obere Steyermark gränzen, gekannt. Nach dem Wettstreite des Winters und Sommers werden dem Bauer und der Bäuerin die Glückwünsche gebracht, die in der Ankündigung eines guten Jahres bestehen. (Es ist dieselbe ur=alte Sitte, die ihre Sitte im deutschen Heidenthum hat, und [nach Grimm] in Gegenden des mittleren Rheins, jenseits der Pfalz, diesseits zwischen Neckar und Main im Odenwald herrscht, mit dem Reim: „Stab aus, Stab aus, stecht dem Winter die Augen aus," und die, „je mehr man sich über den Odenwald zurück dem inneren Franken, dem Spessart und der Rhön nähert," an die Stelle des Winters den Tod setzt, [das „Todaustragen": „nun treiben wir den Tod aus, hinter's alte Hirten=haus, hätten wir den Tod nicht ausgetrieben, wär' er das Jahr noch innegeblieben"]). Das „Osterfeuer" hat entschieden heidnischen Ursprung. Der Holzstoß dazu wird bereits im Spätherbst in der Nähe eines Dorfes aus niedergehauenen Gesträuchen bereitet. Nach der zweiten Morgen=stunde des ersten Ostertags wird er angezündet, ein Rosenkranz gebetet und dann — Tabak geraucht. Hiermit steht im ursprünglichen Zusammenhange die im mittleren Lande herrschende Sitte, am Johannistage ein brennendes Rad von einer Anhöhe herabzurollen. Das mit Werg und dünnen Reisern umwundene Rad wird bei Einbruch der Nacht ange=zündet, eine Stange, um welche es sich dreht, von zwei Burschen gehalten, und so geht's die Anhöhe hinab; unten wird es mit lautem Jubel des Volkes zertrümmert und jeder sucht einen Feuerbrand zu erhaschen. (Die=selbe Sitte findet sich auch an der Mosel, in Trier und Conz, wo sich noch Wahrschauung dran knüpft, indem man sich eine gesegnete Wein=ernte verspricht, wenn das Rad noch brennend in die Mosel rollt).

Von häuslichen Festen sind in Kärnthen vornehmlich Tauf= und Hochzeitsbräuche eigenthümlich. Was die Taufe betrifft, so findet man, daß sich Familien unter einander verbinden, um ihre Kinder aus der Taufe zu heben, und daß auch Frauen bei Knaben Pathenstelle vertreten. Die Gevatterin sendet, so will's die Sitte, der Wöchnerin mehrmals Wein, Weizenbrot und Suppe; nach 8 oder 14 Tagen aber ist der Vater gehalten, ein großes Gelage anzustellen, wozu Gevattern, Freundschaft und Verwandtschaft eingeladen werden; zwischen den Schüsseln wird dann auch das Kind bei Tisch von einem zum andern gereicht und der Pathe steckt ihm einen oder ein paar Thaler in die Binde. In den zunächst an Obersteyermark gränzenden Landschaften spricht der Vater vor der Taufe den Gevatter und dann den Geistlichen an und nach dem Kindermahle dankt er den Gästen (die letztere Ansprache heißt das „Vassetel"). — Gar stattlich sind die Hochzeiten. Ist die Einwilligung der Ältern gewonnen, so wird zunächst ein Brautführer geworben, der bei der Hochzeit eine gar wichtige Rolle spielt; die Kranzeljungfer dagegen schafft die Sträuße, die künstlichen Blumen herbei, die in reicher Anzahl vorhanden sein müssen, weil jeder Gast, der zur Begleitung des Brautpaars in die Kirche und zum Hochzeitsschmause eingeladen worden, einen solchen erhält, und es sind deren oft achtzig bis hundert. Ist nun der Hochzeitmorgen angebrochen, so fährt der Brautführer, über und über mit Bändern geschmückt, in Begleitung der Musikanten, nach dem Hause der Braut; er findet es fest verschlossen; er begehrt nun Einlaß und droht ungestüm, die Thür einzuschießen, wenn nicht gutwillig geöffnet wird. Auf diese Drohung schließen sie denn auf, und da steht nun ein häßliches übel angezogenes altes Weib und sagt: es wäre die Braut. Der Brautführer faßt sie am Arm, schwingt sie ein paar Mal im Tanz herum, wozu die Musikanten aufspielen, schleudert sie dann zu Boden, dringt hierauf flink in's Haus, findet die wirkliche Braut, macht den Antrag und führt sie zum Wagen heraus. Nun geht's zum Wirthshause, wo der Bräutigam wartet; aber der Weg wird nicht so rasch zurückgelegt, denn meistens muß derselbe erst frei gemacht werden, weil ihn lustige Bursche mit Stricken oder Prügeln gesperrt haben. Endlich kommen sie denn in dem besagten Wirthshause an; da knieen nun die Brautleute nieder und der Brautführer spricht sodann in ihrem Namen die sogenannte „Abbitte" etwa wie folgt*): „Ich, als ein unwürdiger Brautführer, bitte den Vater und die Mutter, sie möchten von mir, statt des Sohnes oder der Tochter, eine geringe Abbitte anhören. Sie bedanken sich erstens bei ihrer lieben Mutter, daß sie dieselben neun Monate unter

---

*) Nach Sartori nur in Mittel= und Unterkärnthen, wo deutsch gesprochen wird.

ihrem Herzen getragen hat, zweitens für alle Sorgen und Kümmerniſſe, drittens für die mütterliche Bruſt, womit ſie dieſelben liebreich ernähret hat, viertens danken ſie dem Vater und der Mutter, daß ſie dieſelben ehrlich und chriſtlich auferzogen. Sie bitten ihre lieben Ältern durch den ſüßen Namen Jeſu um Verzeihung, wenn ſie ihnen Leid zugefügt haben oder ungehorſam geweſen ſein ſollten. Sie bitten ihre Brüder und Schweſtern, Freunde und Bekannte, an dieſem Ehrentage alle Beleidi= gungen zu verzeihen. Sie bitten ihre Ältern, ihnen mit ihrer Treue noch beizuſtehen, wie auch ſie ſich des vierten Gebots immer noch erinnern wollen. Sie bitten jetzt ihre lieben Ältern um den väterlichen und müt= terlichen Segen. Segnet mich, mein lieber Vater und meine liebe Mut= ter, wie Iſaak ſeinen Sohn Jacob geſegnet hat; ſegnet mich, wie die heilige Anna ihre liebe Tochter Maria geſegnet hat, ſegnet mich, wie Gott alle frommen Kinder ſegnet, da er ſpricht: „ehre Vater und Mutter, auf daß es dir wohlgehe, Amen!" Nach dieſem ſinn= und gemüthvollen Spruch geht es zur Trauung, — von derſelben wieder in's Wirthshaus zum Schmaus. Auch in Kärnthen herrſcht der Brauch, daß jeder Gaſt ſein Theil bezahlt und ſein Beſchaideſſen heimbringt oder heimſchickt, und es iſt Ehrenſache, tüchtig auftragen zu laſſen. Den Tanz eröffnet der Brautführer. „Er erzählt zuvor (ich laſſe meinen Gewährsmann ſtatt meiner reden) in einer ſtattlichen Anſprache an die Gäſte, daß er als ein unwürdiger Brautführer die Braut allenthalben begleitet, in der Kirche ſie dem Bräutigam zur rechten Seite geſtellet und ihm ſorgfältig über= geben habe, und daß der Herr Wirth die Gäſte gut bedient habe. Er zeigt ſich hernach als einen Taktiker in der Scholaſtik, der ſchwierige Fragen aufzulöſen weiß. „Warum hat Gott nicht genommen ein Bein von dem Haupt des Adams, und hät daraus könnt die Eva erſchaffen? das hat Gott darumb nicht gethan, weil der Mann das Haupt ſein ſoll über das Weib. Gott hät könnt nehmen ein Bein von den Füßen des Adams: das hat Gott darumb nit gethan, weil das Weib von dem Mann auch nie ſollt unter die Füße getreten werden; alſo ſollt das Weib dem Mann und der Mann dem Weib ſo bei dem Herzen liegen, wie die Rippen nahe bei dem Herzen lieget, und alſo eines mit dem anderen Kummer und Sorgen und Kreuz und Leiden ſollt tragen." Dann werden Suſanna, Maria und Joſeph als Muſter ehelicher Treue empfohlen. Nachdem dieſes geſchehen iſt, kommt er erſt auf die Hauptſache: „Weil

alle genug gegessen und getrunken haben, so bitte ich die Herren Bei=
stände, daß sie mir die Braut auf zwei oder drei Tage zum Spazieren
heraus lassen." Dies verweigern nun die Brautbeistände, welche die Braut
in der Mitte haben; darum fährt er fort: „Ich bitte die Herren Beistände
um Verzeihen, denn ich will die Braut nicht zum Spazieren haben, son=
dern nur auf drei Ehrentanzel, und wir wollen nicht tanzen, wie des
Herodes Tochter getanzt hat, in Hoffart und Pracht, sondern wir wollen
tanzen, wie es auf einer ehrbaren Hochzeit gebräuchlich ist, darum setz'
ich zum Zeichen Gott Vater, Gott Sohn und Gott den heiligen Geist." —

Ein originelles Gegenstück dazu bildet die Primiz eines jungen
Geistlichen (d. h. der Antritt seiner Amtsfunction durch die erste
Messe, die er liest). Der Volksglaube schreibt der ersten Messe eines jun=
gen Geistlichen und seinem ersten Segen eine ganz besondere Kraft zu,
und Jedermann sucht deren theilhaft zu werden. Die ganze religiöse Feier
wird wie eine Hochzeit betrachtet, in der Art, wie man auch die Einklei=
dung einer Nonne als eine Vermählung (mit dem himmlischen Bräuti=
gam) anzusehen gewohnt ist. In allen römisch=katholischen Ländern hält
die streng altgläubige Bevölkerung ungemein viel auf eine Primiz, mehr
als auf die Sekundiz (das Priesterjubiläum); aber nirgends vielleicht
wird der unterstellte hochzeitliche Charakter so sinnlich aufgefaßt und durch=
geführt als eben in Kärnthen. Da muß der junge Geistliche eigene „geist=
liche Ältern" haben, und solche zu bekommen wird schon früher Sorge getra=
gen, bevor er noch alle Weihen erhielt. Die betreffenden Personen schätzen
es sich zur hohen Ehre, „geistliche Ältern" zu werden, und scheuen deshalb
auch die Kosten nicht, welche mit dieser Ehre verknüpft sind. Zu solchen
Kosten gehören die für Anschaffung von Kleidern, Unterstützung für alle
Auslagen am Ehrentage (Ehrentag heißt hier der Tag der ersten Messe,
gerade wie bei Eheleuten der Hochzeittag), Ausstattung durch Weißzeug ꝛc.
Der Primiziant geht selbst umher und theilt in den Häusern seinen ersten
priesterlichen Segen aus, was für eine Einladung zu seinem Ehrentage
gilt. Übrigens geht noch — wie bei den Hochzeiten der Brautführer — ein
eigener Einlader mit einem stattlichen Strauß von Kunstblumen herum;
auch an einer Kranzeljungfer fehlt es nicht, welche den Eingeladenen
Sträuße besorgt. Der Anfang wird auch hier, wie bei der Hochzeit, im
Wirthshause gemacht; von da geht's zur Kirche, wo all' die Geladenen
ihr Opfer bringen, und von da wieder ins Wirthshaus, wo nun tüchtig

geschmauft und getanzt wird, wie eben bei Hochzeiten; oft endigt die
Festlichkeit erst am dritten oder vierten Tage. —

Zum Schluß muß ich endlich noch einer in Kärnthen, zumal
im mittleren Theile, obwaltenden Eigenthümlichkeit erwähnen. Es
sind die sogenannten „Bad=" oder „Backstuben" (dergleichen auch in
Steyermark vorkommen), kleine hölzerne Häuser, deren jeder größere
Bauernhof zwei oder noch mehr in der Nähe hat. „In diese Hütten wer=
den arme Leute, gewöhnlich aber handwerksmäßige Bettler, alte Weiber
und liederliche Weibspersonen mit ihren Kindern aufgenommen. Meistens
bezahlen sie kein Miethgeld, denn der Bauer begünstigt sie darum mit
der Wohnung, damit er im Drange der Feldarbeiten zur Zeit der Ärnte
sie auffordern könne, wo sie ihm für einen geringen Lohn dienen müssen.
Es läßt sich zwar nicht behaupten, daß in den „Badstuben" lauter müßige
Leute wohnen, denn viele Inwohner ernähren durch das ganze Jahr sich
ehrlich mit Spinnen, Nähen und Stricken; aber die ganze Thätigkeit
der Mehrzahl ist doch blos auf den Heu= und Schnittmonat beschränkt.
Im Winter durchziehen sie das Land und erbetteln sich die Lebensmittel,
die sie sich mit wohl berechnetem Fleiße zu erwerben zu saumselig waren. *)

Nach diesem Blick auf Sitten und Bräuche in Kärnthen, die sich
bis in die Gegenwart erhalten haben, darf auch die Erinnerung an einen
eigenthümlichen bedeutsamen Brauch nicht fehlen, der im Lauf der Jahr=
hunderte erloschen ist, an die Huldigung auf dem Zollfeld. Die Schilde=
rung stehe hier ganz in der alten Färbung, wie sie im „Spiegel der Ehren
des höchstlöblichen Erzhauses Österreich" nach Megiser und Aeneas Syl=
vius entworfen worden. „Es findet sich ein Bauerngeschlecht in Kärn=
then, zu Megiseri Zeiten die Herzogen genannt, zu Glasendorf, welches
zu dieser Handlung vor anderen verordnet und befreit ist. Wann nun
der Fall sich begibt, daß ein neuer Fürst soll in die Regierung treten,
so kommt ein Bauer aus diesem Geschlecht, welchem solch Amt aus erb=
licher Gerechtigkeit zusteht, und setzet sich auf einen runden Märmel=

---

*) Mittelkärnthnische Lieder und Gebräuche, vom Prof. von Erd (im maler.
Taschenbuch für Freunde interessanter Gegenden der österr. Monarchie, Wien
1816. III.), wo auch die Lebensweise der „Gästweiber" in einem Gedicht in kärnth=
nerischer Mundart geschildert ist. Es beginnt: „Hiezt werd i wohl singen, so gut
als i kann, das geht halt glei meistla die Gästweiber an. Wie wärt nit der kalte
Winter so lang, wenn immer am Buckel ihr Sackl sie habn." u. s. w.

stein, welcher zu Kärnburg, ungefähr eine Meile Wegs von Klagenfurt, im freien Feld stehet und hierzu gewidmet, auch das landsfürstliche Wappen darauf gehauen ist. Es werden auch Schranken um den Stein gemacht, da das Landvolk und die ganze Bauernschaft herumstehet. Alsdann kommt der angehende Landesfürst daher in grober bäurischer Kleidung, auch dergleichen Hut und Schuhe, und hält einen Hirtenstab in der Hand. Neben ihm gehn zween Landherren, und ihm folget die ganze Ritterschaft und Adel, mit dem Panier des Herzogthums Kärnthen. Vor ihnen gehet her, zwischen zwei kleinern Pannern, der Graf zu Görz als Erbpfalzgraf in Kärnthen. Neben dem Fürsten werden geführt, einerseits ein schwarzes Rind, anderseits ein magres ungestaltes Ackerpferd. Sobald ihn der Bauer, der auf dem Märmelstein sitzet, siehet daherkommen, ruffet er in Windisch= oder Slavonischer Sprache: "Wer ist der, der also hoffärtig daher pranget?" So antwortet das umstehende Volk: "Der Fürst des Landes kommt." Darauf fragt der Bauer: "Ist er auch ein gerechter Richter, ein Beförderer der Wohlfahrt unseres Landes, und freier Eigenschaft? Ist er auch ein Beschirmer des christlichen Glaubens und der Wittwen und Waisen?" So wird wiederum vom Volk geantwortet: "Ja, er ists und wird es sein." Hierauf muß der Fürst dem Bauern angeloben, daß er sich nit weigern oder scheuen wolle, um der Gerechtigkeit willen so arm zu werden, daß er sich mit solchem Vieh, als dies Rind und Pferd ist, nähren müßte. Nach diesem fragt der Bauer wiederum: "Wie und mit was Recht wird er mich von diesem Stuhl hinweg bringen?" Dem gibt alsdann der Graf von Görz zur Antwort: "Man wird Dich mit 60 Pfennigen von dannen kaufen; diese zwei Hauptvieh, der Ochs und das Pferd, sollen Dein sein; Du wirst des Fürsten Kleid (welches er kurz vorher ausgezogen) zu Dir nehmen, und Dein Haus wird frei und unzinsbar sein." Nach Anhörung dessen gibt der Bauer dem Fürsten einen linden Backenstreich, und gebeut ihm, daß er ein rechter Richter sei; stehet damit auf, räumet den Stein und führet das Vieh mit sich fort. Die zween Landherren aber führen den Fürsten hinzu, der steigt auf den Stein, kehret sich auf alle Seiten, schwinget ein bloßes Schwert in der Luft, und verspricht dem Volk gut und gleich Gerichte. Hierauf gehet er in St. Peterskirche, zunächst dabei auf einem Berglein gelegen, und nach Vollbringung des Amts und Kirchengesanges ziehet er die Bauerkleider ab, kleidet sich in fürstlichen

Habit, und hält daselbst Mahlzeit mit dem Adel und Ritterschaft. Folgends reitet er hinüber zum Lehenstuhl, der im Zollfeld stehet, setzet sich auf dessen Seite, so gegen Aufgang der Sonne siehet, und leistet einer ehrbaren Landschaft, mit entblößtem Haupt und aufgehobenen Fingern, den gewöhnlichen Eid, so ihm vorgehalten wird, darin er gelobet und schwöret, sie bei allen althergebrachten Freiheiten und Gnaden zu handhaben und bleiben zu lassen. Hergegen nimmt er auch Gelübde und Huldigung von ihnen, und verleihet ihnen alsdann die Lehen: welches Letztere aber langsthero auch nit mehr geschehen, sondern die Lehen werden durch Commissarien anderswo verliehen. Der Graf zu Görz, als Erbpfalzgraf in Kärnthen, setzet sich auf die andere Seite des Stuhls hinter den Fürsten und verleibet auch Lehen nach seiner Gerechtsame. Der Erblandmarschalk in Kärnthen nimmt des Fürsten Pferd, der Erbschenk den güldenen Kepf, der Erbtruchseß die silberne Schüssel. So lang der Fürst auf dem Stuhl sitzt und leihet, so haben die Gradnecker von Alters her die Gerechtigkeit und Freiheit, fremde Wiesmat vor sich abzumähen und Heu zu machen so viel sie können; man löse es denn von ihnen. Gleichfalls haben die Portendorfer die Macht und Gewalt, unter solcher Zeit im Lande zu brennen, wo sie wollen, wenn man sich mit ihnen nit abfindet. Die Portendorfer sind aber abgestorben und haben die Mordaren solche Freiheit durch Erbschaft erlanget. Nach Verrichtung alles dessen ziehet der Fürst, sammt allen Herren und Landleuten, nach unser Frauen im Saal, und wird also daselbst in der Kirchen die Handlung mit Gottesdienst beschlossen." Als Stifter dieser Sitte wird Ingwon, ein fränkischer Graf angenommen, den Karl der Große 788 zum Herzog in Kärnthen gesetzt; die letzte Huldigung in der eben geschilderten Weise empfing noch Erzherzog Karl von Österreich, Sohn K. Ferdinands I. (der Stifter der steyerischen Linie), am 17. April 1564.

Ein eigenthümlicher Menschenschlag sind die Gottscheer in Krain, etwa 44,000 Menschen, welche mitten in der slavischen Bevölkerung deutsch reden, obwohl freilich ihre Mundart sowohl Worte als Wendungen vom Windischen entlehnt und in sich aufgenommen hat. Es ist ein fleißiger und handelsbetriebsamer Stamm, der daheim viel Leinwand und Holzwaaren (wie Siebe, Fässer, Trinkgeschirre u. dergl.) fertigt, und mit italienischen Früchten, Baumöl, Eisenwaaren, Rosoglio u. s. w. auf Handel außer Landes zieht. Der Gottscheer trägt

10 *

einen runden schwarzen Filzhut auf dem Kopf, Hals und Brust meistens blos, das lange Hemd mit breitem über den Rock geschlagenen Kragen über den weiten grobtuchenen Pluderhosen, die in die Stiefel gesteckt werden, dann ein kurzes Wamms und ein weißgraues Tuchkleid mit Ärmeln, ohne Falten und Taschen, vorn mit Häften, einen breiten Ledergürtel um den Leib, im Winter noch einen weißgrauen Mantel von grobem Tuch, auf der Reise einen kleinen Tornister über der linken Schulter und eine Art statt des Gewehrs. Die Frauen tragen eine weiße Kopfdecke und kurzes Haar, die Mädchen Zöpfe, das lange Hemd mit Manschetten und mit breitgefälteltem Halskragen, Unterrock und Schürze von Linnen und drüber einen Rock wie die Männer (nur ohne Ärmel) mit Häften, um den Leib einen blauen oder schwarzen wollnen Gürtel. Von ihren Bräuchen, die sich jenen der Dolenzer nähern, ist hauptsächlich der bei Hochzeiten eigenthümlich. Da kommt die ganze Gesellschaft zu Roß zusammen, und die Braut bietet dem Bräutigam einen irdenen Becher mit Wein, der, wenn er geleert worden, zu Boden geschleudert wird; sodann geht der Ritt zur Kirche; nach der Trauung Mahl und Tanz. Von den Resten alten Aberglaubens besteht außer Hexenglauben hier noch das „Schuh übers Haupt werfen; *) da gilt's zu wissen, wer von den Verehlichten zuerst stirbt; der Schuh muß des Bräutigams sein; sieht der geworfene Schuh mit der Spitze gegen die Wand des Schlafgemachs, so stirbt der Mann zuerst, hat er die Richtung gegen das Bette, das Weib.

Der deutsche Mähre und Schlesier.

In Mähren und Österreichisch-Schlesien tritt das deutsche Element in vier Gruppen auseinander: die deutschen Schlesier im Troppauer Kreise oder Gesenkebewohner, die Kuhländler in den Niederungen der Oder, die Schönhängstler in der Gegend des gleichnamigen Passes an der böhmischen Gränze, und die Thayaner im südlichen Theil des Brüner und Znaymer Kreises.

---

*) Schuhe über das Haupt werfen und sehen, wohin sich die Spitze kehrt, erforscht den Ort, an welchem ein Mensch länger bleiben soll. Die sermones disc. de tempore nennen unter abergläubischen Weihnachtsbräuchen das calceos per caput jactare. (Grimm deutsche Mythologie. Neue Aufl. II. S. 1072.)

Das Kuhländchen ist uns durch Joseph Georg Meinerts
„Fyelgie"*) mit seinem ganzen Sagen= und Volkslieder = Schatz so be=
kannt geworden, daß man, wenn man diese Lieder gelesen, wohl meint,
man wandle leiblich darin umher. „Was etwa ein Menschenherz bewe=
gen mag, in Freud und Leid, was den Sinn aufschließt für die vor=
übereilende Erscheinung, und den Gedanken in Freiheit setzt, was die
engeren Kreise der Gesellschaft trübt und erheitert, was antreibt und
warnt, und wovon das beste den Deutschen kennzeichnet, — das ath=
met in diesen Volksliedern heiterer Sinn und kecke Laune, kräftige Lebens=
lust, Genüge, treuherziger Spott, tiefes Gefühl für Recht und Unrecht,
Ehrfurcht vor den heiligen Banden des Blutes, der Stolz und die Ge=
fahr jungfräulicher Unschuld, die Eingebungen, Thorheiten, Verlegen=
heiten und Schmerzen der Liebe, Treue, die über das Grab fortdauert,
Klagen der Waisen, denen das Mutterherz unter der Erde antwortet.
Du hörest Hirten singen, und siehe da! mit jedem Tone entfaltet sich
ein neuer Zug von dem großen Gemälde des menschlichen Lebens; in
ihrer Brust hat der Genius zum Theil die unentweihten Jahrbücher Dei=
nes Volkes niedergelegt; sie fordern, durch Feldraine getrennt, sich zu
leichten Wechselgesängen auf und enden mit jenen erzählenden Liedern ernst=
haften und am liebsten schauerlichen Inhalts, die uns die Denkmalworte
des Zeitschreibers erläutern." So Meinert über den Charakter der Volks=
lieder **) aus jener deutschen Insel inmitten von Völkern slavischer Zunge,

---

*) Wien und Hamburg 1817.

**) Als Probe: „O Tonnabaum! o Tonnabaum!
    Du bist a edles Reis!
    Du grunest in dem Winter
    Os wie zur Summerzeit."

    „„„Worum soll ich ne gruna,
    Do ich noch gruna koann?
    Ich ho weder Voater noch Mutter,
    Die mich versorga koann.""“

Und:

    „Wenn glai der Himmel popiren weär
    Oun ides Stanle a Schraiberle weär,
    Onn schrieben a'n ides meit sieve Hend',
    Se queme ni meit mai'r Liv zu End."

die ihre Bevölkerung im dreizehnten Jahrhundert empfing, hauptsächlich durch Förderung des gewaltigen Böhmenkönigs Ottokar und des Olmützer Erzbischofs Bruno von Schauwenburg, und aus welchem 1627 die nach Polen ausgewanderten mährischen Brüder und die 1722 nach der Lausitz ausgewanderten Gründer von Herrnhut ausgingen. Die Kuhländler sind, sowie die mährischen Gesenkebewohner, wohlgestalte, kräftige, untersetzte Menschen, lebhaft und ausdauernd, neugierig, redselig, Freunde von Gesang und Tanz, treu in der Liebe, altförmlich im Umgang; die Bäuerin trägt ein feineres Ober- und ein gröberes Unterhemde, einen lichten oder dunkelbraunen, dunkelrothen kurzen Rock mit vielen Falten; die Tracht der Männer ist die durchschnittliche der Handwerker in kleinen Städten.

Die Deutschen in Mähren, welche längs der Thaya wohnen, kommen sowohl in Mundart als in Tracht und Sitten dem Niederösterreicher nahe, in der ersteren haben sie nur wenig Charakteristisches (ein gedehnter Laut des ou, wie Koub statt Kopf). Es sind wackere, gutmüthige, heitere Menschen, und gehen gern gar stattlich einher, in grünen Sammtmützen oder hohen Pelzmützen mit weißem Bräm (wohl auch Fischotterfell), oder schwarzen Filzhüten mit breiten Krämpen und abgerundeten Kappen, um welche sich ein schwarzsammtenes oder farbigseidenes Band schlingt, in lichten oder auch schwarzen Beinkleidern von Tuch, Kasimir oder sonst Wollenstoff, schwarzen kurzen Röcken, und am Sonntage zum rechten Staat noch in dunkelblauen Mänteln. Im Znaymer Kreis Mährens sind die Deutschen etwas heftig und aufbrausend, empfindlich, aber leicht beschwichtigt, offen und aufrichtig bis zur Derbheit, gutmüthig, gastfrei, vergnügungssüchtig für Schmaus, Gesang und Tanz im Freien, wohl auch leichtsinnig, in der Liebe leidenschaftlich. Im Olmützer Kreis herrscht die deutsche Sprache durchs ganze Gebirg, auf der Hochebene und am Abhange des Gebirges an den Quellen der Oder, der Feistritz, der Mova, der Teß, der Brod, der March und der Zwittawa. Die Mundart der Schönhängstler ist dadurch eigenthümlich, daß bald Vokale zugesetzt werden (wie das a; z. B. Kauh statt Kuh, Kauchen statt Kuchen), bald beim Doppellaut einer ausfällt (Lab statt Laub, tab statt taub), bald die Vokale verwechselt werden (Opfel, Ardbeer, Omasen, Ufen, statt Apfel, Erdbeere, Ameisen, Öfen), endlich daß die Verkleinerung die Endsylbe la annimmt

(Madla, Häusla, Krümpela [Krümchen], Bergla) und daß bei den
Zeitwörtern die Endsylbe en in a zusammengezogen wird („'s well am a
ez gor nie mehr gelenga, doß mer kunte wos zusamma brenga," es will
einem auch jetzt gar nicht mehr gelingen, daß wir könnten etwas zusam=
menbringen). Das Volk im Riesengebirge ist stark, schlank, gesund
und langlebig, genügsam, fleißig, sittenrein, wohlwollend, religiös,
aber auch leicht= und abergläubig. Noch sucht man durch Judaskohlen
und beim Johannisfeuer angebrannte alte Besen Haus und Hof vor Be=
herung, Kinder und Vieh durch rothe Bänder und Lappen gegen Be=
schreiung zu sichern und erforscht an Andreas= und am Luciäabend in den
Spinnstuben die Zukunft, glaubt an den Wassermann, an den Alp,
an die feurigen Männer, an das „Aufwittern" (Aufleuchten) verborgener
Schätze, und daß der Kukuk dem Hause Theuerung, der Todtenvogel
einem Bewohner nahen Tod verkündigt. Eigenthümliche Bräuche sind
der Rockengang (Lichtengang), der Maigang und das Maigehen. Der
Rockengang ist die Spinngesellschaft am langen Winterabend, wobei
während des Spinnens gesungen, gescherzt und Geschichten erzählt wer=
den; zuweilen macht das junge Männervolk einen kurzen Besuch in der
Spinnstube der Mägde unter dem Vorwand: „Onna oder Enna schettla"
(d. h. die Abfälle, welche aus dem Rocken der Spinnerin auf den Schoß
fallen, abzuschütteln), wobei meist die Frage: „Wie zaahrts?" (wie
schlägts an?) gestellt und allerlei Scherz und Neckerei getrieben wird.
Zuweilen schicken die jungen Bursche ihre Spinnrocken, gefüllt mit ge=
dörrtem Obst, Rosinen und Mandeln in die Spinngesellschaft der Mäd=
chen; jede Spinnerin nimmt einen solchen Rocken, spinnt davon einen
Theil zu Garn, das sie mit einem bunten Bande in den übriggebliebenen
Flachs bindet, und so werden dann die Rocken mit dem Garn in die
Spinnstube der jungen Männer zurückgesandt, deren Freude um so höher
steigt, je länger und breiter, bunter und schöner das Rockenband aus=
gefallen ist. In der Adventszeit wird an einigen Freitagen die ganze
Nacht gesponnen, welches die „lange Nacht" heißt, um das Geld für
den Christstriezel, der in den Weihnachtsfeiertagen keinem Familiengliede
fehlen darf, zu erwerben. Bevor die Spinngesellschaft sich auflöst, wird
die Trennung durch ein sogenanntes „Beschadassen" gefeiert, bestehend
aus einer Milch= oder Biersuppe, gekochtem Obstbrei rc., welches in der
Mitternachtsstunde von allen Anwesenden feierlich genossen wird. In

manchen Dörfern ſetzen junge Burſche während der Nacht, die dem er=
ſten Maitage vorgeht, den Mädchen, die ſie beſonders auszeichnen wol=
len, „Maibäume," junge hohe ſchlanke Tannen oder Fichten, die bis
auf den Wipfel, an deſſen grünen Zweigen einige bunte Bändern flat=
tern, abgeſchält ſind. Am ſogenannten „ſchwarzen Sonntag" in der
Faſten (dem Sonntag vor Palmarum) gehen die kleinen Mädchen mit
einem Fichten= oder Tannenbäumchen herum, deſſen Zweige in der Ge=
ſtalt einer Biegelkrone durch bunte Bänder zuſammengehalten werden,
an denen gefärbte Eierſchalen hängen. Sie gehen damit im Dorf faſt
von Haus zu Haus herum und, das Bäumchen in den Händen drehend,
um eine kleine Gabe bittend, ſingen ſie dabei einige alte Lieder, wie z. B.:

> „Dan Summer brenga wir haita,
> Wir donken, lieba Laita,
> Es guckt jo aus dam Haus
> A ſchöna Jungfra raus,
> Wird ſiech wohl bedenka,
> Wird uns wohl wos ſchenka."

Das iſt das „Maigehen," eine Gewohnheit, die auch noch hie und
da in Preußiſch=Schleſien und im böhmiſchen Mittelgebirge, namentlich
im Norden des Bunzlauer Kreiſes beſteht. Wenn im Frühjahr das Vieh
zum erſtenmale ausgetrieben wird, und wenn die Mägde mit dem friſchen
Graſe, das ſie an Rainen, Äckern oder in Wäldern geſammelt haben,
das erſtemal nach Hauſe kommen, begießt das junge Volk einander in
ſcherzendem Muthwillen mit Waſſer*). In den letzten Faſchingtagen
wird in manchen Ortſchaften ein in Erbſenſtroh als Bär verkleideter
Mann unter Muſik und Gejauchz umhergeführt, an andern die ſoge=
nannte „Aſchenbraut." Daß Rübezahl im Rieſengebirge ſein Revier hat,
iſt bekannt, der vielgeſtaltige gewaltige Berggeiſt, der dem Armen und
der Unſchuld hold iſt, Vorwitz, Übermuth, Geiz aber beſtraft. Die Tracht
der Männer iſt blauer, grüner oder grauer Tuchrock, meiſtens bis an die
Schenkel oder bis an's Knie reichend, eine Tuchweſte, ſchwarze oder gelbe
kurze Hoſen, graue oder weiße Wollenſtrümpfe und ein dreieckiger Filz=
hut; dazu kommen Schuhe mit Nägeln, bei Schnee Schneeeiſen, bei
Glatteis Steigeiſen; bei den Frauen ein Mieder von Tuch mit großem

---

*) Wolny, Mähren. V. Bd. (Brünn 1839. LI—LVII.)

flachen und steifen Latz; ein kurzärmliges Hemd, vorn am Hals mit einer
Nadel zugesteckt, um Hals und Brust außerdem ein Tuch von gedruckter
Leinwand, dann ein grauer oder bunter Wollenrock, der bis an die Fersen
reicht, endlich eine Unterjacke, meist von schwarzem Zeug, wollene
Strümpfe und Schuhe; Unverheirathete pflegen den Kopf bloß und das
Haar in Zöpfen zu tragen, die auf dem Scheitel zum Nest geflochten sind,
Frauen Hauben von weißer oder geblümter Leinwand, beide bei der Arbeit
ein Tuch um den Kopf. Das Gebirgshaus heißt Baude, sie ist auf einem
steinernen Unterbau aus Holz gefügt, die Wände aus Bohlen, die Fugen
mit Moos verstopft, die Wände innen mit Bretern, außen nach der
Wetterseite noch mit Schindeln verkleidet. Die „Baude" besteht aus zwei
Hälften, von denen die kleinere, zuweilen noch mit einer Kammer ver=
sehene, als Wohnstube dient, worin das Feuer auch des Sommers im
großen Kachelofen knistert; Bänke an den Wänden, ein großer Ahorn=
tisch in der Fensterecke, das Topfbret (ein offner Wandschrank mit Thon=
und Glasgeschirr), Kufen, Kübel, Näpfe, Butterfaß, Käsepresse, Spinn=
und Lichtstöcke bilden den einfachen, reinlich gehaltenen Hausrath der
Wohnstube; vor derselben befindet sich die Hausflur mit der Küche, hinter
dieser der Milchkeller; auf der Hausflur gelangt man auch in den Stall,
der übrigens auch an der Vorderseite des Hauses einen Eingang (für's
Vieh) hat; das spitze, mit Schindeln gedeckte Dach, zu welchem man
mittelst einer Leiter oder auf der Bergseite auf einem hölzernen Steg ge=
langt, dient zur Aufbewahrung des Heues und zur Schlafstelle für das
Gesinde und die erwachsenen Kinder. Von Sitten und Bräuchen der
Riesengebirgsbewohner sind die Hochzeitsfeierlichkeiten besonders eigen=
thümlich. Die Kosten der Hochzeit bestreitet in der Regel der Vater des
Bräutigams; das Mahl ist meistens einfach, aber reichlich (einerlei
Fleisch, oder Biersuppe und Mehlspeisen, mit Bier); Musik darf bei dem
tonlustigen Volk nicht fehlen. In den meisten Gegenden herrscht die
Sitte, daß die Braut in einer Kammer des älterlichen Hauses verborgen
und erst gegen ein Geschenk losgegeben, dann aber in's Haus des Bräu=
tigams und hierauf in die Kirche geführt wird. In den reicheren Fabrik=
örtern der äußeren Sudetenthäler findet man größeren Aufwand; ein
eigener Hochzeitbitter ladet sowohl die wirklichen Hochzeitgäste als auch
die „Brautschauer" ein, die blos durch ihre Anwesenheit zur größeren
Stattlichkeit beitragen sollen, aber an dem Gelage nicht Theil nehmen.

Die Braut wählt sich zwei bis drei Kränzeljungfern, der Bräutigam dann genau so viel Kränzelgesellen; jeder bekommt am Vorabend der Hochzeit von seiner Jungfer einen Strauß künstlicher Blumen mit Flitter= gold, vom Bräutigam aber ein rothes Band, das er mit dem Strauß am Hut befestigt; überdem hat die Braut einen eigenen Brautführer zur Unterhaltung und in der Person der „Salzmäste" (einer älteren verheira= theten Base) eine Hofmeisterin. Den wichtigsten Posten bei einer solchen vornehmeren Hochzeit hat der „Plempatsch" oder Plaudermann, welcher gleichsam Ceremonienmeister, Poet, Sprecher, Lustigmacher, kurz Alles in Allem ist, und sein Licht übrigens auch bei Kindtaufen und Leichen= feierlichkeiten leuchten läßt. Er fordert den angesehensten Gast zum Ehrentanz mit der Braut, zur „Buschkarante" auf. Nach dem sogenann= ten „Hofrecht" gilt es für vornehm, wenn vor einem Hause Musik ge= macht wird, und so darf diese (meist aus Trompeten, Waldhörnern und dergl. bestehend) auch vor jenem des Bräutigams während der ganzen Dauer der Hochzeitfeierlichkeiten nicht fehlen. Den Brotanschnitt (das Ränftel, „Ranftla") erhalten Braut und Bräutigam beim Hochzeitsmahl in gleichen Theilen, und der letztere bewahrt ihn mit dem Hochzeitskranze sorgfältig auf; schimmelt dies Brot, so bedeutet es einen frühzeitigen Tod; aber so lange es im Hause ist (also besteht der Glaube) kommt nie Mangel in dasselbe. Die Deutschen im Iglauer Kreise (d. h. im Nord= westen desselben, in der Gegend von Stannern, Ranzern, Wilenz, Wolf= rams, Iglau) unterscheiden sich von den Deutsch=Thayanern in Mundart und Sitte. Was die erstere betrifft, so wandeln sie die Endsilbe er in a, den Selbstlaut e in a, die Mitlaute t und p in b oder f (Muda, Voda, Ladr statt Mutter, Vater, Leder), die Verkleinerung wird durch die End= silbe la und beim Vornamen durch al bewirkt (Teschla — Tischchen, Hübal — Hügelchen, Pelzal — Pelzröckchen, Resal — Thereschen, Martinal — Martinchen). Außerdem faßt die Mundart eine Menge eigenthümlicher Ausdrücke in sich („Spensal" — Arrest, „a Taffets" — ein Kindtaufmal, „mangari" — meinetwegen, „Todher, iech schnol eng on" — Gevatter, ich trinke euch zu), sie ist weich, singend, gedehnt. Der Charakter des Deutschen in diesem Gebiet ist schwerfällig, unent= schlossen, aber bieder, redlich, unverdorben; Aberglaube wurzelt noch, besonders Hexenglaube. Die Tracht der Männer besteht aus einem schwarzen Filzhut mit niederer runder Kappe und breiter Krämpe, um die Kappe ein blauseidenes Band (bei den jungen Burschen) oder ein schwarzes Sammetband mit einer glänzenden Metallschnalle (bei den Männern); einem seidenen Halstuch, einer Weste von rothem Tuch mit großen eng an einander gereihten weiß-metallenen Knöpfen, hellblauen Wollstrümpfen mit rothem Zwickel, Schuhen mit Messingschnallen, schwarzledernen kurzen Hosen mit grünem Träger und einem hellblauen Tuchrock mit einem sehr niederen Kragen und einer Reihe großer weißer Knöpfe. Die Mädchen tragen ihre Haare zierlich und künstlich geflochten, an einer glänzenden Kopfnadel befestigt, und schlingen das weiße oder bunte Stirnband ("Pline") um den Vorderkopf so, daß beide Enden hinter den Ohren weit hervorstehen; das Oberhemde, mit kurzen, blos den Oberarm bedeckenden, sehr stark gesteiften Ärmeln, besteht aus schöner weißer Leinwand mit einem breiten, mit Spitzen besetzten Kragen; ein miederartiges Leibchen aus Wollen- oder Seidenstoff, mit unächten Goldborten bebrämt, bekleidet den Mitteltrieb; damit ist bei Mädchen die sogenannte "Hinawider" (bei Verheiratheten die "Brust" genannt) verbunden, letztere ein dicker mit einem bunten Stoff überzogener Polster, erstere ein steifer, mit rothem oder blauem Seidenzeug überwundener Brustschild, der den Busen bedeckt und mit rothen Bändchen zusammengeschnürt, bei Weibern zugeknöpft wird; der "Kittel" (Rock) reicht kaum über die Knie, ist steif und faltenreich, so daß er ausgebreitet ein Rad bildet, und am unteren Rande mit Bändern verziert; darüber wird eine hellblaue oder weiße "Fürstecke" (Vortuch, Schürze) getragen; hochrothe Wollenstrümpfe mit weißem Zwickel, lederne Schuhe mit kleinen Schnallen und hohen, mit Eisen beschlagenen Absätzen (Stöckeln) machen die Fußbekleidung aus. Eine eigenthümliche Sitte ist bei diesen Menschen das "Schötzen;" es wird eine Gabel auf einem hölzernen Teller gebracht und jedes Mädchen, das tanzen will oder getanzt hat, muß zur Bestreitung der Auslagen beitragen. Zur Zeit der "Kirwer" (Kirchweih) wählen die Bursche des Dorfes die gewandtesten und muntersten zu "Kirwerknechten," denen durch die drei Tage (so lange dauert das Fest gewöhnlich) die Leitung des Ganzen, d. i. die Einladung der Gäste, die Besorgung der Musik und die Aufrechthaltung der Ordnung während des Tanzes und der Belustigung obliegt. Diese "Kirwerknechte" haben dann auch die "Kirwermenscher" zu wählen, das sind Tänzerinnen, die sich durch Schönheit, Freigebigkeit beim Schötzen und durch ein schönes weißes Vortuch auszeichnen müssen.

11 *

Wer die Kirwen besucht, muß verschiedene Geschenke in Geld oder Eß=
waaren machen, wird aber dafür mit Bier und Speise hinlänglich bedient und
hat den Vorrang beim Tanzen. An jedem der drei Kirwertage fängt um
2 Uhr des Nachmittags in der Dorfschenke oder beim Richter die Tanz=
musik an und dauert bis zum Morgen, wo man gewöhnlich zum Früh=
stück saure Fische ißt. Die Tanzmusik besteht in der Regel aus einigen
„Bauerfiedeln" (dies Instrument ist sehr einfach, meist nur ein in Form
einer Geige geschnittenes und bemaltes, mit drei Saiten bespanntes Bret=
chen von eigener Stimmung) und einem „Ploschperment" (Baßgeige).
Die Tänze sind der „Hatschoh" und der „Hochdeutsche." Bei dem ersteren
bilden die Tänzer, auf ihre Dirnen gestützt, eine geschlossene Kette, in der
man mehr hin und her zu schweben als zu tanzen pflegt. Die Musik
scheint dabei ihre Takte immer mehr zu verlängern und das Ganze wird
zu einem schleppenden, für die Zuschauer langweiligen Tanz, dem alle
Grazie der Bewegung und Lebhaftigkeit abgeht. Endlich werden die so
tanzenden Paare in der Kette allmälig lebhafter und beweglicher durch
längeres Hin= und Her= und Durchkreuzen, und gehen in den „Hochdeut=
schen," eine Art Ländler über, wobei der Tänzer das stämmige Mädchen
von Zeit zu Zeit bis auf drei Fuß hoch in die Luft schnellt; da geschieht
es denn nicht selten, daß auf diese Art der muntergewordene Bursche dem
neugierigen fremden Zuschauer unvermuthet die Tänzerin auf die Schul=
tern setzt. Bei Hochzeiten geht die Braut (selbst am heißesten Sommer=
tag) in ihrem cochenilleblauen, tuchenen, mit Schaffellen gefütterten
kurzen Oberröckchen (Pelzal) und darüber noch den lichtblauen Mantel
tragend, die Haare künstlich auf dem Oberkopf zusammengeflochten und
mit einem hohen kronenartigen Kranze von Silberdraht, Rauschgold und
rothen Blumen verziert, im feierlichen Zuge zur Trauung, begleitet von
ihren nächsten weiblichen Verwandten, Bekannten, Freundinnen und
geführt von ihren „Druschdirnen" (Kranzeljungfrauen), während der
Bräutigam zwischen zwei „Druschknechten" (Hochzeitsbittern), an die sich
die Beistände und männlichen Verwandten angeschlossen haben, abgeson=
dert von der Braut voranzieht. An der Spitze steht das Musikantenkorps,
welches auf dem Ploschperment und den Fiedeln spielt. Während der Mahl=
zeit steht eine große leere Schüssel auf der Tafel, in welche jeder Gast etwas
Geld oder kleinere Hausgeräthe wirft, was man das „Einbrocken" nennt[*].

---

[*] Wolny, a. a. O. VI. XVIII—XXI.

Der Deutsche in Böhmen.

Der Deutsche in Böhmen verdient den Ruf entschiedenen Gewerb=
fleißes, unverkennbarer Bildung und ursprünglicher Tüchtigkeit. Hier
einige Andeutungen über mannigfaltige Eigenthümlichkeiten in Mund=
art und Tracht*).

Im Leitmeritzer Kreise ist das Deutsche nur in den südlichen
Gegenden vorherrschend; die Mundart kommt im Allgemeinen mit jener
des Landvolks im angränzenden Sachsen überein; doch nicht ohne Man=
nigfaltigkeit; sie verwandelt das e in a oder i (stihn, gihn), setzt statt des
e ein ai (Staig — Steg, Waig — Weg), sagt: Stoub, Staab statt
Staub, d'lase statt gelesen, d'hubn statt gehoben, ok statt nur. Am
reinsten ist sie in Töplitz. Die weibliche Volkstracht ist eine Kappenhaube
mit theils schmalem, theils breitem, steifem Spitzenbesatz an der vor=
deren Seite und der Bandschleife (mit Gold gestickt oder bunt geblümt)
im Nacken, ein faltenreicher langer Rock und eine kurze Jacke, hinten
mit einem steifen faltenreichen Vorschoß; die männliche: ein niedriger
breiträndriger Hut, ein blauer Rock mit breiten Schößen und schwarz=
lederne kurze Hosen. An Bräuchen finden wir auch hier das Todaustrei=
ben und das Johannisfeuer; an Volkslustbarkeiten Hahnenschlagen,
Scheibenschießen und Vogelschießen mit der Armbrust am Pfingstfest.
Die deutsche Mundart im Pilsener Kreise kommt mit der fränkischen
ziemlich überein und scheint im Ganzen gedrungener und gerundeter in
der Aussprache als die im Nordosten herrschende; es zeigt sich hier ein
Übergang von der fränkischen zur sächsischen (eigenthümliche Formen un=
ter anderm: assi, asse statt: heraus, hinaus; affi, affe statt: herauf,
hinauf; oi, öe statt: herab, hinab; g'wea statt: gewesen, g'hanta statt
gehabt). Im Budweiser Kreise herrscht fast ganz dieselbe Mundart
wie in Oberösterreich links der Donau, und die Deutschen im Czas=
lauer Kreise sprechen fast jene ihrer in den nördlichen Gegenden Böh=
mens wohnenden Landsleute (eine kleinere Kolonie von Deutschen findet
sich in diesem Kreise noch auf dem Dominium Wognonimstetz); sie haben
hier ganz die alten Sitten und die alte Tracht beibehalten. Im Bunz=
lauer Kreise ist die Männertracht: ein Hut mit breiter Krämpe,

*) Nach Sommer, „das Königreich Böhmen."

schwarze Lederhosen und ein kürzerer dunkelblauer Rock; die Weiber= tracht: eine runde Kappenhaube mit schmalem, glatt an Stirn und Wange anliegenden Spitzenbesatz (bei Verheiratheten nämlich, die Mäd= chen tragen Zöpfe, die auf dem Scheitel im Nest zusammengefügt sind, welches von einer Nadel gehalten wird, darüber ein Tuch), ein steifes Mieder mit hohem Latz, bunte Bandschleifen an den Achseln, ein kurzer faltenreicher Rock, rothe Strümpfe und Schuhe mit hohen Absätzen.

Das eigenthümliche patriarchalische Stillleben der Deutschen im Böhmerwalde (streng genommen jener, welche nördlich bis gegen Tauß, südlich bis zum Ende des Gebiets der k. Freibauern wohnen, und östlich durch die anwohnende czechische Bevölkerung, westlich durch den böhmer Hochwald natürlich abgeschieden sind) hat Joseph Rank[*]) meisterhaft geschildert. Ich entlehne ihm hier einzelne Züge; die Män= ner jener Gegend sind im Durchschnitt über die mittlere Größe, haben blondes Haar, sind von Natur heiter und kräftig, zuweilen derb, die Frauen im Durchschnitt nur mittlerer Größe und die blonde Haarfarbe ist auch bei ihnen so vorherrschend, daß man einen Schwarzkopf seiner Seltenheit wegen als Spitznamen seines Hauses gebraucht. Entschieden ausgedehnt ist musikalisches Talent, sowie Liebe für Musik und Gesang; unzählig sind Volksmelodien und Texte[**]), jährlich komponiren die Bur= schen einzelner Dörfer solche und die gelungensten werden allgemein. Am Tage wiederklingt Haus und Feld von Liedern, und nächtlich durchziehen erwachsene Bursche singend die Dörfer. Im Hause herrscht Fleiß, alt= deutsche Frömmigkeit, von einem zum andern Hause nachbarliche Freund= schaft und Gefälligkeit. Eigenthümlich ist, bei aller Liebe zum heimischen Boden, die Sehnsucht nach der Fremde, und jährlich, zumal im Früh=

---

[*]) „Aus dem Böhmerwalde." Leipzig 1843.

[**]) Als Probe der Mundart zwei Tanzliedchen:

1) „Spielleut, spielts lustö af,
 Schenk eng söx Patzn draf,
 Tröfts ma no's rächtö Liad,
 Weats ma nöd müad."

2) „Wennst no so stolz nöt ta'st
 Und so voll Houmuath wast —
 Reich und gschickt wast o gnua
 Und hübsch dazua.

jahr wandern viele nach Österreich; der Handel (Federnhandel) begünstigt diesen Wandertrieb. Die Männertracht besteht in einer schwarzledernen, an den Nähten mit weißen Schnüren ausgelegten Kniehose, an die sich weiße Strümpfe, unter den Knien mittelst schmaler Lederriemen gehalten, und Schuhe schließen, oder blaue Strümpfe und Halbstiefel, welche faltig bis unter die halbe Wade herabfallen (in der Schlitztasche an der rechten Seite steckt das silberbeschlagene Besteck), in einer carminrothen, blau- oder grünseidenen Weste, die nebst eingewebten Goldblümchen noch mit einer Reihe versilberter Achtecker- oder Zwanzigerknöpfe geschmückt ist, in einer veilchenblauen oder schwarzen Manschetjacke, welche bis zu den Hüften, ohne eng anzuschließen, herunterreicht, und in einem bis zu den Knöcheln herabreichenden Tuchrock, der einen schmalen, einfachen, steif aufrechtstehenden Kragen und an der Schulterspitze eine kleine Bausch- falte hat; ein carminrothes Seidenhalstuch schlingt sich um den Hals. „Die Frauen binden über den Kopf ein farbiges Tuch und lassen nur an den beiden Schläfen ein wenig Haar hervortreten. Ihr Halstuch gleicht dem der Männer, aber ihre Zeug- (auch Tuch-) Jacke reicht nicht ganz bis an die Hüfte, ist um die Brust stark ausgeschnitten und läßt oben über dem Ausschnitt das fast bis an den Hals reichende Hemde sichtbar werden. Diese Jacke ist um den Ausschnitt breit garnirt. Unter der Jacke ziehen die Mädchen das Mieder an, das kaum ein Viertel des Rückens deckt, mit Goldborten belegt und an der Brust stark ausgeschnitten ist. Die Farbe bleibt fast allgemein die karminrothe, öfters zu finden ist auch die schwarze. Mittelst eines kreuzweis über die Schulter gezogenen weißen Bandes wird der Rock gehalten, der sonst aus starkem rothem Zwirnzeug bestand und kaum über die halbe Wade hinabreichte; jetzt aber findet man verschiedenstoffige, meistens Kattunröcke, welche über die ganze Wade hinabreichen und vorne durch ein farbiges breites Vortuch von gleicher Länge mit dem Kittel (Kidl, Weiberrock) überhüllt werden. Die Strümpfe sind meistens weiß und dazu tragen sie Schuhe." — Bei Ver- lobungen wird auch hier (wie in Kärnthen) dem Freier zuerst ein altes Mütterchen vorgestellt, mit der Frage: ob wohl dies die rechte sei oder ob er auf eine andre warte? und dann erst die wirkliche Braut im schön- sten Sonntagsputz zugeführt, welcher er dann die „Brautthaler" (2—4 Kronenthaler) in die Hand drückt; so lange diese nicht zurückgegeben wer- den, bleibt der Verlobungsvertrag gültig; die Beistände erhalten schöne

Schnupftücher, auf Teller gelegt, zum Geschenk. Bei der Hochzeit fehlt Musik und Pistolenschießen nicht, der Bräutigam, sowie die Braut erhalten vor dem Kirchgang den älterlichen Segen*). Eine wichtige Rolle spielt der Hochzeitlader als Ceremonienmeister, Reimsprecher u. dergl. Beim Mahl ist ein eichener „Brauttisch" für Braut, Bräutigam und die nächsten Angehörigen bestimmt. Vor dem Mahl sammeln sich die geladenen jungen Bursche und Männer zu einem Fußwettrennen („Osaschüffelhrenna"); der beste Läufer erhält von der Brautmutter 3—4 Gulden Konventionsmünze, und ist dagegen verbunden, so lange sie bei der Hochzeit zugegen ist, ihren Trabanten und Launenbefriediger zu machen, auch hat er, wenn der Hochzeitlader seinen letzten Spruch, die Danksagung, gemacht, die Aufgabe: die Braut vom Tische herabzubringen; die Brautmutter gibt ihm nämlich allerlei Räthsel auf, die er lösen muß, und zum Schluß soll ihm die Braut nur über eine silberne Brücke zugeführt werden, zu welchem Ende er eine doppelte Reihe von Zwanzigern auf den Tisch legt, von einer Ecke desselben bis zu jener, wo die Braut sitzt, die nun darauf steigt und darüber zu ihm geht, der sie empfängt und auf den Boden herabhebt; es folgt sodann der Tanz. Zu bemerken ist übrigens, daß auch hier (wie in Steyermark) die Gäste (weil jeder Gast seinen Antheil bezahlt) nach dem Rindfleisch aufstehen und an ihrer Stelle sich die „Rogangla" (Nachtafelgänger), gewöhnlich Kinder oder Geschwister der früheren, setzen und theils weiteressen, theils Speisen zurücklegen. Nach der Hochzeit bleibt das junge Ehepaar noch drei Wochen im älterlichen Hause und eine eigene Festlichkeit ist das Heimführen des eigenen Hausraths zu Wagen, auf dessen Gipfel vor Allem die Wiege steht. Auch das „Fenstarln" ist hier Sitte, doch naiver, unschuldiger als in den Alpenländern. Eine sehr beliebte Sitte ist das „Harnostusche" (der Herentusch) in der Nacht vor dem Pfingstsonntag (ein Wetteifer im Peitschenknallen, welcher das Verjagen aller Heren aus Wohnungen, Ställen und Scheuern zur Folge haben soll), sodann das „Pfingstlrenna," das Pferderennen am Pfingstmontag, wobei ein eigener „Gschboasmocha" (Lustigmacher)

---

*) „Geh' in Gottes Namen; uns gehörst du nicht mehr; ein anderes Haus bekommst du, ein Weib bekommst du, und Kinder kannst du bekommen. Halte auf Alle, wie es der Herr haben will; sei gut und vernünftig. Unser Herr ist dort, wo wir rechtschaffen sind, gewiß mit Glück und Segen. Jetzt steh auf, ich habe dir nun nichts mehr zu sagen." (Ranf S. 58.)

auf der elendesten Mähre zur Parodie nicht fehlt. Nach der Erndte setzen die Bursche dem Hausbesitzer, der sein Getreide zuletzt hereingebracht, des Nachts eine ungeheure Strohfigur — eine Ziege mit einem Reiter — auf's Dach und singen ihm des Morgens einen Spottreim. Im Fasching sind Mummereien beliebt; am Faschingdienstag wählen die Mädchen ihre Tänzer und zahlen Musik und Getränk. Beim Kirchweihfest („Kirda") bekommt jeder Bursch von seinem Liebchen einen Rosmarinstrauß mit Flittergold, silbernem Zitterdraht und kleinen Täubchen, den er quer um die Rundung des Hutes befestigt; es werden „Flöcken" gebacken, und am dritten Tag gibt's Hahnenschlag. Am „Gehoisto" (Martinstag) trinkt man sich Schönheit und Stärke zu. Was in vielen katholischen Ländern der Knecht Ruprecht („Wauwau" in Österreich, sonst Markolfus u. dergl.) als Begleiter des „einlegenden" (gabenspendenden) St. Nikolaus, ist im Böhmerwald „d'Luzia;" sie soll schlimmen Kindern den Bauch aufschlitzen und Stroh und Kieselsteine statt der Gedärme hineinlegen, dann aber den Bauch wieder zunähen. Von Aberglauben sind folgende Züge charak= teristisch: Wenn drei Tage und drei Nächte hintereinander ein lebhafter Wind bläst, so muß sich in der Gegend Jemand erhängt haben. Krähen einer Henne bringt Unheil im Hause, daher muß ihr der Kopf abgehackt werden. Weinen im Hause des Nachts kommt von der „Klagmutter" (dem Geist eines verstorbenen Familiengliedes). Wer auf dem Felde zwischen dem Getreide eine Furche brach liegen läßt oder mit Klee bebaut, verliert im nämlichen Jahr noch ein Familienglied durch den Tod (das ist die „Intasat" — Zwischensaat). Ein gewisser Zauber, ausgeübt über ein Saatfeld, bewirkt in Gestalt eines liegenden Kreuzes zwei schmale Bahnen im Getreide, wo die Ähren zum Theil brandig, zum Theil afte= rig erscheinen; beim Dreschen muß dann je das dritte Korn in die Scheuer desjenigen fliegen, der den Zauber übte; der schadende Geist, der dabei diente, heißt der „Pilmasschnid;" (einer Variante dieses Aberglaubens werden wir später in Thüringen begegnen). Wer beim ersten Donner im Frühjahr den nächsten schweren Gegenstand hebt, sichert sich für ein ganzes Jahr vor körperlicher Verletzung und gewinnt an Stärke und dauernder Gesundheit. Der ledige Bursch, der am' Ostersonntag vor Sonnenaufgang aus einem Bach mit den Zähnen ein Steinchen herauf= holt und es dann, gegen Osten gekehrt, nach rückwärts über den Kopf wirft, erforscht, ob er im Verlauf des Jahres noch heirathen werde.

Bevor man den Baum fällt, haut man ein Kreuz darein; auf solchen gefällten Bäumen muß die wilde Jagd, — welche Wanderer, die bei deren Herannahen nicht auf's Angesicht stürzen, weit mit sich fortführt — rasten und freilassen. Diebe können nicht entkommen und müssen entweder das Gestohlene von sich werfen, oder damit bepackt den Tag und die Befreiung durch den Hausherrn erwarten, wenn man, einen gewissen Spruch sprechend, während der ersten Abenddämmerung um sein Haus schreitet. Diebe können fest und unbeweglich gebannt werden, wenn man ein leeres Glas verkehrt auf die Tischplatte stürzt*). Kluge Leute können (durch geheime Mittel**) Hexen und „Verwunschene" erkennen, jene tragen auf dem Kopfe ein hölzernes Milchgefäß, diese schleppen an einer Kette eine glühende Kugel hinter der Ferse nach. Das „Waschweiberl" ist ein Hausgeist, der von Morgen bis Abend Geschirr und Fenster reinigt; es verläßt das Haus, wenn man's für seine Dienste belohnen will; ein andermal ist's aber auch schlimm, bissig und unverträglich u. s. w.

---

*) Das Nähere hat Rank jedoch nicht angegeben. Vergl. später Pommern und Rügen.

**) Siehe Grimm, d. Myth. II. 1032.

Die Deutschen in der preußischen Monarchie.

Motto: Für Freiheit und Recht
Vom Rhein bis zum Belt
Ein einig Geschlecht —
Beutst du Trotz aller Welt!

Preußen, Deutschlands zweite Großmacht, nicht weniger imposant als Österreich! — Seht auf die Karte, wie dieser Länderzusammenhang über Deutschland von dessen äußerstem Nordostende bis zum westlichsten Saum hingebreitet liegt, wie dieser Staat die mannichfachsten Stamm=verschiedenheiten unter der Einheit einer Dynastie umfassend, da, wo der Zusammenhang der größeren Ländermassen unterbrochen ist, mit einzelnen Besitzthümern mitten in andere deutsche Länder hinein greift, gleich einer Vorpostenkette verbinden diese preußischen Enklaven den Nordosten, der sich ans baltische Meer lehnt, mit dem Westen, der den Rhein beherrscht, die deutsche Gränzmark gegen das Slaventhum mit jener gegen Frank=reich! Seit aus vielen verschiedenartigen Länderanschwemmungen ein preußischer Staat geworden, ist diesem, dem geistigen Vertreter des Nor=dens, die Bestimmung unauslöschlich aufgeprägt, die Bedingung des Daseins: „Staat der Intelligenz“ zu sein; er hat die Feuerprobe glorreich bestanden, und aus der tiefsten Noth, da fast sein Untergang schon ver=kündigt war, ging er durch die Kraft des Geistes schöner und herrlicher hervor, dem Geist Zeugniß und ganz Deutschland ein Vorbild gebend! Er darf dies nie vergessen!

Das Gesammtgebiet des brandenburgisch = preußischen Staates be=trägt 5077/47 Quadratmeilen mit 14,907,091 Bewohnern (i. J. 1840); davon kommen auf die deutschen Länder 3362/87 Q.=M. mit 11,363,069, auf die nicht deutschen 1714/54 Q.=M. mit 3,544,022 Bewohnern.

Betrachten wir nun Preußens Volk nach den Stammverschieden=heiten. Ein Rückblick darauf, wie der brandenburgisch=preußische Staat geworden und bis zu seinem heutigen Umfang, seiner heutigen Bedeu=

12 *

tung herangewachsen, zeigt, daß in der östlichen Hälfte der Monarchie
das deutsche Element seine Kulturmacht siegreich über slavisches Wesen
geltend gemacht, daß letzteres allmählig darin aufgegangen, seine volks=
thümlichen Grundstoffe von ersterem vollkommen durchdrungen worden;
dies ist nämlich von der älteren Zeit gemeint, als der Name „Mark“ noch
volle Wortbedeutung hatte, und da war es denn die sächsische Art, welche
den slavischen Volksboden überfluthete; bei den späteren Erwerbungen
slavischen Bodens fehlte zwar der nationale Verzweiflungskampf auch
nicht, und die Treulosigkeit der Diplomatie in jener Zeit, „da Gott die
Moralität der Großen zeigen wollte“*), war auch in der That nicht ge=
ringer, als die jenes alten gewaltigen Markgrafen Gero, der dann wenig=
stens als Büßer starb; aber das ist der modernen Gewalt, wenn sie auch
den Sieg davon zu tragen vermochte, nicht gelungen, und wird ihr auch
nicht gelingen, die bezwungene Nationalität in der siegreichen aufgehen
zu machen. Wie sehr ich von ganzem Herzen Deutscher bin und aus
voller Seele wünsche, daß unser Volk seine weltgeschichtliche Aufgabe als
Kulturvermittler erfülle, so kann ich doch darin nichts Wünschenswerthes
erkennen, nichts, was ihm zur Ehre gereichte, wenn es jene hohe Auf=
gabe nur auf Kosten des Fortbestandes fremder Nationalität lösen wollte.
Nein, wahrlich, ihr Deutschen, nie werdet ihr etwa bloß dadurch groß,
wenn immer mehr Menschen deutsch reden oder deutschen Regierungen
gehorchen, nicht kommt es darauf an, um eure Existenz zu behaupten.
Laßt sie reden in allen Zungen, aber macht, daß sie in jeder ihre Ach=
tung vor euch aussprechen müssen, wenn sie euch als ein freies Volk
erkennen; einem freien gesellschaftet sich jedes Volk am liebsten an, em=
pfängt von ihm ohne Mißtrauen Kultur, opfert ihm gern manches Eigen=
thümliche zur Neugestaltung oder Neufärbung, so viel es hingeben kann,
ohne sich selbst aufzugeben. Achtet, ihr Deutschen, selbst jede Nationa=
lität, o könnt’ es euch jede, die sich mit hartnäckigstem Widerstand be=
haupten will, könnt’ es euch jede predigen, oder könntet ihr die Sprache
der fort und fort um euch her wachsenden That verstehen und daraus ler=
nen, wie viel euch noch immer zu thun übrig bleibt! Möchte euch jeder
solcher Widerstand, ehrenwerth an und für sich, selbst wenn er zum An=
griff auf euch wird, wecken und ermahnen, auf euch selbst bedacht zu

---

*) Worte Johannes von Müller’s.

fein! Und so müffen wir denn auch jenen flavifchen Saum betrachten, die ftattliche Verbrämung des preußifchen Königsmantels, der immer größer und weiter geworden, jemehr fich die Freiheit vertrauungsvoll unter ihn geflüchtet, und der immer enger und kümmerlicher werden müßte, wenn die Unfreiheit ihre Lappen daraus fchneiden wollte, um vom Abfall der Majeftät ihre armen nackten Götzen zu bekleiden. Slavifches Wefen fäumt, wie gefagt, den äußerften Nordoft und Südoft der deutfchen Provinzen (Kaffuben im öftlichen Grenzgebiet des Regierungsbezirks Köslin, Polen in den füdöftlichen Theilen Schlefiens); auch fonft noch, inmiten der alten Markgraffchaft Laufitz blinken die flavifchen Refte hervor, aber das deutfche Wefen hat, wenn auch noch nicht alles Herkömmliche in Bräuchen, fo doch die Sprache immer mehr überwachfen. Diefe wendifche Bevölkerung fitzt in den Regierungsbezirken Liegnitz und Frankfurt, in den Kreifen Sorau, Guben, Kalau, Lübben, Luckau, Spremberg, Hoyerswerda und Kottbus. Die Zahl der Kaffuben im Regierungsbezirk Köslin beträgt 4000 neben 389,000 Deutfchen; die Kaffuben verftehen übrigens deutfch und fprechen auch neben der flavifchen Mutterfprache eine mit manchen Worten derfelben vermifchte niederdeutfche Mundart*). An Polen find in den deutfchen Provinzen 64,000 im Regierungsbezirk Breslau neben 1,010,400 Deutfchen, und 561,700 im Regiernngsbezirk Oppeln neben 331,160 Deutfchen, im erfteren noch überdem 10,150 Czechen und Moravier, im letztern 13,150 (die Czechen vornehmlich in den Kreifen Glatz, Strehlen und Wartenberg des R.-B. Breslau und im Kreife Oppeln, die Moravier ausfchließlich in den Kreifen Ratibor und Leobfchütz des R.-B. Oppeln), außerdem kommen Czechen noch in einigen Dörfern bei Berlin, Potsdam und Köpenik vor. Außer diefem flavifchen Wefen begegnen wir dem franzöfifchen in den Nachkommen der wegen Glaubensverfolgung eingewanderten Flüchtlinge, im Ganzen noch etwa 90,000 Menfchen, welche noch franzöfifch, aber faft alle auch deutfch fprechen; fie find zu Berlin (5300), Potsdam, Köpenik, Müncheberg, Strasburg, Prenzlau, Schwedt, Burg, Halle, Celle, Magdeburg, Stettin, Pafewalk und Stargard. In der Rhein-

---

*) „Schlört ein betken int Doritz un laßt uns en Muhlken voll kuzen'' (geht ein Bischen in die Stube und laßt uns ein Maul voll kofen). Cannabich, Befchrb. d. Königr. Preußen. (Dresden 1827.) 2. Bd. S. 92.

provinz tönt französische Zunge auch im Kreise Saarlouis, und im Regierungsbezirk Aachen finden sich 10,400 Wallonen neben 375,000 Deutschen *). Als keltische Reste möchten, nach Keferſteins neueſten Unterſuchungen **), die Halloren in Halle zu betrachten ſein (von welchen ſpäter ausführlicher). Die Zahl der Juden im preußischen Staat beträgt 194,323, wovon jedoch 102,881 auf Preußen und Poſen, 91,442 auf die ſechs deutſchen Provinzen kommen (13,520 auf Brandenburg, 6824 auf Pommern, 26,703 auf Schleſien, 4262 auf Sachſen, 13,766 auf Westphalen und 26,367 auf die Rheinprovinz).

Die Hauptarten des deutschen Weſens ſind ſächſiſche und fränkiſche, jede von beiden in den verſchiedenſten Beſonderungen. Die herrſchenden Mundarten ſind die niederdeutſche, ſowohl als die oberdeutſche (erſtere in den Marken, Pommern, Westphalen, Niederrhein, letztere (oberſächſiſche) von Thüringen nach Schleſien hinüber. „Es iſt,“ um mit Arndt ***) zu reden, „eine Merkwürdigkeit, wie ſich in den ſächſiſchen Kolonielanden (welche außer einem Stück des öſtlichen Holſteins und Mecklenburgs, Pommern, die Marken, Brandenburg, einen Theil der Lauſitz und Preußen umfaſſen) nämlich in Holſtein, Mecklenburg, Vorpommern, die reine körnige ſächſiſche Sprache, wie ſie urkundlich im dreizehnten Jahrhundert geſprochen und geſchrieben ward, am meiſten erhalten hat, mit einer gewiſſen männlichen Volltönigkeit, welche in dem Stammlande ſehr verloren iſt.“ Arndt knüpft hieran die Bemerkung: ob auch manches Slaviſche in dieſen Gegenden ſitzen geblieben und in die Art und Sitte der Menſchen zum Theil übergegangen ſei, wenn man ſich die Geſtalten und Geſichter betrachtet, erhalte man neben der Sprache

---

*) „Meiſt ein gedrungenes mittelwuchſiges Geſchlecht mit nervigten und ſtarken Gliedern, ſtarkem Knochenbau, beſonders viele mit hervorſpringenden Backenknochen im Geſicht und tiefliegenden feurig blitzenden Augen, ſchwarzen und blauen, doch das Haupthaar meiſtens dunkel und ſchwarz, ein rüſtiges, bewegliches, gewandtes, anſtelliges, kunſtreiches und arbeitſames Geſchlecht, zugleich mit düſterer, aber heftig auflodernder Leidenſchaft, viel ernſter und feuriger als die Franzoſen; ihre ſtürmiſche Heftigkeit, wie ihre ſtürmiſche Tapferkeit iſt weltbekannt“; ſo ſchildert Arndt (Verſuch in vergl. Völkergeſch.) die Wallonen, die er für romaniſirte Abkömmlinge der alten Belgier hält.

**) „Ueber die Halloren als eine wahrſcheinlich keltiſche Kolonie“ ꝛc. (Halle 1843).

***) „Verſuch in vergleichender Völkergeſchichte.“

doch außerordentlich den niederrheinischen und westphälischen Eindruck. „Es lebt," fügt unser lieber Volkskenner hinzu, „in den oben genannten im zehnten, elften Jahrhunderte noch wendischen Landen jetzt der sächsische Charakter, eine gewisse Langsamkeit, Harmlosigkeit, Gutmüthigkeit und Treuherzigkeit; es möchte jedoch hin und wieder scheinen, daß die deutsche Fröhlichkeit oft sehr in slavische Lustigkeit und Leichtfertigkeit überschlage und mehr Sinnlichkeit und sinnliche Genußsucht mit sich führe, namentlich in den Küstenlanden Mecklenburg und Pommern; aber eine gewisse Munterkeit und Lustigkeit, die dort merklich vorherrscht, die man aber mit sehr ähnlichem Gepräge auch in Preußen und in Schweden und Norwegen findet, wird wohl mehr dem Seeleben und seiner rüstigen Beweglichkeit verdankt, als der slavisch-wendischen Wurzel, deren leichtsinnige Sprossen indessen nicht geläugnet werden dürfen. Darin sind auch die Mecklenburger, Pommern und Preußen ganz ächte Germanen, daß sie die See und den Seeverkehr lieben und suchen, was kein Pole oder Russe jemals freiwillig thun wird. Sie sind ein starkes, rüstiges und kriegerisches Geschlecht, die Pommern vor allen seit dem großen Kurfürsten und Friedrich dem Großen durch ihren fröhlichen Kriegsmuth glänzend berühmt. Die weiter vom Meer südlich wohnenden, z. B. die in den brandenburgischen Marken, haben mehr etwas Ernstes und Geschlossenes. Der Minister von Stein, der für alle Dinge des Lebens und Staates wie sein Freund Niebuhr einen scharfen und treffenden Blick hatte, sagte von den Bauern der Marken, diesen ernsten stillen Männern, die oft ein viel trotzigeres Gesicht machen, als die Meeranwohner: „sie gucken mit finstern Augen wie der Wolf aus der Sandgrube."

Betrachtet man nun all die verschiedenartigen deutschen Volksbestandtheile, die zu einem preußischen Staatsganzen verbunden sind, so erscheint es lächerlich, wenn von einem lediglich preußischen Volksthum, einem alle besonderen Eigenthümlichkeiten der einzelnen deutschen Volksstämme in sich verschmelzenden Preußenthum die Rede sein soll. Ein solches zu proklamiren, wie es mehrere Jahrzehnde hindurch Mode gewesen, ist eine arge Begriffsverwirrung, der die Wirklichkeit widerspricht. Das Heil liegt vielmehr darin, daß jeder solcher Volksstamm sich zunächst ganz als deutscher fühlt, als solcher erstarkt, und daß der Staat, welcher sie zu einem Ganzen vereinigt, von deutschem Geist durchdrungen sei, deutsche Institutionen für alle zu Grunde lege, auf denen Nationalgefühl

und Ehre durch ungehindert freie politische, geistige und religiöse Ent=
wicklung gedeihen können. Das ist das einfache Gesetz des Lebens.

Der Deutsche in den Marken.

In den Marken (ich zähle die Altmark hinzu, wiewohl sie zur
Provinz Sachsen geschlagen worden) ist durchweg ein braves, tüchtiges
Geschlecht, ehrlich und strebsam, alter Art nicht vergessend, aber em=
pfänglich fürs Neue und es sich eigen machend, wenn es ein gutes ist,
voll wackersten Sinns für Gesetzlichkeit, und im schönen klaren Bewußt=
sein dessen, was an sittlicher Macht in ihm selber liegt, immer mehr her=
anwachsend, anhänglich an sein Fürstenhaus, aber nicht blind und skla=
visch, mit frischen Sinnen, gutem Witz und Verstand, in dem Bürger=
stande seit alten Zeiten ein fester, mannhafter Halt des Rechts, und voll
von Talent wie gediegenem Ernst für Wissenschaft und Kunst.

Von Sitten und Bräuchen ist in den Marken Folgendes
charakteristisch *). Nach vorangegangener „Löft“ (Verlobniß) ladet der
Hochzeitbitter zu großen Hochzeiten, welche meistens an einem Dienstage
gefeiert werden, zu Roß, im festlichen Staat, mit einem gereimten
Spruch ein. Der Bräutigam schickt der Braut Tags vorher einen mit
sechs Pferden bespannten Wagen, am Morgen des Dienstags geht dann
der Zug nach dem Wohnort des Bräutigams ab, die Braut, in ihrem
sechsspännigen Wagen auf einem Stuhl sitzend, mit bloßem Kopf und
lang herabflatternden Bändern, ihr zu beiden Seiten die Bräutigams=
jungfer, die Brautjungfer mit den Lichtern und die dritte mit dem auf=
gemachten Wocken, die vierte mit einem hölzernen Mörser, außerdem
stehen auf diesem Wagen noch Musikanten, die lustig in die Welt hinaus=
blasen, und junge Bursche, ein zweiter Wagen mit vier Pferden trägt
die Verwandten der Braut, der dritte ist der Bettwagen, hinter welchen
nun andere Wagen mit Gästen, und endlich ein zweispänniger mit den

---

*) „Über die Altmark. Ein Beitrag zur Kunde der Mark Brandenburg.“
(Stendal 1800 — 2. 2 Bde.) Kuhn „Märkische Sagen und Märchen“ (Ber=
lin 1843).

Eltern der Braut. Unterwegs wird geschossen, werden Äpfel, Nüsse, Kringeln ausgeworfen und der Weg in den Dörfern mit einer Schnur gesperrt, daß die Braut sich durch ein Trinkgeld löse. Ist die Braut an der Grenze der Feldmark des Bräutigams angekommen, so fragt sie der Fuhrmann des letzten Wagens: „Ich frage die Jungfer Braut, wer sie gefahren hat? In N. N. (Dorf der Braut) stäubt der Sand, in N. N. (Dorf des Bräutigams) ist gutes Waizenland"; die Braut antwortet: „Mit Gott und gute Leut' fahr' ich dahin bereit mit sechs Pferd und Wagen." Ist man auf dem Hof des Bräutigams angekommen, so nähert sich dieser dem Wagen der Braut, und fängt sie, wie sie sich über die Wagenleiter schwingt, in den Armen auf. In Wassensdorf am Dröm= ling tritt dann der Brautvater zur Braut, trinkt ihr Bier in einem Glase zu, sie kostet und gießt den Rest über ihren Kopf weg; nun müssen Braut und Bräutigam von einer aus allem Viehfutter bereiteten Suppe essen (denn sonst, glaubt man, gedeiht das Vieh nicht). Wenn sodann der Brautschmuck angelegt worden, bewegt sich der Brautzug nach der Kirche, Musik geht den Braut= und Bräutigamsjungfern voran, welche die Brautfackeln tragen, (Lichter, die auf jungen Tannen, oder einem mit Buchs umwundenen Gestell angebracht sind); sodann schreitet die Braut einher, mit dem Kranz in den Haaren, von dem viele seidene Bänder herabflattern, vier bis zur Erde, einen Rosmarinstrauß am Busen, Dill und Salz, sowie einen alten Gulden, als Schutz gegen bösen Zauber in der Tasche, Haare von allen Vieharten des Hofs in den Schuhen; zwei „Trauleiher," die Sonntagsröcke mit seidenen Tüchern geschmückt, führen sie; desgleichen zwei den Bräutigam, der nun folgt, mit Rosmarin auf Hut und Brust, und Körner von allen gebauten Kornarten in den Schu= hen; dann kommt die übrige Hochzeitgesellschaft mit Ausnahme der ledi= gen Männer, jeder einen Rosmarinstängel, den ihm Braut= und Bräu= tigamsjungfern gegen eine Geldgabe überreichten. Ist der Zug an der Kirche angekommen, so bleiben die Mädchen mit den Musikanten drau= ßen, ziehen zum Hof zurück und holen die ledigen Bursche. Während der Trauung sucht die Braut dem Bräutigam auf den Fuß zu treten, so glaubt man, erhält sie im Hause die Oberhand; er seinerseits sucht dies möglichst zu verhindern, und eben so, daß die Braut beim Ringwechsel die Hand nicht oben bekommt. Beide stehen vorm Altare so dicht neben einander, daß Niemand durchsehen kann, weil sonst böse Leute zwischen=

kommen und ihnen was anthun könnten; hinter ihnen werden während
der Ceremonien die Brautlichter gehalten. Nach Beendigung derselben
begiebt sich der Zug ins Hochzeitshaus, doch schreitet jetzt der junge Ehemann voran, auch werden die Trauführer gewechselt. Nach dem Hochzeitsmahle, bei welchem der Ehemann bei den Alten, gewöhnlich neben
dem Prediger, die junge Frau aber bei den jungen Leuten auf der Diele
sitzt (dem Raum, wo sich die Ställe, die Knechte= und Mägdekammern
befinden), beginnt der Brauttanz, welchen der Brautdiener mit der jungen
Frau eröffnet, der junge Ehemann mit ihr beschließt; die Brautlichter
werden dabei wacker geschwungen. Hierauf folgt der „Brautlauf". Das
Ehepaar begibt sich mit der ganzen Gesellschaft ins Freie auf einen zum
Wettlauf geräumigen Platz, zwei rüstige ledige Bursche nehmen die junge
Frau zwischen sich, ihr Mann läßt ihr einen Vorsprung und alsbald beginnen sie nun den Wettlauf; siegt die Frau, so wird der Mann geneckt;
am Ziele angelangt findet sie ein paar junge Frauen, die ihr den Kranz
abnehmen und die Frauenmütze aufsetzen. Die Gesellschaft geht sodann
ins Hochzeitshaus zurück, das junge Paar aber schleicht in die Brautkammer, wo es gar bald von Gästen mit Musik überrascht und weidlich
geneckt wird. Der zweite Tag ist der des „Brauthahns". Da gehen zuerst
die Gäste des Morgens im Dorf umher und besehen die Wirthschaften.
Dann wird gegessen und hierauf nach dem Hof gezogen, wo sich das alte
Spinnrad befindet, mit Buchs aufgeschmückt und mit aufgemachtem
Wocken, an dem noch einige Knocken Flachs und eine zweite Spule hangen. Wie nun die Brautjungfer mit dem Spinnrad kommt, wird sie
von den jungen Burschen im festgeschlossenen Reigen umtanzt und so,
unter immerwährendem Tanz, wird das Rad nach dem Hochzeitshause
gebracht, während die verheiratheten Männer den Kreis zu durchbrechen
und das Rad ganz oder in Stücken zu erobern suchen, weil es für eine
Schande für sie gilt, wenn es unversehrt bleibt. Indessen hat die Mutter
der jungen Frau das mit Buchs umwundene und geschmückte Brautrad,
das neue Spinnrad, auf den Tisch gestellt, an welchen sich sodann das
junge Ehepaar in Erwartung des Brauthahns setzt oder lehnt. Die
Brautjungfer tritt nun mit dem neuen Spinnrocken zum jungen Ehemann und spricht: „Ich bringe der Braut ein Rädelein, das ist von
Holz und nicht von Lederlein, nicht von Eisen und nicht von Stahl, das
wird der Braut gar wohl gefallen; eher soll die Braut nicht bei dem

Bräutigam schlafen „ ehe sie den Flachs nicht abgesponnen hat, eher soll der Bräutigam nicht bei der Braut schlafen, ehe er das Garn nicht ab= gehaspelt hat; eher soll der Bräutigam die Braut nicht schlagen, ehe das Rädlein keine Rosen trägt; das Rädlein wird nimmer Rosen tra= gen, also darf der Bräutigam die Braut nicht schlagen; Hand darauf gegeben dem Brautmädchen.“ Nun kommen die Gäste zu dem Ehepaar, und geben ihre Geld=Geschenke (in der Wische silberne Löffel) in eine ver= deckte Schüssel ab, worauf der junge Mann jedem zutrinkt und die Frau jedem ein Stück Kuchen reicht. Sodann wird gegessen, getrunken und getanzt; desgleichen am dritten Tage; beim Abschied drücken die Gäste dem Wirth ein kleines Geschenk in die Hand. An besonderen Bräuchen ist außerdem noch Folgendes charakteristisch. In der Gegend von Diers= dorf trägt der Bräutigam die Braut, so wie er sie in seinen Armen auf= gefangen hat, ins Haus zur großen Diele und wandelt mit ihr dreimal um den Kesselhacken, damit sie die neue Heimath liebgewinne. In der Altmark, zu Waffensdorf, Betzenroth, Wadekath, kommt am ersten Hochzeitstage der „Puust=de=Lamp=uut“, ein Reiter, der einen rothen Weiberock als Mantel und einen großen breitkrämpigen Hut trägt und wunderliche Sprünge thut. In der Priegnitz werden Hochzeitsgäste, die sich für kurze Zeit vom Fest entfernen, aufgesucht, anf einen mit einem Sattel versehenen Baumstamm gehoben, damit auf die Schultern genom= men und zur Gesellschaft zurückgebracht. In der Grafschaft Ruppin kom= men während des Zugs zur Kirche vermummte Männer, „die Feien,“ und suchen ihn durch allerhand Possen zu stören.

Bei Geburten und Kindtaufen ist noch mancher eigenthümliche Brauch von Alters her geblieben. So wickelt die Hebamme das neuge= borne Kind in ein Laken, (denn nähme sie dazu eine Schürze oder ein Tuch, so würde es später dem Geschlecht, zu dem es nicht gehört, zu sehr nachlaufen), dann wird es stillschweigend unter den Tisch gelegt und nicht eher hervorgenommen, als bis die Mutter ins Bett gebracht ist (sonst schreit es zu viel); vor dem ersten Bade setzt man den Knaben auf ein Pferd, das man eigens dafür in die Stube führt, das Mädchen muß buttern; und beim Bade wirft der Vater häufig einen Gulden in die Wanne (damit das Kind reich werde); zur ersten Windel des Kindes muß das Brautband der Mutter genommen werden, der erste Anzug darf kein neuer sein, (sonst zerreißt es später zu viel Kleider). Um der dem Kinde vor der Taufe drohenden Gefahr, von den Unterirdischen (Dickköpfen) geraubt und ausgetauscht zu werden, zu begegnen, legt man ein Blatt aus der Bibel oder aus dem Gesangbuch in die Wiege, desgleichen der Wöchnerin ein Gesangbuch unters Kopfkissen. Wird das Kind zur Taufe getragen, so liest die Mutter in der Bibel und betet, (damit das Kind unterwegs bewacht werde und leicht lesen lerne), aus eben dem Grunde steckt der Vater dem Kinde einen Zettel mit ein paar geschriebenen oder gedruckten Worten ins Wickelband. Beim Taufakt selbst hält der älteste Gevatter einen Knaben, die älteste Gevatterin ein Mädchen, beim Schlußgebet aber der jüngste Gevatter oder die jüngste Gevatterin, die eine mit Blumen und Glasperlen verzierte Krone mit rückwärts herabflatternden bunten seidnen Bändern als Kopfputz trägt. Werden zwei Kinder zugleich getauft, so darf dies nur, wenn beide von einerlei Geschlecht sind, mit demselben Taufwasser geschehen, sonst würde der Knabe zu sehr den Mädchen nachstellen und das Mädchen einen Bart bekommen. Bei der Rückkehr aus der Kirche erhält der jüngste Gevatter an der Hausthüre das Kind, um mit demselben so schnell als möglich über die große Diele zur Stube zu laufen, (damit es flink werde); die Mutter muß dann das Kind hinter dem Ofen sitzend empfangen, und jeder Pathe tritt dann mit folgendem Glückwunsch zu ihr:

„Een Heiden hem we weg drog'n,
Un een frohm'n Christ'n breng'n we jo wedder,
Uns' Herr Gott mag geb'n,
Dat he bald graut wert,
God dait un bald frait,
Riek und selig wert."

Beim Taufmahl muß die Mutter von allem essen, was aufgetragen wird; während desselben wird auf einem hölzernen Teller, in dessen Mitte die Spitze eines halbgeöffneten Taschenmessers steckt für die Hebamme gesammelt, welche, wenn sie das Geld herunterschüttet, betheuert, sie nehme nur die kleinen Stücke (das Geld), das größte aber (den Teller) gebe sie zurück. Auf demselben Teller wird sodann das Wiegengeld für eines der ältesten Geschwister des Kindes oder die Großältern gesammelt, damit sie es gerne wiegen, und für den Vater werfen sämmtliche Gevattern Geld in ein Branntwein gefülltes kleines Bierglas, das er aber auf einen Zug leeren muß („Stärkungstrank").

Altheidnische Vorstellung ist noch in den Bräuchen bei Sterbenden

und Begräbnissen zu erkennen. Ist Jemand gestorben, so öffnet man so=
fort ein Fenster, damit die Seele hinausfliegen könne. Beim Zunageln
des Sarges muß man sehr behutsam zu Werke gehen, damit der Todte
nichts von seinem Anzug in den Mund bekomme, sonst zehrt er nach,
und ein Mitglied der Familien nach dem andern muß ihm im Tode fol=
gen. In den Sarg legt man einen Löffel, eine Schüssel, einen Kamm und
die zuletzt ausgekämmten Haare, in den Mund steckt man ihm ein Silber=
stück, denn in Nobiskrug (Neu=Ferchau, Ferchau=Seelenau, wo man
sich den Aufenthalt der Todten denkt, *) muß er den letzten Sechser ver=
zehren. Wird die Leiche aus dem Hause getragen, so gießt man ihr einen
Eimer aus der großen Thüre nach, dann kann sie nicht umgehen; nach
der Bestattung werden die Schaufeln, mit denen das Grab zugeworfen ist,
über den Leichenhügel geworfen und genau darauf geachtet, in welcher
Richtung die zuletzt aufs Grab geworfene Schaufel liegt; diese giebt
nämlich den Hof im Dorfe an, in welchem zunächst jemand sterben wird;
zuletzt gehen die Angehörigen und die übrigen Begleiter dreimal ums
Grab herum und von da in die Kirche.

Anderer uralter Volksglaube, noch aus der Heidenzeit stammend
und größtentheils germanischen Ursprung nicht verläugnend, ist der an
übermenschliche Wesen und geheime Kräfte, wie an Frau Harke (in der
Mittelmark, besonders im Havellande, in der Uckermark und in der Alt=
mark) und Frau Gode **) (in der Priegnitz), die in den Zwölfen durchs
Land zieht und die säumigen Mägde straft, welche bis zum Dreikönigs=
tag ihren Rocken nicht abgesponnen haben, — an Frau Holle (sie
schüttet ihre Betten aus und das ist der Schnee, sie treibt ihre Heerde
aus oder ein und das sind die Schafwölkchen am Morgen= oder Abend=
himmel) an die Roggenmuhme („Roggenmöin"), die mit ihren schwar=
zen eisernen Zitzen zu den bösen Kindern kommt und sie holt, und an die
„Erftenmöin," welche die in den Erbsenfeldern naschenden Kinder
straft, — an Kobolde, die als feurige Drachen durch die Luft ziehen und
Geld oder Getraide bringen, oder als dreibeinige Hasen, als feueräugige

---

*) Kuhn a. a. O. S. XII. der Einleitung u. S. 368.

**) Aus dem ursprünglich männlichen Fro Gode in's weibliche Fruu Gode ver=
wandelt; während Frau Harke mit der Holda und Perachta eine Person scheint.
(Kuhn a. a. O.)

Kälber und dgl. erscheinen, — an Irrlichter (,,Tückbolde''), Seelen
ungetaufter Kinder, die im Grabe keine Ruhe haben, an Wassermänner
(Niren), — an Zwerge (,,Untereerdschken'', ,,Dickköpfe), die am lieb=
sten in alten Klöstern und sonst verfallenen Gebäuden wohnen und ihre
Wechselbälge statt der hübschen Menschenkinder hinlegen, — an den Alp
(männlich) und die Mahre (,,Mahrt'' weiblich), Incubus und Succu=
bus, (so geht die Sage von Manchem, der lange mit einer Mahre ver=
heirathet gewesen, die dann plötzlich wieder verschwunden) die ,,Mahrt
auch als Marder gedacht, der den Schlafenden drückt,'' — an Menschen,
die sich in Wehrwölfe verwandeln können, wenn sie sich einen Wolfs=
riemen umschnallen, in dem die zwölf Himmelszeichen auf magische Art
eingewirkt sind, — an Verzauberung des Viehs durch ,,Bihlweisen'',
an Heren, vor deren böser Kunst man sich schützen könne, wenn man in
der Nacht nach der Beerdigung einer Leiche sich drei Hände voll Erde vom
Grabe holt, an den Teufel u. s. w.

Nicht minder reich ist das Gebiet des sonstigen aus der Heidenzeit
stammenden uralten Volksglaubens (jetzt Aberglaubens) zum Theil in
christlicher Färbung und nicht ohne poetischen Hauch; so z. B. wer am
Ostermorgen früh aufsteht, einen Eimer mit Wasser auf den Kopf setzt
und so lang in das Wasser sieht, bis die Sonne aufgegangen, der kann
das Osterlamm deutlich sehen, wie es herumhüpft; oder am Neujahrs=
morgen geht man nackt in den Obstgarten und klopft an jeden Baum mit
dem Ruf: ,,Bäumchen wach auf, Neujahr ist da'', so tragen sie gut;
es ist theils Wahrschauung und Sicherung mit nächster Beziehung auf
Arbeit in Ackerbau und Viehzucht, auf Haus, Hof und Familie; dann
Heilungsglaube und Besprechung. Auch im märkischen Festkalender fehlt
dies ursprüngliche Element nicht, wie mannigfach auch die Gegenwart
ihre frischen Rosen darüber wachen läßt. Zu Weihnachten zieht', wie in
den meisten Gegenden Deutschlands, so auch in der Altmark und in der
Priegnitz, der heilige Christ mit seinem Kinderschreck (hier heißt er
Klas oder Klasbur) herum; eigenthümlich aber ist um diese Zeit
die Vermummung in der Grafschaft Ruppin; da erscheint in der dem
Weihnachtsfest vorangehenden Woche ein Ritter auf einem Schimmel,
nämlich ein Knecht, dem auf der Brust und auf dem Rücken ein Sieb
festgebunden, ein weißes Linnen darüber gedeckt und vorn ein Pferdekopf
befestigt wird, sodann ein weißgekleideter und mit Bändern geschmückter

Christmann, der eine große Tasche trägt und endlich ein Gefolge, von Feien, (Knechte, die sich als Weiber verkleidet und ihr Gesicht geschwärzt haben); diese Sippschaft zieht mit Musik von Haus zu Haus, und zwar tritt zuerst der Reiter ein und springt über einen Stuhl, dann kommt der Christmann, die Feien müssen draußen bleiben. Hierauf stimmen die Mädchen ein Lied an, der Reiter wählt sich dann eines aus ihrer Mitte und tanzt mit demselben, während der Christmann die Kinder auf die Probe stellt und entweder mit Pfefferkuchen belohnt oder mit Schlägen mittelst des Aschensacks bestraft; wenn beide wieder fort sind, dringen die Feien ins Haus, springen drin herum, schlagen die Kinder und kehren das Unterste zu oberst. Von Weihnachten bis Neujahr oder drei Königstag ziehen die „Sterndreher'' oder „Sternkuker'', Reimwünsche singend umher und sammeln Gaben für sich (auf dem Kieze bei Potsdam thun die Fischerknechte am Neujahrstage desgleichen). Zu Fastnacht sammeln die Knechte in der Altmark, mit Musik von Hof zu Hof gehend und die Hausfrau, die Töchter, die Mädchen mit Birkenreisern stäupend, Branntwein, Eier, Mettwurst, das dann im Krug oder auf den Höfen der Reihe nach gemeinschaftlich genossen wird; in der Mittelmark heißt dieser Brauch „zampern'' oder „zempern'', in andern Orten auch „hänseln'', wobei denn auch der bereits erwähnte Reiter auf dem Schimmel nicht fehlt; in Köpenik versammeln sich die Fischer des Kiezes und gehen unter Anführung von zweien, die mit Eishacken bewaffnet sind, in den Häusern umher, zwei andere tragen Fischketscher, um die gesammelten Gaben darin aufzunehmen; im Hause angekommen, setzen die Anführer die Eishacken in den Balken oder die Flurdecke und singen nun ihre heischenden Reime; in Stralow kommt noch ein anderer Gebrauch dazu, am Sonntag vor Fastnacht versammeln sich nämlich die Hofbesitzer und loosen um die in drei Theile oder „Kawele'' getheilte Fischerei auf der Spree fürs nächste Jahr, wobei die zwei Fischer, welche für das Kalenderjahr den Rummelsburger See befischen, als Unpartheiliche für die neun Uebrigen das Loos ziehen; am folgenden Tage versammeln sich dann Nachmittags die Knechte, von denen einer ein an einer Stange befestigtes, buntgeschmücktes Schiffchen trägt und ziehen gleichfalls mit Gesang im Dorfe umher; das Lied schließt mit dem Wunsch:

„Wir wünschen dem Herrn Wirth einen vergoldeten Tisch,
Auf alle vier Ecken einen gebratenen Fisch,

Und in der Mitte eine Kanne voll Wein,
Das soll dem Herrn Wirth sein Fastelabend sein,
Wir wünschen Frau Wirthen zum Fastelabend
Einen jungen Sohn mit schwarzbraunem Haar."

Am ersten Ostertag pflegt man sehr früh aufzustehen, um den Sonnenuntergang zu erwarten; die Sonne glaubt man, thue an diesem Tage, indem sie aufgehe, drei Freudensprünge; da stehen nun die Mägde oft schon mitten in der Nacht auf, und holen im tiefen Schweigen aus Fluß, Bach, See oder Teich das Osterwasser, dem man besondere Heil- und Verschönerungskraft zuschreibt. Am Abend des ersten und zweiten Ostertags werden an vielen Orten der Altmark, namentlich im Hans-Jochenwinkel, sowie im Drömling, auf den Anhöhen die Osterfeuer „Paschfeuer" entzündet, Theertonnen oder Bienenkörbe auf hohen Stangen, um welche man leichtentzündbare Gegenstände, aber auch Knochen legt (früherhin brannten Scheiterhaufen), um die Feuer tanzen die jungen Bursche jauchzend, die Asche wird gesammelt, weil man ihr heilende Kraft bei Viehkrankheiten beimißt (gerade wie auch in katholischen Ländern den Kohlen des Aschermittwochfeuers, wenn „der Judas vor der Kirchthüre verbrannt wird"), auch glaubt man, daß alle Gegend, über welche sich der Schein des Osterfeuers verbreitet, in Jahresfrist von Feuersbrunst verschont bleibe. Zu Ostern spielt endlich auch der „Braut-ball" eine Rolle; am Ostertag oder am Sonntag Judica ziehen in der Gegend von Salzwedel, wo sich diese Sitte am vollständigsten erhalten, die jungen Leute auf den Hof des im verflossenen Jahre verheiratheten Ehepaares und singen:

„Hie sind wi Junfern, alle,
Wi sing'n von Brautballe.
Will uns die Braut den Ball nich gewen,
So willn wi er den Mann ok nehmen.
Eier Mann, Eier ja.
N. N. mit seine Brut
Schmiett' uns dern Brautball hrut.
So grot as een Zipoll (Zwiebel)
Den soll ji woll behollen."

Hierauf singen sie das Lied: „Wer nur den lieben Gott läßt walten," aber — nach der Melodie des Dessauer Marsches. Nun wirft die junge Frau einen Ball über das Dach des Thorweges und der junge

Mann zahlt einen Gulden oder Thaler, worauf das Volk den Gesang anstimmt:

> „Se hebben uns eine Verehrung gegewen,
> Da lewe Gott lath se in Freeden leewen!
> Dat Glück wahr Jahr ut un-d-ut,
> Dat Unglück fahr tom Gäwel herrut."

Der Ball wird dann am Ostertag beim Ballspiel so lange geschlagen, bis er zertrümmert ist, das Geld vertanzt und vertrunken. Auf dem Kalbeschen Werder stecken die Jungen am Charfreitag oder am ersten Ostertag das Haigras aus (die Brachweide); der älteste und stärkste von den „neuen Jungen" (von denen, die im laufenden Jahre zum erstenmal die Pferde hüten) pflanzt nämlich eine Tanne, der von jedem Zweige nur ein Theil genommen ist, auf einem Hügel in der Nähe der Pfingstweide und besteckt die Aeste mit Knochen, die Spitze aber mit einem Pferdeschädel; das nennen sie den „Knochengalgen", und nun beginnen sie den „Königslauf", wer zuerst das Ziel erreicht, heißt der „König", der letzte „der lahme Zimmermann", dem umwickeln sie ein Bein mit Schienen und Bast, geben ihm einen Stab in die Hand und führen ihn mit dem Spruch: „Wi hemm' Haigras uthstecken, Timmermann hat sick Hals und Been terbracken; wulln sehn, as uns woll'n half Schock Eier wulln'gewen", von Hof zu Hof; aus den gespendeten Eiern wird dann ein Kuchen gebacken, und jeder „neue Junge" gibt einen Groschen „Zaumgeld", wofür Getränk gekauft wird.

Zu Pfingsten schmückt man die Häuser innen und außen mit Maien und bestreut die Wege mit Laub, Kalmus und Blumen. In einigen Örtern werden Pferde und Kühe am Pfingstmorgen zum erstenmal auf die Brachweide getrieben; welches Thier nun zuerst dort ankommt, wird mit der „Dausleipe" geschmückt (einem Maibusch) und der betreffende Junge erhält den Ehrentitel „Thauschlepper", das zuletzt ankommende heißt die „bunte Kuh", oder das „bunte Pferd" und der betreffende Junge „Pfingstkääm," „Pfingstkäärel" wohl auch „bunter Junge" (der dann vom Kopf bis zum Fuß mit Feldblumen behangen und vom Thauschlepper unter Reimsprüchen von Hof zu Hof herumgeführt wird.) In den ehemaligen Wendendörfern bei Salzwedel, namentlich zu Seeben, bilden Knechte und Mägde von Tannenzweigen, Stroh und Heu eine große, menschenähnliche Puppe, bekränzen sie mit Feldblumen, befestigen sie in aufrechtsitzender Stellung auf der „bunten Kuh", stecken ihr eine, aus Ellernholz geschnitzte Pfeife in den Mund, und führen die Kuh ins Dorf, in welchem der Eingang nur auf einer Seite ist und die Höfe im Kreise liegen; der Ausgang wird nun gesperrt, ebenso jeder Zugang zu allen Höfen„ und jeder jagt nun die Kuh von seinem Hause fort, bis endlich die Puppe herabfällt und der Eigenthümer der bunten Kuh seinen Stall öffnet. An andern Orten geht zu Pfingsten die „Bammel" herum (einer der größten Bursche trägt eine lange mit Blumen und Bändern geschmückte Stange, die übrigen ziehen mit und sammeln Eier ein), wieder an andern Orten der „Pfingstkääm", ein in Laub und Blumen gehüllter Knabe (in Markgraf=Pieske heißt er „das Kaudernest"), zuweilen von zwei andern geführt, welche die „Hundebrösel" heißen, und Reime singend, Gaben fordern; in den Dörfern am Drömling ziehen neben den Jungen mit dem Pfingstkääm auch die Mädchen mit der „Maibruut" herum, welche wie eine Braut mit Bändern, insbesondere mit dem bis zur Erde herabwallenden Brautband, und mit einem großen Blumenstrauß auf dem Kopfe geschmückt ist. Zu den Freuden des Pfingstfestes gehört dann auch das Wettreiten; in den sogenannten zwölf Dörfern nördlich von Salzwedel, in der Gegend von Lenzen, von Perleberg bis in's Mecklenburgische hinein, in Jederitz im Havellande, wird nach einem an einer Stange aufgehängten, reich mit Bändern geschmückten Kranz geritten; wer ihn beide male herunterreißt, wird König und erhält als Preis ein seidnes Tuch, das die Mägde gekauft haben. In Niederfinow und Liepe tragen die Knechte am zweiten Pfingsttag, singend und Gaben fordernd, den Gänseaar auf einem an einer langen Stange befestigten Kreuz herum. Am zweiten und dritten Feiertage wird überall auf den Dörfern getanzt und das „Pfingstbier" getrunken, das die Knechte und Jungen bezahlen, wogegen die Mädchen die Musik. Am Sonntag vor Johannis ziehn die Bauern im Dorfe Belling bei Pasewalk früh Morgens aus dem Dorfe und schaaren sich in zwei Rotten, die Knechte zu Pferd, die Herren zu Fuß, und nun gibts einen Kampf, wobei meist die Knechte siegen, und nach dessen Beendigung Scheibenschießen folgt; der Johannistag selbst wird als Feiertag begangen und an demselben sammelt man heilsame Kräuter (man glaubt, daß sie nur an diesem Tag gepflückt gehörige Wirkung thun, manche wie Rainfarrn, der unsichtbar macht, werden stillschweigend in der Mitternachtsstunde ge=

graben, ebenso auch die Glücksruthe von einem Haselstrauch geschnitten).
Am Bartholomäustage findet zu S t r a l o w bei Berlin das weitbekannte
Volksfest „d e r F i s ch z u g" statt, welches damit beginnt, daß die Fi-
scher am frühen Morgen mit Musik ausziehen und fünf Züge mit dem
großen Garn thun, deren Ertrag hauptsächlich für den Prediger des
Dorfes bestimmt ist.

Eigenthümlich und mannigfaltig sind auch die m ä r k i s ch e n
Ä r n t e g e b r ä u ch e. Da kommt der Name „Vergodendeel" vor, dessen
Ursprung Kuhn *) auf die vorchristliche Zeit deutschen Volksthums zurückführt, daß das Wort als Frö Goden Deel, als der Antheil des Wodan zu fassen ist. In der Gegend des ehemaligen Klosters Diesdorf läßt
man während der ganzen Roggenärnte auf jedem Ackerstück ein Büschel
Ähren stehen, den „Vergodendeels Struuß", zu welchem man dann,
wenn alles abgemäht ist, mit Musik hinauszieht, um ihn mit einem
bunten Band zu umbinden, drüber zu springen und drum zu tanzen, bis
ihn der Vormäher mit der Sense durchschneidet und zu den übrigen Garben wirft; sind so alle gemäht, dann zieht man unter dem Gesang:
„Nun danket alle Gott" ins Dorf zurück und sagt von Hof zu Hof den
fordernden und dankenden Ärntespruch in Reimen; Tanz beschließt das
Fest, jedes Jahr auf einem andern Hofe. In der Priegnitz bildet man
aus den nach vollbrachter Einfahrung sämmtlicher Roggen stehen gelas-
senen Garben eine männliche Gestalt, schmückt sie, umtanzt sie und führt
sie auf einem mit Laub und Blumen gezierten vierspännigen Wagen mit
Musik und Gejauchze ins Dorf heim. In der Mittelmark stellen sich,
wenn die letzten Garben gebunden werden sollen, die Binderinnen in zwei
Reihen gegenüber und binden auf ein gegebenes Zeichen um die Wette;
welche zuletzt fertig wird, darf für den Spott nicht sorgen; aus ihrer
Garbe wird dann die Gestalt eines Mannes gebildet, der sogenannte
„Alte", den sie in's Dorf tragen muß, wo man um sie und den Alten
einen Kreis bildet und tanzt; den Alten bringt man dann dem Guts-
herrn. „Seckelbier" heißt das Fest der Kranzbringung nach der Ärnte;
der Ärntekranz wird von der festlich gekleideten Menge, die Mädchen mit
den bebänderten Harken vorauf, die Männer mit den Sensen hinterher,
zum Dorf hinausgetragen und dort „abgetanzt", worauf man ihn nach

---

*) a. a. O. VI. und VII.

dem Herrenhof oder dem Amt bringt und ihn dort aufhängt, aber vor= her die Herrschaft mit den Bändern desselben bindet, die Binderin sagt dabei den Ärntespruch und die Herrschaft löst sich durch ein kleines Ge= schenk.

Ein interessanter alter Rechtsbrauch ist der „Gränzbezug" zu Köpenik, der alle zwei Jahre im Sommer gefeiert wird. *) „Der Ma= gistrat und die Stadtverordneten versammeln sich früh Morgens und fah= ren auf einem Fahrzeuge, das die Kiezer Fischer (Nachbarn genannt) stellen müssen, nach der oberhalb des Müggelsees an der Klödenick (einem alten Spreearm) gelegenen Philippshütte. Hier findet sich auch der Schulze des Kiezes ein, und jetzt zieht man in großen Zügen, Musik vorauf, von einem Gränzhügel zum andern; am letzten angekommen, müssen diejenigen, welche seit dem letzten Gränzbezuge Bürger geworden, sich über den Hügel bücken und erhalten von dem Schulzen des Kiezes mit einer Peitsche sechs Schläge, und zwar den ersten für den König, den zweiten für den Magistrat, den dritten für die Stadtverordneten, den vierten für die Bürgerschaft, den fünften für die Nachbarschaft, den sechsten thut der Schulze für sich. Dieser, so wie die Kiezer haben dafür die Verpflichtung, die Anwesenden mit Fischen und einer Tonne Bier zu bewirthen, nachher wird draußen getanzt und erst spät Abends heimge= kehrt." — Am Vorabend des Martinstages ziehen in einigen Gegenden der Altmark die Kinder, eine Gabe heischend, von Haus zu Haus und singen folgendes Lied: **)

> „Märtens, Märtens Vöägelken,
> Met dien vergülden Flöägelken,
> Fleeg so wiet, bet an de Siet,
> Doa kamm de groote Märtin,
> Schlacht 'n groot fett Schwien,
> Doa kamm de groote Joakob
> Fratt all mit 'n moal up.
> Kloppen, kloppen Ringelken,
> Hier stoahn poar arme Kinnerken,
> Geewft se wat un loat se goahn
> Dät se hüt noch wiet er koam

---

*) Gleichfalls aus Kuhn (a. a. O.)
**) Firmenich „Germaniens Völkerstimmen." S. 139.

Bet vör Noabers Döär,
Noabers Döär is nich wiet,
Appel un Bär'n sind all riep,
De Nööt de mag ick gärn."

Der Pommer und der Rüge.

Wo die Ostsee ihre Wellen an die Dünen wirft, rauscht es dir nicht wie der Wellenschlag der Geschichte, denkst du nicht in heiligen Schauern an die Urzeit, als sich die germanischen Völkerwogen stolz bäumend und mächtigen Schwalles heranwälzten, und gehen dir nicht in der Seele wie Geisterstimmen all die geheimnißvollen Kunden auf, die bis an das Ohr jenes großen Römers gedrungen? Wie viel Wechsel und Wandel der Menschengattungen, nicht anders denn Welle auf Welle gedrängt, und aus all dem Stürzen und Überfluthen taucht doch die alte Art, die unverwüstliche auf, und, wie aus den Tiefen der Bernstein am Strande liegt, klar und goldig und an und für sich schön Schmuck und Lust des Auges, so steht der germanische Mensch an der Ostsee, so siehst du ihn, um nur ein paar Namen zu nennen, im alten Nettelbeck und im alten Arndt, voll festen deutschen Bürger= und Mannessinns.

Von den heidnischen Bewohnern Pommerns sagt der brave Kantzow *), selbst ein Pommer, daß „sie selten seint von frembden herrn bezwungen worden,'' und daß „selten frembde lewte zu ynen khomen, darvon sie besser sitten geleret, — dannoch wan sunst ymands mit yrem gutem willen oder auff gutte zuversicht zu ynen gekhomen, so haben sie denselben nach yrer art sehr hoch geehret, und yme mitgetheilt alles, was sie gehapt, und wan sie nicht mehr gehapt und der gast lenger geblieben ist, seint sie zum nehisten nachparn gezogen, und haben mit dem ferner geslemmet und so vordhan abermal zum nehisten, bis das der gast hat wollen ziehen.'' Zugegeben wird dann, seit das Volk deutsch und sächsisch geworden, wär es auch viel höflicher und frommer geworden, gleichwohl aber ist von dessen Derbheit noch die Rede, und nicht weniger von seiner Fräßigkeit, „wie es gar zu zährisch sei, der gemeine Mann faul und

---

*) Ausgabe von Böhmer. (Stettin 1835) Anhang. No. 2. Seite 284 u. ff.

unnährig, und ein groß Gelüst vorhanden, sich mit Kleidung und Geschmack zu übernehmen. Was aber der wackre Alte sonst von diesem Geschlecht sagt, daß es ein großes, wohl erwachsenes, starkes und männlichen Gemüthes sei, trägen Zorns, drum es auch nicht leichtlich Krieg anfange, aber gerüstet und geschickt zu Krieg, beides zu Wasser und zu Land, unerschrocken und heftig, wann es vonnöthen thut, sich der Feinde zu erwehren, dabei ein gutherziges, aufrichtiges, treues und verschwiegenes Volk, das die Lügen und Schmeichelworte haßt, sich unter einander gern zu Gast bittet und nach seiner Art und Vermögen einem gern gütlich thut, — das gilt auch heute noch zu Ehren; und wohl ist's ein gutes Zeichen, wenn sich Volksthümlichkeit so lange Jahre und Geschicke hindurch in den besten Grundstoffen erhalten hat, und nur was dran minder löblich abgestreift und verloren hat. Proben der pommerschen Mundarten: *) Volkslied (vorpommersch):

,,Kinder, för dat Publikum
Latet true Wünsche hören,
Floreat commercium!
Denn dat bringt to Glück un Ehren;
Ja, förwaar, vör allen Dingen
Moot det Koopmanns Gott gelingen,
Süst geiht oalles scheep un krumm.
Kommt, ji Schipper von de Swien!
Moakt den wackern Koopmann rieker,
Kommt, versorgt uns hübsch mit Wien,
Füllt de Kasten, Keller, Spieker,
Bringt uck Kaffee unsern Wievern,
Süsten müchten se sich ievern,
Un uns Knaster, Knaster, de recht fien.''

Im Binnenland Hinterpommerns: ,,Voate Hähnk was flieg, syn Fru, dat Haun was ful. Sei mauck sick nischt to goabe, un schafft sick nischt, as wat sei upatt u. s. w.'' In dem hinterpommerschen Küstenland.

,,Myn Voate heit Haas Voagelsnest
Hei was Bur in Pomölle,
Hei was 'n Moal up Reise west,
Un künn un wat vertelle:
Hei säd eis tau mi: Dscho wo Jung',

---

*) Firmenich ,,Germaniens Völkerstimmen'' S. 84. 91. 93.

Du musst dy wat versöcke,
Du bliwst my süss oakroat so dumm
As Eicke un as Böcke n. s. w."

Die alten Rügier schildert Kantzow als ein „sehr zenkisch und mordisch Volk", es würden „im ganzen Land zu Pommern kein Jahr so viel vom Adel und andere erschlagen, als allein in dieser kleinen In= sel" Das mag sein, aber gar hell leuchtet auch die trutzige Mannhaf= tigkeit des Geschlechts aus der folgenden Schilderung: „Wo die Rhu= gianer gehen oder reisen, haben sie einen Schweinspieß und einen Reutl= ling (Messer) an der Seite; wenn sie zur Kirchen gehen, setzen sie die Spieße vor die Kirchenthüre, einestheils nehmen sie die in die Kirchen mit, und sollen sie bisweilen, wenn sie aus der Kirche gehen, oft ein Lärmen erheben. Gehen sie zur Kirchen, so seint sie gewappnet, gehen sie zur Hochzeit, so seint sie gewappnet, bringen sie einen Todten zu Grabe, so seint sie gewappnet, und in Summa, man findet sie nirgends, sie haben ihre Wehre bei sich." „Wann einer von ihnen sagt: „dat walde Got un en kolt Isen", so mag man ihm wol auf die Fäuste sehen und nicht auf's Maul, denn er ist bald an einen." Und wenn Kantzow ferner klagt, „es gibt auch dies Volk so viel Rechtgans als das halbe Land zu Pommern; denn alle Sonnabend hält der Landvogt sammt den Eltesten vom Adel des ganzen Landes zu Bergen Gericht, da hat er von früh Morgens bis schier an den Abend genug zu thu'n," — so ist das dagegen auch ein Wort, das sich hören läßt: „Es ist kein Edelmann oder Bauer im Land so schlecht, daß er sein Wort nicht selbst redete und daß er nicht ihr gewöhnlich Landrecht wissen sollte; und aus solcher Vermessenheit will Einer dem Andern in nichts weichen." Wollte Gott, daß man es von jedem Deutschen heut sagen könnte: er kenne sein Recht und wehre sich drum. Wie Kantzow sie geschildert, so sind die rügischen Bauern noch heute, *) das nicht allzuhohe, noch schön gebaute, aber breitschultrige und kraftvolle Geschlecht mit scharf ausgeprägten Zügen, blauen Augen und hellem Haar, hartnäckig, das zu behaupten und durchzufechten, was jeder für sein Recht hält, bei allem bedächtigen Ernst doch leicht im Zorn aufbrausend, wenig geneigt, sich von Höheren

---

*) S. (außer Zöllner und Indigena) Grümbke Darstellungen der Insel Rü= gen (2. Bde. Berlin 1819).

was gefallen zu lassen, dabei emsig in Land- und Seemannsarbeit, am alten Volksglauben noch mit großer Anhänglichkeit haftend, von der neueren Kultur weniger berührt, ja sogar nicht ohne Mißtrauen und Abneigung dagegen. Es sind aber die rügischen Bauern, nach langer unsäglich bittrer Leibeigenschaft, die hauptsächlich vom 16. Jahrhundert ab immer mehr statt des früheren freien und glücklichen Zustandes auf= gekommen ist, von deren Gräueln man in Ernst Moriz Arndts „Versuch einer Geschichte der Leibeigenschaft in Pommern und Rügen"*) lesen muß, erst im Jahre 1810 durchweg freie Männer geworden, als dem Zeitpunkte, von welchem der Schwedenkönig Gustav Adolf, der 1806 die Leibeigenschaft in Pommern und Rügen aufhob, die Umzugszeit der vormaligen Leibeigenen beginnen ließ. Je nach ihren Besitzungen und ökonomischen Verhältnissen heißen sie Doppelhüfner, Vollbauern, Halb= bauern, Kossaten oder Käther, diejenigen, welche gar keine Äcker oder eigenen Behausungen haben, Einlieger, Inßen, Instleute.

Am eigenthümlichsten sind die H i d d e n s e e r, fast alle blauäugig, blond, von gelblicher gesunder Gesichtsfarbe, viele lang und schlank von Statur, Fischer und Seeleute, daher ihre Tracht aus selbstgefertigtem Warp und Zigöth eine seemännische, wenig wohlhabend, nicht frei von Habsucht und Eigennutz, mit vorherrschender, tiefwurzelnder Heimath= liebe, — ferner die ziemlich isolirten U m m a n z e r, unter denen auch viele lange ansehnliche Gestalten kräftigen Körperbaus, Ackerbauer, Vieh= züchter und Fischer, — endlich die M ö n c h g u t e r, und in diesen hat sich das meiste Charakteristische erhalten, sowohl was die Mundart, als was Sitten, Bräuche, Lebensart, Denk= und Handlungsweise und Tracht betrifft. Unter den Männern ragen viele große breitschultrige Ge= stalten hervor, auch die Frauen sind von Statur nicht klein, manche Gesichter auffallend durch starke Züge, gebogene Nasen, gelbliche, mit= unter frische Farbe; ein unverdrossen fleißiges, frommes, mildthätiges, friedfertiges, dabei derbes, fest am Alten hängendes, gegen Fremde miß= trauisches, unter sich selber aber wahrhaft verbrüdertes Geschlecht gebor= ner Seeleute, das sich gleichwohl in starker Heimathliebe auf seinem Fleck Erde abschließt, — so gehen die Mönchguter stattlich einher in ihrer

*) Berlin 1803. Hiezu: A r n d t' s Geschichte der Veränderung der bäuer= lichen und herrschaftlichen Verhältnisse in dem vormaligen Schwedischen Pommern und Rügen vom Jahre 1806 bis zum Jahre 1816 (Berlin 1817).

unverändert von altersher beibehaltenen Bauerntracht. Die Männer tra=
gen meistens weite schwarze Jacken mit Knöpfen von Kokusnußschale oder
schwarzem Horn, aus einem selbstgewebten Zeuge „Dreiling" (Drill,
Drillich), zwei Paar Hosen übereinander, und darüber wieder sehr weite
weißlinnene Fischerhosen, die bis auf die Waden herab reichen, und wie
ein Schurz um die Beine flattern (bei feierlichen Gelegenheiten sind auch
Überhosen schwarz), im Sommer und zur Ärntezeit auch weißlinnene
Jacken und bei der Feldarbeit noch ein weißlinnenes Überhemd über der
andern Kleidung, braun= oder schwarzwollene Strümpfe und Schuhe
mit „Senkeln" (ledernen Riemen) gebunden, endlich einen runden Hut
mit breitem niederhängenden Rand. Viel eigenthümlicher ist die weib=
liche Tracht. Den Kopf bedeckt ein weißleinenes Mützchen, drüber eine
schwarze kegelförmig zulaufende, dick mit Wolle gefütterte Mütze, welche
tief auf die Stirn herab reicht, und zugleich das Unterscheidungsmerk=
mal zwischen Ehefrauen und Jungfrauen bietet (die ersteren tragen näm=
lich ein von vorn nach hinten über die Mützenspitze hinlaufendes breites
schwarzseidnes Band), auf dieser Kegelmütze sitzt nun noch ein Stroh=
hut; das Hemd hat keine Ärmel, drüber aber tragen sie ein kurzes Über=
hemde mit Ärmeln von etwas feinerer Leinwand; der Brustlatz ist ge=
wöhnlich von selbstgefertigtem buntgestreiftem Wollenzeug, oben mit einem
blauen oder grünen breitem Band besetzt und mit gleichfarbigem schmalem
kreuzweise zugeschnürt, zum Putz aber von rothem Seidenzeug mit brei=
ten Gold= oder Silberspitzen besetzt, doch ist der Brustlatz bei feierlichen
Gelegenheiten nie sichtbar; die Braut trägt (außer dem besondern Ab=
zeichen einer blauleinenen Schürze mit blauen Bändern) einen eigenen
bunten und schimmernden Hochzeitslatz vor der Brust, der über dem zu=
sammengehakten Kamisol an seinen vier Ecken befestigt ist; das bunte
Busentuch liegt, wenn der Staatslatz angethan wird, unter einem dich=
ten, weißen, gestreiften Tuche, muß aber am Halse doch ein wenig
sichtbar sein; hierüber wird dann ein schwarzes Kamisol oder die oben
herum mit breitem schwarzseidenem Band besetzte Jope ganz über die
Brust zugehakt und die weiße gestärkte Schürze drüber gebunden, bei der
Abendmahlsfeier, bei Trauungen und beim Gevatterstand trägt die Mönch=
guterin („Mönnichgauderin") stets eine schwarzwollene, mit schwarzen
Seidenbändern besetzte Schürze; den feierlichen Anzug vollendet ein fal=
tenreiches, aber ärmelloses und nur bis zum Ende der Taille reichendes,

mit schwarzen Atlasbändern mehremale besetztes schwarzes Mäntelchen. Um den Leib läuft am schwarzen Mieder ein dicker mit Heede ausgestopfter Wulst von Leinwand, welcher den vielgefalteten schwarzen Rock trägt und vom Leib abstehen macht; die Strümpfe sind hochroth oder blau, die Schuhe plump, mit hohen Absätzen, mit ledernen Riemen gebunden. Die Trauerkleidung zeichnet sich dadurch aus, daß die Strümpfe schwarz sind, und über die Mütze ein gesteiftes weißes Tuch gezogen, im Nacken aber mit vielen Falten zusammengesteckt wird; zwei Enden desselben, die im Kreuz mit schwarzer Seide benäht sind, liegen in der Figur eines Fächers auf dem Rücken, dabei ist noch ein bunt ausgenähter Streif von dichter, feiner, weißer, gesteifter und geplätteter Leinewand bemerkbar, der vor der schwarzen Mütze vorsteht und das Gesicht so umschließt, daß nichts vom Haupthaar sichtbar ist. Grümbke, dem ich die vorstehende Schilderung der Mönchguter Volkstracht entlehnte, muthmaßt, daß ihre Steifheit und für gewisse Fälle genau abgemessene Bestimmtheit der Formen, oder wenigstens die schwarze Farbe den Einwohnern in Jahrhunderten, als das Land noch mönchisches Besitzthum war, vorgeschrieben worden.

Das hochgewachsene Geschlecht wohnt in meistentheils engen und sehr niedrigen „Dünsen" (so heißen die Wohnstuben der Mönchgutischen Dorfkathen); nicht selten kann ein Erwachsener nur kaum zwischen den Balken aufrecht stehen; der Boden ist selten gedielt, meist von Lehm, der ohnehin beschränkte Raum durch das hochgepolsterte Ehebett, zu dessen Füßen die Bettstellen der Kinder befestigt sind, durch den Milchschrank, den Eßtisch, die Bänke, den altväterlichen Webstuhl noch mehr verengt. Als Wahrzeichen des Hauses dient das bestimmte Handzeichen des Besitzers, das er auch statt der Namensunterschrift und als Marke für Geräthschaften, Säcke, Leinwand u. s. w. zu gebrauchen pflegt; bald ist's die Form eines Kreuzes, bald eines Spatens, eines Dreiecks, eines Ankers, Ringes, einer Vogelklaue und dergleichen.

Nun einen Blick auf Bräuche, Sitten und Volksglauben in Pommern*) und Rügen. Zunächst fällt in Pommern kassubi-

*) Vergleiche Temme, „die Volkssagen von Pommern und Rügen" (Berlin 1840).

sches Wesen auf. Die Kassuben halten ihre Hochzeiten immer an Wochen=
tagen, worauf das junge Ehepaar an dem darauf folgenden Sonntag
seinen Kirchgang hält; bis dahin darf die junge Frau ihre Ältern nicht
besuchen (sonst würde sie kein Glück in der Ehe haben); die Wöchnerin
muß, wenn sie ihren Kirchgang hält, während des Gesanges ihr Kind
auf den Arm nehmen und mit demselben, von allen ledigen und verhei=
ratheten Bekanntinnen gefolgt, dreimal um den Altar gehen, ein Opfer
drauf legen und dann vor demselben niederknieen, um vom Priester, der
dem Kinde die Hände auflegt, feierlich eingesegnet zu werden; stirbt sie
im Kindbett, so wird ihre Leiche, gefolgt vom ganzen Trauerzug, vor der
Beerdigung um die Kirche getragen, und jemand aus dem Gefolge steckt
heimlich ein Geldstück als Opfer in eine Mauerspalte der Kirche, damit
die Seele Ruhe habe. Dem Todten gibt bei den Kassuben jeder Anver=
wandte etwas in den Sarg mit, einige Haare vom Kopf, ein Läppchen
von seinem Rock, vom Hemd, vom Halstuch, ja zuweilen sogar ein
Fläschchen mit Branntwein. In Hinterpommern, besonders in der Ge=
gend von Köslin, muß das Hochzeitshaus fest verschlossen sein, wenn
der Brautzug von der Kirche dahin zurückkommt, und darf erst nach einer
Weile geöffnet werden, worauf einer mit einem Laib Brot und einem
Krug Bier vor die Thüre heraus tritt; aus dem Brot muß nun zuerst
die Braut, dann der Bräutigam, dann von den Andern der Reihe nach
jeder ein Stück herausbeißen; diese ausgebissenen Stücke aber werden
nicht gegessen, sondern den Brautleuten gegeben, die sie aufheben (das
Aufheben des Brotanschnitts beim Hochzeitsmahl ist mehrorts alter deut=
scher Brauch, so in Schlesien); in manchen Gegenden Pommerns koset
die Braut, bevor man sich zum Hochzeitsmahle niedersetzt, am Herd von
allen Gerichten aus Töpfen und Kesseln; bei Tische sitzen beide Geschlech=
ter gesondert zum Mahl, der Bräutigam und die Männer in der Stube,
die Braut und die Frauenzimmer im Hausflur; vor der Braut sowohl
als vor dem Bräutigam steht ein dreiarmiger hölzerner Leuchter mit drei
brennenden Lichtern, welche weder geputzt noch ausgelöscht werden dür=
fen, sondern von selbst erlöschen müssen. In fast ganz Vorpommern
verlobt man sich nicht mit Ringen, sondern mit Gesangbüchern; in Pom=
mern überhaupt glaubt man, daß bei Verheirathung von Wittleuten der
verstorbene Ehetheil, der etwas gegen die zweite Heirath hat, während
der Trauung, freilich nur Sonntagskindern sichtbar, um den Trautisch

gehe, was dann der neuen Ehe nichts Gutes bedeute. Auf Rügen kennt
man zweierlei Art von Hochzeiten, freie, welche die Herrschaft ausrichtet,
und die sind meist mit der „Ärnte = Collation" verbunden; und solche,
welche die Brautältern selbst ausrichten, wenn sie „ihre Töchter aus=
geben"; die waren früherhin viel stattlicher als jetzt, als noch die Sitte
galt, daß der Hochzeitbitter, auf buntscheckig ausstaffirtem Pferd umher=
reitend, mit Reimsprüchen die Gäste lud; besondere Sitte ist dabei noch
das Kroneabtanzen nach Mitternacht, ein wahrer Kampf zwischen den
Ledigen und den Verheiratheten, in dem die letzteren siegen, die Braut
vom Tanzplatz fortbringen, ihr den Kranz abnehmen und die Frauen=
mütze aufsetzen. Bei den Wittowern sitzt der Bräutigam beim Hochzeit=
mahl unter den Frauen an einem besondern Tisch, die Braut an der
Brauttafel, aber unter den Männern; der Hausherr, welcher die Hoch=
zeit ausrichtet, erhält beim Mahl ein von den Brautjungfern angefertig=
tes „Brautfaß," welches entweder eine aus Buchs = oder Tannenzweigen
geflochtene, mit vergoldeten Äpfeln, bunten Fahnen und dergleichen ver=
zierte und mit einem Ei, einem Huhn und einem kleinen Ehbett ausstaf=
firte Krone vorstellt, in deren Mitte eine Wiege angebracht, sowie sich in
ihrem inneren hohlen Raum ein mit Semmelbrot und Obst bedeckter
Zinnteller befindet, — oder aber auch ein segelfertiges Schiff; jedenfalls
ist das Brautfaß mit vielen Lichtern besteckt; dargebracht wird es von
dem festlich geputzten „Brutdiener", welcher den linken Arm mit einem
kattunenen oder seidnen Tuch, das ihm die Braut geschenkt, umwunden
hat, und seinen Reimspruch dazu vorbringt; bei jedem Gericht, das auf=
getragen wird, läßt er gleichfalls seine Reime nicht fehlen, eben so wenig,
wenn er, bei eingebrochener Dämmerung das erste Licht bringt und vor
die Braut hinstellt, dann, wenn er am Ende des Mahls, mit vorgebun=
dener Schürze, einen Teller mit Salz und einen glimmenden Lappen hal=
tend, um eine Beisteuer für die Köchin bittet, und endlich, wenn er das
Zeichen zum Aufstehn gibt. Die Mönchguter heirathen seit alten Zeiten
am liebsten unter einander; die Jungfer oder Wittwe aber hat das Recht,
wenn sie eine „Erbe" besitzt, den Mann, der ihr gefällt, durch einen Frei=
werber, meist einen Verwandten oder Pathen, anzusprechen, da heißt's:
„sie stellt na dem und dem ut." Da sind nun auf Mönchgut folgende
Bräuche. Eigne Hochzeitbitter laden die Verwandten und Freunde von
Braut und Bräutigam Namens derselben besonders und für jeden Theil

ein, und jeder Theil trägt zu den Kosten des Hochzeitsmahls so viel bei, als er Gäste geladen hat. Die Gäste versammeln sich dann am Hochzeits= tage je vor dem Hause des einladenden Theils, und so geht's zur Kirche in zwei Zügen, die sich erst auf dem Kirchhofe vereinigen, wo sich auch die Brautleute zuerst begrüßen. Nach der Trauung gehen die Männer nach dem Hochzeitshause, die Braut aber kehrt mit ihren Brautjungfern und den übrigen Frauen in einem andern Hause, dem „Warmbiershause", ein, wo ihr eine der Frauen einen Topf Warmbiers mit folgendem Spruch überreicht:

> „Gauden Abend, mine lewe Junfer Braut!
> Hier bring ick die enen warmen Pott,
> Darut trink mit dem lewen Gott,
> Trink du mit alle diene Fründ,
> Bett gi ju im Himmel wedder findt."

Gegen Abend hören die Frauen vor der Thüre des Warmbierhauses einen Pistolenknall und alsbald tritt der „Schenker" (ein Brautdiener) herein, und bringt ihnen ein „Krooß" (Kanne Bier) mit folgendem Spruch:

> „Na, gauden Abend! Hier
> Bring ick ene Kanne Bier,
> As de Tappe tappet het, (als der Zapfer gezapft hat)
> As de Schenker gaaten hat, (als der Schenker eingegossen hat)
> Nich vör'm Hunger,
> Nich vör'm Kummer,
> Gaud vörm Döst,
> Gaud vörm Frost,
> Ut schall't siehn!"

Nachdem nun, dieser Aufforderung zufolge, die Kanne geleert worden, begibt sich der Zug der Frauen mit der Braut zu dem eigentlichen Hoch= zeitshause, wo die andern Gäste harren und der „Troß" (Truchseß, ein anderer Brautdiener) die Aufwartung beim Hochzeitsmahle besorgt; wenn er die erste Schüssel, ein Reisgericht, aufträgt, bindet ihm die Braut ein weißes Tuch als Geschenk um den Arm. Man trinkt Wolgaster Bier und Branntwein; zum Beschluß wird eine große Kanne umgereicht und darin für die Köchin und Schaffnerin gesammelt. Drauf wird die Nacht hindurch getanzt, am folgenden Morgen aber vor der Brautkammer ein

chriſtlicher Morgengeſang angeſtimmt, worauf das junge Ehepaar die
Gäſte zum Abſchied mit Weißbrot, Stollen und Branntwein bewirthet.

Das Ärntefeſt wird auf Rügen meiſt im Oktober, zuweilen auch
erſt ſpät im November gefeiert. Es iſt entweder bloß „Bindelgrütze“,
bloß Schmaus (wobei Reis in Milch gekocht gegeſſen wird) ohne Muſik
und Tanz, oder „Streichelbier“, wobei getanzt wird, oder „Ahrenkol=
laatſch“ (Ärnte=Collation), und das iſt denn das allerſtattlichſte. Das
beginnt damit, daß dem Haus= und Brotherrn in Beiſein aller eingela=
denen Gäſte der große reichgeſchmückte Ärntekranz mit Sang und Klang
ins Haus gebracht wird, wozu denn die Kranz=Jungfer den Reimſpruch
ſagt; darauf beginnt der Hausherr und ſeine Frau den Tanz, indem ſie
den Kranz in der Hand halten und dann an die Gäſte geben.

Ein eigenthümliches, noch aus der alten heidniſchen Wendenzeit
herrührendes Volksfeſt iſt das T o n n e n a b ſ c h l a g e n a u f d e m D a r ß,
alljährlich meiſt zu Johannis; da halten die ledigen Burſchen, bunt=
geſchmückt, ein Wettreiten, wobei es gilt, eine zwiſchen zwei Pfählen
aufgehangene, mit Birkenzweigen umwundene Pech= oder Theertonne,
im Galopp durchſprengend, mit einem Knittel zu erreichen und zu zer=
trümmern; wer das letzte Stück von der Tonne abſchlägt, wird Tonnen=
könig und muß nun ſo eilig als er kann den Krug vor den übrigen Ton=
nenreitern zu gewinnen ſuchen, denn, gelingt ihm dies nicht, ſo muß
er die ganze Geſellſchaft freihalten; der Krug iſt von außen und innen
mit Birkenzweigen und Schiffsflaggen geſchmückt, der König wählt ſich
eine Königin, und nun wird die ganze Nacht hindurch mit heller Luſt
gezecht und getanzt.

Außerſt charakteriſtiſch ſind die S c h i f f e r = B r ä u c h e u n d M e i =
n u n g e n; da gibt ſich der tiefe poetiſche Sinn des Volks kund, der ſich
auch in den Sagen von den verſunkenen Städten ausſpricht. Dem lebt
Wind und Welle als geheimnißvolle Perſönlichkeit, mit welcher der
Menſch in Bund treten, die er locken und werben, aber auch erzürnen
kann. Durch Pfeifen locken und verſtärken ſie den Wind *). „Man darf
daher ja nicht an Bord pfeifen, wenn Sturm iſt, ſonſt wird dieſer da=
durch immer ſtärker; bei ſchwachem Wind aber oder bei einer Windſtille
iſt es ſehr gut, wenn man in einem lockenden Tone pfeift; weil man aber

---

*) Temme a. a. O. S. 346 — 350.

doch nicht wiſſen kann, ob der Wind dadurch nicht gar zu ſtark werden
möchte, muß man zwiſchen dem Pfeifen dem Winde einige Schmeichel=
worte zuſprechen, z. B. „kumm, old Bröderken," oder „kumm, olle
Junge!" Ältere Schiffer brauchen gar nicht einmal zu pfeifen, um den
Wind zu locken; ſie ſind mit ihm ſchon bekannter und brauchen ſich nur
an's Steuer zu ſtellen und einigemale zu rufen: „Kuhl up, oll Vader,
kuhl up, kuhl up!" binnen einer Viertelſtunde kommt dann gewiß der
gewünſchte Wind; ſie dürfen aber nur halblaut und in einem ſchmei=
chelnden, vertraulichen Tone rufen, denn ſonſt möchte er doch etwas zu
gewaltig kommen. Iſt der Wind gut, ſo muß man ja nicht von ihm
reden, denn das kann er nicht vertragen, und er ſchlägt um." Bei kon=
trärem Wind darf man an Bord ja nicht flicken oder nähen, ſonſt näht
man ihn feſt und er kann nicht herum; aber bei gutem ſoll man ja nähen,
dann behält man ihn. Einen Feuerbrand oder auch nur eine glühende
Kohle darf man nicht über Bord werfen, ſonſt gibt's gewiß Sturm; eben
ſo wenig darf man, wenn auf der See Vögel kommen, ſie fangen oder
nach ihnen haſchen, greift man nach den Vögeln, greift man auch bald
nach den Segeln. Um guten Wind zu bekommen, muß man einen Beſen
ins Feuer werfen, mit dem Stiel nach der Gegend, aus welcher der Wind
herkommen ſoll. Will der konträre Wind gar nicht nachlaſſen, ſo muß
man in die Gegend, aus welcher man den Wind zu haben wünſcht, einen
ſtumpfen Beſen, jedoch ohne Stiel über Bord werfen; aber ohne große
Noth ſoll man das nicht thun, weil man nicht wiſſen kann, wie ſtark
der Wind wird, und es kann leicht Sturm entſtehen, auch ſchadet man
dadurch vielen anderen Schiffen, daher entſteht manchmal großes Schim=
pfen und Schelten, wenn zwei Schiffe einander begegnen und das eine
dem andern, welches mit gutem Wind ſegelt, einen ſolchen Beſen ent=
gegen wirft. Einen Todten darf man nicht über 24 Stunden an Bord
behalten, ſonſt dauert die Reiſe dreimal länger. Nimmt man beim Bau
eines neuen Schiffs etwas geſtohlenes Bauholz zum Kiel oder zu einem
andern Hauptſtück, ſo ſegelt es vorzüglich des Nachts ſchnell; gibt's beim
erſten Hieb in den Kiel Feuerfunken, ſo wird das Schiff ſchon auf der
erſten Reiſe zu Grunde gehen; legt man beim Einſetzen des Großmaſtes
in ein neues Schiff ein Stück Geld, beſonders eine alte nicht mehr gel=
tende Münze darunter, ſo wird es viel Geld verdienen. Jedes Schiff hat
ſeinen Kalfater oder Klabatermann, der den Schiffer warnt, dem Schiffs=

volk hilft und das Schiff bis zum letzten Augenblick schützt. Begegnet man „Nachtlichtern" auf der See, besonders auf der „spanischen" (dem großen Ocean) so gibt's Schaden, da sitzt der Teufel in einer Theertonne und treibt auf der See. Wenn ein Schiff in die Gegend des Vorgebirgs der guten Hoffnung kommt, so muß es sich vor dem „Nachtkreuzer" hüten, der an alle Schiffe herankreuzt, und ja nichts von ihm annehmen, nicht einmal einen Brief zur Bestellung, man sieht aus allen seinen Kanonen=luken Feuer brennen und hört seine Segel, aber nicht sein Rauschen im Wasser; dieser Nachtkreuzer hat sich vor langer langer Zeit dem Teufel übergeben, wenn er eine glückliche Reise machen werde, hat aber nachher das wieder bereut und dem Teufel den Kontrakt aufgekündigt, und nun kann er niemals nach Hause kommen. An diese Bräuche und Meinungen der Schiffer reihen sich die der Fischer, und auch da bricht die sinnige Anschauung schön zu Tage, so die Vorstellung von der geheimnißvoll wirkenden, dem Menschen freundlichen, den Fleiß segnenden Persönlich=keit des Elementargeistes, da ist die Seejungfer am Haff und besonders am Papenwasser, die den Fischern bei der Arbeit zusieht und ihnen Glück und Segen bringt; ein tiefer sittlicher Grundzug: das Glück nicht durch Prahlerei und Übermuth heraus zu fordern, läßt sich in dem Brauch erkennen, daß der Fischer nie sagen soll, wie viel er gefangen hat, sonst habe er kein Glück mehr; jener sittliche Grundzug ist nur verdüstert, nicht aufgehoben, durch die Praxis, daß er, wenn er ja durchaus eine be=stimmte Antwort geben muß, nur ungefähr die Hälfte des wirklichen Fanges angeben soll; alte Naturreligion und christliche Einflüsse ver=mischen sich bei dem Glauben, daß der Fischer in den heiligen Nächten vor Ostern, Pfingsten und Himmelfahrt die ganze Nacht durch arbeiten solle, weil der Fischfang zu keiner andern Zeit so gesegnet sei.

Ganz besonders eigenthümlich, und keineswegs phantastische Ein=bildung ist die Gabe der Vorschau (das schottische second sight) in Pommern und Rügen; das heißen sie hier „wafeln"; so schauen sie Feuersbrünste und strandende Schiffe im voraus wafeln, und so ein Wa=feln soll's dann auch sein (ist's aber nicht), wenn sie die versunkenen Städte, wie Wineta, am Ostermorgen in der Meerestiefe ganz deutlich zu sehen meinen. Es ist in diesen Menschen noch ein starker Naturtrieb, eine gar mächtige Urstimme, die durch all die Schlacken und Krusten heraus tönt, welche Unbill der Zeiten um den guten edlen Kern angesetzt;

so soll man's nicht Aberglauben, vielmehr einen Ausdruck tiefen Natur=
sinns nennen, wenn die im Lieper Winkel auf Usedom, die sonst nicht
im besten Leumund der Sittlichkeit stehen, zu einem, der mit dem Brot
spielt und zum Spiel ein Messer hineinsticht, sagen: „er steche dem lieben
Gott ins Herz." Von Aberglauben in Pommern und Rügen will ich
jetzt nur noch sagen, daß da auch das Besprechen und Diebsbannen
(„Diebessegen" heißt's in Pommern) gilt, wie in so vielen andern Orten
Deutschlands. Die Rose, „dat hil'ge Dink" genannt, wird auf folgende
Weise besprochen: man muß auf die Stelle, wo man die Rose hat, drei
Kreuzzeichen machen und dabei sprechen:

> „Herut, du vieten, splieten Ding,
> Du van de See, du wedde Brüg!
> Do schast du in steken, do schast du in äten,
> Do schast du in rollen, do schast du in kollen,
> Dat schast du dohn, dat möst du dohn.
> Herut schalst du, herut möst du,
> Du quälest mi, ik banne dir";

oder:

> „Maria, St. Johannes, de fuhren rüber Sand, rüber See,
> Wat wullen se do maken?
> Do wullen se en Krütlein plücken
> Nich kellen, nich schwellen.
> Wat wullen se mit de Krütlein maken?
> Do wullen se dat böse hilge Dink mit stillen."

Hat man sich verbrannt, so macht man auf die verbrannte Stelle drei
Kreuzzeichen und spricht dazu:

> „Wie hoch ist der Heben,
> Wie roth sind die Reben!
> Wie kalt ist des Todes Hand
> Und damit stille ich diesen Brand † † †."

Zum Blutversprechen sagen sie auf Rügen:

> „O Wunder über Wunder,
> Des Herren Grab ist hierunter,
> Darauf stehen drei Blümelein,
> Das Eine heisset † Wohlgemuth †,
> Das Andere heisset Demuth †.
> Das Dritte heisset Blut stehe stille †,
> Dieweil es ist des Herren Wille!"

Der alte Frank in Stettin, ein Schiffszimmermann, ging um den Platz,
wo ein Diebstahl vollführt wurde, herum, von Osten nach Norden, bis

er wieder zu der Stelle kam, von der er ausgegangen war, und sprach
dazu:

> „Da kommen drei Diebe gegangen,
> Maria sprach: Peterus, Peterus, Peterus!
> Binde, binde, binde!
> Ich habe gebunden mit eisernen Ketten,
> Kein Mensch, als nur Einer kann ihn davon retten!
> Er soll sehen und hören die ganze Nacht,
> Die Sterne am Himmel, den Glockenschlag
> Unempfindlich wie ein Block,
> Steif wie ein Stock.
> Die Lösung überlasse ich dir,
> Den Schlüssel nehme ich zu mir!
> Wird er schwarz, bleibt er weiss,
> Er macht mir nicht im geringsten heiss.
> Nur keinen Vorwurf,
> Gib mir den Schuft.“

Da kann nun der Dieb mit sammt dem Gestohlnen, sobald er es aufge-
laden, die ganze Nacht bis zum Sonnenaufgang nicht von der Stelle,
ist er bis dahin nicht gelöst, so wird er in einen Mohren verwandelt,
aber der Banner kann auch nie mehr einen Diebssegen sprechen. Deßhalb
löste sie der alte Frank vor Sonnenaufgang mit folgendem Spruch:

> „Der Schlüssel, den ich habe,
> Und immer bei mir trage,
> Schloss auf das Grab des Herrn,
> Ich leih' ihn dir sehr gern,
> Der Schlüssel ist sehr gross,
> Womit ich dich jetzt löse los.“

Da läßt dann der Dieb das Gestohlne fallen und läuft davon, und der
Banner darf ihn beileib nicht festhalten, noch ihm Vorwürfe machen,
sonst kann der Banner gleichfalls nie wieder den Diebssegen sprechen,
vielmehr muß er zu dem weglaufenden Dieb sagen: „Geh' in Gottes
Namen;“ das hat aber auch die Folge, daß der Dieb nie mehr stiehlt.
So der Volksglaube.

Wer muß dabei nicht zurückdenken an jene von Jakob Grimm bekannt gemachten altheidnischen Zaubersprüche! Der eine über die
Fesseln eines Kriegsgefangenen lautet:

> Eiris sâzun idisi,
> sâzun hera duoder:

```
        sumâ hapt heptidun,
        sumâ heri lezidun,
        sumâ clûbôdun
        umbi cuniowidì
    insprinc haptbandun,
        invar vìgandun!
```

(Vormals faßen Weiber, faßen her und hin; die einen Fesseln fesselten, die andern das Heer aufhielten, die andern pflückten nach Knieftricken. Entspringe den Fesselbanden, entgehe den Feinden!)

Der andere altheidnische Zauberspruch über den verrenkten Fuß eines Pferdes lautet:

```
    Phol ende Wôdan
        vuoren zi holza:
    du wart demo Balderes volon
        sin vuoz birenkit:
    thu biguolen Sinthgunt,
        Sunnâ erâ suister:
    thu biguolen Frijâ,
        Vollâ erâ suister;
    thu biguolen Wôdan,
        sô he wola conda,
    fôse bênrenki, —
        fôse bluotrenki,
        fôse lidirenki,
    bên zi bêna,
        bluot zi bluoda,
    lid zi geliden,
        fôse gelìmidà sìn.
```

(Vol und Wodan begaben sich zu Walde. Da ward dem Balders Fohlen sein Fuß verrenkt: da besprach ihn Sinthgunt und Sunna, ihre Schwester; da besprach ihn Frija und Volla, ihre Schwester; da besprach ihn Wodan, wie er wohl verstand, so die Beinverrenkung, wie die Blutverrenkung, wie die Gliederverrenkung, Bein zu Beine, Blut zu Blut, Glied zu Gliedern, als ob sie geleimt seien.)

Der preußische Schlesier.

Was eigene Art und Sitte des preußischen Schlesiers betrifft, so kann ich mich füglich auf die Schilderung der Bewohner der an preu=

16 *

ßisch Schlesien angränzenden österreichischen Provinzen, zumal jener des
Riesengebirges (S. 78 ff.) beziehen.

Hier folge nun noch als Probe der schlesischen Mundart in der Graf=
schaft Glaz ein Lied aus der Gegend von Mittelwalde. *)

,,Nai, ech muss uf Tschihack zieh'n;
Durte hots glöch gud zu laba,
Kucha hot's un guda Baba,
Madelkarne un Rosinka
Un au guda Wein zu trinka,
Nai, ech muss uf Tschihack ziehn.

,.Mila, (Maria) wu du a su willt,
War ech glei a Fuchs oasponna,
Un wer fohra flugs von donna.
Mäst der gud die Behn eipacka,
Un vull Struh a Schlita sacka,
Mila, wu du a su willt.

,,Un die Mäd die koan derweil
Mit dem Kährta (Kuhhirten) Schuta (Schoten) drescha,
Un der Knaicht hot Kolk zu löscha.
Werd die Grula (Grossmutter) 's Vieh berotha,
Un Pantukka's (Kartoffeln) 's Obens brotha;
Met dam andern hots ke Eil.

,,Mila hörst's? vergiess a ni,
Bankazedel (Bankozettel) eizustecka,
Doss un's ni die Bihma (Böhmen) necka,
Wenn mer preuss'sche Haller hoan,
Die ma durt nie nahma koan,
Mila, hörsts? vergiess doas ni!

,,Kuurza ei enna Luche un
Uf der Ufabanke (Ofenbank) liega
Durch a Winter söll ma? fliega
Luss a moal die Ferder-Haller,
Die mer honn vum Juda Schnaller,
Wölln a moal ins Gudes thu'n.''

Die preußische Provinz Sachsen ist aus den verschiedenartigsten
Volksbestandtheilen zusammen gesetzt. Der im Wiener Kongreß erwor=
bene Theil des Königreichs Sachsen bildet den einen, die zum Re=

---

*) Hallmann's Briefe über die Grafschaft Glaz (Reichenbach 1823).

gierungsbezirk Magdeburg geschlagene Altmark einen anderen Hauptbe=
standtheil. Alt= und neusächsisches Wesen und thüringisches sind verbunden,
desgleichen ureigen germanisches Wesen und vom germanischen über=
wundnes und durchdrungenes slavisches; überall zeigt sich eine reiche
geschichtliche Ausgliederung der Besonderheiten in diesem Mittelland,
auf diesem klassischen Boden nationaler Erinnerung, in diesem frucht=
baren Boden der Sage, aus welchem der Kiffhäuser emporragt, vom
Abendschimmer der Romantik umflossen, in welchem die alten Städte,
wie Quedlinburg, Halberstadt, Magdeburg, Merseburg, Halle, Witten=
berg, Erfurt, noch als Zeugen der alten Volkstüchtigkeit stehen, und
aus dem der Name Luther mächtigen Halles hinaus tönt über alles
deutsche Land.

Der Hallore.

Zunächst fallen dem, der Eigenthümliches sucht, die „Halloren„
in Halle ins Aug. Bis jetzt hat man sie für geringe Reste wendischer
Bevölkerung gehalten: wogegen, wie bereits erwähnt worden, durch
Keferstein's neueste Untersuchungen die Vermuthung ihrer keltischen Ab=
kunft mit nicht geringer Wahrscheinlichkeit sich geltend macht. Es sind
nämlich die Halloren eine uralte Kaste oder Stammverbrüderung von
Arbeitern beim hallischen Salzwerk, in früheren Zeiten bei weitem zahl=
reicher als jetzt, von den übrigen Bewohnern der Stadt Halle und der
Umgegend durch Mundart, Tracht und Sitte verschieden, mit gar stolzen
Überlieferungen und besondren Vorrechten, *) ein wohlgebildetes, schlan=
kes, hohes und kräftiges Geschlecht mit regelmäßigen Zügen, freier
Stirn, schwarzen Haaren und schönen Augen, wackren Anstands, der
dem freisamen, furchtlosen Charakter entspricht (im dreißigjährigen Krieg
haben sie ihre Mannhaftigkeit erprobt), treu und fest am Alten hängend,
früherhin durchaus, jetzt doch meistentheils unter einander heirathend,

---

*) Diese Vorrechte sind, daß das Salzsieden allein durch sie geschieht, daß sie
zur Huldigung eine Fahne bekommen und mit einem landesherrlichen Pferd die
Salzbrunnen umreiten, daß sie vom Amte Giebichenstein den Bischofsthaler bekom=
men und daß sie in gewissen Distrikten den Fisch= und Vogelfang haben.

126

fleißig in der Arbeit, rasch hülfreich in der Noth, ehrenfest in der Lust, als kühne Schwimmer und Wasserkünstler weit und breit bekannt. Ihre gewöhnliche Tracht ist: lange Westen mit hohen Knöpfen, kurze schwarze Beinkleider, weiße Schuhe und Strümpfe; ihr Staat: ein dreieckiger, besonders geformter Hut (ein sogenannter „Dreimaster"), ein die Mitte zwischen Leibrock und Oberrock haltender, altväterlich zugeschnittener, meist mit Pelz gefütterter Rock ohne Kragen von auffallender, meistens rother Farbe, mit großen, hohen, besonders geformten, silbernen Knöpfen, dann eine altväterliche, lange, bunte Weste mit gleichen silbernen Knöpfen (die vom Vater auf den Sohn forterben und zum großen Theil nachweislich über dreihundert Jahr alt sind), kurze Beinkleider, weiße Strümpfe und Schuhe mit großen Schnallen; die Fahnenträger und Vorsteher haben bei festlichen Gelegenheiten meistens weiße Schuhe, weiße Kniebänder, weiße Schärpen und weiße Federn auf dem Hut; das Haar tragen sie ganz kurz geschnitten, doch hängen an den Ohren ein paar Locken herab. Das weibliche Geschlecht legt seine uralteigenthümliche Tracht (insbesondere einen kurzen, mit Pelz gefütterten Überrock und eine Pelzmütze mit einem hinten lang herabflatternden Bande) jetzt nur noch bei feierlichen Gelegenheiten an, so die Tanzjungfern beim Pfingstbier und bei Hochzeiten, wobei der Brautkranz, der oft seit Jahrhunderten in der Familie aufbewahrt wird, aus Gewürznelken besteht.

Die Halloren reden nach alter Sitte (wie die Tyroler) meist Jeden (mit Ausnahme der Vorgesetzten) mit „Du" oder mit „Schwager" an; ihre Mundart, die sie gegen Fremde gern verbergen, klingt sehr rauh und ist mit manchen fremden Wörtern vermischt, sie sprechen das a wie o, das o wie u aus; als Probe folgender Satz: „Jo, wenn mer des Obends hann Sole un Holz, so hun mer des Morgens Silber un Guld"; viele alte Lieder, die noch vor 25 Jahren von alten Hallorenfrauen der Bornknechte zum Rumpeltopfsumzug um Weihnachten gesungen wurden, sind nun in Vergessenheit gerathen. Interessant sind, unter mehreren andern folgende technische Ausdrücke: Die Saline heißt die Halle; Thalgut = Salzgut; Thalamt, Thalgericht = Salzamt; Thalrecht, Thalordnung = Salinenrecht; Thalvoigt = Salinenvoigt; Thalverschlag = Salzrechnung; Thalschoß = Salzabgabe; und demgemäß denn auch: Thals-Armenbeutel, Beutelherr, Vorsteher, Brüderschaft im Thale; Born ist der Salzbrunnen, daher die Ausdrücke: Bornfahrt (die feierliche Untersuchung der Soolbrunnen), zu Borne gehen (das Tagewerk beginnen), Bornmeister (der die Aufsicht über die Brunnen führt), Bornschreiber (der die Thalgüter ab= und zuschreibt), Bornknecht (der die Soole aus dem Brunnen zieht); Gut, Thalgut ist das nutzbare Eigenthumsrecht an den Salzquellen, in dem man theils gewisse „Gaben" an Soole erhält, theils das Recht hat, diese zu versieden; daher: Gutsherr (Eigenthümer) Herrngut (Soole zur Besatzung der Kothe, im Gegensatz von Gerenthe, Vorsoole); was aus den Brunnen gezogen wurde, hieß auch Gabe, daher Gabenherr oder Bornmeister; Gerenthe ist der Antheil an Zobern Soole, welche, als Naturalzahlungstheil, in bestimmten Kothen auf Rechnung der Bornknechte versotten wurde; daher für sie selbst auch der Name Ge= renthner; diese Rente blieb ihnen, auch wenn sie nicht mehr ihren Dienst versehen konnten; sie hielten sich dann Lohnarbeiter, die sie bezahlten und den Überschuß als Pension behielten, konnten sich aber hierzu nur „Riemen=" oder „Zipselläufer" nehmen, d. h. solche Personen, die sich bereits zu künftigen Gerenthnern gemeldet hatten und bei eintretendem Abgang in den Genuß der Gerenthe eintraten (jetzt gibt es zwar keine Bornknechte oder Gerenthner mehr, aber die Anzahl Zober, die auf ein Koth als Gerenthe geschüttet wurden, sind dabei geblieben, werden noch mit diesen verkauft und für die Eigenthümer versotten). „Kothe" waren die kleinen niedrigen Häuschen von Holz und Lehm, in denen die Güter und Gerenthe zu Salz versotten wurden; Pfanne (alt: Panne) ist das metallne Gefäß, in dem die Soole zu Salz „gewirkt" (gesotten) wird, ihre Seitenwände heißen Borte, Pfänner waren die Eigenthümer einer Pfanne, eines Kothes (auf deutsch: „Salzjunker"), welche allein pfann= werken durften, ihre Korporation bildet die Pfännerschaft; Würker, Salzwürker sind die Halloren, die in den Kothen mit der Salzarbeit be= schäftigt sind, insofern sie sieden, heißen sie auch „Sogger." „Friede wür= ken im Thale," das hat seinen Ursprung in uralter Zeit, ist aber jetzt nicht mehr üblich (jährlich am Weihnachtsabend zog nämlich der Rath mit den Thalgerichten vor den deutschen Brunnen, wo die versammelten Bornknechte aufgefordert wurden, anzusagen, ob keine Unrichtigkeiten bei ihrem Geschäfte vorgefallen, worauf der „Greve" fragte, ob jeder beim Thalgericht sein Recht bekommen hätte und dann „den Frieden würkte" d. h. bei Strafe verbot, im Thale zu fluchen, zu schwören, zu lästern, zu raufen, zu schlagen und gottloses Wesen zu treiben); auf ähnliche Weise wurde auch jährlich beim Pfingstbiere der Würker unter freiem Himmel und einer Maie der Frieden gewürkt; „Bottgedinge" (später hießen sie „Rügegedinge," nun aber ist diese Einrichtung schon seit länger als hundert Jahren veraltet) wurde alljährlich dreimal unter freiem Himmel in der Halle gehegt, einmal für die Pfänner, dann für die Würker, und auch für die Gerenthner oder Bornknechte, wozu sich jede Korporation ohne Vorladung einfand und wobei der Salzgreve mit dem Thalamt Artikel über das gesetzmäßige Verhalten einer jeden vorlas und fragte, ob jemand etwas zu rügen oder anzuzeigen hätte. Das ganze Thal wurde vom Thalamt regiert, das aus dem Greve, den Oberborn= meistern oder Schöppen, dem Bornschreiber, Thalvoigt u. s. w. be= stand; diese bildeten das Thalgericht und handhabten das Thalrecht, wozu auch der Beutelherr gehörte, welcher Einnahme und Ausgabe hatte. Eigenthümlich waren übrigens auch die Wachstafeln, wahre Hypotheken= bücher, in denen die Besitztitel berichtigt wurden, jeder Brunnen hatte ein Buch aus hölzernen, mit schwarzem Wachs ausgegossenen Blättern, worauf man mit einem oben breiten, unten spitzigen Griffel schrieb, und wovon man drei Exemplare, einen im Thurm der Marienkirche, das zweite im Rathhause, das dritte im Thalhause aufbewahrte.

Die Halloren beschäftigen sich außer ihrer Salzarbeit auch gern mit Fisch= und Vogelfang, wofür sie besondere Privilegien genießen, die ihnen bei jedem Regierungswechsel erneuert werden. Ihre wichtigste Festlichkeit ist das uralte „Pfingstbier;" dabei geht es also her. *) Bei Trommel= schlag versammelt sich früh am Morgen die in festlichem Staate prangende Brüderschaft und zieht nach dem Thale, wo sie die Fahne schwenkt, dann durch die Stadt zu dem bestimmten Wirthshause, wohin die Brüderlade (die alle Pretiosen und Merkwürdigkeiten der Brüderschaft enthält) aus der Morizkirche gebracht wird. Alsobald wird dann der Salzgräfe abge= holt, und wenn er angekommen, hat er unter der Maie im Hofe den Frieden zu wirken. Die Vorsteher wählen zwei „Platzjunker" und „zwölf Scheidemeister" (zur Entscheidung etwaiger Streitigkeiten), so wie neue Vorsteher oder vier „Herren der Brüderschaft," welche der Salzgräfe im Namen des Landesherren bestätigt, und welche letztere demselben und dem Bornschreiber sofort die im altväterlichen Brautschmuck prangenden

---

*) Keferstein a. a. O.

Kranzjungfern zuführen. Diese überreichen nun dem Salzgräfen und dem Bornschreiber Kränze und beginnen mit demselben den Pfingsttanz um die im Freien aufgepflanzte Maie, worauf die Scheidemeister einen ähnlichen Reihen beginnen. Der Gräfe wird sodann bewirthet und darnach von den Vorstehern und Frauen unter Vorantragung von Kuchen und einem Würznelkenkranz nach Hause geführt. Nun beginnt das Fest und der Tanz der Halloren, der zwei Tage dauert; jeder Fremde erhält aus alten Humpen den Ehrentrunk, es ist ein ächtes Leben und Lebenlassen, wahre Volkslust, ungeschminkt, ungetrübt, so recht voll, frisch und frei aus dem Herzen heraus. Zu guter Letzt schaaren sich dann alle Halloren, Männer und Frauen je zwei, zum festlichen Zug nach dem Platz an der Morizkirche; da wird der öffentliche Dank ausgebracht, die Fahne geschwenkt und mit einem Reihentanz das Pfingstbierfest beschlossen. Eigenthümlich ist noch, daß die Halloren als solche dem Landesherren seit uralten Zeiten huldigen; der König von Preußen entbietet sie als solche zur Huldigung, behandelt ihre Repräsentanten wie die andern Huldigungs=deputirten und sendet ihnen eine neue Fahne sowie ein weißes Pferd aus seinem Marstall, auf welchem nach uralter Sitte die Salzbrunnen um=ritten werden, nach Halle. Im Jahre 1842 war das so: da kam zuerst der Brüderbote, hinter ihm her dann die Musik, es schritt sodann der Hauptmann einher, dem die vier Vorsteher und zwei Deputirte folgten; dann kam der Trommelschläger, der gar hell den Wirbel schlug, und ein Offizier vor dem Ausschuß; hierauf sah man den alten Ritter, dem der Schildträger voranschritt, zwei Schildknappen so wie acht Schwertträger folgten; darnach kam die andre Halbscheid des Ausschusses mit Unter=gewehr und ein Fahnenträger mit wallender Fahne, ferner die Spielleute mit hellem Klang, ein Offizier und drei Fähnlein sodann, und abermals der Trommelschläger mit seinem Wirbel; darnach schritten die mann=haften Halloren gar stattlich einher, in bunten Pelzen angethan, und schlagfertig anzuschauen mit Ober= und Untergewehr, darauf die jungen Halloren desgleichen mit Ober= und Untergewehr und hinter ihnen der Offizier, der den Schluß machte. Der älteste Hallore hielt, auf dem Pferde sitzend vor den Salzbrunnen folgende Rede: „Im Namen Gottes und aus Gottes Gnaden! Sr. Königlichen Majestät von Preußen, Friedrich Wilhelm dem Vierten, unserm allergnädigsten König und Landesvater, huldiget die sämmtliche Salzwürkerbrüderschaft und zeiget an, daß Se. Königliche Majestät über unsere Salzbrunnen im Thale Herr sei; die sämmtliche Salzwürkerbrüderschaft danket Sr. Königlichen Majestät ganz unterthänigst für das ertheilte große Gnadengeschenk an Pferd und Fahne, und wünscht, daß Se. Königliche Majestät und unsere vielgeliebte Landesmutter durch Gottes Gnade bei Gesundheit und langem Leben erhalten werde. Vivat, vivat! Lebe lange, großer König, sei beglückt! So lange die Soolbrunnen fließen, so lange stehe dein Thron und Haus; kommt, ihr Brüder, all zusammen, ruft mit mir ein Vivat aus! Es lebe unser vielgeliebter König und sein ganzes Haus!" Ferner ist von den Halloren auch das noch anzuführen, daß sie seit alten Zeiten dem Landesherrn durch Abgeordnete zum Neujahr Glückwunsch und Gabe senden; drei solche kommen vor den König, wenn er an Tafel sitzt, und der Eine überreicht den Neujahrswunsch, der Andere die herkömmlichen Geschenke an Sooleiern, Salz und Schlackwurst, der Dritte schwenkte sonst die Fahne, was nun in jüngster Zeit nicht mehr geschieht; die drei Abgeordneten werden dann im Schlosse gespeist; im Herbst erhält der Landesherr die ersten gefangenen Lerchen zum Geschenk. Als tüchtige Schwimmer halten die Halloren auch Schifferstechen und zeigen gern, daß sie doppellebig sind. Den Studenten sind sie gute Freunde, dutzen sie, und den Fuchs begrüßen sie durch eine Deputation, um sich den Willkommen von ihm auszubitten; frisch zu frisch gesellt sich eben gern.

Der Thüringer.

Ich habe nun ein Geschlecht zu schildern, das mir recht wie ein Herzblatt unseres Volkes und Landes vorkommt; so sitzt es mitten drinnen zwischen den Menschen sächsischer und fränkischer Abstammung, zwischen den Gegensätzen der Mundarten, der ober= und der niederdeutschen, und des deutschen Südens und Nordens, diese Gegensätze vermittelnd, und zwar durch eine schöne, entschieden ausgeprägte Eigenthümlichkeit und Selbstständigkeit. Ich meine den Thüringer. Da kann ich aber nicht, weil ich jetzt vom deutschen Volk im preußischen Staat rede, etwa den preußischen Thüringer heraussondern; denn geht ihr von Berg zu Berg

und von Thal zu Thal in diesem wunderherrlichen, lieder= und sagen=
reichen Thüringerland und seht die frischen luftigen Menschen, — ihr
könnt es keinem abmerken, ob er ein preußischer, oder ein großherzog=
licher, oder so und so herzoglich sächsischer Thüringer ist; er ist ein
Thüringer, das ist grad genug, ist froh, einer zu sein, und kann stolz
drauf sein. Und so darf uns also auch, wo ein ganzer Volksstamm ge=
schildert werden soll, gar nicht das krause Geschnörkel der bunten Gränz=
linien kümmern, welche die Politik mitten in die alten Stammzusammen=
hänge hinein gezogen; — Menschenwerk! Volksthum ist Gotteswerk,
das dauert lang übers erste hinaus. Es theilen sich nämlich in Thüringen
der König von Preußen, der Großherzog von Sachsen = Weimar, die
Herzoge von Sachsen=Meiningen=Hildburghausen und von Sachsen=Ko=
burg = Gotha, die Fürsten von Schwarzburg = Rudolstadt und Sonders=
hausen und der Kurfürst von Hessen. Also vom Thüringer zu reden!
Was für ein durch und durch deutscher Mensch ist der; vor allen Dingen
treu und redlich, auf sein Wort könnt ihr bauen; er macht nicht viel
Worte, er reicht euch, einfach und schlicht wie er ist, die Hand, und ihr
wißt: das gilt; ihr les't's ihm im klaren Aug, im freundlichen, treuher=
zigen Gesicht: das ist der beste Kamerad. Auch hat er alles, was zu
einem solchen vonnöthen ist, die unverwüstliche Heimathslieb' im Herzen,
die am Ende doch noch stärker ist als sein ächt germanischer Wandertrieb,
den gediegenen Fleiß in Kopf und Hand, die frische Lebenslust in allen
Sinnen, das Lied auf den Lippen; ja, das ist der poetische, kluge, anstellige
Thüringer, dem die Gastfreiheit angeboren ist, das weiß ich selber und
kann's drum preisen, *) und sag's aus voller Überzeugung, daß im Thü=
ringer sich beisammen findet, was Norden und Süden auszeichnet, süd=
liche Lebhaftigkeit und nordischer Ernst, südlich Gemüth und nordischer
Verstand, Lernbegier und Nachhaltigkeit, Anschmiegsamkeit und Grabheit;
kurz: er ist der deutsche Naturmensch vorzugsweise und in voller Liebens=
würdigkeit der Naturwahrheit, und wie inmitten von Naturschönheiten,

---

*) Hier nenne ich mit Freuden den Namen meines Freundes Ludwig Bech=
stein, der mir in Bezug auf Thüringen auch im geistigen Sinne Gastfreund ist.
Ich verweise auf sein „Thüringen" im „malerischen und romantischen Deutsch=
land", auf seinen „thüringischen Sagenschatz" und auf sein „Thüringen in der
Gegenwart" (Gotha 1843), ein treffliches Werk, aus dem die nachstehende Schil=
derung ihren Hauptmomenten nach genommen ist.

so auch voll Sinn für das tieffte Verständniß der Natur in dem Grab, als jeder vollkommene Mensch es vollkommen zu ergründen sucht.

Beachte man zunächst die Mundart! Götzinger*) nimmt Thüringen als die Heimath der oberfächsischen Mundart an, welche ein Mittelglied zwischen der ober= und der niederdeutschen bilde, und deren eigentlichen Grund er als durchaus oberdeutsch, wogegen er die Sprechweise selbst und die Art, wie der Bau ausgeführt ist, als niederdeutsches Gepräge tragend bezeichnet. Mannigfach sind nun wieder die Eigenartungen der thüringischen Mundart, welche (nach Bechstein) nach dem Harz zu, um Nordhausen und in der goldnen Aue am reinsten und entschiedensten gesprochen wird. Als Probe davon stehe hier das nachfolgende Bruchstück einer thüringischen Sage.**) „Junker Jost von Hochstedt lob Frau Krieten doß es schmatzte zum Abschiede noch en Mul; wuscht' die Auen (Augen) an Henschk (Handschuh) un satzte sech uf den kesattelten Kul (Gaul) un rett ohne Knecht un ohne Wägewieser bi der Stadt hen, un bi'n Kiphifer (Kifhäufer), wu Freddrichen, je länger e brone zerrt, der Bart an Steintische immer fester mant werd, bis die drei blauen Blumen ehn erlösen, un öbber de Eselswefen geradewags nach Jerusalem zu .... Su rett hä än Tak und änne Nacht; immer furt rett hä su nach en Stücke; da kam hä gägen Morgen an än Fluß, un übber dan Fluß hi ging änne Brücke, un vör d'r Brücken stunn än Huß u. f. w." Diese Mundart wird auch noch im Gothaischen getroffen und geht bis zum Wald nach Arnstadt und Jlmenau hinauf, wo sie abändert; im Eisenacher Gebiet und der Sondershausenschen Unterherrschaft hat die Mundart etwas Gedehntes und Singendes; in der Gegend von Salzungen ist sie weich, ebenfalls ein wenig singend, reich an Verkleinerungsformen; sie ändert das Werrathal aufwärts fast von Ort zu Ort ab; nach dem Walde hinüber und über dem Gebirgskamme, in Steinbach bei Liebenstein, Ruhla, Broterode, Schmalkalden, Tabarz und Tabarz ist die Volkssprache schlürfend, nähert sich jedoch der im Werrathal und folglich dem fränkischen mehr an als dem nordthüringischen, noch mehr nähert sie sich nach Franken hinauf dem hennebergischen Waldabhang, in Hildburghausen

---

*) „Die deutsche Sprache und ihre Literatur" I. 1. (Stuttgart 1836).
**) Bechstein, deutsches Museum (Jena 1822) S. 222.

klingt sie mehr bayerisch als thüringisch. Von da wieder waldaufwärts, Eisfelder Gegend, lautet sie in einem Beispiel:

„As kommt a Rie (Regen):	in Meiningscher Mundart: „Es kömmt ä Rä
Dar möcht uns Bie (Beine)	Der macht ons Bä,
As kömmt a Goos (Guss)	Es kömmt ä Guhs,
Dar möcht uns noos (nass)	Der macht ons nahs,
As kömmt a Muckn (Mücke)	Es kömmt ä Möcke,
Die möcht uns truckn.“	Die mackt ons tracke.“

Als Probe der Koburger Mundart: „Du, Evekunnel (Eva Kuni= gunde) wend mer ner dein Rache (Rechen) üm, as die Zäh (Zähne) net in de Höh stenn, sust stichste mer die Engl im Himmel toabt;“ und als Probe der Mundart im Meininger Oberland: „Döß wohr b'r a Wattr (Wetter), häßt döß, mer hott ölla Agenblieck g'dacht, di Wahlt fiel za ünterschich un za oberschich ai“ (die Welt fiele zu unterst und zu oberst ein); nach Blankenburg hin und im Schwarzburgischen schmilzt der ost= thüringische Dialekt mit dem nordthüringischen zusammen. *) Nach dem Osterlande zu und über Naumburg hinaus geht das thüringische Idiom allmälig in das meißnische über; hier ist ganz charakteristisch, daß im Thüringischen und Meißnischen die Doppellaute ei und au, wie nach einer Übereinkunft oder Regel, verschieden ausgesprochen werden; in Nordthüringen, von Eisleben bis zum Eichsfeld, wird ei wie i, aber nur dann so ausgesprochen, wenn der Meißner (schon von Halle und Merseburg an) gegen Osten und Süden das ei beibehält; lautet aber

---

*) Als Probe davon folgende Sage (Bechstein, Thüringen in der Gegen= wart). „Emal hat a Schafer, dar huß Hans=Jörge, offen alen Schloffe jehutt, unn wie e salt stieht, da sieht e a wonnerschienes Blimchen offen Rasen; die warr janz blowe unn hatt in der Mötte an jalen Starn. Da denckt e, die willste met= nahme unn willtse din Schatze metbränge. A steckt se off sin Hut; a hat se abber kaum droffe, da kömmt anne schlußschleierwiße Fra unn wenkten. A jieht met, unn da kommense an enne Thär, da hulle sei Blimichen dra, unn da sprank se auf. Ezt kammense in an Saal, da lug's Jeld röm, wie Hewe, unn da dorst a sech metjenahme, wie viel a wolle. Un wie a wöbber naus wolle, da rufften de Frau zu: „Hanns=Jörge varjäß bei Bestes nöch!“ Abber a besänn sech jar nech, so anne Fröde hatte öbber sei Jeld; unn wie a ann be Thär kamb, da rufft be Fra noch emal asu. Abber a wolle mache, daß er naus kähmb, unn wie a öbber be Schwelle well, da schluck de eiserne Thär zesamm unn schlucken alle beede Farschen ewack. Da merkt e erst, daß a sei Blimichen verjaßen hatte, as hulf en abber nischt, a blöb uf der Stelle tueb.“

das ei meißnisch wie ee, so spricht der Thüringer dasselbe rein und rich=
tig. Welche reiche Besondergliederung der Mundarten! Eigenthümlich
ist übrigens auch noch beim Thüringer an vielen Orten derselbe Brauch,
wie er beim Österreicher angemerkt worden, daß dem Vornamen auch
noch die der Ältern, ja sogar jene der Großältern hinzugefügt werden,
und so entstehen denn oft Namen von solcher Länge wie „Bahst Christels
Gehannse Heine Hänsche" (das Hänschen vom Johann Heinrich, dem
Sohne von Sebastian Christian).

In reicher Fülle abwechselnd wie die Mundarten zeigen sich auch die
Eigenthümlichkeiten der Volkstracht. Im östlichen Theile des Wal=
des gehen die Alten noch in kurzen Lederhosen, langen, dunkelfarbigen
Röcken mit großen blanken oder mit Kämelgarn übersponnenen Knöpfen,
Schnallenschuhen und großem dreieckigem Hut, während die männliche
Dorfjugend fast durch ganz Thüringen jetzt eine Art einfacher nationeller
Tracht gewinnt, (Stiefeln, lange Tuch= oder Sommerzeughosen, grüne
oder braune Tuchjacke und eine leichte Tuchmütze, nach Franken hin auch
noch die Pelzmütze). Bei der weiblichen Tracht ist die oft kostspielige
Haube, deren Haubenläppchen (Fleck) oft Sammt und Seide, echte Gold=
und Silberstickerei und eine Fülle von Bandschleifen zeigt, ein wesent=
liches Stück, (zumal nach Franken hin trägt man den Schaubhut, einen
großen Strohhut von der Form einer großen Haube, der für Mädchen
meist mit grünem Band und Rosetten, für Frauen und bei Trauer mit
schwarzem Band besetzt ist); oft trägt man auch statt der Haube ein tur=
banartig um den Kopf gewundenes Tuch (zuweilen von bunter Seide),
dessen breiter Zipfel bis zum Nacken abfällt; die Mieder sind bei den
Mädchen meist bunt, bei den Frauen dunkelfarbig, die schweren, falten=
reichen Röcke von Tuch oder Wollenzeug, grün mit lichtgrünem Besatz.

Der thüringische volksthümliche Lieblingstanz ist der Schleifer,
Ländler oder Dreher; in Ruhla hatte man früherhin unter mehreren an=
dern von den Vätern ererbten Tänzen ("Springer," "Schlagmüller,"
"Siebensprung") auch den „ahlen Deutschen," der aus zwei Theilen be=
stand; beim ersten tanzte man abwechselnd auf dem einen und auf dem
andern Bein, das zweite hoch erhoben, Tänzer und Tänzerinn hielten
die Hände, womit sie sich faßten, bis zum Kopf empor und stemmten
den andern Arm in die Seite, dann tanzten beide isolirt, mit voller
Figur einander im Auge, und beide Arme in der Seite haltend; der

zweite Theil machte eine lange bunte Reihe, jedes faßte den Vormann über der Hüfte und nun wurde mit gleichen Beinen und aller Gewalt vorwärts gehüpft; in früheren Zeiten wurde beim Tanz auch gesungen und man hatte eigene Tanzlieder.

Noch frischlebendig ist in Thüringen das Volkslied; es klingt nach alt= hergebrachten, einfachen, meist schwermüthigen Sangweisen; Liebe ist größtentheils der Gegenstand, den es behandelt. Als Probe hier ein Abschiedslied, wie es Bechstein in neuester Zeit aus dem Volksmunde hörte, und welches von den Abdrücken im Bragur, im Wunderhorn und in Wolffs „Halle der Völker" merklich abweicht:

> „Jetzt muss ich in Trauern leben,
> Sagt mir an, ob ichs verschuldt?
> Meinen Geist muss ich aufgeben!
> Leiden will ichs in Geduld.

> „An dem Himmel stehn zwei Sterne,
> Leuchten heller als der Mond;
> Der eine scheint für mein feines Liebchen,
> Der andre in den grünen Wald.

> „Spielet auf, ihr Musikanten,
> Spielet auf ein Saitenspiel,
> Meinem Schätzchen zu Gefallen,
> Weil ich von ihr scheiden will.

> „Rosmarin und Veilchenblätter
> Schenk' ich meinem Schatz ein'n Strauss,
> Ihr zu Lieb und mir zu Ehren,
> Das soll sein der Abschiedsstrauss."

Die Haupttummelplätze volksfestlichen Lebens in Thüringen sind Jahrmärkte, Vogelschießen und Kirmsen. Von den ersteren sind zumal die zu Günstedt und auf der Eselswiese bei Querfurt bemerkenswerth; der erstere knüpft sich an einen weiland Ablaß, den die Mönche aus Er= furt und Griesstadt in der Woche vor Himmelfahrt den Wallfahrern zu einem Christusbild ertheilten, der letztere gleichfalls an einen Ablaß, der seinen Ursprung auf einen Esel zurückführt, und zwar auf einen prophe= tischen, den des heiligen Bruno, der auf der Stelle, wo später eine Kapelle als Ablaßstätte erbaut wurde, des Heiligen Märtyrthum voraus sagte. Bei dem Esel fällt einem Tetzel ein, der im Jahre 1844 seine

Freude gehabt hätte; die Thamsbrücker (im Kreis Langensalza) feiern noch immer ein „Ablaßfest" auf dem Rieth, wo Tetzel 1517 zum letzten= mal seine Ablaßbriefe verkaufte (wollte Gott, man könnte in ganz Deutsch= land ein Fest feiern, daß die Tetzels von 1845 ausverkauft haben!)

Will man den thüringer Bürger in seiner vollen Freudigkeit sehen, so ist dazu die Zeit des Vogelschießens (einer uralten ächt deutschen Bürgerlust) die beste; da schallt Musik, da knallen die Böller, da sieht man die stattlichen Aufzüge der Schützengesellschaften mit Fahnen und Prunkscheiben, da prangt der Reichsadler auf hoher Stange weit ab vom freundlichen Schützenhause, vor dem letzteren aber auf dem saftigen Wie= sengrün lodern die Feuer, an denen gekocht und gebraten wird, zapft man das schäumende Bier, gehn die Bürger mit lieben Gästen einher zwischen all den bunterlei Schaubuden und Glücksspielen; es ist eine rechte Anspannung aller Nerven, ein Gewimmel aller Stände in der Freiheit und Gleichheit der Lust.

Die Kirmsen (Kirmessen, Kirchweihen) sind, mit Ausnahme weniger städtischer (wie der Erfurter) des Landvolks tüchtigstes Behagen. Da bilden die lustigsten Burschen eine eigene Brüderschaft, mit gemein= schaftlicher Kasse, dingen für die Dauer der Kirmse (3—4 Tage) Mu= sikanten, miethen einen Tanzsaal und pflanzen die mit Kranz und Bän= dern geschmückten Maien; außerdem ist die Dorflinde, der meist um= mauerte Gemeindeversammlungsort, nach altem deutschem Brauch, der Platz dieser ländlichen Festlust. Festlich wird der Kirchweihmorgen von den Musikanten angeblasen, dann ziehen die Kirmsenburschen mit ihren geschmückten Mädchen paarweise unter Vorantritt von Musik zur Kirmes= predigt nach der Kirche; aus dieser geht's unter die Linde oder ins Wirths= haus zum Gelag, wo eigene „Platzmeister," welche die Kasse führen, so= wohl für Aufrechthaltung der Ordnung, als auch für Beschaffung der Bedürfnisse und möglichste Reglung des Tanzes sorgen; einer von ihnen, mit weißer Zipfelmütze und vorgebundener weißer Schürze, trägt die hölzerne oder lackirte Bierkanne (thüringisch: „Schleifkanne," henneber= gisch: „Rätze"). Bei den Gutsbesitzern, Pachtern, Pfarrern, Förstern folgt auf das Kirmsenessen, wobei Kuchen nicht fehlt, zunächst der Kaf= fee, und dann Spiel und Scherz, (ein Lieblingsspiel der jungen Welt heißt der „Kirmsenbauer"). „Das Landvolk durchzieht an manchen Orten nach der Kirche das ganze Dorf mit Musik, festlich geputzt, mit Bändern und Blumen. Die Kirmfenburfchen tragen ein auf die Achfel geftecktes buntfeidnes Tuch, das fie von ihren Mädchen erhalten, und aus jedem Haus, wo erwachfene Töchter wohnen, die zu den Kirmfenjungfern ge= hören, wird Kuchen zum Fefte gefteuert, den man auf einem Schiebkar= ren voraus und zum Gelage führt. Auch ziehen wohl die Kirmfenbur= fchen und Mädchen in die Häufer der Honoratioren und tanzen dort einige Reihen. Auch der Hahnenfchlag ift an manchen Orten üblich, der Bärentanz, wobei der den Bären Vorftellende in Gerftenftroh gebunden wird und Gaben oder Scherzprügel bekommt, fowie Vermummungen und Verkleidungen, Ritte und Wagenzüge nach befreundeten Nachbar= orten. So auch wird zum öftern nach einem Hammel geritten, der ge= fchmückt, in feierlicher Prozeffion durch das Dorf geführt und geleitet, dann unter Mufik und Jubel gefchlachtet und endlich verzehrt wird."

An befonderen lokalen (theilweife kirchlichen) Feften war Thü= ringen in früheren Zeiten reich und ift es noch, wenn gleich manches (wie das fiebenjährige Kirchenfeft der Erfurter Heiligen Eoban und Adolar, der „Walperzug" nach der Wagdweide, das Mühlhäufer Gregoriusfeft u. f. w.) jetzt erlofchen ift. So ift noch zu nennen der „grüne Montag" (im Juli) im Steigerwald, (früherhin der Tag der Rathsmeifterwahl aus den fünf großen Handwerken: Tuchmacher, Fleifcher, Kürfchner, Schmiede und Gerber), da nehmen alle Handwerker Theil, die den Ham= mer führen, die Schuhmacher haben Maien vor ihren Läden, und der= gleichen; — ferner das Poppenroder Brunnenfeft zu Mühlhaufen, da im Juni die Behörden, die Geiftlichen, die Lehrer und die Schuljugend, geift= liche Lieder fingend, zu dem eine halbe Stunde vor der Stadt liegenden Brunnen hinaus ziehen (der diefer in gewerblicher Hinficht vielfachen Nutzen gewährt) und wobei die Mädchen ihre Blumen und Kränze in denfelben werfen, — ferner das Kirchenfeft zu Naumburg (ein Kinder= feft am 28. Juli, das feinen Urfprung an die Sage von den „Huffiten vor Naumburg" anknüpft).

In Groß=Vargula (Kreis Langenfalza) befteht noch das Feft des „Graskönigs" am Pfingftfeft; „ein junger Burfche wird ganz in grüne Pappelzweige gebunden, ein Blumenkranz fchmückt fein Haupt, man hebt ihn auf ein Pferd und durch das Gewimmel der Zufchauer bewegt fich der Zug; zwei Reiter mit weißen Stäben und in ihrer Sonntags= tracht eröffnen ihn, dann folgen, ebenfalls beritten, die Mufikanten;

neben dem Graskönig reiten zur Rechten und zur Linken ein Bursche, des Königs Pferd zu lenken; nun geht es zum Amthaus und zu den Honoratioren; der König wird präsentirt, und es werden die üblichen Geschenke in Empfang genommen; hierauf naht der Zug den „sieben Linden" auf dem nahen Sommerberg, der König wird vom Pferd ge= hoben und sein grünes Gewand zerschnitten; alles fällt über die Zweige her, jedes sucht sich eines derselben zu bemächtigen, denn das ist der Dorfglaube: wo auch nur ein einziger dieser Zweige auf ein Flachsfeld gesteckt wird, geräth der Flachs und wird lang; ein lustiges Gelag mit Musik und Tanz beschließt die Feier." Ihr verwandt ist das „Laub= männchen" in Ruhla, das dort die Kinder machen aus frisch abgeschnit= tenem Buchenlaub, womit einer über und über bekleidet wird, die oben überm Kopf zusammengebundenen Zweige bilden die Krone; da geht es im lauten Jubel durch den ganzen Ort; dann tanzen die jungen Mädchen singend mit dem Laubmännchen; anderwärts nennt man solchen in Laub eingekleideten den grünen Mann, den Lättichkönig, und führt ihn dem Schulzen vor, der rathen soll, wer im Laub steckt, und, wenn er das nicht kann, sich mit Bier lösen muß. Auch das „Sommergewinnen," „Todaustragen" (dessen schon erwähnt worden) ist zu Lätare als Jugend= fest in Eisenach, im Schwarzburgischen, zu Mankenbach, in Thal der Lichte und Unterhain, zu Unterweißbach u. s. w. noch im Gange. Das Gregoriusfest, „der Bischof," das früher in Meiningen und Suhl als Lenz= und Jugendfest bestand, blüht noch in Koburg, wo die Lehrer ihre Schaaren im Festschmuck, zum Theil verkleidet, die Knaben Bretzeln an Stangen tragend, die Mädchen Blumen im Haar, auf eine mit Zelten und Laubhütten geschmückte Wiese hinausführen. In Schmalkalden dauert die Johannisfeier (Tanz auf öffentlichen Plätzen innerhalb grüner Lauben und Schranken) vom Sonntag vor bis zu jenem nach Johannis.

Eigenthümlich ist auch das Winterfest zu Schweina; da errichtet die Jugend auf dem Döngelsberg eine Pyramide aus Feldsteinen, zu welcher man dann am Christabend mit großen Fackeln hinauf zieht, Weih= nachtslieder singt und die Fackeln hierauf auf einen Haufen wirft; unten auf dem Plan wieder angelangt, stimmt man beim Schein von Laternen und Grubenlichtern Christlieder aus dem Gesangbuch an und die Orts= musikanten begleiten den Gesang mit ihren Instrumenten; um 12 Uhr Nachts wird mit allen Glocken geläutet, vom Kantor und Chor noch ein

Lied angestimmt und mit Läuten und Singen dreimal abgewechselt. Ein
anderes Winterfest ist in Eisfeld, wo man am Sonntag nach Neujahr
nach dem Nachmittagsgottesdienst auf dem Markt das Lied „Nun danket
alle Gott" unter Musikbegleitung singt, und das Volk dann ruft: „Frau
Holle wird verbrannt." Ich habe Thüringen das sagenreiche genannt,
und gewiß verdient es diesen Beinamen vorzugsweise, nicht blos was die
große Fülle, sondern auch was die Bedeutung der Sagen betrifft. Denn
hier erscheint uns die Urgeschichte eines weiland gewaltigen Volksstamms
in der eigenthümlichen Volksauffassung bewahrt, wie nicht minder die
vorchristlichen ureigensten mythischen Vorstellungen sich noch unter dem
Gewand, welches die Christianisirung drüber gebreitet, regen und be=
wegen, das Werk der Christianisirung selbst aber in der Legende lebt;
so tritt uns auf allen Wegen und Stegen die ehrwürdige Gestalt Win=
frieds entgegen. Doch auch in den bestimmteren und deutlichen Gleisen
der Geschichte wandelt die Sage; sie umwebt die hehren Gestalten der
alten Landgrafen mit ihrem Nimbus, sie hat dem alten Kaiser Friedrich
Barbarossa, als Volkshelden in Vergangenheit und Zukunft, den ge=
heimnißvollen Palast im Kiffhäuser gebaut, dem Sängerkrieg die Wart=
burg erschlossen, der frommen Elisabeth die Scheitel mit unvergänglichen
Rosen gekränzt und das Andenken Luthers auf Weg und Steg mit inni=
ger Treue erhalten. Hier sehet ihr den Hörselberg, wie einen ungeheu=
ren Sarg sich erheben; um denselben wandelt der getreue Eckart und
warnet Jedermann, drinnen aber sitzt der Tannhäuser bei Venus der
schönen Frauen und all den Heidengöttern, die darein gebannt sind. Hier
in Thüringen stehen die drei Gleichen und lebt die Überlieferung von der
Doppelehe des Grafen, den die Liebe der Sarazenenjungfrau aus Ketten
und Banden befreit. Auch die sonst an manchen Orten wurzelnde Sage
vom eingemauerten Kind findet sich hier. Und außerdem hat fast jeder
Berg und jede Trümmer, jeder grüne oder kahle Grund, jedes Dorf,
jede Höhle, jeder Denkstein, mancher Baum sogar eine Lokalsage, die
bald eigenthümlichen Wuchses, bald aus irgend einem allgemeingültigen
deutschen Sagenkorn aufgegangen.

Und so sei nun auch vom volksthümlichen Aberglauben
noch gesagt, wie er theils im Scherz, theils in Ernst festgehalten wird. *)

---

*) Bechstein, Thüringen in der Gegenwart. S. 64 und ff.

Am Abend vor der Erscheinung Christi fährt Frau Holle über die Kreuz=
wege, hält Mitternachts vor den Schmieden, läßt ihren Wagen beschla=
gen und lohnt reich, wenn der Schmied so bescheiden war, nichts für
seine Mühe zu fordern; auch muß der Flachsrocken rein abgesponnen
sein, sonst zerzaust sie ihn den säumigen Mädchen, und peinigt sie, oder
sie müssen ihn frisch wickeln, sonst thut Frau Holle etwas hinein. Am
Gründonnerstag Fastenbretzeln gegessen, schützt vor Fieber das ganze Jahr,
neunerlei grüne Kräuter, oder die drei ersten Schlehenblüthen oder die
ersten Kornblüten, ist gegen mancherlei Krankheit gut. Wasser, am
Ostermorgen vor Sonnenaufgang geschöpft, ist gut für die Augen, Thau
der Osternacht, auf Tüchern aufgefangen, verschönet; der Glaube an
das dreimalige Osterhüpfen der Sonne gilt auch hier, desgleichen der
an die Hexenfahrt in der Walpurgisnacht, dann der an die Kraft der
guten Zeiten, so daß am goldnen Sonntag (Trinitatis) und am Johan=
nistage die Glücksblumen blühen und die Sonntagskinder können die
verzauberten Höhlen offen stehen sehen, worin die Schätze liegen; an
Johannis= und Marientagen, auch zur Ärntezeit gehen die Teufels=
Bündner mit Sicheln an den Beinen durch die Getraidefelder, dann
zehntet ihnen der Teufel von den durchwandelten Äckern. Im Advent
und den zwölf Nächten zieht das wüthende Heer mit der Spinnefrau (auf
dem Harz zieht die Tutosel mit dem wilden Jäger Hackelberg) über Berge
und Wälder, ja selbst durch Häuser, wo in gerader Linie drei Thüren
auf einander gehen; da muß man sich, wenn das wüthende Heer un=
schädlich an einem vorüberziehen soll, entweder auf die Erde legen oder
den Kopf zwischen die Speichen eines Wagenrades stecken. In jenen Zei=
ten wandern die Geister (Spukedinger), tanzen die Irrwische, flackern
die Feuermänner; in der Andreas= und in der Christnacht wird Vor=
schau versucht. Weit verbreitet ist der Glaube an verzauberte weiße Frauen
und Jungfrauen, die der Erlösung harren, an hülfreiche Zwerge, Wichtel=
lein, Wichtelmänner, Hütchen, (um Ruhla und Steinbach, Warta,
Spihra und Gerstungen, am Hörselberg und Kiffhäuser) an den Alp,
an Niren der Ilm, Saale, Werra, Schleuse, im Salzunger See, an
Riesenspuren, Riesenfinger, Riesenlöffel, Riesenspielzeug (bei Blan=
kenberg im Schwarzathal geht davon genau dieselbe Sage wie im Elsaß)
und an Teufelsspuren (übrigens spielt der Teufel selbst mehr in Märchen
seine Rolle als in der Sage, und zwar als dummer, täppischer, leicht

zu foppender Geselle), an wandernde ruhlose Seelen verstorbener Böse=
wichter (falscher Feldmesser, Gränzsteinversetzer, harter Beamter, trüge=
rischer Verkäufer, die zu leichtes Maaß und Gewicht gegeben), an Er=
scheinungen und dergleichen. Nicht minder ist der Elementaraberglaube
noch häufig, wenn gleich in geringerem Maße gegen frühere Zeiten; so
weissagt man aus dem Hervorbrechen oder Versiegen von Hungerquellen
wohlfeile oder theure Zeit, so herrscht der Glaube, dem Feuer dürfe man
nicht fluchen und Zigeuner könnten es besprechen (wie in vielen Gegenden
der Glaube verbreitet ist, Fürsten oder Obrigkeiten wohne die Kraft ein,
eine Feuersbrunst durch bloßes persönliches Erscheinen, oder durch Um=
reiten oder durch den Tellerwurf zu bannen*); wo der Regenbogen auf=
steht, finde man goldne Schüsselchen, Sternschüsselchen, wo ein Stern
vom Himmel hinfiel. Gar tief ist die Thierwelt in Aberglauben, Sage
und Mährchen verflochten; zumal spielen Schlangenkönig und Schlan=
genkönigin eine bedeutende Rolle, Störche helfen beim Brandlöschen und
sind heilig wie Schwaben, wo sie Nester bauen, kehrt Glück ein; wenn
der Storch, der auf einem Hause nistet, im Frühling nicht wiederkehrt,
so brennt es bald nieder; das weiß der Storch, und deßhalb bleibt er
aus; dasselbe sagt man auch von den Schwalben; wenn ein Huhn ein
Windei legt, so muß man es über das Haus werfen, sonst brennt das
Haus nieder; wer junge Hunde und Katzen zum Ersäufen hinweg trägt,
verträgt sein Glück; nicht minder ist Kräuteraberglaube in Fülle in Thü=
ringen heimisch, vornehmlich am Waldgebirge und in dessen Angrän=
zungen; desgleichen der Aberglaube an metallische Zaubermittel, so an
den „Ring um Gotteswillen“, der gegen die Gicht helfen soll (ein Gold=
schmied muß ihn, dreimal um Gotteswillen gebeten, umsonst aus drei
von drei Schulknaben erbettelten Sechskreuzerstücken fertigen, darf aber
weder von anderm Metall was dazu, noch etwas davon thun, noch am
Geschmolzenen feilen, und muß ihn der Person, die ihn bestellt hat,
stillschweigend an den Finger stecken), ferner an die Kraft der Wünschel=
ruthe (die, um wirksam zu sein, an einem Charfreitag vor Sonnen=
aufgang mit Wasser aus einem ostwärts fließenden Bach und mit den
drei ersten Versen des ersten Kapitels im Evangelium Johannis getauft
werden muß), an jene des Erdspiegels, dessen Besitzer alles, was vor=

---

*) Freilich: wo Fürst und Obrigkeit bei der Noth selbst am Platz ist, regen
sich alle Hände geschwinder.

geht und vorgegangen, schauen und Diebe entdecken kann. Endlich hängt man auch noch stark an sogenannten sympathetischen Mitteln, wobei jedoch, wenn sie wirken sollen, Hauptbedingung ist, daß alles schweigend verrichtet werde. So mögen denn hier auch ein paar Z a u b e r s p r ü c h e stehen, in denen noch das uralte germanische Heidenthum nachklingt; *) aus dem Jüchsethale bei Meiningen, im fränkischen Theile der alten Grafschaft Henneberg, folgende zwei, eines gegen den Rothlauf:

> „Hallernast, hêp dich auf,
>
> Rûtlâf, sëtz dich drauf.
>
> Îch ha dich änn tak:
>
> Ha dû's joar o tak.
>
> Im nôme" u. s. w.

Der zweite gegen das Abnehmen; man nimmt einen Reisigknüttel, faßt ihn, stellt ihn dann in eine Kücheneck und spricht dazu:

> „Knöttel, ìch fass dich,
>
> Knöttel, stéä!
>
> Stéä of änn bä!
>
> Das anâme ha ìch.
>
> Ìch ha's änn tak:
>
> Ha dû's joar o tak.

Eine Zauberformel aus dem Meininger Unterlande gegen das Alpdrücken lautet:

> „Das wallala
>
> Alle bërge durchtra,
>
> Alle wasser durchbat,
>
> Alle blêtlich ablat,
>
> Onnerdesse wörds tak,"

---

*) Mitgetheilt durch S t e r z i n g in H a u p t's „Zeitschrift für deutsches Alterthum" 3. Bd. S. 358 u. ff. (Leipzig 1843).

wobei das „Wallala" auf den Alp zu gehen scheint und vielleicht das
Wallende bedeutet (Stertzing). Ins heidnische Alterthum reichen unstrei=
tig auch die Überlieferungen hinauf, daß der Dieb sterben muß, wenn
man einen Sargnagel in seine Fußspur schlägt, daß er ein lahmes Bein
bekommt, wenn man seinen Fußtritt mit Nadeln sticht, und daß er,
wenn man seinen Fußtritt ausschneidet, in ein Säckchen steckt und räu=
chert, abzehrt und endlich stirbt, wenn die Trappe dürr ist, sowie die
fernere: Wer sich die Hand aufschneidet, in die Öffnung ein Stückchen
von einem Donnerkeile steckt und sie dann zuheilen läßt, der kann mit
einer einzigen Ohrfeige den stärksten Mann todt schlagen. Faßt man all
das Berichtete noch einmal im Überblick zusammen, so muß man sich
gestehen: die bedeutendsten Elemente der deutschen Sagen= und Mähr=
chenwelt, alle die unvergänglichen von Jahr zu Jahr frischen Zeugnisse
unseres ureignen, ernsten und doch freudigen, tiefsinnigen und tiefsitt=
lichen Volksthums, alle sind sie in diesen heimlich=stillen Thälern Thü=
ringens wie in so vielen Bechern einer Blütendolde enthalten und gebor=
gen, süßer Duft strömt daraus, und wie die Biene vom würzigen Safte
nascht und ihn in Honig verwandelt, so übt hier der poetische Sinn eines
wackeren Volksstammes das Wandlungsgeschäft.

Was nun sonst in der p r e u ß i s c h e n   P r o v i n z   S a c h s e n (ab=
gesehen vom Thüringer und Meißner) an ä c h t e r   a l t e r   S a c h s e n a r t
zu finden ist, das gibt sich laut genug kund und will sich auch heut noch
nicht verläugnen, die harte, spröde, eisenfeste Mannhaftigkeit und Aus=
dauer in Arbeit, Freiheit, Ehre und Zucht, das Blut Heinrichs des
Städtebauers oder Vogelstellers, der bei Merseburg mit seinem wieder
wehrhaft gemachten Volk gesiegt, der in der güldnen Aue zu Memleben
gestorben und seine Ruhestäte gefunden in Quedlinburg, und Otto's
des Großen, der die Ungarn für immer gescheucht, die Slaven gebän=
digt, den Magdeburger Dom gestiftet und seinen Speer in den Otten=
sund geschleudert, die Denkart jener edlen Jungfrauen Magdeburgs, die
sich, in langer Reih, die Arme in einander geschlungen, in den Strom
gestürzt, um ihre Ehre zu erhalten, als Tilly's siegende Soldaten in
rasender Lust sie bedroht; das ist alte Sachsenart und die lebt noch.

Als Probe der Mundart in der M a g d e b u r g e r   B ö r d e stehe
hier folgendes charakteristische Kinderlied: *)

---

*) Firmenich, „Germaniens Völkerstimmen" S. 164.

„Ruh, ruh, Soldatenkind!
Schlahpe, bes dien Vahder kimmt,
Dien Vahder is in Frankenland,
Kimmt na Huhs mit Kranz un Band,
Moskau is ohk afebrennt,
Bonapart is furterennt.
Dien Vahder dregt en Landwehr-Krihz,
Datt gahf'n unser König glieks.
Ohk hilpen de Kuhsacken
Mit ihre lanken Stahken.
Nu blaumen unse Rosen,
Denn furt sein de Franzosen.
Un wenn dien Vahder wedderkimmt,
Denn repstu: Memme, Teite kimmt.
Denn äht'n we Klump un Graupen
Da könn'n we recht na paupen,
Un du wirscht stark un dikke,
Schletst de Franzosen in Stücke;
Denn fröet sich dien Teite,
Drum schlahpe, Kimmken, heite!"

Der Westphale.

Ich sagte: „alte Sachsenart"; mit diesem Wort bin ich, wie im
Sprung des alten Sachsenrosses, auf der rothen Erde Westphalens
angelangt, auf uraltem Sachsenland, das, vielfach geschichtlich ausgegliedert, nun in den Ring einer Provinz gefaßt ist. Wer möchte die
Zeit der Zersplitterung in zahllose geistliche und weltliche Herrschaften
zurück oder wieder hergestellt wünschen? Aber wer, der ein Herz für Geschichte hat, fühlt sich nicht überall von dem staatlichen Uniformirungs-
wesen unangenehm berührt, wenn es die alten, volksthümlich gewordenen Namen und Wahrzeichen verwischt und statt deren die großen und
kleinen Räder seines Verwaltungsmechanismus einsetzt! So auch hier in
dem heute sogenannten Westphalen (von Jerome's westphälischem Königreich zu schweigen) verschiedenartigste Bestandtheile, Münster und Paderborn, Werden, Herford, Essen, Kappenberg, Tecklenburg, Minden,
Ravensberg, Mark, Lingen, Korvey, Dortmund, Siegen, die Salm-
schen, Wittgenstein'schen Lande! Aber der Mensch ist ein ganzer,

fester, derber, kernhafter mit frischen Sinnen, keuschem Aug, altger=
manischer Gradheit und Treue, muthig edelstolz im Gedanken auf Ab=
kunft und Freiheit (und wär's nur die Soester Fehde, nicht der dreißig=
jährige Kampf gegen die Franken, woran er dächte, und das alte Städte=
recht, das auf der Autonomie der Bürger fußt), dabei einfach in Kost,
Lust und Tracht, fromm, voll Bedacht, fleißig und standhaft.

Charakteristisch ist in seiner Mundart der gänzliche Mangel des sch
(er spricht immer nur sk oder s) und die Menge von Doppellauten, na=
mentlich au und ei. Als Probe der Mundart im alten Herzog=
thum folgender Schwank: „Et was mol en Meken in Sauste (Soest),
dat kneide sik alle Morgen, wenn de Lüche olle uid de Kerke würen, für
dat graute steinerne Herrgottsbild und behede. Da was dei Küster eigelig
und ginck mol hinner dat Bild stohn. Do seh dat Meken:

„O du graute, leiwe Gott von Sauste,
Bescher mir doch usen Knecht den Jousten.“ (Jost)

Da seh dei Küster: „Meken, du krigst en eu nig.“ Da seh dat Meken:
„O du graute leiwe Gott! boit mie doch nig!“ Dann als Probe der
Mundart im Münsterland das nachstehende Bruchstück aus dem Mähr=
chen von „de drei schwatten Prinzessinen“: „Do was der en armen Fisker,
de fiskede up de See mit synem Son, do kam de Fiend un nam den Son
gefangen un gaw em daför seß hunnert Doaler. Da genk de Vater hen
un gav dat de Heerens in de Stadt, un de Fiend trak av un de Fisker
wurde Börgemeester. Do wurd utropen, wer nig Herr Börgemeester segde,
de soll an de Galge richtet weren“ u. s. w.

Als Probe der Mundart in der Gegend von Minden folgendes
Bruchstück aus der charakteristischen Antwort der westphälischen Unter=
thanen an König Friedrich Wilhelm III., nachdem er sie nach Abschluß
des Tilsiter Friedens in einem Abschiedsschreiben vom 24. Juli 1807
ihrer Unterthanenpflicht entbunden hatte:*) „So wahr wi levt, 't is nig
dine Schuld, dat de Generale un Ministers na dem Erlag bi Jena to be=
donnert un to verbiestert weren, um de verstrüwten Sgaren to uns her=
tostüren, un se, met unsern Landknegden verenet, to'm nejen Kamp op=
toropen. Lev un Leven hädden wi daran wagt. Denn du must nig
twifeln, dat in unsen Adern dat Bloot der olen Cherusker nog fürig

*) Firmenich a. a. O. S. 268.

flüt, un wi nog stolt darup sünd, Hermann un Wittekind unse Lands=
lüte to nennen. Op unsem Grunde ligt dat Winfeld, wor unse Vörfaren
de Fiende, de dat büdiẞge Hik verwösten wullen, so flogen, dat se dat
Upstaan vergaten.... Leve wohl, ole gode König! God geve, dat de
Överreste dines Landes di trouwere Generale un klökere Ministers finden
late, als de weren, de di bedrövden."

Als Probe der Mundart im S i e g e r l a n d folgende Sprüchwörter
aus der Gegend von Siegen. „Der böste Hond krijt dät zereffenste Fell";
„drüj Broed macht de Backe roed;" „die Paffesäcke ha ken Borrn (Boden);"
und folgender Volks= und Kinderreim:

> ,,Ine mine, donke danke
> Wet du bet no Engellande?
> Engelland es zogeschlosse,
> Vorn der Schlössel afgebroche.''

Der Westphale, der von den Tagen Wittekinds an am liebsten Geschichte
gemacht hat, ist zwar ärmer als der Thüringer an Sagen, aber unter
denselben sind manche sehr eigenthümliche Auffassungen allgemein gül=
tiger Motive; vorherrschend zeigt sich auch die Legende. Beide, Sage
und Legende, knüpfen gern an die Heldengestalten Karls des Großen und
Wittekinds ihre Zauberfäden an; wer kennt nicht die Überlieferung von
Wittekinds Bekehrung und Taufe, die unserer edelsten Dichter einer,
Graf Platen, in Kunstform gegossen? Was sonst der Kiffhäuser und der
Salzburger Untersberg, in Westphalen ists der Desenberg, in welchen
Kaiser Karl entrückt ist und träumt, bis Deutschlands neuer Morgen
graut. Die Legende zeigt uns die Todeslilie zu Corvei; Schutzheiliger von
Dortmund ist Reinold, „das dreiste Heimondskind"; der Köterberg ist
voller Schätze, und in der Nähe hatten die Riesen zwei Schlösser, eins
vom andern zwei Stunden Wegs entfernt, da warfen sie zum Zeitvertreib
Hämmer herüber und hinüber. Die Sage von der Liebe eines Elemen=
targeistes (succubus) zu einem Sterblichen erscheint am Münken= (Mön=
chen)=loch in lieblichster Form (wie die Elfe [das Wichtelweibchen] den
Grafen von der Schauenburg bethörte, und seine fromme Gemahlin ihr
im Schlafe eine Locke vom langen Goldhaar abschnitt und so den Zauber
löste); nicht minder eigenthümlich, an die Schwanenritter erinnernd, in
der Erscheinung des unsichtbaren Königs Vollmar auf Hardenstein. *)

---

*) Vergl. Grimm deutsche Mährchen.

Die Sage vom Blaubart lebt auf dem Bollwerk bei Dahl. Im Münster=
land kennt man den Amtmann Timphoht, der Nächtens im grünseidnen
Rock, mit großem dreieckigem Hut und langer weißer Perrücke durch die
Straßen der Stadt wandelt; in der Dawert jagt der Hochjäger und spukt
die Jungfer Eli aus Freckenhorst, der Abtissin ungetreue Haushälterin,
die in ihrem grünen Hütchen mit weißen Federn auf dem Apfelbaum
saß, als der Pfarrer kam, um ihr die Sterbesakramente zu bringen;
„wenn es Abends stürmt und weht, dann schreitet ein gewaltig großer
Mann in weitem Mantel, eiserne Schnallen auf seinen Schuhen über die
Haide, kommt ein Mädchen daher gegangen, so eilt er mit seinen langen
Schritten auf sie zu, nimmt sie unter seinen Mantel und bringt sie, indem
er sie immer fester an sich schmiegt, ohne ein Wort zu sagen, über die
Haide; ehe er sie aber gehen läßt, drückt er ganz sanft und innig einen
Kuß auf ihren Mund, das arme Mädchen geht sodann erschrocken nach
Hause und ist am andern Morgen todt."*) Ganz originell ist die Sage
vom Fegefeuer des westphälischen Adels im Lutterberg, da ein Paderborner
Schneider den verdammten Edelleuten mit glühender Nadel Kleider fer=
tigen mußte, und nicht minder jene vom Teufel zu Hamm, der einen
Botengänger, welcher auf falsche Anklage unschuldig als Dieb gerichtet
werden sollte, gerettet und dafür den falschen Ankläger mit sich genommen.
„Ein ebenso poetisches Moment wie jener Mythus vom Haidemann" (be=
merkt Schücking **)" bieten oft die Volkslieder dar, z. B. das vom „Leiden
Christi" (eine richtigere Lesart desselben findet sich in Ernst Weydens
„Kölns Vorzeit"). „Die ganze harmlose naive Eigenthümlichkeit des
westphälischen Landvolks (fährt Schücking fort) spiegelt sich in diesen
Sagen und Liedern, jene kindliche Gläubigkeit und Frömmigkeit, die
doch wieder ihr Humoristisches hat und durch ihre einfach naturwüchsige
Anschauung aller Dinge oft den Schein unnennbar tiefer oder geist=
reicher Auffassung bekommt. Die Volkslieder enthalten Liebesklagen oder
öfter humoristische Ausfälle gegen Ehe= und Liebesnoth, und dann im
plattdeutschen Idiom, ein Beweis, daß diese letztere Art der Auffassung
dem Volke die eigenthümlichere ist."

---

*) Freiligrath und Schücking, „das malerische und romantische West=
phalen" (Barmen und Leipzig).

**) Malerisches und romantisches Westphalen. S. 147 und 148.

Die Gabe der Vorschau, deren der Rügier theilhaftig, findet sich auch in Westphalen, wenn gleich in neuerer Zeit immer seltener als früherhin, da noch mehr als ein solcher „Wicker" (dies der eigenthüm= liche Name des der Vorschau Fähigen) mit blassem Gesicht und starren hellgrauen Augen umher ging.

Doch wenden wir uns von dieser düstren Nachtseite zum hellen sonnigen Leben! Was für alte, unverdorbene Gediegenheit, in Bewußt= sein und Sitte beim Landvolk! Dies zu schildern, den festen, kräftigen Stamm mit allem frischen saftigen Laub, durch das die rothwangige strotzende Gesundheit als blonde Lisbeth guckt, aber auch mit all den Knorren der Eiche, — es war eine Aufgabe, des größten Meisters würdig, und als solcher hat sie Immermann gelöst; auf jedem Hof Westphalens sollten sie dafür eine Eiche pflanzen und „Immermanns= Eiche" taufen! Wer vermöchte nach ihm den Stift zu ergreifen, um so ein Stillleben des Schulzenhofs (Meierhofs, Oberhofs) mit den markigen Gestalten des Hofschulzen und des Großknechts (Baumeisters) zu ent= werfen. Hier nur wenige Striche! Wie tief das Institut der Fehme, ein durch und durch germanisches, in der „rothen Erde" Westphalens wur= zelt, wo es eigentlich seinen Haupthalt hatte, ist eben im Bauernstand zu erkennen, der hier, wie in wenigen andern deutschen Ländern noch am meisten von seiner alten Selbstständigkeit bewahrt hat. Noch jetzt sollen (nach Schückings Angabe) zu Gehmen, wo das fortwährend in alter Weise bestandene Freigericht erst 1811 von der französischen Gesetz= gebung aufgehoben worden, die Freibankbauern die Bank spannen und heimliches Gericht hegen, auch sich standhaft weigern, ihrer Losung „Stock, Stein, Gras, Grein" Bedeutung aufzudecken; auf ein breites Schwert, das sie Kaiser Karls Degen nennen, legen sie den Schöffeneid ab: dem Stuhlherrn treu, hold und gewärtig zu sein, alles, was Fem= wrogig, Straßen=, Mühlen=, Mähre sei, anzubringen und die Fehme Niemand zu offenbaren. Hier in Westphalen finden wir nicht sowohl geschlossene Dörfer (Gemeinden unter einem Vorstande) als vielmehr noch die altgermanische Art des Anbaus; da lebt der Bauer auf seinem Hof im Mittelpunkt seiner durch Graben und Buschwerk umschanzten Land= besitzthümer in seiner kleinen Welt, wie ein patriarchalischer König in seiner Familie. Sehen wir uns die Bauern der Soester Boede an! Was für stämmige, freisame Gestalten, mit den klaren Augen und rüstigen

Fäuften; die halten feft, was fie einmal gepackt haben; fo auch die alten
Sitten. Was für eine Luft zum Beifpiel bei einer Hochzeit! Die wird
immer auf dem Hof gehalten, wo die jungen Ehleute wohnen werden;
da kommen nun am Hochzeitstage die jungen Burfche auf dem Hof des
Bräutigams, die Frauen und Mädchen auf jenem der Braut im beften
Feftftaat zufammen und werden mit Branntwein und Kuchen bewirthet;
die Jungfern kleiden die Braut in den Hochzeitsftaat und fetzen ihr die
Ehrenzier der Jungfräulichkeit, die Brautkrone auf, die gar feft fitzen
muß, denn ein fchlimmes Vorzeichen wär's, wenn fie herab fiele. Ift
das gethan, dann geht's zur Kirche, und wie! Frifch und verwegen, wie's
dem kräftigen Gefchlecht wohl anfteht, das in hellblauen Röcken und
mit breitkrämpigen Hüten fo ftolz auf den muthigen Roffen fitzt und fel=
ten der Sporen bedarf; der nächfte Anverwandte des Bräutigams
fchwingt die Braut hinter fich auf fein mit Blumen und Bändern ge=
fchmücktes Roß, das nun luftig ausbebt und die Mähne wirft und gar
wohl weiß, was es trägt; hat der Priefter den Segen gefprochen, fo
erhält der Bräutigam von feinen Gefellen, die ihm zunächft ftehen, ei=
nige Schläge mit den Stöcken (und oft find fie juft nicht fanft), daß er
gedenke, wie weh das thut, und fein Weib damit verfchone. Der Bräu=
tigam ift fodann der Erfte, der fich entfernt; er reitet den Andern voran
und kommt feiner Braut eine Strecke vor dem Hochzeitshof entgegen, ein
Mufikant begleitet ihn; wie er fie trifft, fteigt fie ab, und er bringt ihr
Brot und einen Krug Bier, (zum Zeichen, daß er ihr nun den Lebens=
unterhalt fchaffe); fie genießt etwas davon, das Brot aber, worin et=
was Geld fteckt, bekommen die Armen. Alsdann führt der Bräutigam
feine Braut zu Tifch; da fitzt fie obenan und er bedient fie; nach geendig=
tem Mahl beginnt fein nächfter Anverwandter den Tanz mit ihr und er=
hält ein neues Tuch von ihr zum Gefchenk. Der Abend des Hochzeitages
wird damit befchloffen, daß die Frauen fich bemühen, der Braut die
Weibermütze aufzufetzen, was die Jungfern zu verhindern fuchen; fo
gibt's einen wahren Kampf, und haben die Frauen gefiegt, trägt die
Braut die Weibermütze, dann wird um den Herd herum getanzt, damit
die Braut fich an's Haus gewöhnen und ihren Mann nicht verlaffen
möge; alsbald erfcheint dann inmitten des Tanzes der Bräutigam und
entführt fein junges Weib zur Brautkammer. Am folgenden Tage wer=
den die Gäfte im Hochzeitshaufe mit einem Frühftück bewirthet und führen

sodann die junge Frau um all den Grund und Boden ihres Mannes herum; dabei wird ein Betttuch an einer Stange vorangetragen, nach welchem die jungen Bursche in Einem fortschießen und das sie in Brand zu stecken suchen. Darauf folgt das Mahl, und nach demselben wird das Ehepaar beschenkt. In einigen Gegenden Westphalens (wie auch Hessens) darf der Brautwagen nicht fehlen, der die Ausstattung bringt (Manns= und Frauensbrautwagen), und man unterschied zwischen vollen, halben, mäßigen oder geringen, wobei denn der Inhalt auch einer Geldwerthung gleichgestellt ward; gab ein voller Meierhof 12 Stücke auf den Braut= wagen, so gab ein Halbmeier 6, ein zweitägiger (Viertelmeier) 4, ein eintägiger (Achtelmeier) 3. Ein eigenthümlicher Menschlag sind die Ra= vensberger Bauern, kraftvoll, einfach in Kinderzucht, Krankenbehand= lung und Lebensart, von derber Kost lebend, (um drei Uhr aufgestan= den, drei Stunden später das „Imt" [Gerstenmehl oder Buchweizengrütze mit Milch], dann Milch, Pumpernickel und Schinken im Sommer, oder Gemüse, Speck und Speckpfannkuchen im Winter als Mittagsmahl), religiös, gesellig, Ackerbauer, Leinweber, Garnspinner (ihr Garn, das Mold= oder Malzgarn, kommt meistens nach Bielefeld). Als Probe ihrer Mundart hier einige ihrer Sprüchwörter: „Dei Frünne (Freunde) häbben will, dei mott se fik maken;" „hei hatt'n Kopp all'n Pape un 'n Buck (Bauch) all'n Bürgermäster;" „je geleierter, desto verkeierter;" „wenn Pinksten upp'n Fridag kümmt, dann krist du die Geld;" „gesalten Braut (Brot) maket dei Backen raut" (roth) u. s. w. Gar stattlich sind ihre Hochzeiten. Meistentheils entscheidet der Vater der Tochter nach sei= ner eignen, nicht nach ihrer Wahl und sieht auf den Besitzstand des künftigen Eidams, jemehr Pferde und Kühe dieser besitzt, um so besser; meistentheils pflegt der Junggesell sogleich zu heirathen, wie ihm sein Vater die Wirthschaft übergibt. Auch bei ihnen wird die Braut am Hochzeitstage nach dem Hofe gebracht, wo das junge Ehepaar künftig wohnen soll; die Nachbarn begleiten sie zu Pferd und einer muß voran= reiten, um vorher beim Hof anzufragen, ob der nahende Theil willkom= men sei; sowie er nun mit dem Ja zurückeilt, wird gejauchzt und ge= schossen und so geht's dann zum Hof. Die geladenen Gäste (und es sind ihrer viele, all die Verwandtschaft, Bekanntschaft und Nachbarschaft), haben sich schon gegen neun Uhr des Morgens in ihrem Feststaat einge= stellt und die „Gabe" (Butter, Stuten, d. h. Semmeln, wohl auch

Hühner) mitgebracht; sie werden sodann mit Branntwein, Stutensuppe, Hakeldür und gebratenen Würsten zum Frühstück (Anbiß) bewirthet; ist die Gesellschaft satt, so steht sie auf und macht neuen Gästen Platz; die eigentliche Mahlzeit findet um zwei Uhr des Nachmittags statt, wobei denn auch hier der Bräutigam (wie überhaupt den ganzen Tag über) der Braut (und den andern Gästen) aufwartet; ist die Mahlzeit zu Ende, so tritt der Schulz an den Herd, spricht das Ehepaar an und übergibt demselben den Hof zu guter Bewirthschaftung; hierauf Tanz und der Neckekampf zwischen Frauen und Jungfern über die Behaubung der Braut. Bei Kindtaufen (sechs Wochen nach der Geburt) geben die Ravensberger Bauern das „Kindelber," einen großen Schmaus, doch ohne Tanz. Eine andere Art von Schmaus ist die „Dönte;" dazu ladt jeder, der ein neues Haus bauen oder ein altes ausbessern will, seine Verwandtschaft und Freundschaft ein, wogegen er von jedem Gast eine Beisteuer zum Bau erhält; dabei geht's nun gar lustig her, grad wie bei einer Hochzeit; wer viel Übermuth hat, hält die Dönte oft zwei Tage lang, wogegen einer, der Schaden erlitten oder in Schulden ist, manchmal durch die Dönte wieder aufzukommen hofft. Im Flecken Greven (sei zum Schluß noch angeführt) hat sich bei der Feier der Fastnacht noch bis zur neueren Zeit die Sitte erhalten, daß alle vier Jahre sämmtliche in dieser Frist getrauten Ehepaare sich in einen ungeheuren Kübel mit kaltem Wasser auf dem Markt werfen und so durchbaden lassen müssen.

Der preußische Rheinländer.

Ich komme jetzt zu unsern Brüdern in der preußischen R h e i n - p r o v i n z. Aber wie vielerlei Menschen sind in derselben zusammenge-reiht, vom weiland westphälischen Kreise des deutschen Reichs die aus Kleve, Berg und Jülich, aus Meurs und Geldern, die von Essen, Werden, Malmedy, Stablo und Kornelismünster, von Wied, Sayn-Altenkirchen, Virnenburg, Blankenhain und Geroldstein u. s. w., die aus den Reichsstädten Köln und Aachen, dann vom weiland kurrheini-schen Kreis, die aus den Erzstiftern Mainz, Trier und Köln, aus einem Stück der Kurpfalz, aus Arensberg, Rheineck und Niederisenburg, end-lich vom oberrheinischen Kreis die aus Simmern, einem Theil von Vel-

bens, Sponheim, der niedern Graffchaft Katzenellenbogen, Solms und
Saarbrück und aus dem Lande der Wild- und Rheingrafen, dann Wetzlar, u. f. b. a., endlich vom weiland burgundifchen Kreis die aus dem
Luxemburgifchen und Limburgifchen, und außerdem aus allerlei unmit-
telbaren Reichsgraffchaften und Reichsritterfchaften, fowie aus Lothringen. Ein Gefammtbild zu geben ift fchwer, all die Befonderheiten im
Einzelnen zu fchildern unmöglich, weil die engen Gränzen diefes Buchs
deffen Schreiber (wie außerdem oft genug) hindern, nach feiner weitaus-
greifenden Abficht und voller Luft fich auszubreiten; er hat überhaupt
nur ins Engfte zufammenzuziehen, was er zufammen ftellen will, und,
was er gefunden, dem das Einheitsgepräge aufzubrücken, daß es zufammen gehört, daß es beifammen bleiben folle im Geift und in der
Wahrheit, im Licht und im Recht. Der Rhein übt über alle die Menfchen, die ihm nah oder doch in feinem Stromgebiet wohnen, feinen
mächtigen Zauber; wie verfchiedenartig die Arbeit fein möge und diefe
ihren Einfluß auf den Menfchen geltend mache (Landbau, zumal Weinbau und Fabrikarbeit), wie entfchieden der religiöfe Grundzug in allen
(gleichviel ob der römifch-katholifchen oder evangelifchen Konfeffion), —
die immerdar frifche Lebensfreudigkeit, die ift das Palladium, das fie
vom alten Rebenvater Rhein haben, ein vollblutig, feuriges Gefchlecht
mit vorherrfchender Nerventhätigkeit, jedes Auffchwungs fähig, von
Lieb' und Haß fchnell hingeriffen, mit trefflichen Geiftesanlagen, ob
diefe auch in manchen Landftrichen unter langjähriger geiftlicher Herr-
fchaft und Erziehung in ihrer Entwickelung zurück gehalten worden und
werden, mit pfeilgefchwindem und pfeilfcharfem Witz, mit ehrenhaftem
Eifer für Behauptung provinzieller Selbftftändigkeit, der theuren rheinifchen Rechtsinftitutionen und gefetzlicher Freiheit überhaupt, voll kunft-
fchöpferifcher Kraft (die Dome und Bilder bezeugen es), fangluftig und
fagenreich, gaftfrei und gefellig. Wollt ihr erfahren, was deutfcher
Bürgerfinn und deutfche Bürgerkraft vermag, — fo fchlagt die Gefchichts-
bücher der rheinifchen Städte auf und lefet vom rheinifchen Städtebund,
von den Thaten und Gefchicken der Overftolzen und Weifen; und wie
von jeher die Bedeutung des Rheinlands im Städtewefen und Bürger-
thum am fchönften und kräftigften fich kund gegeben, fo auch in neuefter
Zeit wieder, wo ein edles Selbftgefühl alle Herzen in den rheinifchen
Städten zu höhern Schlägen hebt, und der Rheinländer wird und muß

noch aus seiner heiteren sonnigen Stromgasse (Kaiser Maximilian I. hat
sie freilich ganz anders genannt) und aus allen zu ihr führenden Neben-
gassen als Fürderst und Vorfechter hervorschreiten wie Siegfried der
Drachentödter; es muß eine Schaar sein, drin jeder ein zweiter Schmied
von Solingen, der von Haus und Hof fortläuft, um die Schlachten
des Geistes zu schlagen und das bedrängte Wort zu retten. O käm' jener
Wecker von Ufnau wieder auf seine Ebernburg und riefe sein Tagwächter-
lied und sein „Ich hab's gewagt" weithin, daß es über den Hunsrück hinüber bis nach Trier und den Rhein hinab bis nach Köln und über die
Eifel bis nach Aachen erschölle, und all das herrliche Volk sich wie ein
Mann erhöbe im festen Willen:

> „Die Lügen wölln wir tilgen ab,
> Auf dass ein Licht die Wahrheit hab!"

Als Proben der Mundarten Folgendes. Zunächst der Koblen-
zer, die Legende: Die Miserawelcher.

Als noch Christus met seine Jinger of der Welt erem es gezoge,
om alle Leit seine neie Glauwe ze predige on beizebrenge, koomen se och
onner annere of de Muffel. Ohwer die huhe Berg do, on die Sonn,
die dozemol esu heiß geschinne hat, moochten en gar net gefalle; dann
kaum hann se paar Schritt gange, hann se gleich geschwezt wie die Bäre.
Wie se nau esu eines daags puddelpletschnaß vur Schweiß getrebst hann,
on sech onner en Baum gelegt hatte, om sech e besje auszerohe on ab-
zekehle, leeß Christus de Petrus komme, on soot zo em: „Hier emol,
Pitter, de kanns doch esu got laufe, — lauf emol geschwind henne en
dat Dorf enen, on holl mer e Scheppche Wein, ech kann vur Duurscht
bahl net mieh aushalle!" (Ob änem och Geld derfur hat metgewe, davon weis mer nicks.) Petrus leeß sech dat net zweimol soon, on mooch
sech, weil ä sellewer och Duurscht hat gehat, gleich of die Labbe on leef
immer Kopp on Hals spurestreichs en et Dorf enen.

Eh ä ohwer an seine Här hat gedacht, hat ä irscht sellewer en
Schoppe gekracht, on soff en allmieëlech gruße holzene Becher an einem
Zuch ratsch aus. Nau leeß ä sech ohwer och fur seine Här dä Becher
geschwiwwelte voll enschenke, esu voll, dat dä Wein emmer, wann ä
gange es, erausgeschlappt es.

„Waart," daacht Petrus, „dem Schlappe sall ech schunn abhelfe!"
on tronk esu ganz behaglich närt dä hallewe Becher aus. Dat nau

Chriſtus nicks dervon merke ſollt, helt ä geſchwind ſei Mäß aus em
Sack eraus, on ſchneidt dä Becher, ſu weit als ä leer wor, ronden
erem ab. Wie ä nau widder gange es, feeng och dä Wein widder ze
ſchlappern an. Et Pitterche woßt ohwer dem Geſchlapperſch geſchwind e
Enn ze mache: ä trenk widder ab, on ſchnitt och widder ab. Eſu koom
ä nau zo ſeinem Här, on ſoot: „Dau mooß nohre net maine, dat ech
dir hei e Schnäpsje brenge, die Scheppcher ſein hei ze Lann net grießer.
Et ſcheint mer ohwer, dat dat Säftche do net inwel es, on inwer dat
Winnige do looß der nohre kai grau Hoor drinwer waxe; dau kanns jo
leicht aus dem Winnige Vill mache.“ Du ſoot ohwer Chriſtus zo im:
„Mei lewer Pitter, dau bes net eſu do! dau bes net eſu domm, wieſte
ausſehs! dau haß et fauſtedeck henner de Uhre! Gell, dau wollſt de
Sichere ſpille, falls et hei nicks mieh ze trenke gäf? Inwerigens weere
ech dir heit et Maul ſchunn ſauwer halle, wann mir ons heit Owend
em Wierthshaus de Gote andohn. Dat ſoon ech Dir ohwer, wann Dau
mir noch emol en Schoppe ze brenge haß, dann breng mir en ordent=
leche, on net eſu en miſerawele.“

Heit ze Daag heiße of der ganze Muſſel, von onne bes owe, dem
St. Pitter ze Ehre, die kleine Scheppcher all noch „Miſerawelcher.“

Wandern wir weiter rheinabwärts, und belauſchen wir die Bon=
ner Mundart in den dort volksthümlichen Varianten des bekannten
Hexenſchwanks vom „Überallaus und Nirgendan:“ „Drückche (Gertraud=
chen) lurt om Schlöffelsloch on ſog, dat ſaig Möhn (Muhme) än Döppche
en dä Hand hatt on ſich domet ſchmäre däht. „Tütte ma Tüt,“ ſäät ſe,
„zum Schorreſteen herüt, üvver all Hecken on Strüch“, on flutſch! do
wor ſe am Kamin erus. Jetz fäng dat Drückche an, de Köchedür opzo=
ſprenge, nimmt dat Döppche, ſchmärt ſich och domet, on ſät de näme=
liche Wort, ävver onrääch, „Dorch“ aplaz (anſtatt) „üvver all Hecken
on Strüch!“ on rutſch! do wor et och am Kamin erus. Well et ävver
„dorch“ aplaz „üvver“ geſaat hatt, do flog et dorch Böhm, Hecke on
Strüch, dat ſi Geſeech, Händ on Alles ganz zerkraz on geſchind wor.
Endlich kom et op ’ne Berg an, wo de Here danze däte on Muſik maate
met ahl Geeße on Kanne. Op eemol ſät et och ſing Möhn on wurd ge=
wahr, dat ſe en Her wor. — Jetz kömp en Muus, do et dat Vä=
zällche (Erzählung) uus.“

Die kölnische Mundart, welche wir nun belauschen, ist *) eine der sogenannten Übergangsmundarten, welche in der Mitte zwischen den nieder= und oberdeutschen Mundarten stehen. Diese Übergangsmundarten beginnen in den Rheinlanden in der Gegend von Düsseldorf und ziehen sich fort bis in die Gegend von Koblenz. Die kölnische Mundart, welche ihrem inneren Wesen nach mehr auf die Seite der niederdeutschen oder niedersächsischen Mundarten neigt und einen sehr großen Theil der Wörter und Ausdrücke mit der flämischen und holländischen Sprache gemein hat, wird auf eine eigenthümlich weiche, schalkhaft=gemüthliche und etwas gezogene und singende Weise gesprochen, welche den Kölner, auch wenn er Hochdeutsch spricht, überall kenntlich macht. Um die kölnische Mundart einigermaßen richtig zu lesen, bemerke man sich Folgendes:

a a	entspricht dem hochdeutschen Laut in:	Saal, Waare, kahl, Bart, Bratsche.
a h	= = = = =	wahr, Bahn, geschah, Pfad, Braten.
e e	= = = = =	Lehm, Weser, Wesel, Eger, Geestland.
e h	= = = = =	Reb, geht, steht, Ehe, Klee.
i e	= = = = =	Stier, Ziel, mir, Igel, Kiel.
i h	= = = = =	Bier, hier, bieten, Friede, Glied.
ô oder o o	= = = = =	Sohn, hohl, Thor, Woge, geboren.
o	= = = = =	oben, Ofen, Mond, gehoben, empfohlen.
o o	= = = = =	Mohr, schmoren, Zobel, Moorrübe, jodeln.
o h	= = = = =	roth, Noth, Stroh, Roth, oder.
u u	= = = = =	Spur, Schwur, Bude, Ufer, Rudel.
u h	= = = = =	Schnur, gut, Muth, Stuhl, Grube.

*) Nach Firmenich a. a. O.

20*

Der Umlaut von a a ist ä ä.

=　　　=　　　= a h ist ä h.

=　　　=　　　= ô oder o o ist ö ö.

=　　　=　　　= o ist ö.

=　　　=　　　= o o ist ö ö.

=　　　=　　　= o h ist ö h.

=　　　=　　　= u u ist ü ü.

=　　　=　　　= u h ist ü h.

Der kölnische „O“=Laut in: bott, kott, Schottel, Godd (Pa=
thinn), Botter, och (auch), Gold, Schold, holle, Kolle, Kommer
u. s. w. u. s. w. hat keinen entsprechenden Laut in der hochdeutschen
Sprache. Um dem Laut nahe zu kommen, spreche man den „O“=Laut
in dem hochdeutschen Worte „roth“ so kurz und geschärft als möglich aus.
Die kölnische Mundart hat die Eigenthümlichkeit, daß die Wörter nicht
stets denselben Laut beibehalten, sondern ihn bei der Beugung, Abwan=
delung und Verkleinerung häufig verändern. Man sagt z. B. de Ähd,
op der Ääde; bliew zo Huus, ich well em Huhs blihve; fall meer nit
op et Liev, doo sallß meer vum Lihv blihve; Wöt, Wötche, Muus,
Mühsche; dat eß en schön Blohm, dat sin schön Bloome; blös meer
op et Häuv, doo kannß meer op et Häuv blose; dat eß e kott Wiev,
met dem Wihv kammer nit en Fridde levve; 'ne Kääl, zwei Kähls;
loor ens, ich well ens lohre; eer Hätz, en ehrem Hätze u. s. w. u. s. w.
„Ei“ wird in den meisten Fällen nicht wie im Hochdeutschen, sondern
mit mehr geschlossenem Munde ausgesprochen, so daß der eigentliche
„E“=Laut mehr gehört wird. Das „e“ in den Wörtern: eß, beß, Keß,
Meß, met, Desch, Fesch, Schmeck (Peitsche), Werk, Ferke, Levve,
gevve, nemme, spetz, Hetz u. s. w. u. s. w., für welches die hoch=
deutsche Sprache keinen entsprechenden Laut hat, muß möglichst kurz
hervorgestoßen werden. „G“ wird fast durchgängig wie „i“ ausgesprochen.
Das „n“ in der Endsylbe „en“ wird vom Kölner nicht ausgesprochen,
ausgenommen wenn das unmittelbar darauf folgende Wort mit einem
Selbstlauter oder mit den Mitlautern: b, d, h, t (vor letzterem Mit=
lauter nicht immer) beginnt. Indessen wird das „n“ zuweilen auch vor
anderen Mitlautern ausgesprochen, worüber sich jedoch keine Regel fest=
stellen läßt, da dies mehr im Gefühl des Kölners liegt und von der Be=
tonung und Stellung des Wortes abhängt. Endsylben, welche mit „e“

schließen, wird sogar, wenn das unmittelbar darauf folgende Wort mit einem Selbstlauter oder einem der genannten Mitlauter beginnt, des Wohllauts wegen ein „n" angehängt, z. B. dat halden ich nit uus; ich sagen deer; ich kummen bahl widder; ich schrihven hück 'nen Brehf, u. s. w. In den folgenden Proben ist das „n", wo es nicht ausgesprochen wird, überall weggelassen worden. „ss" für „ff" deutet an, daß die Aus=sprache in solchen Wörtern weit gelinder als im Hochdeutschen ist. Durch ein ' an „ck" wird angedeutet, daß das „ck" bedeutend gelinder als im Hochdeutschen ausgesprochen werden muß, z. B. Zick'e, strick'e (streiten), sick'e (seiden), lück'e (läuten), lick'e (leiden), Krück'er (Kräuter) u. s. w. Das „e" in „der, dem, den" wird nur wenig gehört. Das „'ne", z. B. 'ne Schlössel, halte man nicht für den weiblichen unbestimmten Artikel, es ist der männliche. Vor Selbstlautern und den oben genannten Mit=lautern sagt man „nen", weil das „n" am Schlusse dann nicht wegfallen darf. Als Probe zunächst der nachfolgende Abendsegen für die Kinder beim Schlafengehen; (ich werde später dasselbe Liedchen in der Trierer und in der Osnabrücker Variante mittheilen):

„Ovends, wann ich schloofen gohn,
Vezehn Engelcher met mer gohn,
Zwei zo mingger Rechten,
Zwei zo mingger Linken,
Zwei zo minggem Häuften,
Zwei zo minggen Föhsen,
Zwei, de mich decken,
Zwei, de mich wecken,
Zwei, de mich wiesen
En ed himmlische Paradieschen."

Als fernere Probe der Kölner Mundart stehe hier das folgende Ge=dicht *):

„Et Kluhster."

„Nom ahle Köll'n aam lehve Rhing
Drängk sunder Rass mien Hätz,
Mie Lottchen, och! dat wood beging,
Dat määt meer dehfe Schmätz.

*) Firmenich a. a. O.

Ich nom getruhss dä Pilgerstaav,
    Zo finge Rass und Rau,
Un seente mich nom hel'ge Graav,
    We'n Blohm nom Ovendsdau.

We en der Looch de Schwalvter do
    Nom wörme Fröhling trick,
Su trock och ich dem Fridde no
    Durch Flohre fähn und wick.

Doch nirgens fung ich Rass ov Rau,
    ⹀ Dröm drängk et mich zoröck
No Köllen's lehver Flohr un Au,
    Dem Graav vun mingem Glöck.

Do lääv mie Lottche, Lehvche söhss,
    Do strolt eer Aug su häll!
Göt, Vüggelcher, un singk ming Gröhss
    Vör ehrer Kluhsterzäll!

Peckt Höösch ehr op de Finster flöck
    Un quiddelt ehr en't Ohr:
Der ärme Reinnold köm zerröck,
    Et Hätz voll Ping und Troor.

Ich hätt' noch luuter se su gähn,
    Mie Levve leever mit,
Un dat, sick ich vum Lottche fähn,
    Meer nicks aom Levve litt.

Mien Hätz dat stünd en einer Gloth,
    Un schmaachte, se zo sinn,
Et drevv, su we em Sturm de Floht,
    Nom Lottche noor mich hin! —

O sill'ge Zick'en, als se meer
    Et eez söhss Bützche gov,
Un sä'äd: ,,Mien Hätz et schleit noor deer!''
    Dat we' een Bletz mich trof.

Op eimol kütt ehr't en dä Seen,
    Se geit un weed Beging,
Un tritt on't Oosch'le-Kluhster en
    Zo minger Quol un Ping.

Woröm, dat hehl geheim se meer,
Wär weiss, wat Messgescheck!
Noor socch ich durch dä Schleier ehr
De Throne klor em Bleck. — —

Süch, süch! dä Dom en ruhs'ger Gloht!
Süch, Kölle, Köllen do!
Et zück we Föör meer durch et Bloht,
Dem Lottchen ben ich no!

Vun Lehv beflöögelt well ich gonn,
Zer Rau geit ald der Daach,
Un vör dem Kluhster widder stann
Un rohfe: „güdde Naach!"

Su ging ich domals wahl e Jor
En Weeder, Schnei un Rähn;
Hück sage meer de Stähne klor:
Ding Rau ess nit mih fähn."

Vum Kluhster sching e schemmernd Leech,
Et wor op Lottchens Zäll,
Hä soch eer söhss, eer lehv Geseech,
Un Threnen drop su häll!

Do wood imm och! et Hätz su schwaach,
Un bevven däht der Fohs,
Hä reef: „Lehv Lottche, güdde Naach!
Dat ess der lätzte Grohss!"

„Em Himmel!" lallde noch sing Zung.
Dann storv hä do aam Oot,
Un „Lottche" wor vum treue Mung
Et lätzte, lätzte Wot.

Doo ginkss he, Reinold, wahl e Jor
En Wedder, Schnei un Rähn;
Hück sääten deer de Stähne klor
Ding Rau ess nit nich fähn.

Noo hät en Rau, dien ärm, ärm Hätz,
Do liss doo blass om Staav!
Verbei, verbei ess dinge Schmätz!
Noo schlöf dann söhss em Graav! —

Fröh bei dem eezte Sonnestrol,
  Do fung mer he sing Lich,
Un trohr'gen Hätzens drohg'ne Krol
  Zur Kluhsterpôz se glich.

Hä lück. Un wär maat op de Döör?
  Wär' maat se op su flöck?
Schön Lottche wor't, sei kom härr vöör
  Un — schudderte zoröck.

,,Och, Reinold, minge Reinold lehv!
  Jìtz mohss ich 't sagen doch:
Ich han dich all de Jor gelehv
  Un lehven dich och noch!

Un mohss no jorelangem Schmätz
  Ich su dich widder sinn?"
Su kresch se, nu et broch eer Hätz,
  Un sei fehl duht dohin.

Se schlofe söhss en einem Graav
  Jitz Ärm en Ärm bei' nein,
Non Schleier un 'ne Pilgerstaav
  De liggen op dem Stein.

Weiter rheinabwärts in der Gegend von Xanten
tönt die Mundart, wie in folgenden Schelmlied:

,,Die bedrövde Weddefrau."

,,Köster, mime Mann es doot,
  Lirum larum leier,
Darover is mime Reu so groot,
  Lirum larum leier.
Lirum larum, lach, ha! ha!
Lirum larum, valladera!
Lirum larum leier.

Nua sett eck mei well op sin Graf,
  Lirum larum leier,
Oa gohn der en söven Johr nit af,
  Lirum larum leier.
Lirum larum, lach, ha! ha!
Lirum larum, valladera!
Lirum larum leier.

Sei saat der koom en hallef Ühr, etc.
Geng sei ald met de Pröster derdür. etc. etc.

Ich laffe nun als Probe der Mundart von Kleve die Geschichte der edlen von Goethe gefeierten Johanna Sebus folgen. Uebrigens wird die Mundart, in welcher diese Geschichte niedergeschrieben worden, auch mit geringen Abweichungen in den nahegelegenen Städten: Goch, Kalkar, Rees, Emmerich, Kranenburg und ihren Umgegenden gespro=chen. In Emmerich ist schon mehr Holländisches der Mundart beigemischt, ferner kommt sowohl dort als in Rees statt des a häufig das breite o vor, indessen sind die Abweichungen so gering, daß dadurch das gegenseitige Verständniß durchaus nicht leidet. Bei Kranenburg verschwimmt die klevische Mundart in's Holländische und in der Gegend von Kevelaer in die gelderfche Volkssprache. In den zwi=schenliegenden Orten ist die klevische Mundart allgemein, mit Ausnahme von Pfalzdorf auf der gocher Heide. In diesem Dorfe nämlich, wo sich auf Veranlassung Friedrichs des Zweiten vor einigen 80 Jahren aus=wanderungsluftige Pfälzer anstedelten, wird Oberdeutsch gesprochen. Dieselbe oberdeutsche Mundart herrscht in der von dem fast ganz unver=mischten Pfalzdorf ausgegangenen, etwas füdöstlicher gelegenen Kolonie Luisendorf.

„Johanne Sebus.

In't jor neege stond et iß geweldig hoog têgen den dick bei Brienen aan de Rhinn, en't was dropp of draan, of't wor derböör gegon; marr de bure ßmeete noch en ftöck of wat fteen dertêgen, en du ging et weer. Evvel's nachs ging't iß an't drieve, en een ftöck dick no't andre ging fleute, dor was gen halden aan. De hüüs wirden ömgeßmeete, de win=terfot dreef op't water, en menffen en beefte verdronken der enen heelen hoop.

En paar plecksfes land waffe noch marr frei van't water. Achter 't eene was et water ondiep, en wie bis dor gekomme wor, was fo guud as geredd. Op't andre ftond en höttje, dor wonden en jonge freffe deern, Johanne Sebus, mit ör alde ßwaffe mooder. Endlick kom't water ook op ör klein Höttjen op aan„ en de alde Frau begonn alt te kermen en te ftööne, dat fei foll verdrinke motte. Marr Hannefe was en fterfe deern, en fo guud vöör ör Mooder, dat fei liever mit ör mooder ver=

brinke woll, as sich alleen rebbe. „Komm marr op minne röck, mooder,‘‘ sêi sei, „ick sell der ou well böör hakkepille.‘‘ En se brug be mooder werrechtig ook glöffig bis op dat anbre pleckske. „Och, Hanneke,‘‘ sêt be mooder, „lopt der noch es êvkes böör en krigt minn bêibuuk, want gei witt well, bat ick stêrve mott, as ick bat niet häbb.‘‘ Hanneke kom ook noch glöffig no öör höttje, marr knapp habb sei’t buuk gekreege, bu wirb et water so groot, bat sei ber ni’ meer böör koß, — sei moß verbrinke. En bat guje mäbje, bat öör mooder noch gerebb habb, verbrank ook; et water steeg öör in tit van ’nen oogenblick over’t bêibuuk, bat se in be gefalbe Hänb hiel, over be bêjenbe lippe en be witte wange en be blaue ooge, bie no ben himmel keeke, — bis ber van Hanneke gen hör meer te sien woß.

De groote keyser Napoleon häbb öör en monument van steen sette lote op ben pleck, wor sei verbronken is. Bööm en blumme sinn ber ronbheröm gepott, en eenige trêi van bor häbb hei en klein hüüske vöör öör brüür baue lote, ben in’t jor neege onber be ßalbote was en nou mit sinn Frau en kind bor wont.

Dor is gen kind in’t klefße lanb, bat Johanne Sebus en öören boob niet kennt.‘‘

Als Probe ber Aachner Mundart *) folgende Sprichwörter: „Wie ber Duifel is, so traktirt he sing Gaßt“; — „du bliefft mie Herzensblatt, wann ich bich sieh’n, bann bin ich bich satt“ — „wann be Auen fangen an ze grauen, fangen sei auch an ze krauen“; — „et git merr eng bös Frau op ber Welt, mer, en jebber gleuft heh hai se“; „wälsch blot beiht gingen bütschen Got“; — „je noher bei Rom, je büser Krist,“ unb um zu guter Letzt auf mich selber zu kommen: „wo et Haz van voll is, boh läuft ber Monkd van öffer“.

Das folgende herzige Aachner Liebchen (bei Firmenich a. a. O.) gründet sich mit ben kindlichen Glauben an das Mariabilbchen in ber Kappelle auf ber Roßstraße, wohin bie zarte Jugend wallfahrtet, wenn eins ber Geschwister ober ein Kind des Nachbars sterbend krank darnieder= liegt, unb brei Kerzen zum Opfer bringt, welche sogleich in ber Kapelle angezündet werben; das kranke Kind werde (so glaubt man) genesen,

---

*) Über bieselbe ein Aufsatz von Wilhem Weiz in „Aachens Lieberkranz unb Sagenwelt“ von A. Reumont (Aachen 1829).

wenn die Kerzen mit heller Flamme brennen, dagegen werde dasselbe sterben, wenn sie einen matten Schein verbreiten oder gar eine der Kerzen erlischt. Das auf diesen Glauben begründete Liedchen lautet:

De' Modder kriescht, der Vadder süht (seufzt)
    Et Kengche (Kindchen) es bau doud (bald todt)
Wenn doch wärr (nur) ömme (jemand) helepe küht
    En die allevige Nouth!
De Brürcher kreschen auch att met,
    Ge Mensch en hau mieh Moth.
Et Fingche (Josephinchen) ganz alleng kresch net,
    En saht: et wed (wird) wier (wieder) got.
Dröm sed märr stell en kriescht märr net,
    Ons Klösche (Unser Nikläschen) wed wier wag,
Maria, die hömm (ihn) schloffe let (lässt)
    Hölpt höm noch desen Dag
Wie hüh (heute) de Schul get (etwas) fröch wor us,
    Nohm ich mich en der Sen,
Ze goh, noch ih ich kühm no Hus,
    Noh Märiebeldche hen.
Ich bened (betete) mich der ganze Weg,
    Drei Keetzcher (Kerzchen) aufret (opferte) ich,
En wie ich die ansteiche deg (anzünden that)
    Du freuet Fingche sich.
Die Keetzcher gove klorer Lett (Licht)
    Äls wie der hellen Dag,
Dröm sed märr stell en kriescht märr net,
    Ons Klösche wed wier wag.‘‘

Als Probe der Elberfelder Mundart folgender Schwank; „A Pastor genk över ä Feild, wo en Bur am bouen wor. Her Pastor, rep de Bur, wat hev i am Sondag vör en gode Predigt gehaulen? Wovon hev eck dann gepredigt? seit de Pastor. — Ja, He Pastor, wenn eck dat wößten, so möt eck hie de Plog nit haulen.‘‘

Als Probe der Mundart auf dem Hundsrück stehe hier die Antwort des armen Menrad, zugleich die Sinnesart des Volkes bezeichnend. Der aarem Menrad hot die Gäse (Geisen) gehut. Awer er hot so wenig Lohn krieht, dar 'r sich nit emol Schuh kafe kunent. Do hon em die Fieß aarig gefror, dann et war schunn spät im Heerebst, un det Weerer war raulich, et war naß un kalt. Do kam e Mann aus de Hecke, der war schun e paar Mol im Schlundes, wel er gestuhl hat. Der saht:

Mei Haudwerk brengt meh in, as deinet. Wenn de mit meer gehst, un meer helefst, dann loose eich deer naue Schuh mache, un dann brauchste ach nit meh bäärwes se gehn." Awer der Bub saht: „Nä, eich will liewer bäärwes gehn un ehrlich bleiwe, as dar ich reich sull wäre dorich Stehle un Betrihe. Wäßt de nit, dat Gott Alles sieht un Alles an't Dagesliecht brengt? Dau bist doch schunn gewahr wor, dat Gott det bes bestroft. Eich will liewer mei Fieß mit Dreck beschmeere, as mei Hänn mit schleegte Date." (Firmenich.)

Wandern wir über den Hundsrück nach dem Moselthale hinab, so tönt uns die trier'sche Mundart im „Lied vom Viez" (Viez = Apfelwein), gedichtet von Ph. Laven in Trier entgegen. Es lautet:

Dä Viez dat ess ä liewen Trank,
Hän ess mer liewer als dä Wein ;
Wen'n emmer drenkt, dä gevt net krank,
Dä werrd och emmer monter sein.

Dä Viez, eich soon et noch ämool,
Hän ess mer liewer als dä Wein ;
Et zahlt mer Kanen dä Fuderzohl,
Die eweil schoons von'm gedronken sein.

Dä Wein dä kricht Aan'm bei dem Kopp,
Mer ess sugleich besoff dervon,
Mer gevt det Geld loss em Galopp,
Der Deiwel kennt genug es honn.

Dä Schnapps och ka'm'r gestohlen genn,
Hä brennt dä Sielsaak Aanem oof ;
Ka' Klas Beer kömt mer en dä Häfln :
Mer gevt su domm drof, wie ä Schoof.

Beim Viez do ess et net eschu,
Mer drenkt ä ganzen Aamer aus,
Mer lermt on raacht sein Peif derzu,
On giht doch noch ganz gut of Haus.

För achtzehn Pennink kaaft mer sich
Dä Mooss vom allerbesten Viez ;
Hä schlerbst erren su süsserlich,
Wen dat net waass, dat ess ä Biez.

Wie schmeckt hän bei dem Schwainespeck,
Bei Flaasch, bei Kaapes on bei Fesch!
Mer kömmt on kömmt net von dem Fleck,
Hott mer dä lieven Viez of'm Desch.

Mein Fraa hott selber ger den Trank,
Se giht recht oft met ihrem Maan,
Se poortzt dann met mer of der Bank,
On mich dann Awelcher su klaan.

On gihtse Ohwens haam essu,
Su packtse meich alt om den Hals,
On ess su kickelich on su fruh,
On eich, eich sein et ewenfalls,

Wenn ebbes giend dä Viez hott, komm,
Eich schloon hän kreppelig on lahm,
Folgt mer on haavt dä Weinberg om,
On planzt mer lauter Aeppelbaam!

Das oben angeführte Kindergebetchen lautet in der trier'schen Va=
riante also:

Ohwens, wemmer schloofen giehn
Verrzehn Engele met mer gieh'n:
Zwai zu Kopp,
Zwai zu Füss,
Zwai zu rechter Seit,
Zwai zu lenker Seit,
Zwai sollen mich decken:
Zwai sollen mich wecken.
Zwai sollen mich weissen
Zu dän himmlischen Paradeissen. Amen."

Ich füge noch einige Trier'sche Taufnamen an: Grieth, Gritti,
(Gretchen) Ammi, Ammey (Anna=Marie), Leiß (Liese) Kätterein, Kätt
(Käthchen), Marei (Marie), Bäb (Barbara), Pitter, Pitt (Peter),
Juppi (Josephchen), Rickes (Heinrich), Pabbi (Jean Battiste), Stein=
chen (Christine), Bertes (Hubert), Naz (Ignaz), Neschen (Agnes),
Grates, Gerend (Gerhard), Thores (Theodor), Theiß (Mathias), Iv
(Eva), Ranert (Reinhardt), Berend (Bernhard) u. s. w. Viel Altes
zeigt sich in trierschen Idiotismen: so z. B. bestaten (verehelichen) be=
weippen (beim Aus= und Einladen der Schiffe mittelst des Krahnens)
Brautlaufte (Versammlung der Verwandten und Freunde beim Hoch=

zeitsmahl), dick (oft), Driesch (noch nicht angebautes Land), Einicht (Zusammenkunft einer Gemeinde zur Vornahme einer Gemeindearbeit), entkleiden (beim Verkauf eines Liegestücks sein Recht abgeben), Erkobern, um Friede=lebens=willen, Gademen (kleine Kramladen, gewöhnlich an größeren Gebäuden z. B. Kirchen angebaut) gedicht (ganz, durchaus) Hotte (das österreichische „Butte") u. s. w. Wab (alte Frau), Ihmche (Vetter, Ohm); übrigens ist in die trier'sche Mundart auch viel Französisches übergegangen und verlandüblicht worden. Holländische Mundart greift auch hier an den Gränzen herüber, wie in Westphalen, desgleichen luremburgische.

Zum Schluß der Moselmundarten stehe noch eine Probe der von Grevenmachern (Moselaufwärts vor Trier, in der Volkssage) vom „Longfaulemännchen": *)

„'T wòr emòl e Berger voun' hei, dëen hout Nouts hemlech ob dem Fèld debaußen 't Marken an de Steckern gercckt, fir sein Stecker ze vergreffern. Mei goute Mann kemmt zum Stèrven. Weil en awer sou vil gestoul hat, kemmt en ob b'r Longkaul zereck als e klen Männchen, an en hout e bleien Mantel un. Dò jeitz'n Nouts: „Wour, wour soll ech bëe Markfèten?" An dann bèt e Krèesch, dat èt em dorch Leif a Sëel brengt. Gèt nou emmesch dò erlangst, butschdeg! hängt mei Männchen sech em ob de Reck, an mer muß en dròn bèß ob de Kreitzerbèrg. Soubal as mer awer 't Kabell errecht hout, dann mecht en sech voum Bockel eröf, an en as verschwommen, weil en net daerf weider matgòhn. Am rösensten specktafelt 'n am Firòwend voun em grosen Fest, sou we't Pengsten, 't Oustern an Krestdag: dann hèert mer'n manchmòl bèß an d'ièwesch Gaas voun Grevemaacher."

Die meiste Eigenthümlichkeit des Volkshumors herrscht in Köln; da ist das Volksleben am allerfrischesten und ungebundensten,

---

*) Diese Sage ist schon sehr alt; sie spielt auf einem eine halbe Stunde oberhalb Grevenmachern am linken Moselufer befindlichen Berge, wo sich eine weite, jedoch, nicht tiefe, mit Getreide bepflanzte Einsenkung zeigt, daneben ein schmaler Felsenriß, wodurch man in eine dunkle Höhle gelangt, in der man aufrecht stehen und sich bewegen kann. Sowohl diese Höhle als jene Vertiefung tragen den Namen: „Unkenfaule," und sind der Hauptschauplatz der vielen Gespenster und Erscheinungen, von denen sich das Volk erzählt; der gewöhnliche Sitz des Unkenfaulen = Männchens ist jene dunkle Höhle von wo aus dasselbe nach dem Volksglauben den nächtlichen Wanderer mit seinem Spuk beunruhigt.

da gibt es sich kund im weltbekannten Karneval (Fastelovend), aber
auch in den Kirmessen, an denen die „heilige Stadt", die nach dem
Handwerksburschenspruch soviel Kirchen hat, als Tag' im Jahre sind,
überreich ist; diese Kirmessen verhehlen ihre Verwandtschaft mit den flamändischen nicht, wo nur vielleicht die Mischung des kirchlichreligiösen
Elements mit dem derbsinnlichen noch auffallender zu Tage kommt als
in Köln. Der moderne Kölner Karneval hat zwar freilich weder den
„Bellenbeck" mehr, der einst im Geleit lustiger Fiedler beim „Mötzenbe-
stoht" durch die Straßen zog, noch die Schwerttänzer; wohl aber eröffnet er dem Witz, der Satyre, der Parodie eine attische Volksbühne, auf
welcher von der öffentlichen Meinung über alle Thorheiten und Ver-
kehrtheiten, die sich innerhalb eines Jahres zum Reigen zusammen gestellt haben, unerbittlich Gericht gehalten wird. Dieser
verjüngte Kölner Karneval hat übrigens gar stattliche Söhne gezeugt,
die nun im ganzen Rheinland das Zauberhorn erschallen lassen. Sonst
ist aber manche alte Sitte in Köln erloschen, wie die Holzfahrt am
Donnerstag in der Pfingstwoche, da die Kölner, zum Andenken an die
Rettung der Stadt durch die List des Bürgers Marsilius und den Muth
der Frauen, mit Sang und Klang auf den grünen Anger vor dem Se-
verinsthor hinauszogen und dort tanzten, desgleichen die Abwaschung
der Frauen im Rhein am Vorabend des Johannisfestes, welche Petrarca,
Gestalt, Gesichtsbildung und Benehmen der Frauen bewundernd, be-
schrieben hat, ferner die alte „Gottestracht" mit dem „Geckenbernchen"
und den „heiligen Knechten" und heiligen „Mädchen" bei den religiösen
Umgängen und dergleichen. Und so ist denn auch manche alte Sitte auch
in Aachen, in Trier, am Rhein überhaupt vor der modernen weltfahre-
rischen Eleganz verschwunden; wer weiß jetzt in St. Goar noch vom
Hänselband, wer von all der tollen Lust und Geckerei der alten Zeit
(den Geckenorden nicht zu vergessen), von all den Sitten und Bräuchen
des alten Bürgerthums, von den Gaffeln in Köln und in Trier, von den
Aufzügen in der letztgenannten Stadt, wenn jedem Amt zwei hohe Stangen mit dran hangenden blechernen Schildern vorangetragen wurden,
drauf man den Amtspatron und das Amtszeichen sah, und worauf dann
die Zunftgenossen in dunkelblauen, die Fischer und Schiffer in schwarzen
Mänteln einherschritten! Das ist alles vorbei. Nicht so ist die Sage
erloschen; die blüht noch in wunderbarer Pracht. Hier auf dem Boden,

auf welchem in der Vorzeit die Geschicke der Völker im ungeheuren un=
abläffigen Drängen und Ringen entschieden worden, sind die Spuren
der Geschichte in den glanzvollen Gestalten der Römerzeit und den kühnen
trutzigen Gestalten der Heldenfage bewahrt, (Siegfried!) und der uralte
germanische Mythos beut seine Riesen und Zwerge, seine Schwanenrit=
ter, seine zauberkräftigen Schmiede. Aus der Blütezeit der Frankenherr=
schaft steht Karls des Großen Bild noch da, in seinem Lieblingssitz zu
Aachen (Faftradens Ring, Karls Heimkehr!), dann das des edlen Ro=
land; welche Fülle von Legenden verschiedenartigster Farbe und Bedeu=
tung im „heiligen" Köln mit St. Maternus, St. Urfula, St. Reinold,
den himmlischen Bundesgenoffen der guten Stadt, u. s. f., mit den hei=
ligen drei Königen (Kaiser, Glaubensblutzeugen, heilige Jungfrauen),
— im uralten Trier, das seinen Ursprung bis zum Sohne des Ninus,
zum fabelhaften König Trebetha aus fernem Osten hinauf leitet, mit fei=
nem Marterfeld, seiner heiligen Helena, seinem heillgen Rock und König
Orendel, seinem St. Goar, seiner Irminia, seinem St. Simeon,
seiner Domfage, — Aachen mit seiner Sage vom Kirchenbau, in Kob=
lenz, — mit seinem heiligen Kaftor und seiner heiligen Ritza, dann die
Genovevenlegende in Pfalzel bei Trier, wie in Simmern und am Laacher
See, die Avemaria=Legende in Altenberg u. s. w. Aus der Blütezeit
des deutschen Bürgerthums leben in Köln noch die Überlieferungen von
der erstandenen Richmod von der Abducht, und vom starken Bürgermeifter
Hermann Gryn; dort waltete Albertus Magnus und wandelte durch ge=
heime Kunft den Winter in Frühling. Wie viel Duft der Romantik webt
um die Burgentrümmer am Rhein und an der Mosel, an der Ahr und
an der Nahe, wie viel Sagenweisen, traurige, schaurige und derb luftige
säufeln über die Wellen, Steinwände und Reben dahin; und all die
wunderbaren Kunden fingt die Lorelei vom hohen Felfen hinab, wo fie
mit goldnem Kamme ihr goldenes Haar strählt. An Volksliedern, geift=
lichen und weltlichen, feinen und derben, an Liebes=, Trink=, Spott=,
Kinderliedern ift das Rheinland überreich. Wie ergreifend sind jene alten
geistlichen Lieder, das: „Es ift ein Schnitter der heißt Tod, hat Ge=
walt vom höchften Gott, stets wetzt er sein Meffer, es schneidt immer
beffer, bald wird er drein schneiden; wir müffens erleiden, hüte dich
schönes Blümelein"; ferner das vom „Meifter der Blumen und von des
Sultans Töchterlein", von der „blinden Ottilie", vom „Tod und dem

Mädchen im Garten", und jenes: „O Ewigkeit, o Ewigkeit, wie lang
bist du, o Ewigkeit, doch eilt zu dir schnell unsre Zeit, gleich wie das
Heerpferd zu dem Streit, nach Haus der Bot', das Schiff zum Gstad,
der schnelle Pfeil vom Bogen ab" u. s. w. Das sind starke Gegensätze:
dieser grüblerische, in die Tiefen der Mystik sich versenkende, asketische
Ernst, und all der sprudelnde Übermuth der strotzenden Lebenskraft,
der den höchsten Wurf auf den Augenblick setzt, wenn der Kölner sein
„Alaaf de kölsche Kirmesee, anstimmt. Das Volkslied lautet also:

Alaaf de kölsche Kirmesse.

Alaaf de kölsche Kirmesse!
    Do geit es löstig zo,
Su'n ess gein Gottsdraag wick und breit,
    Gein Kirmess bei ov no.

De eezten ess de Weierstross,
    Kreschtoffel un Girjuhn,
Dann halden ich em Rippet nit
    'Ne Fuss vun mingem Luhn.

Ich han mich op der Ehrestross
    Em Rohberg mih vermaat,
Do danzte meer de Sibbesprüng,
    Morjäh? dat hat' 'nen Aat!

De Eigelstemer Kirmess ess
    Meer Witthoffs Huus zo äng,
Un wammer en de Zweipann kümp,
    Dann sitz mer em Gedräng.

De prinzepahlste Kirmess ess
    Dann doch noch Zinter Vring,
Doch kritt mer fosche Bretzele
    Un och e goht Glaas Wing.

Der Bahs run alle Gaden ess
    De Krottige Katring,
Doch se verzappe luuter do
    Verdammte sohre Wing.

Un wann de Beyer Kirmess kütt,
    Wat söff mer Appeldrank!
Un wär sich nit voll suffen deit,
    Dä friss sich dann doch krank.

Zo Joren, als ich droppe wor,
   Morkränk, wat ging et doll!
De Glaserhött hatt' Plahz zo klem,
   De andre wore voll.

Doch fählten et Schötzängelehe
   Met singer Viggelien,
Hä satz uns drop, ich kann inn dröm
   Nit lööchten un nit sinn.

Un hätt' ich inn allein gehatt,
   Meer hätten ien zerschwahd,
Dann blevv aan singem krommen Balg
   Kei Knöchelche nich grahd.

Noo maach nit fräch dich, sääd ich dann,
   Doo krommen Urgeless?
Uu wannste uns nit schrumpe wellss,
   Dann schrumpen ich deer de Kess.

Mich packten do der Tünigs Jung,
   De Kääze flochen uus!
Dat schlohg! ich daach, jitz küss doo nit
   Labändig mih no Huus.

Se klatschte mich de Bank erav,
   Ich wood esu verbahs,
Jch krääg en Bühl en minge Kopp,
   We dem Steinemann sing Nahs.

Mie Glöck dat wor e Kleiderschaaf,
   Do fuschden ich mich en,
Un wann ich nit druus fott en quom,
   Ich söss, vergott! noch drenn.

Jenes Gegensätzliche entspricht übrigens ganz der Art und dem We=
sen des Volks; hier der Sinnlichkeit die Zügel freigegeben, daß sie wie
ein feuriges Roß über Stock und Stein dahin sprengt, und dort, gleich
daneben, der Bußgang; in der Wallfahrt oft beides vereinigt, Gläubig=
keit bis zur Eraltation, Knierutschen, Opferung, Verzweiflung — und
dann wieder Leichtsinn, Aufjauchzen, Zechen und Becherklang, Schel=
menstreich. Diese Mischung findet sich hier mehr, dort minder schroff, das
kommt noch vom alten fränkischen Blut; ich sah' zu Aachen im Münster
am Pfingstfest Büßende Viertelstunden lang auf dem Boden ausgestreckt

liegen oder knieen und stehen, die Arme ausgestreckt, mit so grauenvollem Ausdruck der Gesichter, als wär' auf Erden und im Himmel kein Erbarmen für sie, aber gleich drauf die Fiedel und die allertollste Wirthschaft; bei den trierschen Wallfahrten nach St. Mathias bringen sie fast immer einen Sarg mit, weil meistens Einer unterwegs stirbt, und doch geht's eben um die Zeit am allerbuntesten her.

Das Volk in der norddeutschen Staatengruppe.

Motto: Nordlands Deutsche, stolz und stark,
Treu' im Herzen, Ehr' im Mark,
Hoher Sinn und tapfre Hand,
Fester Damm für's Vaterland!

Welcher Gegensatz in den großen, von der Politik zum Ganzen geschlossenen Ländermassen Österreichs und Preußens, diesen imposanten Gebieten, auf welchen Menschen verschiedener Stammeigenheit unter der Einheit der herrschenden Dynastie zusammenbegriffen worden, und dann wieder die große Vielheit der übrigen Staaten, welche zwischen jenen gewaltigen Staatsgebieten und zwischen Holland und Frankreich drinnen stecken, eine Vielheit an Wappen, Farben, Zuständen und Hoffnungen! Aber, so wenig Vielheit mit Zersplitterung gleichbedeutend ist und so wenig Zersplitterung uns Deutschen je förderlich war oder je einem andern als dem Feinde Deutschlands wünschenswerth sein könnte, — die Vielheit ist uns nützlich, nothwendig, ein Erforderniß zur Erhaltung unserer tiefsten Eigenthümlichkeiten, eine Gewähr für die Freiheit; und darum laßt uns diese Vielheit preisen, ohne daß wir je die innere Einheit und Brüderlichkeit aller Deutschen vergessen, die geistige und sittliche Unzertrennlichkeit unseres Volkes und seiner Rechte, die allen Deutschen gemeinsame geschichtliche Bestimmung. Von diesem Gesichtspunkte ausgehend, versuche ich es, die Volksstämme, so wie sie in verschiedene Staaten eingeordnet worden, in ihrem natürlichen Zusammenhange anzuschauen, zuerst die im Norden, dann die in Mitten, endlich die im Süden unseres Vaterlandes und in jeder dieser drei Hauptparthieen das Uebereinstimmende in Abstammung, Mundart, Sitte, Charakter anzudeuten.

Die norddeutsche Staatenparthie umfaßt (in der Richtung von Osten gen Westen der Ueberblick begonnen), Mecklenburg-Strelitz,

Mecklenburg-Schwerin, Lübeck, Holstein, Hamburg, Hannover, Braunschweig, die drei anhaltischen Herzogthümer, Bremen, Oldenburg, Lippe-Detmold, Schaumburg und Waldeck, also ein Königreich, drei Großherzogthümer, fünf Herzogthümer, drei Fürstenthümer, drei freie Städte, auf einem Gesammtraum von 1447/₁₉ Geo. M., wovon 49/₄₉ auf Mecklenburg-Strelitz, 225/₇₇ auf Mecklenburg-Schwerin, 1/₈₃ auf Lübeck, 185/₉₉ auf Holstein Lauenburg, 6/₅₈ auf Hamburg, 694/₆₈ auf Hannover, 69/₂₈ auf Braunschweig, 15/₃₂ auf Anhalt-Dessau, 14/₁₉ auf Anhalt-Bernburg, 12/₀₇ auf Anhalt-Köthen, 4/₅₈ auf Bremen, 116/₅₀ auf Oldenburg, 22/₇₃ auf Lippe-Detmold, 6/₇₂ auf Schaumburg und 21/₅₄ auf Waldeck kommen.

Die Bevölkerung betrug: im Jahre 1840 in Mecklenburg-Schwerin 494,530 Seelen *), in Mecklenburg-Strelitz 93,500, in Lübeck 50,855, in Holstein-Lauenburg 500,435, in Hamburg 158,171, in Hannover 1,739,000**), in Braunschweig (1840) 250,995, in Anhalt-Dessau 61,739, in Anhalt-Bernburg 46,252, in Anhalt-Köthen 41,020, in Bremen 64,581***), in Oldenburg 265,800 †) (d. h. einschließlich des Fürstenthums Birkenfeld; die Bevölkerung des norddeutschen Haupttheils, des Herzogthums Oldenburg und der Herrschaft Jever betrug 1843: 222,956, die des Fürstenthums Lübeck 20,749), in Lippe-Detmold 101,970, in Schaumburg-Lippe 30,000, in Waldeck 57,374; — im Ganzen also: (in runder Zahl) 3,956,000.

In dieser norddeutschen Art ist altfriesisches, altsächsisches Blut, (d. h. niedersächsisches) dann aber auch wendisches, das sich germanisirt hat, letzteres in Mecklenburg, dessen Fürstenstamm noch slavischen Ursprungs (er reicht zurück zu dem 1147 getauften Obotritenfürsten Niklot), im Fürstenthum Lübeck, im Ratzeburgischen, im eigentlichen Holstein (zwischen Stör, oberer Trave und oberer Eider) und in Wagrien, im östlichen Lüneburgischen und in den Anhaltinischen Ländern, friesisches an den oldenburgischen und hannoverschen Küsten der Nordsee und in den Ditmarschen, die in dem Deichland zwischen der

---

*) 1843: 504,146.
**) 1842: 1,755,592.
***) 1872: 72,836.
†) 1843: 275,471.

Elb'= und der Eidermündung sitzen. Über der Eider hinaus sind aber auch noch germanische Menschen und von denen ist's wohl der Mühe werth, zu reden, weil sie aus vollem Herzen Deutsche sein wollen, ob= wohl ihr S ch l e s w i g, war es gleich einst eine Mark des deutschen Rei= ches und ist es gleich mit Holstein verbunden, n i ch t in den Kreis des deutschen Bundes gezogen worden. Und sollte man endlich wohl der H e l g o l ä n d e r vergessen, die erst seit dem Kieler Frieden vom 14. Ja= nuar 1814 den Dreizack der Meerherrscherin Britannia anerkennen müssen?

Der Mecklenburger.

Der M e c k l e n b u r g e r ist ein gesunder, kräftiger, ausdauernder Mensch, treuherzig und gutmüthig, schlicht und derb, langsam in Ent= wickelung und Reife seiner Anlagen, aber um so sicherer und nachhal= tiger, fleißig als Landwirth, daß es eine wahre Lust ist, seine Äcker, seine Schafe, seine Rosse zu seh'n, sittlichem Verderbniß nicht leicht zu= gänglich, seinem Fürstenhause treu zugethan. Seine Mundart wie seine Heimathsliebe drückt folgende Strophe aus:

,,Uns' Meckeleborg dat gehta mit,
Ick wollt süss ook nich löben (glauben);
Nu hew 'k mit mennig suan'n (sauren) Tritt
Müsst Lür (Leute) un Land dürchstöben;
Doa seh'k (sehe ich) denn nu ganz apenboa.
'tis up de Welt nich mia so roa (nicht mehr so schön)
As bi uns Meckelnbörga.''

— Charakteristisch sind unter andern folgende mecklenburgische Sprüchwör= ter*): ,,De Giez helpt wol up, äverst he helpt nich dragen.'' ,,Wer ümmer up sienen Kopp besteit, kümmt an'n Enn up'n Kopp to staan.'' ,,Wer dat letzt uut de Kann drinken will, den fölt de Deckel up de Snuut.'' ,,'tis keen Pott so scheef, door paßt en Stülpen to.'' ,,Fraag mie'n Na= wer Fick, is ebn so'n Schelm as ick'' (eine Redensart, die man gebraucht, um einen von der andern Partei vorgeschlagenen Zeugen als ungültig zurückzuweisen). Von eigenthümlichen Sagen möchte ich die von ,,Pape=

---

*) Firmenich a. a. O. S. 73 und ff.

böne" am Ratzeburger See anführen; der kuriöse Antiquarius Bercken=
meyer erzählt: „in dem Holz bei Ratzeburg ist eine Grube oder Höhle,
welche man Pape=Dön=Höhle nennet, daselbst soll vor Zeiten ein Mör=
der Papedön seine Mordgruben gehabt und sich bettlersweise daselbst auf=
gehalten und viele Leute, so fürüber gereiset, mit List ermordet haben;
der Ermordeten Hirnschalen hat er auf einer Linie nach der Reihe zusam=
mengezogen, darauf mit einem Stocke geschlagen, seine Lust daran ge=
habt, und dazu gesungen: „So dantzet, so dantzet mie levesten Söhne,
dat Dantzen dat macket ju Vattr Papedöne;" anders stellt sich die Sage
in der bei Firmenich mitgetheilten Überlieferung vom „Papendönning"
dar, derzufolge er eines reichen Lübecker Kaufmanns Tochters raubt;
als ihm nun seine Frau ein Kind gebiert und es ihm, in der Hoffnung,
er werde nun freundlicher werden, überreicht, da nimmt er es auf den
rauhen Arm und „danzt mit em ümmer rund 'rüm; nu ging't ümmer
duller; dat Kind füng an to schriegen; door packt he't mit de Fuust an
de Been un sien' Ogen würrn gleuend roth, und he danzt' un brüllt',
un schlenkert dat Kind üm'n Kopp und schlög em de lütten Knaaken an
de Balken entwei", und siebenmal gebiert ihm die Frau einen Knaben
und siebenmal führt er so seinen Tanz, bis die Frau ihn überredet, daß
er sie nach Lübeck zum Besuch ihrer Ältern ziehen lassen, doch mußte sie
ihm schwören, in vier Tagen wieder zu kehren und keinem Menschen ihr
Schicksal zu klagen noch seinen Wohnort zu verrathen. Sie umgeht den
Schwur, indem sie, in Begleitung ihr jungen Schwester auf offenem
Feld wandelnd, einen großen Stein am Weg umklammert und diesem
alles erzählt*); nimmt beim Abschied ausgestreute Erbsen in der Schürze
mit, was die Ältern sogleich verstehen; sie treiben ihr ein Mutterschwein
mit Ferkeln nach, das den Erbsen nachgeht, die sie ausstreut; so wird
Papendönnings Aufenthalt erkundschaftet, der Wütherich gefangen,
nach Lübeck gebracht und gerichtet. Eigenthümlich ist eine Nixensage
vom Eldefluß (zwischen Parchim und dem Dorf Slate); „Gens's Awens
güng de Paster unner de hoogen Erken an de Eld up un Daal spazieren.
De Sünn was all unnergaan un dat füng an düster to wären. Door
reep 't uut 'n Water ganz dump: de Stunn (Stunde) ist door (da),

*) Die listige Art der Umgehung findet sich bekanntlich auch geschichtlich, wie
z. B. eben in Lübeck 1384, wo der holsteinische Knappe sich ein Glas Bier reichen
läßt und dem Glas den Anschlag der Verschwornen entdeckt.

äwerſt de Knaaw (Knabe) noch nich! As de Paſter dit hüürt, kreeg he fort Been un maaft, dat he na'n Dörp keem. As he all an 'n Tuun (Zaun) wier, keem 'n ſmucken Jung anlopen. Wuhen, mien Söön, wuhen ſo ielig? — Na're Elb, ſet dat Kind brieſt, ick will Snicken un Muſcheln ſöcken. — Nich doch, ſet de vorſichtig Mann, hier heſt 'n Schilling, mien Kind, gaa hen un haal mi mien Biewel. De Jung leep hen. As de Paſter bie'n Kroog voräwer güng, keem de Knaaw mit de Biewel all werren torügg un woll nu nä'n Water daal. Nich doch, ſet de Paſter, du büſt döſtig, du haſt ſo lopen, du ſaſt ierſt drinken. Leew Kröger, een Glas Bier för den lütten Jung! — He drünk, un feel boot daal. De Stunn was door, un de Knaaw ook. *)" Von Ratze=burg hat man nicht weit in's Lauenburgiſche, zu der Stadt Mölln, wo der Erzvater derber, alter, deutſcher Neckeluſt, der rechte Patron und Schildhalter des Volksſpaſſes, der Spottvogel Tyll Eulenſpiegel geboren worden und begraben ſteht, (auch darin Eulenſpiegel, daß er nicht liegt); ich erinnere an ihn, deſſen Name nur mit dem ehrfürchtigen Beiſatz „unſer Herr" genannt wird, weil er auf ſeine Weiſe die alte Zeit verſinnbildlicht, da die Volksſtimme frei, ja ſelbſt ungezogen durch's Schallrohr des Spottes ſprach und doch deßwegen kein Haus einfiel, wenn's nur in ſich gut und tüchtig war, geſchweige ein ganzes Staats=gebäude zuſammen ſtürzte, wie heutzutag, wenn ſie noch dazu viel leiſer und manierlich ſpricht, gleich gar Mancher befürchtet, der aber eigent=lich dadurch nur kundgibt, wie innerlich unhaltbar der Bau iſt, den er als unumſtößlich zu preiſen pflegt. Wohl dir, alter Schalksnarr, daß du begraben biſt!

Der Holſteiner.

Doch laben wir uns jetzt an den kräftigen, gedrungenen, geſund=heitſtrotzenden Geſtalten der Holſteiner, denen man's noch heutzutage anſieht, daß der alte Ehrenſpruch von ihnen: „die Holſteiner vertheidigen ihr Recht mit dem Schwert" nicht aus der Luft gegriffen war. Auf die=ſer fruchtbaren ſchleswig=holſteiniſchen Halbinſel haben, ſoweit eine be=

---

*) Firmenich a. a. O. S. 72.

stimmte geschichtliche Kunde zurückreicht, im Süden Sachsen, im Norden Angeln gesessen, deren Namen jetzt noch auf dem Landstrich zwischen der Schlei und dem Flensburger Meerbusen haftet; friesische Bevölkerung mit sächsischer vermischt, gab die freisamen Dithmarschen, heldische Bauern, die bis zum Jahre 1559 auf kleinem Boden die uralte freie Gemeindeverfassung bewahrt und Thaten gethan hatten, so staunenswerth als die Schweizer in der Blüthezeit ihrer Freiheit und Treu; wendische Art in Wagrien wurde von den Tagen Heinrichs des Löwen an germanisirt.

Hier, im Schleswig-Holstein, (bald sind's vier Jahrhunderte, seit es als heiliges Recht der beiden Lande verbrieft worden, daß sie ewig ungetheilt beisammen bleiben sollen) hier hat man in jüngster Zeit noch Volksfeste gesehen, die solchen Namen wirklich rechtfertigen (wo nämlich nicht Wettrennen und Viehausstellungen gehalten, nicht bloß gegessen und getrunken, gelacht und getanzt wurde, sondern wo das Volk im Stolz seines Nationalbewußtseins auftrat und wo es ihm ein Fest war, seine Festigkeit kund zu geben im Beharren am gemeinsamen deutschen Vaterland, im Kampf um die Existenz seiner Nationalität, seiner Sprache, um Behauptung der Preßfreiheit und jedes Rechts, das jedem edlen Volke gebührt. Ein Volk in Ehren, das solchen heiligen Kampf beharrlich durchkämpft, unverzagend vor aller Übermacht! Hier mögen nun einige Proben holsteinischer Mundart stehen. Wenn die Knaben (besonders im Flecken Neumünster) des Sommers von Haus zu Haus gehen, um eine Gabe zu heischen, (das ist das „Omgarn" oder „Ömgarn") trägt einer von ihnen einen todten Fuchs oder eine todte Krähe in einem Korb, und sie singen dazu:

> „Hans Voss heet he,
> Schelmstück weet he,
> De he nich weet, de will he leeren,
> Huus un Hoff will he verteeren
> Brod up de Drag,
> Speck ünnern Wiem,
> Eier in't Nest,
> De mi wat givt, de is de best.
> As ik hier vordüssen weer,
> Do weer hier nix as Loof un Gras,
> Do waan hier keen rieken Mann.
> De uns den büdel füllen kann

Mit en Schilling dree, veer,
Wenn 't ook en halv Rieksdaler weer.
Baven in dat Huus fast
Do hangt de langen Mettwüst,
Gevt uns von de langen
Un laatet de korten man hangen,
Sund se wat kleen,
So gevt uns twee för een,
Sünd se en bete tobrakn,
So könt wi se liekers knakn,
Sünd se wat fett,
Je beter as se smekkt.‘‘

Es ist eigenthümlich, wie sich dieser Bittgang mit Reimspruch und Reim=
sang in deutschen Landen unter verschiedenartigsten örtlichen Beithaten
als Grundzug wiederholt. Was für ein Stolz und Muthwillen klingt
aus dem nachstehenden Bauernlied:

,,Riepen Gassen (reife Gerste) wöl wi meien (mähen),
Stoppeln wöl wie laten staan;
Junge Jumfern wöl wi freen,
Oole Wiever laten gaan.
Ik bün en Keerl un de wat leert hett,
De ook noch wat övern Steert hett,
Nananana, Nanauana,
Sprekt dat Jawoord ookman to.‘‘

An das Alpen=Schnodahüpfl erinnert das holsteinische Bauernneckelied:

,,Heisa up dat eene Been,
Hopsa up dat anner!
Wenn min Fro (Frau) den Abscheed neem,
Kreeg ik wol en anner.‘‘

Gar toll und übermüthig greift die Lebenslust in den Trinkliedern aus,
wie z. B.:

,,Un is de Buur nich en duzziger Schelm!
He will de Dans för'n Sösling hebb'n,
Süh, wo he hinkt, süh, wo he springt,
Kiek, wo de Düvel sin Geld verbringt.‘‘

oder

,,Min Dochter, wenn du freen (freien) wullt,
So nimm di eenen Papen (Pfaffen),
De kann sin Brod mit Snakken (Schwätzen) verdeenen,
So kannst du lange slapen.‘‘ *)

---

*) Holsteinische Lieder und Volksreime (bei Firmenich a. a. O. S. 55 u. 56.)

Ein kräftiges Geschlecht wie das in Holstein, liebt auch erkräftigende Spiele. Eins derselben, das „Klingholz" oder „Klischspiel" besteht darin, daß man einen runden 4—5 Fuß langen, etwa 1½ Zoll im Durchmesser haltenden Stab nach solcher Richtung, daß er mit der Bodenfläche einen Winkel von 50—60 Graden bildet, in die Erde setzt, und auf denselben oben einen sogenannten „Klink" oder eine „Klisch", ein etwa 4 Zoll langes und kleinfingerdickes, rundes Holz legt, welches oben einen Haken hat, mit dem es sich am Rande des Stabes hält; rundherum bilden nun die Spielenden einen Kreis, einer schlägt die Klisch mit einem 2 bis 3½ Fuß langen daumendicken Stab fort, die Andern suchen sie zu fangen oder so nahe als möglich an's Centrum zu bringen und zwar mit bloßer Hand; gelingt das Fangen, so ist jener, der geschlagen, seines Schlagamts verlustig; gelingt das Zurückschlagen, so mißt er vom Mittelpunkt bis zu der Stelle, wo die Klisch liegt, zum Beispiel 1, 2, 3 u. s. w. Ellen, die dann sein Credit machen und von dem beim Anfang für jeden Spieler festgesetzten Debet (zum Beispiel 40 Ellen) abgezogen werden. Wird die Klisch nicht gefangen oder zurückgeschlagen, ehe sie niederfällt, so suchen die Gegner des Ersten sie an das Centrum zu stoßen oder zu schlagen, was er abwehrt; glückt das Eine oder das Andere, so bleibt sie liegen und der Erste mißt von seiner Stelle seine Ellen. Man setzt gern eine gewisse Anzahl von Gängen, z. B. 6—10 fest, wer dann sein Debet bezahlt, erhält den festgesetzten Preis, braucht er aber mehr Gänge, so muß er allen Mitgliedern geben, was verabredet ist. Auch wird es gewöhnlich zum Gesetz gemacht, daß der Schlag mit dem Stab von unten herauf gehen muß, wodurch das Spiel für den Erstschlagenden schwieriger wird. Fängt er die Klisch im Kreise mit der Hand, wenn die Andern sie hereinschlagen, so gibt ihm dieß 8—12 Ellen Kredit; schlägt er dreimal fehl, d. h. bringt er die Klisch nicht aus dem Kreise, so kommt der zweite Mitspielende zum Schlag und so dann ferner. *)

---

*) Rosenthal „Der Deutsche und sein Vaterland." II. 346 ff.

Der Angle.

Die Angeln sind ein bedächtiger, verständiger Menschenschlag, minder offen und derb als die Holsteiner, und dem Nützlichen mehr zugethan als der Freiheit, dabei aber ehrlich und allem Schein, aller Windbeutelei abgeneigt, sie wollen durchaus als Deutsche betrachtet werden und deutsche Sprache behaupten, wie wohl in verschiedenen Landstrichen dänische Aussprache herrschend ist; Kirchen und Schulen sind allerorten deutsch. Als Probe der Mundart (im Kirchspiel Satrup, das ziemlich in der Mitte liegt) folgendes Bruchstück aus einem durch Firmenich mitgetheilten interessanten Aufsatz über die Angeln, dem auch die nachstehenden Angaben über einzelne Bräuche entlehnt worden: „In Angeln is de Öbergang von dat Dütsche in dat Dän'sche. Süden von de Slie (Schlei) spricht keen Minsch Dän'sch un nohren von de Flensburger Wyk spricht man keen Dütsch. In Angeln versteit man beide Spraken un de nohrer Hälfte kann ock beide Spraken spreken, utnahmen en Deel von de junge Lüde. Dagegen sind in de süder Deel man einge ole Lüde, de Dän'sch spreken könen. De Stadt Flensburg ist meistto ganz dütsch, da is man een dän'sche Preester un gar keen dän'sche Schol; de dütsche Städe langen wieder (weiter) hen af nah't Nohren as de dütsche Dörper." Charakteristisch ist die Genauigkeit, womit bei den dreierlei Arten ihrer „Beerschuppen" (Bierschaften, Bierfeste), nämlich „Hochtied" (Hochzeit), „Arfbeer" (Erbschaftsbier, Leichenessen) und „Kinddöp," „Kinnerbeer" (Kindtaufe) auf die Sitzordnung gehalten wird. Da sitzen nämlich die Gäste im „Pesel" (großen Zimmer), wo bloß an drei Seiten Tische und Stühle gestellt sind, während die Seite nach der Wohnstube hin offen bleibt. Der mittelste Platz, gewöhnlich vor der Thüre der Hinterkammer ist der oberste, welchen bei der Hochzeit das Brautpaar mit den Brautführern, beim Arfbeer die nächsten Verwandten des Verstorbenen, bei der Kindtaufe die Gevattern und nächsten Verwandten einnehmen. In zweifelhaften Fällen in Bezug auf die Rangordnung will jeder der Bescheidenste sein, und so gibt's deßhalb oft einen wahren Wetteifer unter den Gästen, dessen Beschwichtigung dem Schulmeister oder Küster, welcher das Geschäft hat, die Gäste zu setzen, und dem Wirth oder Schaffer, welche ihm dabei helfen, keine geringe Mühe macht. Dem obersten Platz gegenüber haben der Geistliche und Küster oder Schulmeister den Ehrensitz,

von denen dem letzteren übrigens auch das Ehrenamt, das Essen auf den
Tisch zu setzen, und dem Ersteren jenes: das oberste Stück Fleisch zu
schneiden, zukommen. Männer und Frauen sitzen gesondert, die ersteren
auf der Fensterseite, die letzteren längs der inneren Wand. Sind mehr
Gäste eingeladen, als im großen Zimmer Platz haben, so vertheilen
sich die übrigen in der Stube oder wohl gar in der Dreschtenne, ja selbst
im Kuhstall. Zwischen den Gerichten, welche meistens aus Suppe, gebratenen Hühnern, Rindfleisch und Reisgrütze mit Zwetschgen, wohl
auch Weinsuppe, Braten und gekochtem Schinken bestehen, rauchen die
Männer Tabak und die Frauen gehen in den Kohlgarten, um sich ein
bischen Bewegung zu machen.

Der Dithmarsche.

Wollt ihr schauen und ermessen, was Volkskraft durch Gemeinsinn und Vaterlandsliebe auszurichten vermögen, dann lest die Chro-
nik des Landes Dithmarschen, in der Mundart des Volks niedergeschrieben von dem Dithmarschen Neocorus (Johann Adolfi), ein
lehrreiches Buch, das Dahlmann herausgegeben hat und das die
deutsche Jugend ebenso gut kennen sollte als die Schriften der Alten über die Freiheitskriege der Griechen gegen die Perser; „ein klein
Land von Größe" (sagt Neocorus); „denn es sind in der Länge von
Brunsbüttel, welches im Süden gelegen, bis gegen Lunden, welches gar
im Norden liegt, sieben Meilen Weges; in die Breite aber von Busum,
welches das westlichste Ort ist, bis gegen Alversdorf, sind vier Meilen
Weges, ist doch durchaus so breit nicht, an etlichen Orten kaum zwei
oder drei Meilen Weges breit. Also, daß sich billig zu verwundern,
wenn wir erwähnen, daß so ein geringer Ort oder klein Land sich eine so
lange Zeit so vieler Könige, Fürsten und Grafen nacheinander erwehren
konnten und in großen Hasse und Widerstande ihre alte Freiheit vertheidigen; darum die Leute, so in der Eroe ruhen und ihre Freiheit damit hineingenommen, billig vor allem zu rühmen sind, die nicht angesehen ihren geringen Haufen und jene große königliche Macht und Pracht,
sondern um die Freiheit leben und sterben wollten." Dies schlanke, starke,
gewandte und wehrhafte, freiheitsstolze und einträchtige Geschlecht, bei

dem auch die Weiber in den Kampf zogen oder, auf die Nachricht vom
Heldentod der Männer und der Söhne dem Herr=Gott im Himmel „für
solche Männer und Söhne danken, die für's Vaterland gestorben" —
dies Geschlecht freier Bauern also hat Jahrhunderte lang die Grundzüge
uralter deutscher Gemeinde=, Wehr= und Gerichtsverfassung, den ur=
alten Grundbegriff der Gesammtbürgschaft bewahrt. Seht hier ein Bild
Altdithmarschens, wie es Dahlmann*) in kräftigen Strichen gezeichnet
und stärkt die Herzen dran in dieser Zeit, die — bei allem Fortschritt —
doch noch immer in Egoismus und Gleichgültigkeit gegen Vaterland und
Recht genug Hemmketten hat, in einer Zeit, da die Jugend dem Vater=
land fern gehalten, die Mitthat des einzelnen Bürgers am allgemeinen
Schicksal unmöglich ist, kurz die frische Unmittelbarkeit der Persönlich=
keit in einer natürlichen Gliederung des Staatslebens abgeht. „Der freie
dithmarsche Bauer war von Kindheit auf seinem Vaterland dienstbar.
In einem Alter von 11 Jahren und 6 Wochen schon sein eigener Vor=
mund, fand den 14jährigen schon der Frühling in der Waffenübung sei=
nes Kirchspiels, damit er um Pfingsten in der Heerschau des Dorfes
nicht bloß seinen Harnisch zeige, sondern auch, was er gelernt, ja, wenn
es galt, jetzt schon ausziehe, um vor dem drohenden Feinde das Land
zu behüten; den 18jährigen aber nahm jede Staatsleistung, insonder=
heit der ganze Umfang der Gerichtspflichten in Anspruch. Ohne eine
obrigkeitliche Person zu sein, sei's des Kirchspiels oder des Landes, ohne
selber einen schlimmen Handel zu haben, mußte er sich jeden Tag einer
Thätigkeit in Gerichtshändeln versehn, die ihn vielleicht in das entfern=
teste Kirchspiel entboten. Denn er, einerlei, ob Sachse, ob Friese oder
Westphale (die Vielken in Henstedt, die Molrinen in Büsen), gehörte
vor allen Dingen seinem Geschlecht an, welches sich, es müßte denn
äußerst schwach sein (und in solchem Falle thät es besser, sich in ein
stärkeres einzukaufen), in mehrere Klüfte theilte, die oft durch viele
Kirchspiele hinaus wohnten. Diese Verbindung, sein Stolz und seine
Schutzwehr, war auch seine Fessel; sie sicherte ihm Leben und Eigen=
thum, brachte sogar Geld ein durch erhobene Mannbußen, aber kostete
auch Geld, wenn für einen Vetter einzustehen war, und wer mit seinem
Beitrage zurückblieb, ward, je nachdem der Fall war, von seinem Ge=

---

*) Neocorus. II. Anhang XIX. S. 245 ff.

ſchlecht oder ſeiner Klufft gepfändet. Darum durfte ſein Blick nicht an
den Engen des Hausweſens und des Einzelerwerbes haften, er mußte
der Sippe, der Klufftwettern, der Geſchlechtsfreunde Wohl und Wehe
in verſchiedenen Kirchſpielen mit berathen und theilen, d. h. vielleicht
von ein paar hundert Familien." — Viel möcht' ich zu dieſer Schilderung noch beifügen und erzählen von der Dithmarſchen Recht und Rechtsgefühl, von ihrer Zucht, Kraft und Luſt. Hat doch der Dammers
Dirk, der 103jährig auf Buſum 1533 geſtorben, ſechszehn Tonnen
Waizen vor ſich auf die Hände nehmen und auf den Boden werfen können, und der Kale Martens Johann zu Trengenwort im Kirchſpiel
Marne einen dicken ſtarken Mann auf die Hand nehmen und von der Erde
auf den Tiſch ſetzen, auch zwei Tonnen hamburgiſchen Biers auf die
beiden Hände nehmen und damit herum ſpringen können! Iſt doch ſelbſt
noch Niebuhrs Vater, Carſten, in ſeinem ſiebenzigſten Jahre an zwei
Kluvſtacken (Springſtöcken, uralt in Dithmarſchen,) über einen zehn
Fuß breiten Graben geſprungen! Und was war das für eine freiſame
Luſt, der altdeutſche Schwerttanz zu Buſum, wie ihn Viethen noch
im Jahre 1747 ſah und alſo beſchrieb:

„Die Tänzer tragen weiße Hemden mit verſchiedenen bunten Bändern allenthalben gezieret und bewunden, und an jedem Beine haben ſie
eine Schelle hangen, welche nach den Bewegungen der Beine einen an-
genehmen Schall von ſich geben. Der Vortänzer und der, ſo in der
Mitten, tragen nur einen Hut, die übrigen tanzen mit entblößtem Haupt,
weil ſie auf die beiden andern ein beſtändig Augenmerk haben und nach
ihren Bewegungen ſich in Allem richten müſſen. Zu Anfangs hält der
Vortänzer oder König, wie ſie ihn nennen, eine kleine Rede an die an-
weſenden Zuſchauer, darin die Vortrefflichkeit und das Alterthum ihrer
Tänze gerühmt und die Zuſchauer gewarnet werden, ſich vor den bloßen
Schwertern in Acht zu nehmen, damit ſie keinen Schaden nehmen mögen.
Hierauf nimmt nun der Schwerttanz, bei Rührung der Trommel ſeinen
Anfang, mit ſolcher Geſchwindigkeit, Genauigkeit und Munterkeit, daß
es zu bewundern. Bald tanzen ſie in der Runde, bald kreuzweis durcheinander, bald ſpringen ſie mit vieler Behutſamkeit über die Schwerter,
bald legen ſie ſolche in einer künſtlichen Stellung, welche einer Roſe
nicht unähnlich, und tanzen um eine ſolche Roſe in einem Kreiſe und
ſpringen darüber, bald halten ſie die Schwerter in die Höhe, daß einem

Jeden eine gevierte Rose über dem Kopfe stehet. Endlich wissen sie ihre Schwerter so künstlich in einander zu fügen und zu verwickeln, daß ihr König oder Vortänzer nicht nur darauf treten, sondern daß sie denselben auch mit einer Behendigkeit in die Höhe heben und halten können, er sodann abermalen eine kleine Danksagungsrede hält, daß man ihrer Lustbarkeit beigewohnt und überdem den Tänzern mit einer billigen Verehrung an die Hand gegangen. Wenn sie nun ihren König wieder herunter an den Erdboden gesetzt, so wird dieses Schauspiel durch ein abermaliges Tanzen, so wie zu Anfangs geschehen, geendigt und beschlossen." Das war ein ganz anderes Ballet als die, welche uns jetzt Tänzer und Tänzerinnen von europäischem und außereuropäischem Ruf aufführen, aber es war auch ein ganz anderes Publikum als das jetzige, das aus seinen Logen lüstern auf die raffinirteste Unnatur guckt; ein muthiges Volk sah freudig dem Spiele des Muths zu. Überhaupt, was unser deutsches Volksthum an wackrer Art und Eigenheit je im Großen besessen, das ist im Kleinen zu allerlängst bei den Dithmarschen bewahrt geblieben. Das gab sich auch in frischer Wechselwirkung von Reigentanz und Volkslied kund, beides durchaus kein Privatvergnügen, sondern öffentliche Volkslust. Wie hier das Volksgefühl betheiligt gewesen, läßt sich aus folgenden Worten des wackren alten Neocorus entnehmen, der da von seinen Landsleuten sagt: „Sie haben sich auch vor allen benachbarten Völkern im Dichten und Singen, darin man wohl guten Mutterwitz leichtlich spüren kann, geübt und hervorgethan, wie dann solches die alten dithmarschen Gesänge bezeugen, die sie von ihren Schlachten, Überwindungen, wunderlichen Geschichten, seltsamen Abenteuern und anderen lustigen Schwänken, auch wohl Buhlschaften und anderen Lastern gewisser Personen mit sonderlicher Lieblichkeit und Meisterschaft gedichtet. Solche aber sind zu dem Ende sonderlich gerichtet, daß sie allenthalben auch in ihren Ehrenfreuden aller Mannheit, Tugend und Ehre so wenig vergessen, daß sie vielmehr dazu ermahnet und gereizet, im Gegentheil aber von Lastern und Sünden abgeschrecket und abgehalten werden. Und ist zu verwundern, daß so ein Volk, so nicht in Schulen erzogen, so viele schöne liebliche Melodien jedem Gesang nach Erforderung der Wort und Geschichte geben können, so daß ein jedes seine rechte Art und ihm gebührende Weise, bald mit ernster Ehrbarkeit, bald freudiger Lustbarkeit hätte." Wie gesagt: Volkslied und Volkstanz (Reigen)

185

standen in Verbindung und Wechselwirkung. Mit welcher Vorliebe ich
auch, wie billig, bei Dithmarschen, dem beharrlich = treusten Wächter
deutschen Volksthums, verweile, muß ich mir doch versagen, alle ab=
weichenden Arten des alten Tanzes ausführlich zu beschreiben. Den
„langen Tanz“, der entweder „Trümmekentanz“ war, so mit Tritten und
Handgeberden sonderlich ausgerichtet ward, oder ein anderer langer
Tanz, der „fast in Sprüngen und Hüpfern ging und dessen Art die aller=
meisten dithmarschen Lieder und Gesänge waren;“ hier denn, wo es et=
was höchst Eigenthümliches, eben nämlich die lebendige Verbindung
von Gesang und Tanz gilt, nehme ich unseren Gewährsmann wieder
beim Wort: „diese langen Tänze“ (sagt er) „werden also geführet: Der
Vorsinger, der wohl allein steht oder auch wohl einen zu sich nimmt,
der den Gesang mit singen kann, daß er ihm erleichtere und helfe, und
hat ein Trinkgeschirr in der Hand, — hebet also den Gesang an. Und
wenn er einen Vers ausgesungen, singet er nicht fürder, sondern der
ganze Haufen, so entweder den Gesang auch weiß oder wohl darauf
merket, wiederholt denselben Vers. Und wenn sie es denn so weit ge=
bracht, wo es der Vorsinger gelassen, hebt er wieder an und singet wie=
der einen Vers. Wenn nun dieser Gestalt ein Vers oder zwei gesungen
und wiederholt sind, springt oder begibt sich einer hervor, so vortanzen
und den Tanz führen will, nimmt seinen Hut an die Hand und tanzet
gemächlich umher, fordert sie dieser Gestalt auf zum Tanze und darauf
fassen sie nach der Reihe an, doch daß oft ehrenhaften Personen die hohe
Hand gegönnt wird. Wie sich nun der Vortänzer richtet nach dem Ge=
sange und Vorsinger, so richten sich die Nachtänzer nach ihrem Führer
und alle Personen solches in so großer Einigkeit, welches Staates und
Standes sie seien, durcheinander, daß ein Vortänzer an die zweihundert
Personen an dem Reigen führen kann, wie denn viele ehrbare Leute von
Lübeck das bezeugen können, als die mit eigenen Augen solches ange=
sehen.“ Als Probe der Tanzlieder (und der Mundart, stehe hier ein lusti=
ges Lügenlied:

> 1) „Ick will jun singen, ick will nich legen,
> Ick sach de braden Höner flegen,
> Se flogen gar sehr und schuelle,
> De Bücke hadden se na dem Hemmel gekert,
> Den Rüggen na der Helle.

Duller, deutsches Volk.   24

2) En Ambolt und ein Mölenstein
   De schwimmeden beide aver den Rein,
   Se schwambden also lise,
   It fratt ein Pogge ein gloiend Plochschaart
   Tho Pingsten up dem Ise.

3) Ist wolden dre Kerls einen Hasen fangen,
   Se quemen up Kröcken und Stölten gegangen,
   De eine de kond nicht hören,
   De ander war blind, de drudde stum,
   De verde konde nichen Voth röhren.

4) Nu will ick jun singen, wo it geschach,
   De Blinde allererst den Hasen sach
   All aver dat Velt herdraven,
   De Stume sprack den Lamen tho,
   De krech en bi den Kragen.

5) It segelden etlige up en Landt,
   Er Segel hadden se in den Windt gespandt,
   Se segelden bi groten Hupen,
   Se segelden up enen hogen Berch,
   Dar mosten se all vorsupen.

6) De Krevet de Dede den Hasen entlupen,
   De Wahrheit kumbt bi groten Hupen,
   Un blift doch nich verschwegen;
   It lach ene Kohnhundt up den Daken,
   Se war henup gestegen.

7) Hirmit wil ick min Leedt beschluten,
   Went schon allen Lüden dede vordredten,
   Und wil uphören tho legen.
   Iu min Landtardt sint so grodt die Flegen
   Alss hir tho Lande de Zegen."

Wenn auch nun viel von uralter Kernsitte in dem treuen Dithmar=schen endlich verklungen und verschollen, so ist doch auch manches geblie=ben. So z. B. von Spielen das Ringrennen, das theils zu Roß gehal=ten, theils (von der Jugend) zu Fuß nachgeahmt wird; da hat man eine hölzerne oder eiserne Scheibe mit 5 Löchern ($\begin{smallmatrix} o & & o \\ & o & \\ o & & o \end{smallmatrix}$) und oben mit zwei Federn, deren Strebkraft von einander abwärts gerichtet ist; zwängt man sie in irgend eine Oeffnung, so kann man sie, weil sie an die Sei=tenwände andrücken, nur mit einiger Gewalt wieder herausziehen. Man dreht nun eine hölzerne Kapsel oder Röhre, zwängt die Feder hinein und hängt jene an einem Strick auf, der zwischen zwei Pfählen befestigt ist; so hängt die Scheibe frei und zum Wegreißen bequem, wenn sie aufge=spießt wird. Die Kampfluftigen versehen sich jeder mit einem kurzen, runden hölzernen Stecher, der ziemlich eben so dick ist als die 5 Löcher weit, und laufen dann so schnell als sie können, um mitten im Lauf nach einem der bestimmten Löcher zu stechen, erst nach dem obersten links, dann nach dem obersten rechts, dann nach dem untersten links und endlich nach dem mittleren, und zwar nach diesem dreimal. Wer in der bestimmten Folge der Löcher und in den wenigsten Läufen seine sechs Stiche zu Stande bringt, jedesmal dabei die Scheibe aus der Kapsel zieht und auf dem Stecher fortnimmt, ist Sieger. Nach dem untersten Loche rechts wird nie gestochen, ja wohl auch mit Strafe verbunden, dadurch die Scheibe herabzubringen *). Das „Iß=boßele" oder „Klootscheten" ist eine im Dithmarschen, wie auch in der Oldenburgischen Marsch übliche Winterlust, wobei sich die Spielenden in zwei Partheien theilen und Mann gegen Mann stellen, um auf einer ebenen Fläche Kugeln von hartem Holz, welche durchlöchert, mit Blei ausgegossen und 6 bis 32 Loth schwer sind, mit den wenigsten Abwür=fen zu einem bestimmten Ziel zu bringen, welches oft ein bis dreiviertel Meilen entfernt ist. Dabei hat man verschiedene Werfarten, unter und über der Hand mit einem Schwunge. Oft wetteifern ganze Dorfschaften, welche die andre im Ißboßeln übertreffe, und nicht selten hört man den Spottruf: Sin ju uck Kirts, ju könnt ja ihsboßeln as en döde Hehn."

Der Helgoländer.

Helgoland. Auf diesem Felsen, der aus der Nordsee aufragt, lebt ein kerndeutsches Volk friesischen Stammes, geborne Seemänner, fest, ernst und mit ungemeiner Schärfe der Sinnen, grundehrlich, mäßig, nüchtern, treu in Lieb' und Ehe, wie in der Liebe zu ihrer wogenum=rauschten kleinen Heimath, die der Spruch:

---

*) Rosenthal a. a. O. II. 280 ff.

> „Grön is dat Land,
> Rohd is de Kant,
> Witt is de Sand"

schildert, gastfrei und unverzagt, endlich, wenn gleich unter britischer Hoheit, doch frei und seine Angelegenheiten selbst bestellend. Als Proben der Mundart stehe hier der Segensspruch der Fischer: „Anker met Gott, komm wär (wieder) met moje Wedder (schönem Wetter), met sunn (gesundem) Bulk en sünn na Hüß?" und folgendes Gedicht:

> „Die Armen, diar jamm sallen tröste (die sich selbst trösten) ühp (auf) Helgoolunn."

> „Ühs Legt sen app (unsre Lichter sind zu Ende),
> Ühs Thran ess knapp,
> Wi drink bi Day, (Tag)
> Dann ütt die Way, (aus dem Wege)
> Wi sliahp bi Naagt,
> Dann kann wi saagt (sanft)
> En stunn wi app, (auf)
> Dann läyt uhn Skapp (liegt im Schrank)
> En grot Stück Bruad,
> Wi hab keen Nuad,
> Wi iht en drink,
> Wat Memm (Mutter) äss bringt,
> En sen wi satt,
> Dann bleft (bleibt) nogg, wat
> Wi awrig (übrig) haa (haben),
> Tu Meddey (Mittag) na."

Der Ostfriese.

Ostfriesen. „Ela fria Fresena!" Wie schlng einst jedes ostfriesische Herz höher, wenn dieser Ruf klang, und auch heute noch ist er nicht verklungen, noch heute bewegt er die Herzen. Es war aber auch bis zum Jahre 1463 eine herrliche Volksfreiheit in Ostfriesland; da erkannte das kühne Volk in den einzelnen Landschaften keine Grafen über sich, nicht geistliche noch weltliche Macht, als allein die des deutschen Reichs, aber selbst vom Oberhaupt des Reichs, dem Kaiser, wollt es nichts Unbilliges dulden und festen Trutzes wußt' es fürs Recht und für die Freiheit zu stehen. Unweit Rahe, eine starke halbe Stunde südwärts

Aurich, wo jetzt ein etwas erhöhter Rasenplatz, kaum zwanzig Schritte
lang und die Hälfte so breit, von Baumstrünken und niedrigem Gestripp
umsäumt, aus den Kornfeldern ragt, da war der Upstallsboom, das
Wahrzeichen ostfriesischer Freiheit, da standen bis vor zweihundert Jahren drei uralte hohe Eichen, und unter diesen traten alljährlich die Abgeordneten der sieben Seelande zusammen und schufen die Gesetze, die für
alle Landschaften Ostfrieslands gleichmäßig galten und sie alle zum starken, einigen Ganzen machten, ob auch jeder Freistaat seiner selbst waltete und pflag. Da ist keine Majestät für heilig gehalten, als die des
Gesetzes; da hat das Volk seine Richter selbst gewählt, die ihm schwören mußten: ohne Unterschied von Freund oder Feind, von Reich oder
Arm, geschweige denn, daß Gut und Geld bestimmen könnte, jedermann das Recht zu schaffen; auch standen die „Talemänner" da, die
Sprecher. Glaubte sich aber auch das Volk (welches sie auf ein halb
Jahr, wie die Richter je auf ein ganzes wählte, und welche darüber
wachen mußten, daß die Richter die Rechte des Volks nicht verletzten) —
glaubte sich aber ein Theil im Recht gekränkt, dann kam die Sache vor
den „Volksworf," wo die andern Richter den Spruch des einzelnen prüf-
ten, und weiter hinauf vor den breiten „Worf", wo das ganze Volk in
der Landschaft selbst entschied. Zweimal im Jahr aber, und jedesmal
drei Tage hintereinander, war großes öffentliches Volksgericht, die „gemeine Acht." Das war das keusche, sittenstrenge Volk, das aus gerechter
Besorgniß vor Verletzung der Zucht und einem Eindringen der Verderb-
nisses keinen unbeweibten Priester im Lande duldete und vor ganz
Deutschland ein Beispiel gab, wie ein fester Volkswille den Anmaßun-
gen der Hierarchie trotzen könne; so haben die Ostfriesen dem Bann ge-
trotzt, nie der Geistlichkeit Zehnten gegeben, nie ihr gestattet, sich in
ein Regiment zu mischen; wir andern Deutschen haben uns das all und
noch mehr lange genug gefallen lassen. Selbst als Ostfriesland seine alte
Unabhängigkeit im 15ten Jahrhundert verloren und Grafen über sich
erkannt hatte, war der Freiheitssinn im Volk nicht erloschen, was ihre
Oberherren gar wohl wußten; noch im Jahre 1786 versprach König
Friedrich Wilhelm II. von Preußen als damaliger Landesherr, bei seinem
Regierungsantrit der „ostfriesischen Ritterschaft, Städten und drittem
Stand u. s. w., dieselbe bei allen ihren Privilegien und Freiheiten, al-
ten Herkommen, Gebräuchen, Ordnungen, Recht und Gerechtigkeit zu

schützen und zu handhaben und geruhiglich dabei zu laffen." Noch jetzt, obwohl Oftfriesland feit 1806 immer mehr an Freiheit eingebüßt, ist dort Freiheitsliebe ein Grundzug des Volkscharakters; Freiheitsliebe und Heimathsliebe sind im oftfriefischen Herzen Eins; da stehn Bauern von altem Schrot und Korn fest auf eignen Füßen und bücken sich vor Rang und Titel nicht, ja setzen einem Stolz auf beides, wo er sich gel= tend machen will, ihr kühnes mannliches Selbstvertrauen entgegen, sie wissen: den freien Besitz ihres Guts kann ihnen Niemand nehmen, ihre Unabhängigkeit ihnen Niemand verfehren, das Gefetz schützt sie und sie halten es heilig. Drum sagen sie frisch die Wahrheit heraus und liegt ihnen nichts dran „ ob diese dem Obern oder Höhern bitter schmeckt; sie machen, grad und ohne Falsch wie sie sind, nicht viel Worte und können auch von dem, der viel Worte macht, nicht viel halten. Es sind ernste, bedächtige Naturen, treu am Alten hängend, mißtrauisch gegen Neuer= ungen, aber wenn sie solche als tüchtig erprobt, auch energisch und nachhaltig in deren Einführung und Behauptung, dabei sparsam, nicht unmäßig im Genuß, keusch, unter sich gute Nachbarn, dem Fremden gastfrei und gefällig, in einzelnen Gegenden (die Gaftbauern) von man= chem Aberglauben nicht frei (so an Hexen und Gefpenfter), in andern dagegen den Fortschritten der Bildung zugänglicher.

Uebrigens ist Lebens und Denkungsart in verschiedenen Gegenden verschieden. So nähert man sich (nach dem Zeugnisse Arend's) *) in Jeverland und Kniphausen in Lebens = und Denkungsart mehr dem Ol= denburger. Der Charakter der Eingesessenen ist im Ganzen weniger ernst= haft wie der im westlichen und südlichen Oftfriesland, man ist luftiger, tanzt gern, oft bis zum Uebermaß, spielt mehr und nimmt überhaupt, wo es Vergnügungen betrifft, besonders die das weibliche Geschlecht an= gehen, sein Geld nicht so sehr zu Rathe, wie im Westen, wo Alles mehr nach dem Niederländischen hinneigt, mit dem die Bewohner auch im Kultus (der evangelisch = reformirten Konfession) wie der Sprache übereinkommen; es herrscht da, im Allgemeinen genommen, mehr So= lidität wie im Osten, weniger äußerer Schein. Im Norden zeigt sich in den Küftengegenden, namentlich dem Harlingerlande, der Einfluß des Osten und Westen vermischt, tiefer landeinwärts dafelbst zeigen sich mehr

---

*) „Oftfriesland und Jever" (Emden 1820) III.417 ff.

Spuren alterthümlicher Lebensweise, wie sonst auf der Marsch und Gast=
land, zugleich aber weniger Reinlichkeit, welche im Westen im hohen
Grade herrscht, wie im Osten, wenn gleich um ein Weniges geringer,
zumal nach der Oldenburger Grenze hin. Im Innern herrscht noch am
mehrsten alte Weise und Lebensart, besonders im nördlichen Theile der
Stickhäuser und darangränzenden des Auricher Amts; die ärmsten Ge=
genden bleiben immer am längsten beim Alten.

Zur Bezeichnung der ostfriesischen Mundart mögen folgende
Sprichworter dienen *), die zugleich für ostfriesische Denkungsweise cha=
rakteristisch sind. So sagt der Ostfriese, ein ganzer Mensch wie er ist:
„Anto (Beinahe) is noch nich hale“ und „'n Bietze (Bischen) so laat (zu
spät) is voels to laat.“ Den Pfaffen bekommt das nicht zum besten:
„'t best in't Midden, sä (sagte) de Düvel, do leep (lief) se tusken (zwi=
schen) twee Papen.“ Die hier vorkommende Redewendung mit „sagte“,
wo der schalkhafte Sinn noch die Anwendung zur Schleppe hat, wieder=
holt sich in vielen andern, so z. B.: „dat Oge will ook wat“ — sä de
blinde Jabk, do freyd he na'n moj Wicht“, oder: „Ewigkeit is'n lange
Tied, man Mai kummt mien Leven nich, habbe man seggt, do se um
Mai trohen (heirathen) sull;“ oder: „Dat is'n Hund van 'n Perd, sä
da Jung, do redt (ritt) he upp 'n Katt.“ Was für ein hehrer Stolz
tönt auch aus dem Sprüchwort entgegen: „Versreken is adlik, man
Hollen (Halten) is börgerlik“ (d. h. wenn ihr's so ernstlich deutet wie
ich, und nicht bitter schalkhaft, wie's wohl ursprünglich gemeint ist),
ganz und gar des Ostfriesen nüchterne Bedächtigkeit und feste Unverzagt=
heit drückt der Spruch aus: „Holl (halte) di an't elfte Gebot: Lat di
nich verblüffen,“ (wie auch der Berliner in seiner lustigen Weise „banje
machen jilt nicht“ sagt), seine Mäßigkeit der Spruch: „In'n Beker (Be=
cher) verdrinken mehr as in 'n See,“ seine Thatüchtigkeit der Spruch:
Proten (Sprechen) is gootkoop (wohlfeil), man Dohn (Thun) is 'n
Ding.“

Als Probe der Mundart in der Herrschaft Jever Großherzogthum
Oldenburg) folgendes Bruchstück einer Sage vom Seeweib: „Daar is 'n
old Seggäär (Sage) bi uns to Lann, dat vor lang' Tieden de Lü (Leute)
van 't Olloog 'n Seewief (Seeweib) fangen hebt; dat s' ni wäär (wieder)

---

*) Firmenich a. a. O. S. 18 u. 19.

192

na 't Water 'ninlaten wullen, so väl se ook bibben un bäbeln (betteln)
be (that). Se hebt lever in är Bemätenheit (Vermessenheit) 'n groot
Puhä (Lärmen) anslagen un dat arm Seewieffen up all' Düvelswis'
tribleert (gequält): wull se free wäsen (werden), so sgull s' 'n Middel
seggen, dat helpen mug gägen elk Gebräken (jedes Gebrechen), do hätte
Waterjümfer spraken, wat Nüms (Niemand) ni vestan het:

> „Köln oder Dill,
> Ik segg jo nich, waar 't good for is,
> un wenn ji mi ook fillt" (wenn ihr mir auch das Fell abzieht).

Un mittest het s'är Tied asluurt un is as 'n Aal äär to b' Hann uutglä=
ben, un bat een Loops na 't Watt henünner, wat 't Tüüg hollen
kunn" u. s. w.

Von alten Sitten und Bräuchen hat sich das meiste in den
landwärts liegenden Gegenden erhalten, namentlich im nördlichen Theil
des Amts Stickhausen (den Kirchspielen Hesel und Lengen oder Re=
mels.) *) Bei Verlobung und Heirath gehts also her: der Freier geht
entweder allein oder mit einem oder zwei „Meekslü" (Mäklern) zu den
Ältern des Mädchens, denen dann entweder so wie dem Mädchen in
Genever zugetrunken wird oder zu denen man wohl auch mit leerer Hand
und dem Spruch kommt: „Ich nehme nichts mit, sie sollen mir was
geben." Findet der Freier gut Ort für sein Wort, so wird er bewirthet,
wobei dann das Mädchen neben ihm oder wohl gar auf seinem Schooße
sitzt. Am Verlobungstag gibts wacker Schmaus und Trank, woran die
nächsten Verwandten und Freunde Theil nehmen und rufen: „Brüdegom
und Bruut hör Gesundheet un dan er een Oort nut"; — zur Hochzeit
wird zwei bis vier Tage vorher eingeladen, und zwar mit verschiedenen
Sprüchen; so z. B. „Ji schöllen en Saterdag in N. N. sin Huus komen
un kieken in de Bruutkiste", oder: „Ik schull jo de Grötenis doen van de
Brüdegom un de Bruut; N. N. un N. N. laten jo nögen ji muggen
so good wesen und kamen en Saterdag in N. N. sien Huus in de Hoch=
tied.

> Hasen un Patriesen,
> De schölt ju de Weg ter hen viesen:
> Höner un Schnippen
> Schölt up de Tafel wüppen:

---

*) Arends a. a. O. III. S. 433 ff.

Warm Beer
Willen wi hebben up unsr Pleseer;
Lange Pipen un beste Taback,
Willen wi hebben up unse Gemak;
Een Last Beer un een Aam Brandewien,
Darbie will wi freudig sien;
Vijoelen, Seiden un Spill,
Will wi hebben up unse Will;‘‘ u. s. w.

Am Hochzeitstage kommen Jung und Alt, Verwandte und Freunde aus andern Dörfern mit Gaben, (Geld, zinnernen Schüsseln, Eiern, Butter und dergleichen). Die Braut wird in einem vierspännigen Wagen abge= holt; zwei Mädchen fahren mit und halten ein weißes Tuch in der Hand, das sie um den Kopf schwenken; der Braut gegenüber sitzt ein Geiger, der auf seiner Fiedel lustig aufspielt; so geht's nun im vollen Galopp zum Hochzeitshause, wo der Prediger im Beisein der ganzen Versamm= lung das Brautpaar einsegnet; drauf folgt Schmaus, Spiel und Tanz die ganze Nacht hindurch. Übrigens ist auch hier die Sitte, die wir be= reits in andern Gegenden Deutschlands wahrgenommen haben, daß, wenn der Brautwagen durch ein fremdes Dorf kommt, die jungen Bursche den Weg sperren, hier noch mit der Zuthat, daß sie die Brautfahrer mit Wein bewirthen, wogegen diese ein Trinkgeld reichen. Gar lustig geht's auch bei Kindtaufen her, wozu früherhin das ganze Dorf eingeladen wurde, jetzt aber nur die nächsten Freunde und Verwandten; jeder Gast erhält bei seiner Ankunft einen ¾ Krugs Topf voll Warmbier, so auch der Prediger und Schullehrer; nach der Taufe wird der Tisch gedeckt und Butterbrot aufgetragen, dann rufen die Frauen: „de Kraamherr un de Kraamfro hör Gesundheet, und den er een Oort uut;‘‘ die Hebamme, welche das Kind den Gästen reicht und ihnen deffen Schönheit preist, wird mit einer kleinen Spende bedacht; auch umwinden die Weiber die Männer mit einem weißen Tuch und rufen dabei: „Wy hebben jo nit Luur Windeltuch had.‘‘ Nicht minder stattlich sind die Begräbnißfeier= lichkeiten. „Die Leiche wird ein paar Stunden nach dem Abscheiden durch die Nachbarn eingekleidet, dann auf eine Kiste gelegt und mit einem weißen Tuche bedeckt, am andern Abend aber in den Sarg gelegt, wozu das ganze Dorf genöthigt, aber auch mit Warmbier, kaltem Bier und Genever bewirthet wird. Drei bis vier Tage nach dem Einlegen findet das Begräbniß statt, wozu sich wieder das ganze Dorf versammelt, das dazu besonders eingeladen worden und zwar meist mit folgendem Spruch: „It schull jo de Grötenis doon van unse verstürvene Mitbroeder (oder: Midsüster) sien (oder: hör) nagelatene frümeen laten jo nögen, um tauken.... dag bi N. N. int Starfhuus to kamen um de Verstürvene die leste Eere to bewisen, un nemen mit förlef, wat Keller un Köken vermag." Die Geladenen versammeln sich im Sterbehause, wo sie Warm=bier erhalten, und nachdem der Prediger daselbst das „Abdanken" gehal=ten, tragen 8 bis 12 Männer die Leiche unter Gesang und Glockenge=läute zu Grabe; während der Beerdigung wird der Gesang: „Nun lasset uns den Leib begraben" angestimmt, dann hält der Prediger eine Predigt in der Kirche, und der Leichenschmaus im Sterbehause (Warm=bier und Butterbrot) beschließt die Feierlichkeit. Besonders gefeiert wer=den auch der Abend vor'm Weihnachtsfest („Dickbuucks Afend") das Neu=jahr, der Sonntagabend nach Fastnacht, und dann auf der Marsch auch das Platzbeziehen eines Eigners oder Heuermanns, dem wird nämlich in der Nacht vor Pfingsten ein Maibaum vor'm Hause gepflanzt, wofür er ein gutes Trinkgeld geben muß; wenn ein neues Haus gebaut wird, schaffen die Mädchen die Dachkrone, überreichen sie dem Bauherrn und den Gästen und erhalten dafür eine Spende. Beliebte Sitte ist auf der innern Geest das um die Wette spinnen, wozu lustig gesungen wird.

Ein durchaus eigenthümliches Überbleibsel aus uralter Zeit ist die „Theelacht" im ostfriesischen Amte Berum, eine Gesellschaft mit eignem Recht, das bis zum Jahre 1583 mündlich fortgepflanzt, damals aber niedergeschrieben wurde. Das Wesentliche beruht (nach Arends *) in Folgenden: „Die Theelacht besteht aus 8 Theelen: der Neugroder, Gaster, Osthofer, Eber, Ekeler, Linteler, Trimser und Hofer. Sie werden durch vier Theelachter verwaltet, deren jeder zwei Theelen zu be=sorgen hat, wofür er ein festes Gehalt von 15 Gl. Ostfr. genießt, außer=dem Schreibgeld bei Hebung der Theelheuern nebst der Hälfte vom Ab= und Auffahrtsgeld beim Verkauf der Theellande. Es muß derselbe oder seine Frau in den Theelen beerbt sein; er wird von den Theelbauern, („Arfbuuren", Erbbauern nennen sie sich) durch Stimmenmehrheit ge=wählt und verwaltet sein Amt lebenslang, wenn er selbst Erbbauer ist, sonst aber nur bis zum Tode seiner Frau, wenn solche vor ihm verstirbt.

---

*) A. a. O. I. 441 ff.

Wird jemand durch das Erbrecht seiner Frau Theelachter, so wird er nicht unter die Theelbauern gerechnet, sondern heißt Pelzbauer, hat jedoch, so lange er fungirt, die Rechte eines Erbbauern. Die Theelheuern sind gemeinschaftliches unzertheiltes Erbgut, kein Fremder kann Theil daran nehmen. Es gibt Erb = und Kauftheele. Erstere vererben nur in gerader Linie auf die Nachkommen. Jeder, der in den Theelen beerbt ist, darf wohl mehrere Kauftheele, aber nur ein Erbtheil in jeder derselben haben. Wenn jemand, der ein Erbtheel besitzt, eine Frau nimmt, die in derselben Theel beerbt ist, kann er doch nur ein Theel benutzen, das andere verfällt der Gesellschaft, so lange bis einer der Ehegatten stirbt. Alsdann sind die Söhne oder in deren Ermangelung die Töchter berechtigt, ihres verstorbenen Vaters oder Mutter Theel anzutreten, und der überlebende Ehegatte kann den andern ferner benutzen; zugleich tritt der jüngste Sohn an die Stelle des oder der Verstorbenen und jeder der übrigen Söhne erhält eben so viel, sobald er sich verheirathet, und nicht eher, auch nur in dem Fall, wenn er seine eigene Haushaltung, getrennt von der der andern Brüder erhält. Wenn der jüngste Sohn stirbt, kann der ältere dessen Erbtheel, sobald er verheirathet, angreifen, jedoch nur auf des Vaters oder der Mutter Namen, nicht auf den des Bruders, weil Erbtheele nicht auf Brüder, Schwestern u. s. w. vererben. Sie müssen ihr Recht durch zwei Zeugen beweisen, zeugen diese falsch, so verlieren solche ihr eignes Erbtheel. Sind Söhne und Töchter da, so fällt das Erbtheel auf erstere allein, nicht auf die Töchter; wenn aber keine Söhne vorhanden, so verstirbt das Erbtheel auf die Töchter, welche sich darin theilen. Verheirathen sie sich, so kann jeder ihrer ehelichen Söhne nach Absterben seiner Mutter für seinen kleinen Antheil ein ganzes Erbtheel angreifen. Verstirbt ein Erbbauer, ohne Kinder zu hinterlassen, so fallen seine Theele der ganzen Kommunität anheim. Jedoch kann die Schwester eines unverheirathet gestorbenen Bruders dessen Erbtheele erben. Uneheliche Kinder können kein Erbtheel erben, wohl Kauftheele. Niemand kann seine Erbtheele an Fremde verkaufen, verwechseln oder veralieniren, wenn er auch keine Kinder hinterließe. Es ist großer Unterschied zwischen Erb = und Kauftheelen. Besitzer der letzteren haben nichts in den die Gemeine angehenden Sachen zu sagen, sie können keinen Zeugen beim Angriff abgeben, und werden bei Ablegung der Rechnung, so wenig wie bei Erwählung eines Theelachters zugelassen. In ältern Zeiten wurde es

gleichfam für fchimpflich gehalten, fein Erbtheel zu verkaufen, doch
fpäterhin nahm man es nicht mehr fo genau, daher jetzt die meiften
Theele Kauftheele find. Wenn Jemand aus Noth oder fonftigen Urfachen
fein Erbtheel verkaufen will und die Gefellfchaft folches genehmigt, fo
wird es ein Kauftheel und feine Erben verlieren ihr Recht daran. Die
Gemeine der Erbbauern, worunter die Theele gehörig, ift alsdann zu=
nächft zum Ankauf berechtigt und die Theelachter behalten folche Theelen
auf den gemeinen Gütern und vertheilen die jährlichen Gefälle unter die
Gemeine; falls aber die Gemeine das Theel nicht an fich ziehen will,
fteht es einem einzelnen Erbbauer frei, folche zu kaufen. Verkauft ein
Unbeerbter feine Theele einem Fremden, fo kann das zwar gefchehen,
aber nach des Verkäufers Tode genießt der Fremde weiter keinen Vortheil
davon. ... Die Theelheuern werden jährlich im Herbft gehoben; jeder
Theelachter theilt fein Theel im Dezember, das andere im darauf folgen=
den März aus. Solches gefchieht in der Theelkammer auf dem Rath=
haufe zu Norden unter mancherlei Ceremonien und Verzehrung einer
Tonne Norder Bier für jeden Theel. Rechnung wird gemeiniglich alle
vier Jahre abgelegt oder auch weiter hinausgefetzt, nach dem Wunfch
der Gemeine. Die Theellande liegen auf der Marfch des Hager und Neff=
mer Kirchfpiels, größtentheils in der Theener, einiges auch weiter füd=
wärts auf altem Marfchlande. Sie waren ehedem, zur Vergeltung für
die dem Grafen Edzard gefchenkten Theele, fchatzfrei erklärt, doch hat
diefe Freiheit fchon längft aufgehört und ftehen die Lande jetzt mit andern
Privatländereien auf gleichem Fuß in Hinficht der Abgaben. Erbpacht,
außer der an die Theelacht, zahlen fie jedoch nicht. Über den Urfprung
der Theelacht berichtet eine Überlieferung, die fchon vor drei Jahrhun=
derten unter den Theel= oder Erbbauern beftand, daß ihre Vorfahren
auf den Theellanden im Jahre 888 einen großen Sieg über die Nor=
mannen erfochten, wobei 10,377 Feinde geblieben; als Folge davon
hätten die Sieger das verlaffene Land genommen und vertheilt."

Ächte Nachkömmlinge der edelftolzen freien Friefen find die Bu t=
j a d i n g e r (im Großherzogthum Oldenburg), bei welchen es keine pri=
vilegirten Stände, keine Zehnten und Gutspflichtigkeit gibt, Menfchen
von einer höheren geiftigen Bildung, gaftfreundlich, treuherzig, offen.

Ein eigenthümliches Volk bewohnt das S a t e r l a n d im Großher=
zogthum Oldenburg, den etwa 3½ bis 4 Geviert=Meilen großen nord=

weſtlichen Theil des Amts Frieſoythe, der auf der einen Seite durch Mo=
räſte, Brüche und Haiden, auf der andern durch zwei Flüſſe Markä und
Ohe umgränzt, abgeſchloſſen wie eine Inſel inmitten der Nachbarſchaft
liegt und aus den drei Kirchſpielen Scharrel, Ramsloh und Strücklin=
gen beſteht. Die Saterländer ſind einfache, gutherzige, freundliche
Menſchen, welche feſt an ihren alten Sitten und Bräuchen (auch altem
Aberglauben), an ihren alten Rechten und Freiheiten hängen; ſie haben
die Sitte des „Fenſterlns“, wie wir ſie in den Alpenländern kennen lern=
ten, wenn gleich nicht in derſelben Derbſinnlichkeit; ſie beſitzen freie
Jagd, freien Fiſchfang in ihren Gemarkungen und leiſten keine Perſonal=
dienſte. Die Verwaltung ihrer Angelegenheiten beſorgen zwölf Bürger=
meiſter, welche alljährlich in der Volksverſammlung zu Ramsloh, wo
ſich das Archiv in der Kirche befindet, gewählt werden. Als Probe ihrer
Mundart, welche den frieſiſchen Urſprung verräth, ſtehe hier ein Volks=
lied *), welches ſich auf die oben erwähnte Sitte des nächtlichen Beſuchs
bezieht:

> „Ihk kahn nit sette, kahn nit stoende,
> Etter (zu) min Allerljowste (Allerliebste) wall ihk gounge.
> Dehr (da) wall ihk var de Finnsterr stoende,
> Bett dett de Oolden etter Bedde gounge.
>
> „„„Well (wer) stand (steht) der var, well kloppet an,
> De mi so sennig apwaakje kahn?“““
> „Dett is din Allerljowste, din
> Schatz, stoend nu ap, un let mi der in.“
>
> „„„Ihk stoende nit ap, lete di der nit in,
> Bett dett min Oolden etter Beede sünt.
> Gounge du nu fout in den grenen Wold,
> Denn mine Oolden schlepe bald.“““
>
> „Wo (wie) lange schell ichs der buten (aussen) stoende?
> Ihk sjo (sehe) dett Meddenroth (Morgenroth) ounkume,
> Dett Meddenroth, two (zwei) helle Sterne,
> Bi di, Allerljowste, schlepe ihk gerne.“

Im Oldenburgiſchen Ammerland, wo die älteſten oldenburgi=
ſchen Grafen ihren Sitz gehabt, lebt ein gar fleißiger und betriebſamer

---

*) Firmenich a. a. O. S. 233—34.

Menschenschlag, bei dem (in den unteren Klassen) auch das sogenannte Friesland= oder Hollandgehen ein Erwerbsmittel ist. Hier ein „Kas=pelleed" (Kirchspiellied) in ammerlander Mundart, *) wie sich solche dort durch mündliche Überlieferung von alten Zeiten her erhalten haben:

> „De Winkeleers de hewwt dat groote Goot,
> De Klampeners draagt eenen frischen Moot.
> To Klampen steiht de hoge Mai,
> To Hingstforde dar geiht der Treie.
> To Espern da staht de Seven Hud',
> To Apen, da gaht de Landsknechte uht.
> De Bokelers slacht't eene fette Koh,
> De Godensholkers smiet't se de Bunken to.
> De Holtgasters de hewwt de Hud',
> Darmit gaht se na Nordloh hennuht."

Im Oldenburgischen überhaupt sind (unter andern) folgende charakteristische Sprüchwörter gäng und gebe: „Lär um Lär (Haut um Haut) sleist du mi, sla ick bi wär" (wieder). „Good is good, man (aber) alltogood is allermanns Narr." „Midd'n in't Fahrwatter, so raakt 'n (geräth man) nich up'n Grund." „Hoffahrt mutt Pien lien (leiden)." „Kort un krägel (vergnügt) is bäter as lang un 'n Flägel." „De Knüppel ligt bi'n Hund." „Mund, wat segst du? Hart, wat denkst du?" „Gitt Jott Jungens, gitt he ook Bücksen" (Hosen); dann von muthwilligen Sprüchwörtern mit anekdotischer Schleppe: „Moder, wat is de Welt doch groot, sä de Jung, do keem he achter'n Kohlhoff," oder: „Elk sien Möge (jeder nach seinem Geschmack) sä de Düvel, do eet hee Torf mit Theer," oder „'t is man 'n Avergang, sä de Voß, as se em 't Fell aver die Ohren truffen" (zogen), oder: „dat weer een van 't Dusend, sä de Nadelmaker, Jung, gah hen un haal mi 'n Kroos (Krug) Beer" u. s. w. Es ist hier ein fleißiges, ordnungsliebendes, gast=freundliches Volk, das treu an Vaterland und Fürstenhaus hängt, und eine Vorliebe an altem Altherkömmlichen in Lebensart, Sitten und Bräuchen bewahrt. Eigenthümlich ist die Sage vom oldenburger Horn.

Blicken wir den Saum der Nordsee entlang nach dem Lande Hadeln (der Krone Hannover unterstehend) hin, so finden wir auch hier im alten „Hathaloun" ein kräftiges, freiheitsstolzes, muthiges Marsch=

---

*) Firmenich 227.

volf, von dem viele Deutsche andrer Orten lernen könnten, wie edel dem Manne ein wohlbegründetes Selbstgefühl steht. Ist das eine Stattlich= keit des Besitzes, des Wohnens, des Lebens, ein schöner Wohlstand und eine Theilnahme an den Fortschritten der Bildung!

Bremer, Hamburger, Lübecker!

Die drei Hansestädte: B r e m e n, H a m b u r g, L ü b e c k! Hier hat sich das niedersächsische Wesen kräftig erhalten im edlen B ü r g e r = t h u m, das eine Geschichte voll Großthaten vollbracht hat und strotzende Kraft genug in sich trägt, um in der Gegenwart solche abgelebte Nor= men, welche eine fernere großartige Entwickelung verhindern, abzuwer= fen. Darauf hin redet noch heute der Roland von Bremen, auf dessen Schild die Worte stehen:

> „Vryheit do ik nu openbar,
> De Carel un mannig Vorst vorwahr
> Deser Stadt gegeben hat,
> Des danket Gode is min rath.‟

Dazu mahnen die großen Gestalten der Bremer und Lübecker Bürger, die da „Orsach gegeben dem ritterlichen dütschen Orden, de van Bremen un Lübschen dar erst betenget, darnach heft sich der Adel dar ok mede angehänget;‟ die Geister der Männer wie Alexander Soltwedel, Jastram und Snitger, der Geist der Hansa, dieser alle Macht feindlicher Könige nicht scheuenden Bürgermacht, deren Haupt Lübeck war, wo der alte Eid der Rathsherrn lautete: „Wy zweren dat wy des rikes ere vorden unde vordsetten na uzer moghelicheit unde uzes stades nut na alle uzer macht, unde rechte richten den armen alze den riken, den riken alze den armen, unde laten des nicht dor leef noch dor leed, noch dor mede noch dor ghave, und helen dat wy von rechte helen schollen dat us ghod so helpe unde de hilgen.‟

Niedersächsisches Wesen zeigt sich hier in Gestalten, Farbe der Haare und Augen wie des Gesichts, in der Sprache und in den Sitten, wenn auch viele alte Bräuche und Volksfeste erloschen sind, die einst freistädti= schen Reichthum und Lurus zur Schau stellten. So ist das Volksfest der Wahl eines Maigrafen verschwunden, wobei einst Alexander Solt=

wedel die Dänenherrschaft über Lübeck zerbrochen und dem dänischen Hauptmann den Becher geboten, um ihm zum Abschied auf das Wohl des befreiten Lübecks Bescheid zu thun; so auch der „Bohurt" am 26. bis 28. Dezember, da auf den Raths= und Quartierhäusern geschmaust und getanzt wurde, am ersten Tage die Schauteufel durch die Straßen zogen und Juelklappen in die Häuser schoben, am zweiten die Kinder als Pfaf= fen und Ritter verkleidet, mit dem Narrenbischof voran, in muthwilliger Lust sich umhertrieben, und am dritten die unteren Volksklassen ihr tolles Wesen trieben; so die prachtvolle und kostspielige lübecker Schleusen= fahrt; erloschen sind die hanseatischen Komtoire, die eigenthümlich ein= gerichteten Kolonien mit den Faktoren, dem Schütting und allen jenen seltsamen Bräuchen, unter welchen der Junge zum Gesellen gemacht ward, nämlich durchs Staupenspiel im Paradiese, durch die Frischung im Wasserspiel und durch den Aufzug im Schütting und dergleichen.

Doch blicken wir auf die Gegenwart! Grundzüge sind (und Groß= handel, Weltverkehr haben sie nicht zu verwischen vermocht) strenge Rechtlichkeit, Anhänglichkeit am Alten, Liebe zur Vaterstadt, Stolz auf ihre Ehre, Gemeinsinn, praktischer Sinn und Verstand, tiefe Re= ligiosität, großartige Wohlthätigkeit. Dabei fehlt es indessen an Be= sonderungen nicht. Am wenigsten möchte alte Art in Lübeck verwischt sein. In Hamburg rollt das Blut rascher, in Bremen langsamer, in Hamburg ist höherer Sinn für Literatur und Kunst, in Bremen zeigt sich geringere Theilnahme; in Hamburg umfassendere Duldsamkeit, in Bremen starrere Anhänglichkeit an Dogmen, selbst schroffe Absonderung der einzelnen Gemeinden; dagegen wieder in Bremen höherer Sinn für Häuslichkeit.

Eigenthümliche Gestalten sind in Hamburg die „Reiterdiener", eine ursprünglich zur Bedienung des Senats, besonders aber der Bürger= meister bestimmte, aus sechszehn Mitgliedern bestimmte Brüderschaft, welche Theodor von Kobbe*) zum Sprechen ähnlich in folgenden Worten konterfeit: „der Reiterdiener ist, in seinen zwölffältigen Funk= tionen, ein wahrer Proteus von sich immer umwandelnder Gestalt und Form. An zwei Tagen des alten Herkommens, wo ein feierlicher Um= ritt gehalten wird, ferner als Eilboten des Raths zum Rapport bei

---

*) Die Nordsee. (Leipzig.) S. 92.

Vorfällen in der Stadt, als Eskorte von Rathsdeputationen außer der=
selben, als Begleiter eines Verbrechers zum Tode, sieht man ihn als
Kavallerist, daher sein Name „reitender Diener", von martialischem
Aussehn, im ledernen Koller, mit Karabiner, Pistolen und Degen be=
waffnet. Am Rathhause erscheint er zur Aufwartung des Raths, und
als Trabant der Bürgermeister, in einem langen blauen, reich mit Sil=
ber galonirten Mantel, den Degen an der Seite. Als Hochzeitbitter,
Vorschneider und Aufwärter dabei, trägt er ein nicht minder reich ver=
brämtes Kleid. Als Leichenbitter und Trauermann beim Leichenzuge tritt
er ihm voran, wohl frisirt, Chapeaubas, im langen schwarzen Mantel.
Als Leichenträger endlich, sieht man ihn, mit seinen Kollegen dem Lei=
chenwagen paarweise folgend, in einer Stutzperücke, mit einem schwar=
zen tuchenen breitgeränderten Hut, breitem krausgefaltetem weißem Hals=
kragen, sehr kurzem faltigen schwarzen Mantel, weiten schlotternden
Hosen und umgürtetem Degen."

Ein schönes Volksfest in Hamburg für alle Herzen ist das
„Waisengrün", der jährliche Umzug der „blauen Garde" („Gott segne
Hamburg um dieser blauen Garde willen!" sprach einst ein Fürst, mit
Thränen in den Augen, beim Anblick der blaugekleideten Waisenkinder),
in neuen Kleidern, paarweise, den Führer mit dem Ehrenstab voran,
die Ehrenknaben ihm zur Seite; „die Wachen treten in's Gewehr dem
kleinen Kapitän zu Ehr'."

Will man die dralle Gesundheit sehen, so gehe man in die „Vier=
lande"; da tritt sie Einem in Gestalt einer Vierländerin entgegen, mit
dem Strohhut auf dem Kopf und den reichen Zöpfen, im rothen und
grünen Mieder, und dem violetten oder braunen Oberkleid und Rock mit
dunkleren Bändern, gleichfarbigen Strümpfen.

Zur Vergleichung der Mundarten der drei freien Städte setze ich
zuerst hier den Eid der Bürger in Hamburg an.*) Er lautet: „Ick
lave (gelobe) unde schwöre tho Gott dem Allmächtigen, dat ick düssem
Rahde und düsser Stadt will truw und hold wesen (sein), eer bestes
söken unde Schaden affwenden, alsa ick beste kann und mag, ock nenen
Upsaet (keinen Aufruhr) wedder düssem Rahde und düsser Stadt maken,
mit Woorden edder Werken, und efft ick wat erfahre dat wedder düssen

*) Sämmtliche Proben aus Firmenich.

Duller, deutsches Volk. 26

Rahde und düsser Stadt were, dat ick dat getrüwlick will vormelden. Ick will ock myn jährlickes Schott (Schoß, Hauptabgabe des Bürgers nach Verhältniß des Vermögens), im glicken Törkenstüer, Tholage, Tollen (Zollgelder), Accise, Matten (Abgabe vom Korn) und wat fünfsten twischen Einem Ehrbaren Rahde und der Erbgesetenen Börgerschop belewet und bewilliget werd, getrüw= und unwiegerlick by myner Wetenschop entrichten und bethalen. Alse my Gott helpe und syn hilliges Woort."

Hierzu ein Trinklied der **Vierländer Bauern**:

> „Glück to, Kompeers, kamt nöger her,
> Un laat en Gläschen klingen,
> Ick will ju hier de nee Swier
> Vun gans Veerlanden singen.
> Von Bardorp an dat hooge Sand,
> Da liggt dat sööte Eerbeernland,
> Wo man in Freud un Segen
> Sien Lief und Wief kann plegen."

Als Probe der **Bremer** Mundart folgende Reime:

> „In Middernagt, tor twolften Stund
> Maakt Roland to Neejahr syn Rund,
> As ooler Bremer Grootpapa,
> Un gloofst du wyt em, is he da.
> He weet, wo Barthel synen Most
> Herhoolt un wat de Staat uns kost.
> He wunschet dy, myn sötet Kind,
> En frohet Neejahr, drum geschwind
> Giv my de Hand un Druck un Kuss,
> So'n Zucker söten Hochgenuss,
> Dat is em löwer as 'ne Ode
> Un leere Singsang na de Mode."

Als Probe der **Lübecker** Mundart endlich folgende Volksreime:

> „Ick wull, de Düwel were dood,
> Un ick seet in de Höll,
> Un weeren luter Jumfern dor
> Un ick weer Junkgesell."

und das Räthsel:

> „To Wittenbarch in Dom
> Da iss een geele Blohm,
> Un wer de geele Blohm will eeten,
> De müst ganz Wittenbarch terbreeken" (das Ei).

Mundarten und Sitten in Hannover, Lippe, Schaumburg, Waldeck, Anhalt.

Den Westphalen habe ich bereits in der preußischen Gruppe in allgemeinen Umrissen geschildert, und somit kann ich mich hier damit begnügen, auf einzelne Mundarten hinzuweisen.

Zur Bezeichnung der Osnabrückischen wähle ich das „Abendgebät," welches naiv=kindliche Gläubigkeit ausdrückt und sich in Varianten, wie bekannt, auch am Niederrhein und nicht minder in den Niederlanden findet:

> „'s Awends, wenn'k to Bedde gaae,
> Legg'k mie in Marieens Schaut (Schooss),
> Marie is mien Mooder,
> Johannes is mien Brooder,
> Jesus is mien G'leidesmann,
> De mien'n Weg wol wysen kann
> Waar ick ligg' un waar ick staan,
> Folg't mie veertein Engel na:
> Twee to mienem Koppe,
> Twee to mienen Föten,
> Twee to miener rechten Syt,
> Twee to miener linken Syt,
> Twee, de mie decket,
> Twee, de mie wecket,
> Un twee, de mie'n Weg tom Hemel wys't."

Charakteristisch sind folgende Volkssprüche im Lippe'schen: „Papen Gierigkeut un Gottes Barmherzigkeut wieret in olle Ewigkeut"; „fromme Luie (Leute) sind gribbig" (gierig); „de Papen un de Hunne verdeunet (verdienen) er Braud (Brot) met den Munne"; „lütke Kinner treet in den Schaut, graute Kinner in't Hert", dann der auf die sechs Städte im Lippeschen: „Detmold dat hauge Fest, Lemge dat Herenneft, Blomberg de Bläoume, Haure de Kräoune, Juflen dat Soltfatt, Barntrup will auk nau wat."

Hier im Lippe'schen klingt übrigens, wie im sächsischen Hessen an der Diemel, wie im Paderborn'schen, Ravensbergischen, Münsterschen, im Bisthum Minden und Herzogthum Westphalen noch im Volke ein Nachhall des alten Irminkultus:

„Hermen, sla dermen,
Sla Pipen, sla Trummen,
De Kaiser wil kumen
Met Hamer un stangen,
Wil Hermen umhangen,‟

was sie in der Gegend um die Grotenburg auf den historischen Armin und die Varusschlacht deuten, wiewohl der Kaiser — Karl der Große, der Sachsenbekämpfer, sein möchte. In Detmold geht auch die weiße Frau um, die alte mythische Perahta, Bertha. Das schöne Volkslied vom Herrn von Falkenstein mitzutheilen, verbietet mir leider die Raum= beschränkung.

Im Schaumburgischen gehen die Kinder armer Leute auf Martinsabend vor die Häuser und singen: „Mackt, mackt den gaut Man, der es wohl vergellen kann; Appel und de Beeren, Nöte gat wohl mehre; gaut Frau gebt us wat! lat us nich tau lange stahn, wie möten noch nach Köllen gahn. Köllen is en wiet Weg. Himmelrick is upe than, da möten wie alle hineingahn mit allen unsern Gästen. Gäber ist de beste. Ick höre de Schlötel klingen; sie wird us wohl wat bringen; sie gaht up de Kaamer, suckt wat tausamen. Bei einen, bei zweien, bei dreien, de vairte, tan wohl mer gahn. Petersellgen, Zuppenkrut steht in unsern Gahrn. Die Junfer N. is ene Brut, es wird nich lange weh= ren, wen sie nach der Kircken geiht, und der Rock in Faalen schleit. Simeling, Simeling, Rausenblaat! Schöne Stadt, schöne Junfer gebt us wat.‟ Bekommen sie nichts, so singen sie einen Spottreim auf die Hausfrau oder die Jungfer und ziehen ab.

Was den Waldecker*) betrifft, so ist zu beachten, daß die Gränze zwischen Franken und Sachsen, welche bis zum 9ten Jahrhundert durchs Waldeckische Land in der Art lief, daß die Edergegend dem Franken, der übrige Theil dem Sachsenlande angehörte, einen bis heute bestehenden Unterschied in Sprache, Wohnungen, Sitten, Bräuchen, überhaupt im ganzen Volkscharakter zur Folge hatte. Der Waldecker ist wohlgebaut und kräftig (zumal im Amte Eisenberg findet man schöne edle Gestalten), und zeichnet sich durch große Anhänglichkeit an Familie und Verwandt= schaft aus; Ehescheidungen kommen nur selten vor und eben sowenig

---

*) Buchner, Der Stamm der Hessen (Karlsruhe 1843).

schlechte Behandlung der Eltern von Seiten erwachsener Kinder. Hier einige Sprüchwörter aus dem Waldeck'schen „Uppland" (in der Gegend des westphälischen Astenbergs): „Breit und dünne, kümmet dat Papenland ünne", „ollen Morgen Branntewein, maket de grauten Dahlers klein", „unrecht Gud kümmet sellen an den dridden Erwen", „wei junk riet, moll olt gohn", „wei gud läwet, de gud stirwet", „wei sick imm Scharwerke daut arwedet, demme lütt (läutet) de Äsel."

Im Lüneburgischen zeigt sich hie und da noch wendische Art (so im Amte Lüchow, Scharnebeck u. s. w.), sowohl in Ortsnamen, als in Aussprache, Kleidung, Kopfputz, Hochzeitsfeierlichkeiten; im Allgemeinen ist das Volk kraftvoll, mäßig, gastfrei und dienstfertig. Ich kann mich nicht enthalten, eine ergreifende Sage aus der verrufenen Lüneburger Haide hier einzuweben*); sie knüpft sich an ein hölzernes Kreuz zwischen Heidenhoff und Soltau. „Vörr hunnert Jahren lähvt im Haidenhopp äin frommer Minsch, von Nahmen Stähr. Wäil häi so fromm wöhr, so gäif ett väile Lüh, däi ämm dettwegen niedisch tou wöhren unn upp alle Wies ämm watt wullen. Häi awer kümmer sick wenig darüm, schöll däi Lüh uut, unn säh bih allen, wat häi däh unn anfüng, jümm (ihnen) tumm Trotz: „midd Goddes Hölp unn Währ"", wobich säi sick allemal argerten. Als Stähr späderhenn störv, käumen väile Minschen uut däi Ümmgegend, däi ämm kennt härren, touhopen (zusammen), ümm ämm tou begraben. In damahliger Tied wöhr ett awer so Gebrunk, dat däi Doon (Todten) utt den Kaspell (außerhalb des Kirchdorfs) nich als hüüdigen Daages nahr 'n Kärkhoff hennfeuhrt, sonnern henndraagen würren. Den Daag, als man awer Stähr nach Soltau tumm Begraben bröch (brachte), unn als däi Lüh unnerwegs damidd währen, füng ett dull (stark) ann tu rägen (regnen), so datt däi Drägers den Sarg dahl (nieder) setten möjsen, umm sick uuttourauhen unn tou erhahlen, dabih füng äiner von'n Gefolge uut Langerwihl ann tou säggen: „midd Goddes Hölp unn Währ, säh Stähr," unn als häi dütt säggt härr, füng upp inn's Stähr uut den Sarge ann tou antworden: „datt is wähn (gewesen) unn is ook noch." Däi Lüh erschruken bih düssen Wohrden unn mehnen, datt Stähr werder läbendig worn wöhr. Als man awer datt Sarg apen meuk (offen

_____

*) Firmenich 207.

machte), läig häi gans ſtill drinn, wöhr boot unn bläiw ook boot."
Aus Andacht ließen nun die Bauern von Heidenhof auf der Stelle, wo
Stähr aus dem Sarge ſprach, ein hölzernes Kreuz aufrichten.

Im Fürſtenthum Kalenberg, insbeſondere in Hannover, des=
gleichen in den benachbarten Landen und Städten, wie Hildesheim
und Braunſchweig, in den Fürſtenthümern Grubenhagen und
Göttingen iſt manche alte Volksluſt, zumal Bürgerluſt, verſchwun=
den, ſo die Maifeſte, wenn der Sommer den Sieg über den Winter ge=
wann, die Oſterfeuer und Brockenfahrten, die Groel und Schützenfeſte,
wenn auf dem mit Erdwällen umgegebenen Platz in der Nähe des Thors
der Adler, Geier, Falke oder Papagei auf den hohen Upſtall= oder
Papageienbaum prangte, die Mummenſchanze am Faſtelabend u. dergl.,
ſodann auch die pfingſtlichen Ochſenjagden und das Ochſenfeſt um St.
Gallus zu Braunſchweig, ſodann ferner die (bereits bei Lübeck erwähn=
ten) „Schodüwel" (Schauteufel) zu Hildesheim, die um die Weihnachts=
zeit durch die Straßen umherzogen, in grauer und rother Tracht, auf
dem Kopf einen Filzhut mit drei Straußfedern, von denen die mittlere
verſilbert war, und um den Hut einen Schleier, einer halben Ellen lang,
„die linke Mauwe oder Ärmel beſpanget mit 12 Loth Silberſpangen."
Aber die uralte Sage rankt noch, ein Eppich friſchen Grüns, um den
alten volksthümlichen Stamm, und Kinderlied und Volksſprüchwort
rauſchen durch deſſen junge Äſte und Zweige. Noch ſieht man zu Ha=
meln an der Mauer eines Hauſes den Kinderauszug abgeſchildert; wie
„im Jahre 1284 nach Chriſti Gebort — to Hameln worden utgevohrt
— hundert und XXXIII Kinder daſülbſt geborn, dorch einen Piper
under den Köppen verlorn"; dieſe Sage vom wunderlichen Spielmann,
Goethe's „wohlbekannten Rattenfänger", der die Kinder bis an den Köp=
pelberg, da die Gerichte aufſtehen, und, wie ſich derſelbe geöffnet, in
deſſen Inneres hineingeführt, iſt noch nicht verſchollen; noch weiſt man
die Bungenſtraße, durch welche die Kinder zum Oſterthore hinausgeführt
wurden. Ebenſowenig iſt die Legende vom Roſenſtrauch zu Hildesheim,
der noch heute alljährlich Blüten trägt, verklungen, und gar manche
Heldenſage, die ſich an das glorreiche Geſchlecht der Welfen und insbe=
ſondere an Heinrich den Löwen knüpft, deſſen wunderbare Fahrt und
Rückkehr der Meiſtergeſang verherrlichte. Und auch der Harz hat noch
ſeine „Traum= und Zauberſphäre", ſeinen romantiſchen Hexendunſt, in

welchem die mythischen Gestalten dem bleichen Bergmann erscheinen. In Hildesheim singen die Kinder noch das Martinslied:

„Wie komet woll vor eines riken Manns-Döör,
Tau düssen Marten-Abend
Wi wünschet dem Heeren einen goldenen Tisch,
'n gebratenen Fisch,
'n Glas mit Wien,
Dat sall des Heeren Mahltiet sien
Tau düssen Marten-Abend.
Wie wünschet der Fruen 'n goldenen Wagen
Mit Silber beschlagen,
Drin sall sei denn spatzieren fahren
Tau düssen Marten-Abend.
Wie hebbet 'ne Junfer geschooren
Von Gold und Silber 'ne Krone,
Dei Krone dei is sau wiet un breit,
Bedecket dei leiwe Christenheit,
Bedecket dat Kruut un grüne Grass,
Dat Gott, dei Heere, erschaffen hat,
Tau düssen Marten-Abend.‟

Dann steht auch Schöppenstädt noch als Wahrzeichen der alten Neckeluft so gut wie Polkwitz, Schilda, Wasungen, Boesingen, Hirschau, Beckum und all die andern Lalenbürger = Nester des deutschen Spottvogels, und der Volkswitz weiß von der Klubbstiftung zu Schöppenstädt zu erzählen, wie sie dort ein Rundschreiben erließen „an alle de foornemen, da sint Kramer, Bruwer, Sluckbränder, Haushölder, de Heren sam Rade, Recht, Scheerbüdel u. s. w.‟, die sich unterschrieben, und wie dann „de erste Klip 'ehoolden word up dem Raadhuuskeller‟; und wie sie „öe den Harmony=Klip nömeben un de Harmony so groot was, dat sie in der eersten Stund sik by den Haren kregn un mid Stöffen gallerden un darmide de heile Harmony ute war‟ u. s. w. Es ist auch für den deutschen Norden die rechte Heimath des Getränkes zu nennen, das bei aller Volksluft seine Rolle spielt, des Biers, wie für den deutschen Süden im Bayerland; hier, wo der Ruhm des Breihahns, der Mumme und des Eimbeck einst in alle Welt erging. Trinken ist alte Art bei uns Deutschen, oder Unart, wie man's nennen will, und ist uns oft genug nicht mit Unrecht vorgeworfen worden, können wir ja selber heutiges Tages fast nichts Wackres oder Neues beginnen, es muß gleich das Festessen drauf kommen — und das Festtrinken — geht's auch heut zu Tage nicht mehr so derb und ungeheuerlich dabei zu, wie beim „Trunk aus dem Stiefel" oder beim „pommerschen Trunk", da einer so lang in einem Zuge nach sich holte, daß ihm der Athem entbrach, und dennoch, wenn er abließ, beide Backen voll im Rest behielt. Und so mag denn auch, weil man denn Deutschland in Weinland und Bierland scheidet, hier eine Musterkarte der abentheuerlichsten Biernamen stehen, von A bis Z, wie sie von unsern Vorältern gleichsam als Wahrzeichen mit Städtenamen verbunden wurden, ein Gegenstück zu der überschwenglichen Fülle von Ausdrücken, welche unsre Sprache und ihre Mundarten für den Begriff des Trinkens und Betrinkens haben; so heißt es: „Altenburger Rum= puff", „Bautzener Klotzmilch", „Boitzenburger Bit den Kerl, Binden= kerl, Betörwan", „Brandenburger alter Klaus", „Braunschweiger Mumme und Salvatoröl", „Breslauer Schöps oder toller Wrangel", „Dassel'scher Hund", „Delitzscher Kuhschwanz", „Dörnburger Störten= kerl", „Ecklenförter Kakabulle", „Eislebener Mord und Todtschlag und Krabbel an die Wand", „Eimbecker Bier", mit dem Prädikat: „das beste", „Erfurter Schlunze und Ridgern", „Frankfurter (a/O.) Büffel und Stöffeling", „Gardeleger Garley", „Gießner Raut", „Goslarer Gose" (ein Volksreim, derb wie ein Knittel, bezeichnet der Gose Kraft und Eigenschaft), „Güstrower Knisenack", „Hallischer Puff", „Hannö= verscher Breihahn", (vom Erfinder Konrad Breihahn; Breihahn auch in Bernburg, Köthen, Halberstadt, Hildesheim, Halle, Zerbst und Dessau), „Helmstädter Klapitt", „Jena'sche Klatsche und Dorfteufel", „Kieler Witte", „Kolberger Black", „Königslutter Duckstein", „Leipziger Rastrum", „Lübecker Israel, Irar, Juckfterz, Hartenack", „Lünebur= ger Beniken", „Magdeburger Filz und Fischerling", „Marburger Jun= ker", „Merseburger Heidehecker, Hodebänker, Kopreisser", „Möllensche Laucke", „Münchner Bock und Salvatoröl", „Münstersche Koite", „Os= nabrücker Buse", „Ratzeburger Rummeldaus", „Riddagshäuser Schüt= telkopp", „Rostocker Oel", „Stabbi'scher Kater", „Torgauisch Bier der Armen Malvasier", „Todtenkopf zur Fechte", „Weißenfelser Hempel", „Wenigeroder Lumpenbier", „Wettiner Keuterling", „Wolliner Bockhän= ger", „Wollgaster Hofing", „Zerbster Würze." Es ist eigen, daß der edle Wein, unbeschadet der Empfänglichkeit deutscher Zecher für ihn, kein gleichlanges Register wunderlicher Namen aufweisen kann; nur die schlechten Abarten, die Reifbeisser, die Dreimännerweine, die Strumpf=

209

weine u. dergl. machen als Spottgarde Spalier, und hie und da klingt noch eine Zecherparole aus alter Zeit herüber, wie: „Zu Bacharach am Rhein, zu Klingenberg am Main, zu Würzburg am Stein wachsen die besten Wein", oder: „Franken=Wein, kranker Wein; Neckar=Wein, schlechter Wein; Rhein=Wein, fein Wein", so daß alle Wege doch der Rhein den Preis behält bis nach Bremen hinauf, wo im Rathskeller die Rose blüht und die zwölf Apostel geheimnißvolle Tafelrunde halten. Doch genug des Zwischenspiels!

Nun noch Proben der Mundarten in den erwähnten hannöverschen und braunschweigischen Landestheilen, sowie in den Anhaltischen Her= zogthümern. Die Mundart zu Limmer bei Hannover bezeichnet folgende Episode einer Predigt, die der originelle Pastor Jobst Sackmann (geb. 1643, gest. 1718) hielt, als sich ein Perrückenmacher aus Han= nover den Spaß machte, sich für den Schwedenkönig Friedrich I. auszu= geben und als solcher in der Kirche zu erscheinen: „Beelzebub schal so veel bedüen as een Fleien (Fliegen=) Könnig, so nennden de Juden da= mals den bösen Fiend ut Verachtung. Se wußten, dat he een hofför= digen Geist is, de nig Ehre genaug krigen kann, unn wollden ön da= midde recht kränken, wenn se Beelzebub to öm säden. Du wült dog geren een Gott sien, so magst du denn een Könnig over de Fleigen sien, so hast du dog wat to befehlen. Seit mal, mine leeven Kinner, dat kummet mi eben so vör as de Kerel, de da gegen mi över in dem blagen Kleede sitt, de denkt ook, ek schall glöven, he were de Könnik von Swe= den, un et is dog man een Prückenmaaker ut Hannover. Ja du magst mi wol be rechte Könnig sien, du domme Beelzebub. Bist du darum her komen, dat du mi olen Mann tom Narren maken wullst, so häbst du man können to Huse bliven, du donnersche Haarklöver du! Nu wüllt wü wedder tau usen Texte komen," (worauf dann der Pseudokönig, so geschwind er konnte, zur Kirchenthüre hinauseilte).*) Ein Volkslied= chen im Fürstenthum Kalenberg lautet:

„Kiwit
Bin ick,
In'n Brummelbeeren Busch
Da sitt ick,
Da fleut' ick,
Da hebb' ick miene Lust."

*) W. Görges, Vaterl. Gesch. u. Denkwürdigkeit. II. 1844.

Duller, deutsches Volk.   27

Im Hildesheimischen sind (unter andern) folgende charakte=
ristische Sprüchwörter*): „Twischen den Köning Salomo un einen
Schauflicker geit eine groote Heerstrate"; „sei süht uut, as wenn sei
Wiehwater= (Weihwasser=) Suppen gegetten hätte" (für Frömmelei);
„man weit woll, wat en hölten Bock for Talg hett" (daß er aus eignen
Mitteln keinen solchen Aufwand machen könne); „dei Quark Pook hett
en Snute as en Rattenfänger" (von einem Kleinen mit großem Maul);
„hei föhrt as en Schoof Stroh" (von einem Schwätzer); „eck föhre von
Tüten, du hörst von Hüten" (mißverstanden werden).

Im Anhaltinischen leben wackere Menschen, fleißig und still,
wohlbegabt und gebildet, ohne daß gerade besonders hervorstechende
Eigenthümlichkeiten sie von den angrenzenden schieden. Ich wähle zur
Bezeichnung der Mundart von Anhalt=Zerbst das Kinderlied vom Bischof
Bukko von Halberstadt, dessen Name (Bukko soll ein großer Kinder=
freund gewesen sein) in den verschiedenen norddeutschen Mundarten das
Wiegenlied durchklingt:

„Bukko von Halberstadt,
Bring doch unsre kleene Kinder wat!
Wat soll ick em denn bringen!
'n Paar rothe Schooh mit Ringen,
'n Paar rothe Schoohe met Gold beschloan (beschlagen),
Da kann unse Kind drop to Danze goan.''

Als Probe der Mundart bei Ballenstädt folgende Zwiesprach zweier Ra=
disleber (Raschlebber) Frauen, welche zugleich gar hübsch die Volks=
meinung über das Fürstenhaus ausdrücket:

„L. Wat sprickt me denn von use Försten oben?
De Lüde soll'n se ja gewaldig loben?

T. Ei nu, dat wär ock, Vaddersche, nich recht,
Sei soll sau gut sin, wie 't en jeder segt,
Den Armen let se vel de gude kommen,
Dei wären halig ohne sei umkommen.

L. Ja, ja! Se gaf en Holt, dadau ock Brod,
Und ret se ud dem Winter, ud der Noth,
Sei soll ehr Kinn'ken silber stillen
Un, wie se segt, die Mutterpflicht erfüllen.

T. Dat is de rechte Gruss, Se lebe hock!
Un gebe uns ob 's Jahr en Prinzken ock!''

—————
*) Firmenich.

Eine eigenthümliche Geschlechtssage ist die vom Krötenringe zu Dessau,
wie die fromme Fürstin eine Seele aus der Verzauberung in Kröten=
gestalt erlöst und zum Dank ein goldnes Ringlein erhalten, mit der Ver=
heißung, ihr Geschlecht werde immerdar glücklich blühen, so lange es
das Ringlein bewahre.

———

Das Volk in der mitteldeutschen Staatengruppe.

Motto: Gleichwie zum Rhein die Ströme all,
Als Adern ziehn zum Herzen,
Münden in Eins, in Deutschlands Herz,
Hier Aller Freuden und Schmerzen.

Nicht geringere Mannigfaltigkeit als im Norden zeigt sich in Mitten
Deutschlands, wo die Besonderheiten der Volksstämme theils nach Nor=
den, theils nach Süden verzweigen und eingreifen. Die eigentliche Bin=
degeschichte, den haltbaren Zwischenstein bildet das thüringisch=ober=
sächsische Element; und da gruppiren sich wieder um die Hauptparthie
des Königreichs Sachsen das Großherzogthum Sachsen und die sächsi=
schen Herzogthümer, die schwarzburgischen und reußischen Fürstenthümer.
Ferner tritt als zweites Hauptelement das hessische hervor, das an der
Eder, Fulda, Werra hinauf, an der Lahn hinab zusammengreifend,
wie ein Keil ins fränkische Wesen lebendig hineingetrieben ist. Dieß die
beiden Hauptparthieen der mitteldeutschen Staatengruppe, an welche sich
noch die Westerwald=Taunusparthie (Nassau), schließt sowie ihr auch
die bayerische Rheinpfalz recht eigentlich ebenso wie Birkenfeld, Nah=
und Saarland und Luremburg angehört. Aber freilich schneidet da die
politische Gränze mitten in die natürlichen Volksgränzen hinein, schnei=
det und trennt, verbindet und flickt, schleicht vorbei und überspringt,
und es ist eine Freude, wie das alles doch so tiefinnerlichst in einander
greift und von einander nicht lassen will bei all den verschiedenen Farben,
wie da noch immer die alten Erinnerungen haften und die alte gesunde
Natur all den Wechsel der politischen Unnatur überdauert. Eigentlich
müßte in Mitteldeutschland auch noch das Frankenland hinein gezogen
werden, aber da das bayerisch ist, so versparen wir's uns, wie die bay=
rische Rheinpfalz, und wie den guten alten Pfälzer Theil Badens für
die süddeutsche Staatengruppe.

Es ist ein schöner, großer, gesegneter Strich Landes, auf welchem diese mitteldeutsche Staatengruppe steht, die das Königreich Sachsen, drei Großherzogthümer: Sachsen = Weimar„ Hessen und Luremburg, das Kurfürstenthum Hessen, fünf Herzogthümer: Sachsen = Meiningen, Sachsen = Altenburg, Sachsen = Koburg = Gotha, Nassau und Limburg, vier Fürstenthümer: Schwarzburg = Sondershausen und Schwarzburg Rudolstadt, die Fürstenthümer Reuß älterer und jüngerer Linie, die Landgrafschaft Hessen = Homburg und die Stadt Frankfurt a./M. um= faßt, also sechszehn größere und kleinere Staaten. Die Grundfläche der einzelnen ist folgende: Königreich Sachsen 271/$_{676}$ Geviert = Meilen, Großherzogthum Sachsen = Weimar 66/$_8$, Großherzogthum Hessen 152/$_{86}$, Großherzogthum Luremburg 47/$_{21}$, Kurfürstenthum Hessen 167 (nach Landau), Herzogthum Sachsen = Meiningen 41/$_{47}$, Herzogthum Sachsen = Altenburg 24/$_{47}$, Herzogthum Sachsen = Koburg = Gotha 37/$_6$, Herzogthum Nassau 82/$_1$, Herzogthum Limburg 40/$_{10}$, Fürstenthum Schwarzburg = Sondershausen 15/$_{44}$, Fürstenthum Schwarzburg = Ru= dolstadt 15/$_{57}$, Fürstenthum Reuß älterer Linie 6/$_8$, Fürstenthum Reuß jüngerer Linie 14/$_{63}$, Landgrafschaft Hessen = Homburg 5/$_0$, freie Stadt Frankfurt 1/$_{78}$. Die absolute Bevölkerung betrug im Königreich Sachsen (nach der Volkszählung am 1. Dezember 1840): 1,705,276 Seelen, im Großherzogthum Sachsen = Weimar 248,458, im Großherzogthum Hessen (nach der neuesten Zählung von 1843) 834,711 *) im Großher= zogthum Luremburg (Ende 1841) 175,241, im Kurfürstenthum Hessen 728,650, im Herzogthum Sachsen = Meiningen 152,640, im Herzog= thum Sachsen = Altenburg 122,717, im Herzogthum Sachsen = Koburg= Gotha 141,251, im Herzogthum Nassau (nach der Zählung im Jahre 1840) 397,788 **), im Herzogthum Limburg (Ende 1841) 199,109, im Fürstenthum Schwarzburg = Sondershausen 57,257, im Fürsten= thum Schwarzburg Rudolstadt 66,864, im Fürstenthum Reuß älterer Linie 33,062, im Fürstenthum Reuß jüngerer Linie 73,929, in der Landgrafschaft Hessen = Homburg 23,689 und in der freien Stadt Frank= furt 66,388.

---

*) Im Jahre 1840 betrug sie nur 811,305 Seelen, und doch hatte sie sich schon in diesem Jahre 1840 seit der Volkszählung vom Jahre 1837 um 27,532 Seelen vermehrt.

**) Vergl. Vogel, das Herzogthum Nassau (Wiesbaden 1843).

Der Deutsche im Königreich Sachsen.

Der Sachsenname ist dem Volk, welches das jetzige Königreich Sachsen bewohnt, nicht ursprünglich, auf dasselbe nur übertragen worden durch die Beherrscher. Hier saßen bis znm 10. Jahrhundert slavische Menschen, die Sorben, Wenden; christianisirend, germanisirend wälzte sich gegen und über sie altsächsischer Waffendrang; König Heinrich der erste, der Vogelsteller (besser wird er „der Städtegründer“, oder der „Deutsche“ zubenannt) überwand sie und stiftete die Mark Meißen; die Slaven lebten nun abhängig von den Siegern, vermischten sich theils mit denselben, erhielten sich theils unvermischt. So sitzen noch heute 50,000 Menschen slavischen Bluts *) (Wenden) auf diesem Boden, am dichtesten, lautersten beisammen in der Oberlausitz, dünner im Kreis= direktionsbezirk Dresden, mit eigenthümlichem Gepräge der Sitten und Sprache. Die Herrschaft aber kam im Jahre 1127 durch Markgraf Kon= rad an das Haus Wettin, das heute noch blüht; den Sachsennamen brachten zuerst die Askanier auf ihre Besitzungen an der Mittelelbe, als mit dem Sturz Heinrichs des Löwen (1180) das große alte Sachsen= Herzogthum zerschlagen war; von den Askaniern übernahmen die Mark= grafen von Meißen 1423 durch Friedrich den Streitbaren die askanische Kurwürde, das askanische Wappen und übertrugen den Sachsen= Namen.

Es ist hier ein lebhaftes, bewegliches, äußerst bildungsfähiges, heiteres, wohlgestaltetes Geschlecht, an welchem man einen Übergang von den Körperformen des Nordens zu jenen des Südens wahrzunehmen glaubt, voller Fleiß und Anstelligkeit, wacker in seinem Thun und Lassen, freigemuth im Glauben und Streben, das Gesetz hochachtend, tapfer im Kriege, selbstbewußt ohne Dünkel und Eitelkeit, weichen Gemüths ohne Weichlichkeit, geschmeidig und höflich, dienstfertig und gefällig ohne Selbstentäußerung.

Von der obersächsischen Mundart bemerkt Götzinger: **) „Sie herrscht in Thüringen und der alten Markgrafschaft Meißen, und hat sich später über die Oberlausitz und Schlesien ausgebreitet. Sie zeigt sich, in so weiter Ausdehnung sie auch gesprochen wird, überall in der=

---

*) Im Jahre 1832: 40,482, davon 31,727 in Dörfern.
**) A. a. O.

selben Gestalt mit sehr unwesentlichen Abänderungen und bietet durch=
aus nicht so viele Abweichungen und Abwechselungen dar wie die frän=
kische. Nur in der Modulation der Stimme und der hohen und tiefen
Aussprache der Vokale unterscheiden sich der Thüringer, der Meißner,
der Lausitzer und der Schlesier; die Verhältnisse der Laute und der gram=
matische Bau überhaupt sind im Wesentlichen überall gleich." Dieses
Gleichbleiben des Obersächsischen glaubt Götzinger durch die Art der
Verbreitung desselben also erklären zu können. „Die fränkische Mund=
art traf im Westen auf andere deutsche Mundarten, vielleicht nieder=
deutsche, im Osten auf das slavisch=böhmische Idiom. Letzteres ver=
drängte sie und erhielt sich in Böhmen als eigentlich fränkische Mundart;
die westlichen deutschen Mundarten hingegen konnte sie nicht verdrängen,
sondern nur verderben, und erlitt vielmehr mancherlei Eindrücke von den=
selben, so daß eine Menge Mischformen entstanden. Die obersächsische
Mundart stieß auf ihrer Verbreitung nach Westen auf gar keine deutsche
Sprache, sondern hatte bloß slavische Dialekte zu verdrängen, die wohl
hinsichtlich des Vortrags ihr viel leihen mußten, aber auf den Bau selbst
keinen Einfluß haben konnten." Ob nun aber dieser obersächsischen
Mundart eine ursprüngliche thüringische zu Grunde liegt, oder ob das
ganze Idiom aus einem Zusammenstoßen der fränkischen mit dem Nieder=
sächsischen entstanden ist, läßt Götzinger dahingestellt sein, er glaubt je=
doch, jedenfalls sei Thüringen als die Heimath dieser Mundart anzu=
sehen, weil hier stets deutsche Stämme wohnten, wogegen Meißen erst
den Slaven entrissen und mit Thüringen und Sachsen bevölkert wurde.
Wie bereits erwähnt worden, bezeichnet Götzinger die obersächsische Mund=
art als das Mittelglied zwischen dem Oberdeutschen und Niederdeutschen
und zwar das Gerippe als oberdeutsch, die Sprechweise selbst und die Art,
wie der Bau ausgeführt ist, niederdeutschen Gepräges. „Sie besitzt (be=
merkt er), ganz den oberdeutschen Konsonantismus, aber die Konsonan=
ten sind großentheils erweicht und geschwächt; pf schwächt sich zu f, f zu
w, t zu d, p zu b. Alle harten Konsonantenbildungen hören auf und
Zusammenziehungen wie „gsagt, gsehn, gsund, gwis," fallen nie mehr
vor; dieses Idiom hat mithin alle Ecken der südlichen Mundart, ja
überhaupt der hochdeutschen abgeschliffen, aber soweit auch alle Kraft
verloren und ist doch nicht zu der Nettigkeit und Rundung des Nieder=
deutschen gelangt." Unser Gewährsmann charakterisirt sodann das Ober=

sächsische in seiner äußeren Erscheinung als Gegensatz des Schwäbischen und Bayerischen. „Wenn der Schwabe spricht, als verwundere er sich über die Maßen, und der Bayer, als fürchte er die ganze Welt nicht und fordere sie zum Kampfe heraus, so bringt der Obersachse dagegen alles glattweg heraus, und seine Sprechweise erscheint entweder wie die eines Mürrischen und Polternden, oder eines Gleichgültigen und in sich Versunkenen. Natürlich spricht er auch viel schneller als der Südländer, wiewohl nicht ohne Modulation der Stimme, die in manchen Gegenden sehr bedeutend ist und sich bis zum singenden Heben und Schwellen steigert. Im eigentlichen Meißnerlande erscheint die Mundart am weichlichsten, kräftiger in Thüringen und Schlesien. Noch in einer anderen Hinsicht aber wird das Obersächsische Gegensatz der drei südlichen Mundarten, nämlich hinsichtlich des Lieblingsorgans, das beim Sprechen thätig ist. Das vorzugsweise ausgebildete Organ des Alemannen ist die Kehle; seine k und ch krachen tief aus der Gurgel hervor, seine ö, ü und eu werden alle mit der größten Virtuosität tief hinten im Schlunde gebildet und selbst dem reinen a oder e gibt er noch gern einen leisen Kehlhauch zum Begleiter. Bei dem Schwaben und Bayer tritt die Nase als bedeutsames Organ hervor, ohne daß jedoch die Kehle unthätig würde. Bei dem Obersachsen nimmt die Thätigkeit des Gaumens weit bedeutender ab; während der Alemanne das r halb in der Kehle bildet, bildet der Obersachse das ch halb auf der Zunge und das j sogar mit der Zungenspitze, so daß Jahr und Jammer fast wie Djahr und Djammer lauten. Vorzüglich tritt nun aber das Lippenorgan in eine Thätigkeit ein, welche andere Mundarten gar nicht kennen. Denn indem sich beständig die Lippen runden, erleidet a eine eigenthümliche Färbung und Trübung und erscheint wie ua, so daß man sua'n (sagen) Gnuade, Vuater, Wuasser zu hören glaubt. „Ein Diphthong“ (bemerkt unser Sprachanatom dazu) „ist dieser Laut eben so wenig als das alemannische üej oder äj Triphthonge und Diphthonge sind (in früej, mäjen). Es ist nur ein Anhalten des Vokals auf der Lippe, sowie im Schwäbischen ein Durchdrängen durch die Nase und im Alemannischen ein Fesseln in der Kehle, und so wie gar nicht überall in den Gegenden des alemannischen Dialekts der sich anschmiegende Kehlhauch in gleichem Maaße gehört wird, so hört man auch keineswegs in allen Sprecharten des Obersächsischen die ua und ue in gleichem Maaße. Ist der Anlaut des Wortes ein Lippenlaut, so tritt natürlich der Lippenvokal deutlicher hervor, z. B. Vuader, Wuaffer, muahr, Mua. Immer bleibt die oberfächfifche Mundart eine in vieler Hinficht fehr merkwürdige und verdient befonders die Aufmerkfamkeit der deutfchen Sprachforfcher, da fich mancherlei grammatikalifche Gefetze fehr rein darin ausprägen, wie denn z. B. keine oberdeutfche Mundart die Zeitformen fo genau unterfcheidet. Merkwürdig ift fie auch deshalb, weil lange von ihr die Sage gegangen ift, fie fei die Mutter des Neu= hochdeutfchen, eine Behauptung, die nur ausgegangen fein kann von folchen, welche die reine Mundart gar nicht kannten, was bei fehr vie= len Bewohnern der Landftriche, in denen fie herrfcht, der Fall fein kann, indem fie eigentlich bloße Bauernfprache ift und in den kleineren Städten fich ein eigenes Idiom gebildet hat, das zu den häßlichften Mißgeburten gehört." Oftfränkifche Mundart greift nördlich ins Voigtland und ins fächfifche Obererzgebirge hinein, doch mit vieler Beimifchung des Ober= fächfifchen. Als Probe der Mundarten mögen nun folgende Lieder ftehen.

Aus Mitweyda und dem nachbarlichen Erzgebirge *) folgendes Schelmenlied:

„Hür, Weibchen, du sallst heme gehn,
Dein Mann, där iss sihr krank."
„„Iss-ar krank? Gott sei Dank!
Noch-ä Tänzchen oder zween
Nacher will-ich heme gehn.""

„Weibchen, du sallst heme gehn,
Se han d'n Dokter Hans gehollt!"
„„Hans gehollt, brov gerollt.
Noch-ä Tänzchen u. s. w.

„Weibchen, du sallst heme gehn,
Dei Mann leit in letzten Zig'n."
„„Leit in 'n Zign? Lasst 'n liegn.
Noch-ä Tänzchen u. s. w.

„Weibchen, du sallst heme gehn,
Se gäb'n ihm das letzte Äbl!"
„„Letzte Äbl? Mein'n Empfähl!
Noch-ä Tänzchen u. s. w.

---

*) Radlof, Mufterfaal aller deutfchen Mundarten. Bonn 1821 — 22. I. 231 ff.

,,Weibchen, du sallst heme gehn,
Dei Mann leit uff'm Schrogen.
,, ,,Leit'r uffm Schrogen? Lasst 'n wegtrogn.
Noch-ä Tänzchen u. s. w.

,,Weibchen, du sallst heme gehn,
En Andrer iss schonn do.''
,, ,,En Andrer iss do? Hopsassa!
Noch-ä Tänzchen oder zween,
Nacher will-ich heme geh'n.'' ''

Meißner Mundart um Dreßden *):

Die Wählische.

Feins Mädel, wist de nahmen
'n Pauer sein Suhn zer Jeh? (Ehe)
,,O ne! ech will nich nahmen
'n Pauer sein Suhn zer Jeh.
Do misst ech feines Mädel
Drei Stungen vur'n Tagk ufstien.''

Feins Mädel! wist de nahmen
'n Schenken sein Suhn zer Jeh?
,,O ne! ech will nich nahmen
'n Schenken sein Suhn zur Jeh!
Doch misst ech feines Mädel
Ack immer bei den Schenktesch stien.

Feins Mädel! Wist de nahmen
'n Miller sein Suhn zur Jeh!
,,Oia! den sacken (denselben) nahm ech
'n Miller sein Suhn zur Jeh!
Do werd ech feines Mädel
Ack immer rim spazieren gien.''

Als Probe der Mundart bei Freiberg folgende Ankündigung reisender Virtuosen **):

M'r sinn gans neue Musekanten
Aus Lief - un Lappenlanden,
M'r sinn nich de oft genannten,
Ne; m'r sinn norr Ferteosen,
Die su manchen gnädgen Härrn

---

*) Götzinger a. a. O. S. 93.
**) Radlof, a. a. O. S. 237.

Kaiser un Künige hun angeblosen
Un se hürtens all gärn.

Der Schluß des Schalfliedes lautet:

,,Un m'r hun o apparte Liedel
Hie in eenen Kuber do,
Eens das iss uff eene Fiedel,
Eens uff eene ahle Fro,
Eens uffs Porrodieses Platzel,
Eens uffs Margenettenspiel,
Eeens uffs Schnäpsel, eens uffs Schmatzel,
Eens uff eenen Bäsenstiel.''

Charakteristisch ist das nachstehende „Lyd vom Hemel" (Probe der Lausitzer Mundart *) eine Variation des Schlaraffenlands·

,,Wenn mr warn ei'n Hemmel kummen
Hät de Plach an End genummen
Do is kee Amtmaa und kee Schender,
Kee Soldat un o kee Sender,
Is keen Akzis und keene Staier,
Alles wullfel, nischte thaier,
In däm Hemel es ä Lawe,
Stryzel kryggt mer ock und Bäwe,
Hunnichbemmen, doss se kläcken,
Doss m'r muss de Fenger läcken,
Alle warn Rusinken assen,
Und das Guld ei Värteln massen;
Alles is o da vorhanden,
Wenns glei quem aus fremden Landen,
Zucker, Kolmes (Kalmus) für den Muogen
Rusenwuasser fär de Oochen,
Fette Schweinel warn'n mr bruaten,
Junge Hühnel war'n gesoaten,
Oppel, Bärnen, Kärschen, Flaumen
Wäxen durt uf jeden Zaume
Nisse krykt mr ganze Schäffel,
Butter isst mer meten Läffel,
Jacken war'n mr naie krein
Und uf Flaumenfedern lein.
Sunntich trät mer gale Husen,
Und in Kratschen (Wirthshaus) werd gebläsen.
Vun der Aerbt würd ni nich gespruchen,

*) Götzinger a. a. O.

Do quem ' eener angestuchen?
Durt sein alle grusse Harren,
Di sich nach Gefallen sparren.
Kärmst (Kirchweih) is geden geschlaanen Tagk,
Keener hat da nischt ze saan.
Alles labt durt une Surjen
Faierawen is fri Murjen.
Wenn der Dudelsack ward brommen,
Und de grusse Glucke sommen —
Warn mr alle juxen, sengen
Und met gleichen Fissen sprengen,
Assen warn mr na Belywen,
Nischt von Pelzen, Kraut und Rywen.
Wain warn mr wi Wosser scheppen
Trenken ack aus guldnen Teppen.
Schluafe warn mr, dass mr schnarjen,
Keener uffe 'n Seejer (Uhr) harjen (horchen)
Imer warn mr lustich lawen,
Keener ward da ni nich starwen.
Is dos nich e hipsches Lawen?
Wann's ack Gutt baal wellte gawen!
Härr, lass dein Gebud uns haalen,
Das mr ni de Thyr verfahlen."

Als Probe der Mundart des sächsischen Voigtlandes folgendes „Bouerlüed" (von C. G. Wild *):

„Den Bouerstand well ych mir loum (loben)
Der is sou gwaltich schia;
Unn hett ych schou a Maanel Boum (Mandel Buben)
Unn in der Stoab ka fesel (kein bischen) Roum,
Sou theit ych si erzia
Ze Bouern.

Fruh geits zum Oexle in den Stoall,
Unn senne di ouns koumme,
Der Männel, Zaimer, unn sou all,
In grouben unn in kloaren Schall,
Die foange a ze broumme:
Kommt, Bouern!

Unn wenn se nou gefüetert sei,
Nouch thout mer se ispanne;
Do fährt mer Hoalz, do fährt mer Hai,

*) Bei Götzinger a. a. O. 76.

Ball ackert mer, bald leydt mer Strai,
Dos alles giat vun danne
Dem Bouer.

Nix ouber moacht meyer Luest und Ploach,
Als wenn's zour Oernt thout gia;
Dou stycht di Sounn den lange Toag,
Mer schneydt und bindt, mer leysst net noach;
Dous kenne nu verstia
Weyr Bouern.

Do schmeykt de Souppen unn de Klies (Klösse),
Wenn mer ze Noacht thout essen;
Do schluyft mer a allweil sou sies,
Unn ranzt (schnarcht) derzou, als wey a Ries:
Drim koa sych kaner messen
Mid Bouern.

Unn is nou's Dreschen a vorbei,
Do mous hoalt 's Weisvoulk spinne;
Im Winter brennt de Schleyssen (Lichtspan) fei,
Weyr ragng e Pfeyfle geln (gelben) derbei,
Im Winter sitzt gern drinne
Der Bouer.

Jou, wär nett Spann unn Löifering,
Quatember, Zinns unn Frouhne,
Wous wärs neyt fer e lustichs Ding
Uems Bouerley'm, wowou ych sing.
Do wärn weyr ga Baroune
Weyr Bouern.‘‘

Ich schließe diese Liederproben der Mundarten mit einer Probe der obererzgebirgischen Mundart in ungebundener Rede, dem Ge= spräch zweier Bergleute *): „Zwa Barkleut pagönga annanner. Erster: Galück auf, Hänner! (Heinrich)“. Zweiter: „Galück auf, Kahr (Karl)“! Wulenden warste däh? Epper im Wald?“ Erster: „Na. Ich ho schune ganzen Morgn fette Kupwithing, do bi ich a wink hutzen ganga za men Pod (Pathen) Dafet (David).“ Zweiter: „Do warste! Ja suh! Sei netta Mabla za Rocken bei denn Pod? Aff gieng racht za

---

*) Interessante Wanderungen durch das sächsische Obererzgebirge. (Freiberg 1809). S. 166.

Foden." Erster: „Eiuh! Aff Müllerhannel un aff Schmidtrickel un aff
Beierkorbel war do, se thaten singa." Zweiter: „Hos schu gahärt, 's
sei rachte Kröten. Izza ho ich a an Achherrl (Eichhörnchen), dos is a
schi (schönes) Dink; aff hängt annän Köthel (Kettchen)." Erster: „Ei
Sackerwunna, das muß ich asah (ansehn). Nochmittig kumm ich a wink
hutzen zuder (zu dir)." Zweiter: „Nu 's iff racht, da kimmst a gar nett
in Zod. Hosta däh (denn) za thu?" — Erster: „Dos sei Sachen. Ich
muß Bornkinnelsachen schnitzen, do stih ich nett vun men Sofer (Sitz)
auf bis Ohmst (Abends), nocher natz (schlafe) ich a wink un fahr ah."
Zweiter: „Off da Woch iff Garmerig (Jahrmarkt); ich ho oder (aber)
ka Gald, sist hätt ich mer ann Zscharper gakaft" (ein kurzes starkes Messer
mit einem beinernen Heft, welches der Bergmann beim Anfahren an-
stecken hat). Erster: „J, der alte iff ah gut. Ich muffa ham, mer wolln
affen, Arböppeln mit Göllerla (Kartoffeln mit Schalen) un a Battel-
madelsupp" (Brodkümmelsuppe). Zweiter: „Ich wahr mer en Harig fär
en Sächser huhlen lossen. Galück auf, Kahr!" Erster: „Galück auf,
Hänner!"

Die volksthümlichen Züge, welche in dieser Zwiesprach der obererzgebirgischen Bergleute hervortreten, mögen hier näher bezeichnet werden. Das „Hutzengehn" ist ein kurzer Besuch (namentlich im Winter)
bei einem Nachbar und Bekannten zu traulicher Plauderei, wobei der
Nachbar ohne Umstände kommt, grüßt, sich auf die Ofenbank setzt und
sein Pfeichen schmaucht, oder die Mädchen des Abends mit ihren Klöp-
pelkissen und Klöppelflaschen sich einstellen, sich um ein tischförmiges
rundes Gerüste setzen, auf dessen Mitte ein Öllämpchen steht, ihre Fla-
schen drum stellen, und nun unter Geplauder, Scherz, Gesang und Er-
zählungen ihre Klöppelarbeit verrichten und nach besonders ausgemach-
ten Sprüchen bemerken, wie viel Schläge, halbe, ganze und Doppel-
schläge sie beim Spitzenklöppeln gemacht haben; es kommen auch einzelne junge Bursche, meistens junge Bergleute, setzen sich hinzu, scherzen und erzählen, wie sie auf der Grube hätten unglücklich sein können
und gewinnen das Mitleid der Mädchen. — Das Bornkinnelsachen-
Schnitzen bezieht sich auf das Schnitzen von allerlei künstlichen Gegen-
ständen, Modellen und dergleichen zur Weihnachtszeit (Bornkinnel =
geborenes Kind), welche entweder zur Gewinnung von Feiertagsgeld verkauft oder zur Freude der Familie am heiligen Abend illuminirt werden,

wie denn an demselben bei der Mahlzeit, die aus „Semmelmilch", Hering mit Milchbrei oder Äpfelsalat, oder Sauerkraut und Wurst mit Branntwein besteht, ein großes bunt bemaltes Licht brennt, auf welchem oft Namen und Jahrszahl zu sehen sind; da sind die Fenster erleuchtet und draußen wandeln die Bergsänger mit Stangen=Laternen und Cithern und singen allerlei Bergmannslieder.

Ein Faſtnacht=Bergfeſt zu Johanngeorgenſtadt beſchreibt unſer Gewährsmann vom Jahre 1809 *) folgendermaſſen: „Tags zuvor ſind gewöhnlich die Bergleute aus den kombinirten Bergrevieren Schwarzenberg und Eibenſtock in ihrem Ornate daſelbſt eingetroffen. Früh um fünf Uhr wird dann die große Glocke geläutet, worauf von dem Stadtpfeifer und den Berghoboiſten ein Morgenlied vom Thurme geblaſen wird. So wie nun der Tag angebrochen iſt, ſieht man die geputzten Bergleute auf den Gaſſen einher und in das Rathhaus ziehen, woſelbſt ſie ſich alle verſammeln. Das Volk ſteht nun umher und freut ſich; Mütter freuen ſich über ihre Söhne, Weiber über ihre Männer, Kinder über ihre geputzten Väter, Mädchen über die ſchmucken Burſche. Das iſt ein Treiben und Drängen, Schwatzen und Lachen; am Markte und in der Kirchgaſſe ſind faſt alle Fenſter beſetzt. Nun werden auch die Bergbeamten nach dem Range von Steigern und Bergälteſten, ſowie die Schichtmeiſter von ihren Leuten auf das Rathhaus feierlich begleitet, wo von oben herab ihnen Trompeten und Pauken entgegen tönen. Mit dieſer Feierlichkeit wird auch die Fahne abgeholt. Endlich um neun Uhr unter dem Geläute aller Glocken bewegt ſich der feſtliche Zug mit ſtarker Muſik nach der Kirche zu. Ein Knappſchaftsälteſter oder Schichtmeiſter führt den Zug an, welcher vier Mann hoch eingerichtet iſt. Das Ganze nimmt ſich vortrefflich aus; wenn man von oben den langſam wallenden Zug erblickt, ſieht man nichts als Grün, Weiß und Schwarz, nebſt den hier und da hervorragenden Federbüſchen. Das Bergamt in ſeiner Tracht nimmt ſich beſonders ſchön aus. Und ſo iſt der Zug längſt in der Kirche, welche fern vom Rathhauſe ſteht, während man immer noch ſeinem Ende aus dem Rathhauſe entgegen ſieht. In der Kirche wird muſicirt und ſodann eine Bergpredigt gehalten. Nach derſelben wird unter anderm auch ver-

---

*) Intereſſante Wanderungen durch das ſächſiſche Obererzgebirge. Seite 141 ff.

lesen, wie viel in diesem Jahre Erz ausgebracht worden sei und dergleichen. Nach der Predigt oder vielmehr nach dem Gottesdienste geht der Zug in der nämlichen Ordnung wieder auf das Rathhaus und löst sich dann wieder auf, sowie er begonnen hat. Nun nimmt jede Familie vergnügt ein festliches Mittagsmahl ein; vorzüglich backt man an diesem Tage viel Hefenklöße und der ärmste Bergmann thut sich da, nach seinem Ausdrucke, eine Güte, d. h. er ißt mit seiner, oft zahlreichen Familie ein halbes Pfund Schweinebraten mit Erdäpfelbrei oder Sauerkraut und trinkt ein Glas Branntwein. Gegen Abend geht er zu Bier und zu Tanz und verjubelt lustig und froh die letzten sauer verdienten paar Groschen, weiß nicht, ob er morgen noch lebt oder zerschmettert aus der Grube heraufgezogen wird. Das Bergamt veranstaltet gewöhnlich einen Ball, woran der Rath, die Geistlichkeit und alle Honoratioren der Stadt Antheil nehmen und wo es äußerst froh und vergnügt zugeht. Viel Fremde aus der umliegenden Gegend nehmen häufig Theil an diesem Balle, daß die Faßnachtsfreude in Johanngeorgenstadt seit mehren Jahren sehr merkwürdig geworden ist." So im Jahre 1809. Schon damals war manche altväterliche Sitte im Erzgebirg erloschen, wie z. B. die mit den Tyroler Bauernkomödien nahe verwandten Bergmanns- und Volkskomödien zu Weihnachten, welche, in Knittelversen abgefaßt, von Haus zu Haus aufgeführt wurden, und wobei denn auch die lustige Person nicht fehlte, die dem König Herodes, wenn er wohl frisirt mit goldnem Scepter und Reichsapfel auf einem hölzernen Stuhle saß, Schnupftabak unter die Nase rieb, daß er nießen mußte, wobei der Nährvater Joseph sich mit der Säge in der Hand als Zimmermann producirte, die heilige Maria, von einem stämmigen Burschen dargestellt, den schönsten Baß sprach, die Engel in langen Hemden gingen, mit vielen Bändern geschmückt und gepudert, und mit einem seidnen Tuch große Husarensäbel in der Hand hielten, die Hirten hohe spitzige Hüte von Zuckerpapier auf den Köpfen trugen und mit den Peitschen knallten oder auf Nachtwächterhörnern bliesen, der drehbare Stern von Pappe und ölgetränktem Papier auf einer Stange prangte und auch der „Rupperich" (Knecht Ruprecht), der gestrenge Neckeschreck, im Schafpelz mit Schelle und Ofengabel nicht fehlte. Das alles war (wie gesagt) schon 1809 verschwunden, und wie manche scharfe Zugluft der Weltgeschichte ist seit der Zeit über die großen Blachfelder der Völker hinweggesauft und hat so manchen charakteristischen Rest alter volksthümlicher Sitte weggeweht; so denn wohl auch im Erzgebirg, wenn gleich in den Bergen das charakteristische Altherkömmliche seine Spur länger erhalten, es ist, als hätte sich da der Mensch wie ein Eppich in die Felsenritzen hineingewurzelt, und so mag denn auch im Erzgebirg noch manches schalkige Osterficken, (der alte Mägdekrieg, aber ein lustiger), und mancher Pfingstlümmel sein (so hieß nämlich das Familienglied, das am ersten Pfingstfeiertag zuletzt im Bette angetroffen und dafür den ganzen Tag ausgelacht wurde); und wie dann mehre solcher Pfingstlümmel, wenn sie zusammen kamen, sich selbst unter einander verspotteten, ach, so war's ja auch leider im Großen, so gab's zu der Zeit, da sich in deutschen Landen keine Deutschen als solche unter einander kannten, eine tragikomische Parodie der Pfingstlümmel, eine allgemeine Selbstverhöhnung, welche die Michel späterhin täppisch nachäfften, daß sich einem, der kein Siebenschläfer war, das Herz im Leib vor Jammer umdrehte über all die Selbstentwürdigung. Aber es ist schon besser geworden und wird noch besser werden; der dumme Michel der einfältigen Karikatur ist endlich selig entschlafen, und ein ganz anderer Mann, — wirklich ein Mann, — ist dafür erwacht und den sollt ihr so gut uneingeschläfert lassen, als sie den Schwan haben ungebraten lassen müssen.

Vom Königreich Sachsen, dem alten Kursachsen, galt der alte Handwerksburschenspruch: daß allda die hübschen Mädchen wachsen, und der müßte lügen, der diesem Reim heut widersprechen wollte, aber auch der würde übel thun, der nicht hinzufügen wollte: da sind die Jungfrauen nicht an Leib allein, sondern auch an Geist und Gemüth wohlgestalt. Mancher andre alte Spruch von Wahrzeichen ist freilich vergessen und verschollen, wie z. B. jene Räthselfrage: „Wo sind drei Schlösser auf einem Berg, ein Dörflein in einem Graben, und eine Brücke, die höher als die Thürme in der Stadt?", die sich auf die Stadt Meißen bezog, oder die Sprüche von Leipzig: „das kleine Meißner Rom" (Goethe machte „ein kleines Paris" daraus) und „das rechte Auge von Meißen", oder jener von Rochlitz, daß da „das Schloß auf lauter Marmor, der Wald auf lauter Gold und der Galgen auf gutem Silber stehe", oder der von Freiberg: „wenn Leipzig mein wäre, so wollt' ich's in Freiberg verzehren", oder von Schneeberg: „daß die Stadt auf Silber erbaut sei." So ist denn auch gar manche alte Volkslust wie sich's im ächten Volksfest kund gab, eingegangen und eitles modernes Vergnügen, Scheinlust, Scheinfest kümmerlich drüber gewachsen, matten Grüns, ohne Saft und Kraft.

Was hier noch von alter Zeit und altem Sinn zeugt, ist das S ch i e ß e n. Wie viel nun auch da moderne Gaukelei, zumal das leidige Glückslotto, (immer noch unschädlicher, als wenn der Staat die Sitten= verderbniß zur Finanzquelle macht!) sich eingeschlichen, — es ist doch noch der gute alte Kern. So werden z. B. bei Dresden noch immer Vo= gelschießen und Königschießen gehalten, das erste mit Armbrüsten, seit dem Jahre 1722 auf der Wiese vor dem Ziegelschlage in der ersten Woche des Augusts, acht Tage lang (früher nahm die fürstliche Familie selbst dran Theil, jetzt schießt ein Kammerherr in des Königs Namen, und da mag man wohl fragen: Trifft der immer auch recht, der ins Königs Namen schießt, oder trifft der König selbst nicht zuverlässig besser?): — das zweite mit Büchsen nach der Scheibe (früher gab's dabei auch in Dresden einen festlichen Aufzug mit Fahnen und klingendem Spiel durch die Stadt). Auch in Weimar besteht das wackre Schießen von alten Zeiten her, und so sehen wir dort noch die Stahl und Armbrust=, und dann die Büchsengesellschaft, bei welcher letzteren die Innungen einen Jungmeister schicken mußten, und auf fürstlichen Befehl die Preise zum Vogelschießen lieferten, als die Fleischer anfangs einen Ochsen, die Bäcker ein Schwein, die Schneider einen Bock und dergleichen, was spä= terhin in Geld und Geldeswerth verwandelt worden. *)

Die Altenburger Bauerschaft.

Was Volkslust und Volksfest, Volksglaube und Volkssitte (wie auch Mundarten) in den kleineren sächsischen Staaten betrifft, habe ich schon oben S. 130 ff. bei Gelegenheit des preußischen Thüringens erwähnt. Es bleibt mir nun nur noch übrig, eines in Tracht und Sitte ganz eigenthümlichen Menschenschlages zu gedenken, der sich im Herzogthum Sachsen=Altenburg findet, und, nach den glaub=

---

*) Vergleiche A. Henß „die Stadt Weimar, ihr Kommunwesen und ihre städtischen Institute" (Weimar 1837).

würdigsten Zeugnissen sorbisch = wendischer Abkunft, jedoch vollständig germanisirt, auf 40,000, mit den Gränznachbarn, auf 50,000 Seelen anzuschlagen ist. Ich meine die altenburgische Bauerschaft. Ihr nicht deutscher Ursprung ist eben so auffällig, als ihr jetzo vollkommen deutsches Wesen, in jeder Hinsicht deutsch, nicht in Zweifel gezogen wer= den kann. Von ihr, als einer in jeder Hinsicht merkwürdigen Erschei= nung, soll hier ausführlicher die Rede sein, und zwar liegen dabei die Mittheilungen Hempel's zu Grunde, welcher die Kronbiegelsche Schrift (früherhin der einzige Anhaltspunkt über diesen interessanten Gegenstand) vollständig umgearbeitet hat. *) Als Probe der Mundart lasse ich den Anfang einer auch in anderer Hinsicht interessanten gereimten Bauern= unterredung hier folgen:

    ,,Hans: Half Gutt! ball hätt-ich auch verkannt,
            Su hutt ihr-ich uffgedunnert!
            Wu kummt ihr dann schien hargerannt?
            Das hat mich längst verwunnert.
            Du, Malcher, hast de Weise ah
            Un Lese s's gute Meder;
            Das muss was zu bedeuten ha,
            Denn sinds des Suntg's Kleder.

    Malcher: I! härzer Hans, ich kann d'rs sah,
            Mer kumm d'r vun d'r Ridutte.
            Ich säte nachten minner Frah,
            Die kene Ruh' nich hutte:
            Kumm, härze Lese, heute hun
            De Barger grusse Sache,
            Eh sittges (solches) hun mer lang gewullt
            Ehmal a su met mache.

    Lese: Hürt uff! nu gieht m'r nur nond wack,
            Ehr lud m'r gar kenne Ruche!
            Denn ehr wullt emmer allen Drack
            Zuerst ah met versuche'' u. s. w.

Dazu noch folgendes altenburgische Bauernlied: **)

    ,,Lustg, ehr Pursche, sid vull Freden,
     Juchst un thut so gut ehr kunnt!

---

*) ,,Sitten, Gebräuche, Trachten, Mundart, häusliche und landwirthschaft= liche Einrichtungen der altenburgischen Bauern.'' (Altenburg 1839).
**) Radlof a. a. O. I. 248 und ff.

Spehlmann, stimm du deine Seten,
Dass der's klengt fei kungerbunt.
Schweffet fei bumäle,
Luts an gar nischt fehle!
Bruder Matz, streich die Tenure,
Dass der's klengt, wie uff den Chure.

Schmeret aure Fedelbugen,
Dass die Geigen redlich schrei'n;
Wenn die Seten uffgezugen,
Fedelt dick uu dünne drein!
Fedelt fei behönge,
Dass mer kunn gespränge,
Fedelt druff, dass alles kracht,
Wenn ehr unser Rumpuff macht.

Trau'te Griete, du Goldhämmel,
Kumm, mer wull'n zum Danze gieh,
Darnachen kehf'ch der Stull'n un Sämmel,
Die su wiss sehn wie dei Knie.
Unsers Nabbers Enke (Kleinknecht)
Sull der'n Kitt'l ausschwänke;
Glöb mer's, herze traute Griete,
Nabbers Hans wird gar nich müde.

Un ehr annern Mitkonsuxen,
Dänzt un sprängt der Reihe nach;
Treibts nich, wie die Rammeluxen,
Sunnern säth nur, wie ich's mach.
Trummterum trummträre!
Mer kunn 'n Leut'n gewähre,
Mer kun Wein uu Behr getränke
Un ohch unsern Grieten schänke.

Wenn mer's nu genug getreben,
Un geschwärmt die gänze Nächt
Dass kehn Geld im Bütel bleben,
Weren mer duch gruss geächt (geachtet);
Mer hunn kene Surgen,
Dörfen uhch wul burgen.
Drum su leb'n mer stets in Freden
Und sind lustig met unsern Mäden.

Un su iss das Bauernleben,
Dass mer in die Schenke gieh'n,
Mer kunn stets in Wuhllust schweben,
Wenn mer bei den Grieten stiehn,

Giehn dermet zun'n Biere,
Versaufn a Gruscher viere,
Mer bezahlen unsre Zäche;
Iss das nich enne stattliche Säche?
Juch, juch, juchsa!"

Die altenburgiſchen Bauern ſondern ſich unter einander in verſchiedenen
Klaſſen, je nach der Größe des Beſitzes. Obenan als die wohlhabendſten
ſtehen die Bauern und Anſpänner, welche Güter mit Feldern und anderen
Grundſtücken beſitzen, Zucht = und Zugvieh (mindeſtens zwei Frohn = und
Spannpferde) halten und dann gewiſſe Frohnen, Fuhren und Ackerwerk
leiſten müſſen; doch finden ſich auch einige Freigüter, und andere, die
nach und nach mehr Beſitzthum erworben haben, zwei und mehr Pferde
halten, ohne ſolche Dienſte, die aber überhaupt meiſtens nur gering ſind,
ſelten verlangt werden und auch wohl abgelöſt werden; ſie heißen nur
Gärtner oder Bauern, nicht Anſpänner; die Güter in dieſer Klaſſe der
Bauern werden nur ſehr ſelten „zerriſſen" (getheilt), ſondern bleiben
meiſt geſchloſſen. Auf der nächſten Klaſſenſtufe ſtehen die „Handbauern",
„Gärtner", „Kühbauern", wohl auch (aber ſelten) „Hinterſaſſen" ge=
nannt, Beſitzer eines meiſt anſehnlichen Gartens, auch mit Feld und
anderm Beſitz verſehen; ſie leiſten Handfrohne und beſtellen ihre Wirth=
ſchaft mit zwei, vier, ſechs Kühen. Zur dritten Klaſſe gehören die ſo=
genannten „Kleinen", „Häusler", oder „Nachbarn" und „Einwoh=
ner", welche meiſt nur ein Haus mit einem Gärtchen beſitzen, die Tag=
löhner machen oder ein Handwerk treiben und ihre Söhne und Töch=
ter vermiethen; dieſe Häusler, die auch zum Theil einige, ſehr ge=
milderte oder abgelöſte Frohndienſte haben, und die hieher gehörigen,
meiſtentheils bei ihnen wohnenden Hausgenoſſen, die insgeſammt kein
Gemeinerecht, d. h. keine Anſprüche an Gemeindeboden und Ertrag
haben, ſind (nach Hempel's Verſicherung) zum Theil bei Fleiß und ge=
ringen Anſprüchen auch oft in einer Art von Wohlſtand, müſſen ſich's
jedoch im Ganzen genommen am ſauerſten werden laſſen, mögen ſie nun
als Taglöhner und Scheunendreſcher in Bauerhöfen oder in den ſeit etwa
50 Jahren zum großen Gewinn bei den theueren Holzpreiſen entdeckten
Braunkohlen = und Torfgruben, oder in Steinbrüchen, Ziegelſcheunen
oder mit anderen Beſchäftigungen ihr Brot erwerben; der nicht unbe=
trächtliche Zuſchuß, den Frau und Kinder durch Wollſpinnerei ehemals

zur Haushaltung beitrugen, hat durch die Maschinenspinnerei fast ganz aufgehört. Die Verschiedenheit in der altenburger Bauerschaft ist übrigens nicht bloß durch jene drei auf Besitz fußende Klassen, sondern auch anderweitig begründet, wozu namentlich die Eintheilung der Dörfer in drei sogenannte Reiten gehört; darnach richten sich auch die drei Landkirmsen. Es halten auch wohl die Dörfer eines Kirchspiels mehr zusammen, besonders wenn sie durch Wohlstand und Bildung vor andern etwas vorausbaben oder doch voraus zu haben meinen: endlich gewähren auch die Verwandtschaften, „Freundschaften" genannt, welche sich bei angesehenen Familien oft in sehr vielen und weit verbreiteten Zweigen erhalten, besondere Vereinigungspunkte, und man sucht diese Verbindungen selbst bei den entfernteren Mitgliedern, wenn man sich ihrer nicht zu schämen Ursache hat, durch Besuche, Gevatterschaften, neue Verheirathungen, Einladungen zu ländlichen Festen, sowie durch Zusammentreffen in den Marktstädten immer wieder zu erneuern.

Nun einen Blick auf die T r a c h t (eine der originellsten in Deutschland), und zwar zuerst auf die männliche. Der Knabe trägt sie schon vom dritten Lebensjahre an. Das Haupthaar wird kurz und rund verschnitten, der Vorderkopf, die „Kolbe" genannt, jetzt selten glatt; auf dem Kopf sitzt als Ehrenschmuck ein ganz kurzes, schmalkrempiges, rundes, schwarzes Hütchen, der innere Rand der Krempe bildet eine Vertiefung und wird zur Blumenzeit häufig mit einem Sträußchen geschmückt und tief eingedrückt, die übrige Tracht, in welcher Schwarz die Hauptfarbe ist, beschreibt Hempel also: „Das Hemde ist oben mit einem bordenartigen Halse besetzt, der sauber geglättet, mit kleinen Figuren von weißen Zwirn, der Name mit schwarzer Seide gesteppt ist und mit einem schwarzen Bande und einem oft werthvollen Schnällchen zugemacht wird. Auf diesem Hemde trägt man ein breites, schwarzes Brusttuch oder einen Brustlatz, der oben am Halse und an den Armlöchern etwas eng ausgeschnitten und mit rothem Tuch oder Scharlach vorgestoßen oder eingebördelt ist. Dieses Brusttuch wird meistens, nicht wie gewöhnlich vorn, sondern auf der linken Seite herunter und auf der Achsel, und zwar mit Häfteln oder Knöpfchen zugemacht. Darüber trägt man eine Hosenhebe von schwarzem lackirten Leder, mit schwarzem Leder gefüttert und mit grüner Seide nett abgesteppt, in der Mitte durch einen Steg zusammen gehalten; sie hält durch ein messingenes Häkchen vorn und hinten mit

vier Knöpfchen am Hosenbunde die weiten Hosen von Bockleder und ge=
hört mit zum Hauptschmuck, wenn der Landmann an Fest= und Ehren=
tagen in einer warmen Stube oder bei warmer Witterung das Oberkleid
auszieht und in den feinen, sehr weiten, schneeweißen, geglätteten und
in feine Fältchen gelegten Hemdeärmeln einherwandelt oder unter seinen
Freunden recht von Herzen fröhlich ist. Die weiten Hosen (früher waren
sie noch weiter, noch immer aber erinnern sie sehr an die alten Pluder=
hosen) werden mit Häfteln, Schnällchen oder Riemen unter dem Knie
zugemacht, sind aber der Weite wegen noch etwas überschlagen. Über
dieser Unterkleidung trägt nun der Bauer sein Hauptkleid, die „Kappe"
von schwarzem Tuch; sie ist inwendig mit grünem Flanell gefüttert und
auf der Vorderseite mit Häfteln und Schlingen, auch Knöpfen zuge=
macht, hat auf dem Rücken drei zierliche Falten und reicht von der kur=
zen Taille bis an die Waden hinunter. An den Füßen trägt man Stie=
feln, seltner und nur im Sommer Schuhe, die mit einem Riemen zuge=
bunden sind. Diese beschriebene Tracht ist der größte Ehrenschmuck des
altenburgischen Bauers. Geht er in die Stadt, so hängt er seinen Ko=
ber über und hat einen eisernen Stock; die jüngere Welt läßt den Kober
weg. Im Sommer hat man eine, der Kappe ähnliche Kleidung, die
„Weiße" genannt, von sehr weißem Tuche, knapp, ohne Naht, kleine
Falten an der Achsel, die Aermel weit, auf dem Rücken nahe zusam=
men kommend, gegen die Hand zu enger werdend, am Ende mit schwarz=
ledernen, weiter hinauf fast bis an den Ellenbogen mit sammtenen Auf=
schlägen besetzt. Vom Halse an, vorne herunter und inwendig auf dem
Rücken ist die Weiße mit blaustreifigem Zwillich oder dergleichen Lein=
wand, jetzt wohl auch mit englischem Kattun gefüttert, schmal mit Le=
der oder Sammt eingefaßt und wird mit Häfteln und Schlingen zugemacht.
Auf der rechten oder auch auf beiden Seiten ist ein Einschnitt von einer
halben Elle, wodurch die schwarzen Hosen sichtbar werden. Zur Wei=
ßen trägt man Schuhe und Strümpfe. Außerdem sind jetzt die Tuch=
spencer, meist von grüner Farbe, gäng und gebe, den gewöhnlichen
Jacken ähnlicher, nur knapper, und immer zugeknöpft; der Winterspen=
cer wird mit krausigem Pelz oder Felbel besetzt, gegen Kälte und Regen
schützt man sich durch die sehr gewöhnlich gewordenen großen schönen dar=
über gezogenen Matins, die bald von Tüffel, bald und mehr noch von
grünem oder dunkelblauem oft sehr feinem Tuch und dabei sehr weit ge=

macht sind. Im Winter trägt man einen inwendig schwarzen, von au=
ßen schönen weißen Schafpelz, der am Ellenbogen und auf den Achseln
mit schwarzem Leder besetzt ist und worüber man sonst zuweilen eine
schwarze Kappe von Zwillich zog, jetzt aber die Matins, ferner ein schwar=
zes Pelzmützchen, auf welche das Hütchen gedrückt wird, doch tragen
jetzt die älteren Männer auch Sammtkäppchen und die jüngere Welt hat
gewöhnlich Schirmmützen. Das Halstuch ist von schwarzer Seide, auch
bunt und von baumwollenem Zeuge." Die weibliche Tracht beschreibt
Hempel wie folgt: „Das Haar trägt das Mädchen in zwei geflochtenen
Zöpfen, welche zirkelförmig um den Mittelpunkt des Kopfes geflochten
werden. Darüber wird das Nest gesetzt, das aus einem, etwa zwei Zoll
breiten zusammengenähten Bande von Pappe besteht, oben mit Kattun
oder seidnem, sammtnem, auch wohl Scharlachzeug überzogen, mit
Glasschmelz oder Flittern besetzt und mit einem Rande von Pappe oder
starkem Papier umgeben ist. Das Ganze hatte fast die Gestalt eines De=
ckels von einer runden Schachtel, ist aber geändert. Es wird durch einen
eisernen oder messingenen, einem Löffelstiel an beiden Enden ähnlichen
Stift (Senknäle oder Nadel) festgehalten und niedergedrückt. Um das
Nest wird unten eine Vorbinde von schwarzem Band getragen, das sich
an der Stirn mit einer Spitze und am Ende des Nestes in einer zierli=
chen Schleife endigt; Hals und Nacken sind durch den Ärmelhals und
Bänder bedeckt. Die Haare werden fleißig mit Wasser oder Essig von allen
Seiten glatt, oft scharf hinauf gebürstet. Jetzt tragen jedoch die Mäd=
chen häufig im Winter über diesen Zöpfen bunte, kattunene und seidne
Tücher, die das Oberhaupt bedecken und von dem geschürzten Knoten ge=
hen zwei lange und breite Flügel des Tuchs mit schönen Kanten fast den
halben Rücken hinunter. Über das Hemde gehen die an dem Halse sau=
ber geglätteten, durch gesteppte Figuren und Borde, auch wohl seidene
Zeuge gezierten Ärmel, von bunter Leinwand, Barchent, oder für die
Feste von feinerem Zeuge, durch welche in der Nähe der Achsel die An=
fangsbuchstaben des Namens der Besitzerin eingenäht sind. Die zwei
Bänder, welche an den Ärmelhals angeheftet herabhängen, sind unter
dem Kinn in eine Schleife gebunden. Darüber kommt das Mieder von
Kattun, baumwollenem und seidenem Stoffe. Vorn ist der große, fast
unförmliche Vorstecklatz von Pappe und mit jenen Zeugen überzogen.
Er bedeckt fast den ganzen Vorderleib und man kann ziemlich Mund und

Nase darunter verstecken. Bei leidlicher Witterung geht man in diesen knappanliegenden Ärmeln; aber an Sonn = und Festtagen, sowie bei Kälte zieht man eine Jacke oder ein Jöpchen von den erwähnten Zeugen dar= über. Es liegt glatt an, doch wurden auch eine Zeit lang die unförmli= chen Bauschärmel bei den Bäuerinnen beliebt. Das Jäckchen wird vorn durch breite Bänder zusammengehalten, welche bis über die Mitte der Schürze herunter hängen. Der weibliche Rock, der zuweilen nur bis auf die Wade reicht, ist von Kattun oder Halbseide, auch wollenem Zeuge und besteht aus vielen, ganz dicht aneinander genähten steifen Falten, oben mit einem breiten Bande. Über diesen Rock wird eine Schürze, jetzt meist von demselben Stück, welche in viele feine Falten gelegt ist, mit einem seidenen Bande gebunden getragen. Bei Trauer, auch wohl im hohem Alter, ist die Farbe der Tracht schwarz. Übrigens ist der Ge= schmack sehr verschieden und veränderlich; er verputzt sich auch wohl durch auffallende schreiende Farben. Bei den kurzen Röcken zeigt man sich nun gern in recht weißen, baumwollenen gewirkten und gestrickten und mit allerhand Verzierungen durchbrochenen Strümpfen, die noch mit schönen bunten Strumpfbändern, von Kattun oder Tafft mit Gold gestickt, befestigt werden. Die Festschuhe sind von feinem Sämischläder, auf dem oberen Fußbrett von wollenem Zeuge mit vieler bunter Stickerei verziert; und so schreiten Mädchen und Frauen darin, oder auch in ebenso geschmückten Pantoffeln mit niedrigen Absätzen, mit ihren sehr wohlgebildeten Füßen stattlich und wohlgemuth einher. Gern tragen sie auch Sträuße in der Hand. Bei Kälte und übler Witterung hilft man sich auch durch graue, blaue, auch schwarze Strümpfe und Stiefeln. Statt der schwarzen kurzen Mäntel, womit sich nur der Ärmere noch schützt, tragen die wohlhabendsten schöne große Mäntel von Kattun, Matins von Tuch oder auch seidenem Zeuge, wovon das Stück seine **20** bis **30** Thaler kosten soll." Durch eine besondere Tracht zeichnen sich die „Hormtjungfern" aus. Das „Hormt", welches die Jungfrau bei Hoch= zeiten und Gevatterschaften als Kopfbedeckung trägt, hat die Gestalt einer runden Schachtel ohne Boden und ist inwendig und auswendig mit ro= them·Damast oder Sammt·überzogen. Um dieses „Hormt" herum gehen **13** silberne Bleche oder Tafeln, und auf jeder derselben stehen drei Rei= hen erhabene Knöpfe, ebenfalls von Silber. Rund herum hängen nun an Henkeln silberne, stark vergoldete Schildchen, fast von der Größe und

Gestalt kleiner Kirschblätter, die vieles Geklimper, aber auch, beson=
ders im Sonnenschein, einen blendenden Glanz von sich geben. Hinten
am „Hormt" sind zwei Zöpfe, ehemals von den Haaren des Mädchens
geflochten, deren Stelle aber jetzt Werg vertritt, und sie sind sogleich an
das Hormt befestigt, werden mit rothem oder grünem Sammtband um=
wunden und in einem halben Zirkel über dem Hormt gebogen, etwas
nach dem Vorderkopfe zu gerichtet. Zwischen den beiden Zöpfen sitzt auf
dem „Hormt" ein Kränzchen von Silberlahn, worunter, wenn das Mäd=
chen Braut ist, grüne, wenn sie aber Gevatter steht, rothe Seide ge=
mischt ist, und bunte Glasperlen, welche dazwischen schimmern, erhöhen
den Glanz. Das Kränzchen hat nach der Mode vielerlei Gestalten be=
kommen; bald hat es Ähnlichkeit mit einem hohen Fingerhut, bald sieht
es mehr einem Püppchen ähnlich, steht auf drei Füßen und hat oben
noch eine vergoldete Glasperle. An dem Hintertheil des „Hormts" sind
auch zuweilen noch Zweige von künstlichen Blumen angebracht. Wo die
beiden Zöpfe hinten zusammen stoßen, ist eine von rothseidenen Band
gemachte Schleife; etwas weiter herunter eine dergleichen, woran die
lang herunter hängenden bunten Bänder befestigt sind. Die von dem
„Hormt" herabgehenden Bänder sind unter dem Kinn mit einer großen
Schleife gebunden und halten diesen Kopfputz vorzüglich fest; doch wird
es auch ziemlich derb niedergedrückt, sowie auch durch ein seidenes Tuch
um den Kopf unter dem Hormt nachgeholfen wird. Bei Gevatterschaften
und wenn die Jungfrau eine Braut als „Hormtjungfer" begleitet, sind
Zöpfe und Schleifen meist karmoisinroth, bei der Braut grün. Dieser
Putz, der ehemals etwas niedriger war und der auch bei den Wenden
noch einheimisch ist, kostet gewöhnlich 40 bis 100 Thaler, ist in Fa=
milien erblich, wird aber, da ihn bei weitem nicht alle besitzen, unter
ihnen verborgt, auch wohl für 4 bis 8 Groschen geliehen; man hat ihn
aber auch von fein vergoldetem Tombak. Der Hormtschmuck ist noch am
schönsten bei großen Bauerhochzeiten zu sehen, wenn 20 bis 30 und
mehr solcher Hormtjungfern die Braut zur Trauung oder bei dem Aus=
zug oder Einzug zu Wagen begleiten.

Betrachten wir nun eine **altenburgische Bauernhochzeit!**
Die Einleitung zu ehelichen Verbindungen wird meistentheils durch Mit=
telspersonen, Verwandte, Freiersmänner, Heirathsstifter getroffen,
ebenso durch sie die Bewerbung besorgt. Hauptprinzip dabei ist, daß

jeder bei seiner Klasse bleibt, zumal wird dieser Grundsatz mit aristo=
kratischem Stolz von der ersten festgehalten und zwar so streng, daß die=
selbe es als eine Mißheirath ansieht, wenn die Tochter eines Häuslers
in ein Bauerngut kommt, da setzt sich oft die ganze Verwandtschaft
dagegen und wird die Verbindung dennoch vollzogen (meist ohne den
Ehrenkranz) so dauert es lange, bis der Neuling als ebenbürtig behan=
delt wird. Nach erfolgter Einleitung geht es zur Bauschau (Bauschanje),
wobei denn bei einem Schmause die ganze Lage des Bewerbers geprüft
wird und er die Braut nach Hause begleitet; nach erhaltener Zusicherung
läßt er sodann die goldenen Ringe machen; es erfolgt das Aufgebot und
die Trauung. Da beginnt nun der Hochzeitsbitter, der noch vor 40 Jah=
ren eine ganz besondere Tracht hatte, jetzt aber sich nur durch zwei Kränze
und einem Kunstblumenstrauß auf dem Hut und durch ein feines, rothes
oder blaues zusammengelegtes Tuch vorn auf der Brust in der schwarzen
Kappe unterscheidet, seine wichtige Rolle zu spielen; schon einige Wo=
chen vor dem Hochzeitsfeste wandert er in der Runde umher und ladet die
Gäste. Diese versammeln sich am Dienstag oder Donnerstag als den
Tagen, wann gewöhnlich die Trauung stattfindet (doch ist sie jetzt vom
Sonntag bis zum Freitag gestattet) im Hause des Bräutigams; dort
werden sie mit Kuchen, Bier und Branntwein bewirthet, und ziehen
sodann nach der Wohnung der Braut, und zwar, ist diese im selben
Dorfe, paarweise zu Fuß und Musik voran, ist sie in einem andern
Dorf, zu Wagen, da reiten, bei reichen Bauern oft 50 bis 60 Männer,
daß es ein gar stattliches Ansehen hat, und 40—50 Frauen kommen zu
Wagen, sechs bis acht Musikanten blasen, zu Roß oder zu Wagen, lu=
stig voran; dann zeigt sich der Hochzeitbitter, der die nächsten Verwand=
ten des Bräutigams anführt, und hierauf der Bräutigam selbst zwischen
seinen beiden Beiständen (nahe Verwandte oder Brüder desselben); wor=
auf die Hochzeitsgäste paarweise folgen, alle Pferde sind mit weißem,
rothem, gelbem und schwarzem Riemenzeug aufgeschirrt, mit bunten
Bändern geschmückt, der Schweif noch besonders mit einem Buchs= oder
Blumenstrauß; die Braut begleiten die geputzten Hormtjungfern; in
allen Dörfern, durch welche der Brautzug kommt, wird gastlich Bier
und Branntwein geboten. Ist der Zug am Ort, wo die Trauung statt=
findet, angekommen, so erfolgt der Willkomm und nach einem kurzen
Frühstück (aus kalten Speisen) geht's sodann unter Glockengeläut und

Blas- und Saitenmusik zur Kirche, wo Orgelklang den Kommenden
entgegen tönt; voraus gehen die Musikanten, dann kommt der Brautführer, meistens ein naher Verwandter der Braut, sodann diese selbst,
im Hormt und festlich geschmückt, hierauf die sogenannte Brautmutter
(gewöhnlich eine nahe Verwandte der Braut, welche dieser immer zur
Seite steht), dann die Hormtjungfern und die übrigen Mädchen und
Frauen. Dies der erste Zug, welchem dann, gleichfalls von Musikanten
angetreten, der zweite, der des Bräutigams mit dem Brautdiener und
dem Beistand, sowie mit den übrigen Männern paarweise folgt; die
Ältern des Hochzeithauses gehen nicht mit zur Kirche. Nach dem Gesang
und dem Orgelspiel tritt der Bräutigam zum Altar, der Brautdiener
holt die Braut von ihrem Sitz, und begleitet sie auch, wenn die Trauung
vollzogen und das Paar um den Altar herumgegangen ist, zu ihrem
Stuhl zurück. Bei der Trauung treten Bräutigam und Braut sehr nahe
zusammen, damit (so ist der Glaube) der böse Geist der Zwietracht sich
nicht zwischen sie drängen könne. Andere Bräuche sind: daß der Mahl-
schatz gewechselt wird, der aus mehreren angehenkelten, durch ein grünes
Band befestigten Thalern, jetzt aber auch aus Ringen besteht, daß das
Brautpaar nicht mitsingt, und daß sich die Braut aufs Gesicht nieder-
legt. Auf dem Rückweg wird wohl noch zuweilen (früher geschah es regelmäßig) vom Brautdiener und Bräutigam Geld ausgeworfen. Nach
der Rückkehr empfangen die Neuvermälten die Glückwünsche, dann wird
Kaffee und Kuchen gereicht und hierauf zum Tanzboden gegangen. Bei
der Hauptmahlzeit haben das Brautpaar, die Pathen, der Brautdiener,
die Brautmutter, die Geistlichen und die nächsten Verwandten die Ehren-
plätze, die Ältern der Neuvermälten hingegen setzen sich nur selten mit,
und die Geschwister nur dann, wenn sie Ehrenämter begleiten. Im Übrigen sind die Verrichtungen beim Hochzeitmahl streng und genau vertheilt,
wie weiland die Erzämter bei der Kaiserkrönung; da hat der Hochzeitbitter oder der Schullehrer das Tischgebet zu sprechen, der Kellner den
Schenktisch, der Hochzeitbitter die Küchenkammer, eine bewährte Köchin
mit ihrer Gehülfin, der Schüsselwäscherin, die Küche, die Bettmagd
das leinene Tischgeräthe, der Brautdiener die Anstellung der Spielleute
zu besorgen. Die wichtigste Person aber ist und bleibt dabei der Hochzeitbitter; an dem, als gleichsam dem Haupt des ganzen Festkörpers,
liegt alles; er nöthigt zum Essen, er hält die Anreden, er sorgt durch

Scherz und Spaß für die unerläßliche Lustigkeit der Hochzeitgäste. Meist war (nach Hempel's Bericht), wenn man bald nach der Trauung eine Hauptmahlzeit gegeben hatte, gegen Mitternacht noch eine andere für die ermüdeten und hungrigen Gäste; was man aber abgeschafft hat; man gibt dafür Thee, Kaffee und Kuchen. Die Ordnung der Speisen ist im Allgemeinen geblieben, doch haben die mit der Zeit fortschreitenden Dorfköchinnen von den Stadtkolleginnen gelernt, bei dem Voressen durch Abwechselung mit Hühnern, Rindfleisch, Schweinskeulen mit verschiedenen Brühen und Zugemüsen, oder Enten mit Merrettig, bei dem gewöhnlichen Karpfen, sowie bei dem Braten, der aus Gänsen mit sehr fettem Schweinebraten, oder Kalbsbraten und Schinken besteht, und wozu 4 bis 6 Salate in kleinen Näpfen hingesetzt werden, immer besser für Gutschmecker zu sorgen. Es wird indeß nicht unmäßig verzehrt; dem wohlhabenden Landmann sind solche Speisen keine Seltenheit und das weibliche Geschlecht genießt besonders sehr mäßig und läßt sich sehr nöthigen. Da von den vielen Speisen nichts, wie in anderen Gegenden, zum Mitnehmen vertheilt wird, so bleibt genug für die Frühstücke, die mit Kaffee und Kuchen beginnen und bis gegen Abend dauern, weil manche Gäste spät, manche neue auch dazu kommen und andere wegbleiben. Zu der jedesmaligen Hauptmahlzeit wird alles frisch zubereitet. Einige Erleichterung ist es, daß auch in den anderen nahen Bauergütern um der zahlreichen Einquartirung willen, wobei einige Freiheiten mit unterlaufen sollen, das Fest mitgefeiert wird. Man bewirthet die Gäste, bittet wohl auch Verwandte und Freunde dazu, und das weibliche Geschlecht besonders, wenn es nicht auf dem Tanzsaale ist, wandert die Reihe herum und besieht und bespricht die ihm interessanten Gegenstände. Bei dem Braten erscheinen Teller zum Auflegen für die Küche, für die Musikanten und alle Offizianten. Nach gehaltener Rede des Hochzeitbitters wird der T h e i l k u c h e n aufgetragen, der in einem Satz von acht (jetzt auch weniger) Stück Kuchen besteht, wovon die ersteren sieben Stücke gewöhnliche dünne Kuchen sind, der unterste aber so dick, als ein Brot und auch so geformt ist, und welche in so viele Theile zerschnitten werden, als Personen am Tische sind, man zertheilt jedoch dafür auch wohl ganze mittlere Stern= oder Aschkuchen. Die nahen Gäste schicken ihre Portion nach Hause, die entfernten schenken solche zuweilen dem Hochzeitbitter, welcher auch von den Hochzeitgästen

eine Vergütung an Geld erhält. Was den Tanz betrifft, so hat die
Braut am ersten Abend alle Vorreihen und geht aus einer Hand in die
andere. Nach Mitternacht entfernt sich das Brautpaar in aller Stille
(früher ging's dabei geräuschvoller und muthwilliger her) und erhält
allenfalls ein musikalisches Ständchen; die übrigen Gäste spielen und
tanzen nach Belieben oder suchen eine behagliche Herberge; denjenigen,
die am längsten aushalten, wird nach Mitternacht kalter Braten und
dergleichen, unter dem Namen Distelbrot, gereicht. Am andern Morgen:
Glückwünsche, Neckereien, Frühstück, die Gebräuche fast wie am ersten
Tage; die Braut erscheint in einer großen seidenen Haube. Von alten
Bräuchen hat sich dabei jener der Beschenkung (früher fand diese im
Übermaß und mit besonderen Feierlichkeiten statt) nur insoweit erhalten,
daß die Geschenke in der Stille abgegeben oder hingeschickt, oder in einer
besonderen Kammer, wo das junge Ehepaar mit den nächsten Verwand=
ten sitzt, dankbar angenommen werden, wo man dann mit Wein und
Kuchen bewirthet. Am dritten Hochzeitstage ging es sonst fast wie am
ersten her; nun aber begleiten die nächsten Verwandten Sonntags die
Braut zur Kirche. Die junge Frau verweilt nun kürzere oder längere
Zeit noch im älterlichen Hause, wenigstens bis zum Neu= oder zuneh=
menden Mond; sie wird dann bei ihrem Einzug („Heemfuhre," „Eizug")
von den nächsten Hochzeitgästen begleitet. Die Geschenke und die Aus=
stattung werden auf einen Wagen (der „Kammerwagen," auf wel=
chem früherhin die junge Frau selbst mit Spinnrad und Rocken saß)
künstlich aufgepackt, und nun nimmt die junge Frau Abschied, oft unter
vielen Thränen, die zuweilen nach einer Rede des Hochzeitbitters noch
mehr fließen, wenn er recht zweckmäßig an die Wohlthaten der Ältern
erinnert und die junge Frau zur Häuslichkeit und Verträglichkeit er=
mahnt. Mit dem alten kräftigen Gesang: „Unsern Ausgang segne
Gott" wird geschlossen und nach dem Abschied fährt die Braut in der
Haube mit dem Bräutigam auf einem schönen Hamburger Stuhlwagen
oder in einer Kutsche fort. Der junge Ehemann führt nun seine Frau
ein. Hat man keine Hochzeit gefeiert, so holt man es zuweilen noch bei
diesem Einzug mit einer solennen Reiterei und Schmauserei nach. Bei
dieser Heimführung wird den Gästen die letzte Ehrenmahlzeit gegeben.
Man trennt sich unter freundlichen Versicherungen und die neue Wirth=
schaft beginnt. Etwas alter Aberglaube (fügt unser würdiger Gewährs=

mann hier hinzu) ist wohl bei diesem Beginnen des Hausstandes geblie=
ben, doch mindert er sich immer mehr. Die weniger wohlhabenden Braut=
paare mit ihren Ältern richten sich natürlich nach ihren Umständen und
ihr Hochzeitsfest ist häufig sehr einfach und kurz, auch wohl ohne alle
Schmauserei. Auch bäuerliche Familien scheuen die Unruhen und den
Aufwand und geben nur ein eintägiges Fest. Bei einer nothwendig ge=
wordenen stillen Trauung bittet man nachher Pathen und Verwandte
desto zahlreicher zu der ersten Kindtaufe, wobei es dann nicht an Be=
schenkungen fehlt.

Ich habe, wie hier, so auch in diesem ganzen Buche, die Hoch=
zeitsfeierlichkeiten (und desgleichen die Tauf= und Begräbnißbräuche) be=
sonders hervorgehoben und ausführlicher (größtentheils in den Worten
derjenigen, die durch Selbstschau davon Kenntniß genommen) beschrie=
ben, und zwar aus dem Grunde, weil im Volksleben gerade diese An=
gelpunkte des Familienlebens es sind, in welchen sich die eigenthümliche
Volksanschauung am entschiedensten ausspricht, wie denn ja eben die
Familie das Fundament der Gemeinde, die Gemeinde das des Volks ist.
Demgemäß folge also auch hier Ausführlicheres über das Kindtaufsfest
(die „Kengerkermse") und die Begräbnißfeierlichkeiten bei der altenburgi=
schen Bauernschaft, die ihres Immermann noch harrt, dessen sie eben=
so würdig ist als die westphälische. Ich halte mich auch hierbei an un=
sern mehrgenannten wackeren Gewährsmann, der schon in seiner Stel=
lung als Geistlicher lange Jahre hindurch die beste Gelegenheit fand, ge=
nau zu beobachten.

Die Taufe darf jetzt nur bis zum funfzehnten Tag nach der Geburt
des Kindes verschoben werden, dann ist für jeden Tag Verzögerung eine
Abgabe festgesetzt. Gewöhnlich hat der Schulmeister die Gevatterbriefe
gegen ein Gratial, das verschieden ausfällt, zu besorgen. Bei unehel=
chen Kindern ist ein, bei ehelichen sind drei Pathen. Man hält sich
gern an Verwandte und Freunde, Nachbarn und junge Leute, die erst
kurz vorher konfirmirt oder nachher einander nicht eben gram sind und
wo man glaubt, die Einleitung zu einer näheren Bekanntschaft werde
nicht unangenehm sein, was freilich oft täuscht. Auch in der kleinsten
Hütte wird, wenn es möglich ist, ein Schmäuschen gegeben und das
Pathengeschenke (Eingebinde) und andere Schenkungen mögen wohl nicht
allemal dafür entschädigen. Die Gevatterschaften sind in der Regel etwas

kostspielig; auch der Geringste will sich nicht schimpfen lassen, er bindet gewöhnlich, wie man es nennt, 2 bis 3 Thaler ein, die weibliche Gevatterin giebt vielleicht für 1 Thlr. Geschenke an die männlichen Mitgevattern, die dafür die Jungfer oder Frau Gevatterin bei dem Auflegen für die Kirche und die Bedienung freihalten. Die Gevattern machen dann, meistens in Gemeinschaft und mit Geschenken, Besuche während der Wochen, und werden dafür einfach bewirthet. Eine ansehnliche Beschenkung erfolgt auch, wenn das Kind konfirmirt wird (Kleider, ein Gesangbuch u s. w.). Abgesehen von der wohlthätigen Wirkung des Pathenverbandes für die ärmeren Klassen ist auch der sittliche Einfluß nicht geringer anzuschlagen, welchen derselbe ausübt; oft söhnen sich dadurch in Zwist gerathene Familien wieder aus, der Grund: „es ist ja mein Gevatter, wir sind ja Gevattersleute" verhütet manche Beleidigung und Beeinträchtigung· der Arme, Unbegüterte fühlt sich doppelt geehrt, wenn er mit seiner Frau und seinen Ältern (denn so weit erstreckt sich die Titulatur) jene Ältern und Großältern, sowie die Söhne und Töchter, die Pathenstelle vertreten, Gevatter anreden kann, und Path Michael und Path Anna oft erwähnt werden; auch kommt „Path Gevatter" vor, wenn etwa die Großältern des Gevatters Pathen waren; bei der nächsten, aber nicht bei den folgenden Kindtaufen werden diese Gevattern unter den Namen als Altgevattern wieder eingeladen und erscheinen mit Geschenken für die Mutter oder das Pathchen. Die Gevattern versammeln sich vor der Taufe auf der Schule; nach dem einmaligen Läuten der Glocken gehen sie in die Kirche und treten nach kurzem stillen Gebet an den Altar und Taufstein. Die Ehefrau begleitet den Ehemann als Gevatter, die Mutter oder Pflegmutter die Söhne und Töchter zur Taufe. Nach dem Akt, der mit Gesang beschlossen wird und bei dem der Vater zugegen sein muß, wird das Pathengeschenk, das in einem gedruckten Pathenbrief mit Bildern und Versen eingepackt und mit einem schönen Band oder Tuch umwunden ist, dem Kind in das Kissen gesteckt und dabei zugleich die Hebamme berücksichtigt, die das Kind hin und her trägt. Dann fährt oder geht man in das Kindtaufhaus zurück, gratulirt mit den gewöhnlichen Formeln, wobei der Kindtaufsvater und jeder männliche Gratulant ebenfalls das Hütchen lüftet und wo die Antwort der Ältern lautet: „Das helfe der liebe Gott und bestätige euern Wunsch." Dann wird Kuchen gegessen (Asch = oder Sternkuchen, Aufläufer, Käse=

kuchen und Quarkkuchen). Nach dem Kaffee geht man spazieren, die
Männer in die Felder, die Frauen zu den Nachbarinnen; Abends gegen
acht Uhr erfolgt die aus Voressen, Fisch und Braten, Butter und Käse
bestehende Mahlzeit. Das Tischgebet spricht der Schullehrer oder der
Kindtaufsbitter, der nach dem Tischgesang und nach den Worten: „Das
gesegne euch der liebe Gott heute und morgen und immer so fort" mit
allerhand Scherzen sich weiter vernehmen läßt: „Ich habe noch viele
Komplimente abzustatten von dem Kindtaufsvater und der Wöchnerin, u.
s. w. lassen sich zum allerschönsten für die ihnen erwiesene Ehre und den
Zuspruch bedanken; nach gehobnem Tischtuch sollen sich aber die lieben
Gästchen noch ein Vergnügen machen mit Gespräch und Spiel und ich
verspreche dabei frei Bier uud Schnaps, nachher noch Kaffee und Kuchen,
und dann geh ich meiner Wege." Nach einigen Stunden der Unterhal=
tung ist dann das Kindtaufsfest zu Ende. Stirbt das Pathchen, so
schmücken es die Pathen mit künstlichen oder natürlichen Blumenkränzen,
welche das „Bestecke" heißen, kleiden es wohl auch für den Sarg.

Was nun die Begräbnisse betrifft, so sind dieselben seit der neuen
landesherrlichen Begräbnißordnung vom Jahre 1837 bei weitem weni=
ger kostspielig als es früher der Fall war. Jetzt besteht die größte Be=
gräbnißart darin, daß die Leiche von dem Pfarrer und dem Schullehrer
mit den Schulknaben, wovon die Ältesten das Kreuz vorantragen, aus
dem Hofe abgeholt wird; man sucht dem Verstorbenen, besonders, wenn
er in Achtung stand, durch stattliche Bekleidung der Leiche und durch eine
zahlreiche Begleitung alle Ehre zu erweisen; an der Begleitung nehmen
auch bei dem Armen aus jedem Hause des Wohnorts wenigstens eine
oder einige Personen, die besonders dazu eingeladen worden, Theil, zu=
weilen auch aus den andern eingepfarrten Dörfern, und bei den Bewoh=
nern der Güter aus der ganzen Parochie und den benachbarten Ortschaf=
ten. Vor dieser Versammlung und vor der auf der Bahre liegenden be=
deckten Leiche wird ein Sterbelied gesungen; dann hält der Geistliche von
der Häuste oder Erhöhung am Hause eine Rede oder Abdankung, worin
mehr der Persönlichkeit und Verhältnisse des Verstorbenen gedacht und
für die Theilnahme der Begleitung gedankt wird; bei ganz ungünstiger
Witterung hält der Geistliche die Rede in der Kirche am Altar. Nach
dem zweiten Liede wird der Sarg fortgetragen oder gefahren. Sofort
beginnt das Geläute aller Glocken und währt so lange, bis die Leiche an

Duller, deutsches Volk. 31

den Friedhof gebracht ist; auf dem Weg wird mit Unterbrechung gesun=
gen. Im Zug geht die Schule mit dem Geistlichen voran, dann folgt
der Sarg, diesem die nächsten männlichen Trauernden, dann die weib=
lichen (ehemals im schwarzen Mantel und verschleiert, jetzt in gewöhn=
licher Tracht von Trauerkattun) und endlich die übrigen Begleiter. Mit
dem Grablied wird der Sarg eingesenkt und nachher das Grab vollendet.
In der Kirche, wo die nächsten Leidtragenden, die beisammen sitzen,
während des ganzen Trauergottesdienstes, selbst beim Segen, die Hüte
auf den Köpfen behalten und nicht mitsingen, sondern sich auf das An=
gesicht niederlegen, wird nach einem Sterbelied die Leichenpredigt gehal=
ten, wozu manchmal der Verstorbene den Text noch bei Lebzeiten selbst
gewählt hat, hierauf folgt die Ablesung des Lebenslaufes, welchen der
Pfarrer oder Schullehrer verfaßt hat. Den Beschluß der Begräbnißfeier=
lichkeit macht das Leichenmahl, wozu außer den entfernten Freunden ge=
wöhnlich das ganze Dorf oder doch die betreffende Abtheilung eingeladen
und wobei nach dem Gottesdienst mit Sternkuchen und Kaffee, des
Abends aber mit den bekannten drei Gerichten bewirthet wird; man un=
terhält sich dabei lediglich mit Gespräch und ein Vers aus einem erbau=
lichen Sterbelied beschließt das Mahl.

Eigentliche V o l k s f e s t e von umfaßenderer Bedeutung und besonde=
rer Eigenthümlichkeit sind bei der altenburger Bauerschaft nicht gäng und
gebe; außer den drei hohen Festtagen, den Landkirmsen, den Verlobungs=,
Hochzeits=, Aus= und Einzugs= und Kindtaufsfesten sind sonst nur noch
in Privathäusern Pfannkuchen=, Kirsch=, Ernte=Feste, in Wirths=
häusern desgleichen und im Winter „Örten" oder „Ehrden," wo portio=
nenweise Kuchenwerk, Abends Hasen oder Bratwurst und andere Fleisch=
speisen gegeben und Kaffee, Branntwein, Bier, auch wohl Wein getrun=
ken und dabei getanzt wird; die alten Tanzweisen sind erloschen, den
alten Nationaltanz Rumpuff kennt man nur noch dem Namen nach durch
Überlieferung; Kartenspiel ist leider ein beliebtes Vergnügen, zuweilen
um hohen Preis; seit 30 Jahren wird zumal das sogenannte „Skatspiel"
betrieben. Blicken wir nun auch ins Innere der Bauernhöfe und Woh=
uungen, *) denn das Haus zeugt für den Besitzer, die Stube für den

---

*) Alexander von Lengerke: „Landwirthschaftliche Statistik der deutschen Bun=
desstaaten" (Braunschweig 1840) 2. Band. 1. Abtheilung, S. 25 ff.

Einwohner. Ein altenburger Bauernhof bildet meistens ein Viereck und
ist rings von Häusern umschlossen (vorn das Wohnhaus mit dem nicht
selten gewölbten Kuhstall, ihm gegenüber die Scheune, zu beiden Seiten
die Pferde= und Schafställe und Schuppen), oder wo die Häuser nur drei
Seiten einnehmen, befindet sich auf der vierten Seite sehr oft ein soge=
nannter „Kleinodsgarten." Die Gebäude sind fast sämmtlich zwei Stock
hoch errichtet, die einstöckigen Scheunen nicht minder hoch als die übri=
gen Gebäulichkeiten. Das Wohnhaus enthält in der Regel unten zwei
Wohnstuben, oder eine Stube und eine sogenannte „Kafeln" (Kabinet),
Küche, Hauskammer, Milchkammer und Kuhstall nebst Futterkammer,
oben eine oder zwei Stuben, sowie mehrere Schlaf= und Vorrathskam=
mern, unter dem Dach Räume zur Aufbewahrung des Getreides und
dergleichen, unter dem Wohnhause geräumige Keller; in den Seitenge=
bäuden sind Ställe und Schuppen, oben Kammern. Alles ist geräumlich
und bequem, und oft sehr feuerfest angelegt; der innere Hof hat häufig
nicht nur an den Wohngebäuden, sondern auch einen an den Seitenzim=
mern hinlaufenden Gang, der dadurch gebildet ist, daß der zweite Stock
mehrere Fuß weiter als der untere hervorsteht. In einem altenburgischen
Bauerhofe spricht Einen gewöhnlich eine recht wohlthuende Reinlichkeit
und Ordnung an. In der Wohnstube trifft man stets Tische, Bänke und
Stühle weißgescheuert, ebenso auch das reich und zierlich besetzte Topf=
brett; die im Kachelofen eingesetzten kupfernen Blasen sind blank polirt;
in der Nebenstube findet man auch wohl einen angestrichenen kleineren
Tisch und einen gepolsterten Lehnstuhl, aber auch mitunter einen Schreib=
schrank und ein gepolstertes Kanapee, zuweilen auch ein Klavier.

Der Hesse.

Arndt *) entwirft folgendes Bild des Hessen: „Der Gegensatz des
Thüringers ist sein Nachbar, der Hesse, der Enkel des alten Katten,
welchem das jetzige Niederhessen zwischen dem Taunus und Rhön südlich
und östlich und dem Weserbogen, wo die Fulda in jenen Strom fließt,
zum Wohnsitz angewiesen ist, indem das Gebiet des Fuldaischen und der

---

*) „Versuch in vergleichender Völkergeschichte." S. 374 und 375.

größte Theil des Naffauischen, des Waldeckischen und selbst ein Stück des Paderborn'schen dazu gerechnet werden muß. Der jetzige Hesse und der Naffauer und Fuldaer in seiner sylva Buchonia darf sich wohl mit Recht rühmen, daß er und der Friese der Nordseeküsten und der Sachse Westphalens und der Weser und Leine bis an den westlichen Harz nachweisen kann, daß seit den ersten Zeiten der Römer auf deutschem Boden kein fremdes Blut in seine germanische Reinheit gemischt worden. Auch trägt er das Gepräge seiner ächten Deutschheit in starken Zügeu und eigenthümlicher Art, die noch an Tacitus' Schilderung erinnert. Er heißt der „blinde Hesse." Dies Wort blind soll gewiß kein Gebrechen bezeichnen, sondern eine feste, derbe, unerschütterliche Art, die keinen Wechseln und Veränderungen unterworfen ist; es soll gewiß den stillen festen Muth bezeichnen, mit welchem der Hesse mit offnem Aug wie ein andrer mit geschlossenem der Gefahr und dem Tode eutgegen geht. Tacitus weiß schon hohe Dinge von der Tapferkeit und Kriegskunst der Katten zu rühmen, wodurch sie sich vor allen ihren Landsleuten und Nachbarn auszeichneten. Eine ganz eigenthümliche Ernsthaftigkeit und Ruhigkeit der stattlichen Männer. Nirgends in Deutschland sind die Menschen so wenig neugierig und gesprächig oder überhaupt nur dem Fremden zugänglich. Darin übertreffen sie, glaub' ich, noch die Friesen." Aber wir müssen hier die Gränzen weiter ziehen, wenn wir die Staaten, welche den Hessennamen führen, umfassen wollen, und da kommt in das Bild, wie es Arndt entworfen, noch mancher charakteristische Zug, manche eigenthümliche Färbung. *) Die Stammverschiedenheiten, die sich in der hessischen Staatengruppe erkennen lassen, sind folgende: Vorwaltend zeigt sich der fränkische Volksstamm, dann aber greift ins Hessenland auch der niedersächsische und thüringische herein; eingewandert sind außerdem Franzosen und Niederländer, zum Theil noch gar wohl erkennbar in ihren eigenthümlichen Besonderheiten.

---

*) Eine treffliche Schilderung hat Karl Buchner in seinem Werke: „Der Stamm der Hessen in seiner Gegenwart." (Karlsruhe 1845) geliefert, dem ich in der Folge vieles verdanke, auch wo ich ihn nicht anführe.

Der Kurhesse.

Betrachten wir zunächst Kurhessen. Da sehen wir den fränkischen Volksstamm über Oberhessen, den größten Theil von Niederhessen, über Fulda und Hanau verbreitet, den niedersächsischen in den Kreisen Hofgeismar und Schaumburg und im größeren Theil des Kreises Wolfshagen, Thüringer im Werrathal und im Schmalkaldischen. Das je Eigenthümliche der verschiedenen Bewohner Kurhessens schildert Landau *) sehr treffend wie folgt: „Im Allgemeinen treu und bieder, rührig und fleißig, neigt sich der Niederhesse, gehoben und gefördert durch zahlreichere Städte, sowie durch Wasser- und Landstraßen, einem regen gewerbthätigen Leben zu. Dagegen ist der Oberhesse, vorzüglich in den Thälern der Schwalm, der Ohm und der Lahn nur Landwirth. An Biederkeit und Fleiß dem Niederhessen nicht nachstehend, an Ausdauer denselben noch übertreffend, ist derselbe noch gerader und derber, zugleich aber auch wohlhabender als dieser. Ausgezeichnet durch seinen kräftigen Körperbau und seine einfache Lebensweise, hängt er mit Liebe am Hergebrachten und bewahrt darum auch noch eine Volksthümlichkeit, wie sie nicht häufig sich wieder findet.

Insbesondere verdient der Schwälmer Erwähnung. Er zeigt uns eine hohe, kräftige Gestalt, ein offenes schönes Gesicht und ein meist bläuliches Auge. Sein Haar ist in der Regel blond und fällt in langen Ringeln über den Nacken herab, erst in neuerer Zeit hat man hin und wieder begonnen, dieselben zu kürzen. Er ist gerad bis zur Grobheit, aber bieder und brav. Treu und Glauben ist bei den Schwälmern noch heimisch; machen sie sich Darlehn, so geschieht das in der Regel auf das Wort oder einen einfachen Handschein, und es ist schon ein Zeichen von Kreditlosigkeit, wenn der Schuldner die Verbriefung gerichtlich machen muß. Der Schwälmer ist ferner unendlich fleißig und sparsam; fest hängt er am Alten. Noch ist der Kaffee bei ihm nicht heimisch geworden, und wie der Vater und der Großvater es that, so genießt auch der Sohn und der Enkel noch seine aus Hafer bereitete Morgensuppe; noch feiert der Schwälmer seine Hochzeit mit allen Förmlichkeiten, und ein solches Fest, an dem oft die ganze Umgegend Theil nimmt, dauert mehrere Tage hindurch; seine Kirchweihen sind noch wahre Volksfeste und eine

---

*) „Beschreibung des Kurfürstenthums Hessen." (Kassel 1842.)

Menge von Gebräuchen findet noch statt, die alle den Stempel eines hohen Alterthums tragen. So findet man an der Schwalm den in der Schweiz üblichen Chilgang, hier das „Fensteren" genannt (wie im österreichischen Alpenland), die Verlobung geschieht nicht durch einen Wechsel von Ringen, sondern der Bräutigam gibt der Braut eine Summe Geldes, mehr oder weniger, je nachdem seine Vermögensverhältnisse sind, die Braut dem Bräutigam dagegen ein feines Hemd. Noch findet man das „Lehenausrufen." In der Walpurgisnacht nämlich gehen die Burschen, alle mit Peitschen versehen, vor das Dorf, und einer trennt sich vom Haufen und stellt sich womöglich etwas erhöht, entweder auf eine Anhöhe oder einen Baum, und ruft:

> „Hier steh' ich auf der Höh'n,
> Und rufe aus das Leh'n, das erste (zweite) Leh'n,
> Dass es die Herren recht wohl versteh'n,
> Wem soll das sein?"

Die übrige Versammlung antwortet dann mit dem Namen eines Burschen und eines Mädchens, und zwar mit dem Zusatze: „In diesem Jahr noch zur Ehe." Bei jedem einzelnen Paare wird mit den Peitschen geschnappt und so fort gefahren, bis die ganze Reihe der Heirathsfähigen vertheilt worden ist. So ernst die Bedeutung dieses Spieles auch früher gewesen sein mag, so beschränkt sich dieselbe doch nur noch darauf, daß die solchergestalt Zusammengegebenen für das ganze nächste Jahr als Tanzpaar verbunden sind. Die Schwälmer haben einen eigenen Nationaltanz, der deshalb auch der „Schwälmer" genannt wird, aber jetzt mehr und mehr in Abgang kommt. Die Bauerngüter an der Schwalm sind alle geschlossen, nicht etwa durch Meierschaft, denn sie sind meist Allodien, sondern durch Herkommen. Der älteste Sohn folgt dem Vater und die nachgebornen Kinder werden mit einem Geringen abgefunden. Auf diesem Verhältnisse beruht dann zum Theil auch der Wohlstand der Schwälmer.

Ein anderes Bild gibt jedoch der Bewohner des nördlichen Oberhessens (des Kreises Frankenberg). Ohne eigenes Volksthum, welches mancherlei Einflüsse schon früh verwischten, lebt er auf einem rauhen undankbaren Boden, zu arm, zugleich aber auch zu wenig thätig, um durch Industrie neue Erwerbsquellen begründen zu können. Der fleißige, aber meist arme hersfeldische Weber, bildet das Mittelglied zwischen dem Niederhessen und Fuldaer, den Übergang von dem einen zum andern.

Schon die harte Sprache und die kraftvolle Gestalt des Buchen=länders deuten auf seine Sitten hin, die mit der Rauhheit des win=terlichen Klimas seiner Berge im Einklange stehen. Voll deutscher Red=lichkeit und streng (römisch=) katholisch, zeichnet er sich vor dem Althessen durch seine größere Streitlust aus. Übrigens unendlich fleißig, wandert er bis zum Rhein, um als Taglöhner einige Gulden zu verdienen.

Viel Ähnliches mit dem Fuldaer hat noch der Schwarzenfelser, der zum Hanauer führt. Zwar ist Anfangs im Kinzigthal und rechts und links im Gebirge buntes Gemisch, die Folge ehemaliger Vielherrschaft; aber von den Rebengeländen Gelnhausens an wird es lichter und in der Mainebene wird es hell und sonnig. Ist da auch eigenthümliche Klei=dung und Lebensweise verschwunden, so ist doch, dem nördlichen Hessen gegenüber, der Charakter der Bewohner um so schärfer gezeichnet. Was der Süddeutsche gegen den Norddeutschen, das ist der Hanauer gewisser=maßen gegen den Althessen. Leicht empfänglich für neue Ideen und auf=geklärt, thätig und gewandt, lebendig und fröhlich, so zeigt sich der Hanauer, in dessen Adern unverkennbar noch das französische und wal=lonische Blut fort wirkt; er nennt sich auch lieber einen Hanauer, denn einen Hessen.

Völlig verschieden von allen diesen Bildern sind die, welche der Schaumburger und der Schmalkalder geben. Der Schaumbur=ger, reich an ächter Volksthümlichkeit, trägt noch den reinen Stempel seiner altsächsischen Abkunft, sowohl in Sprache als in Gestalt und Le=bensweise. Er ist schlicht und bieder, aber auch kräftig und roh. Der Schmalkalder dagegen ist ganz Thüringer. Zwischen hohen, kalten Ber=gen wohnend, ist er beinahe ohne Landwirthschaft und alle seine Kräfte gehören dem Bergbau, der Feuerarbeit und dem Handel, der ihn weit=hin über die Gränzen des Vaterlandes führt. (Später mehr von eigent=lichen Bräuchen in Schmalkalden.) Das Sprüchwort: „Wo Hessen und Holländer verderben, kann Niemand Nahrung erwerben," deutet auf den Fleiß und die Ausdauer des hessischen Volkes, und wahrlich: im Schweiß seines Angesichts muß es dem meist dürftigen Boden sein Brot abringen, obgleich schon Tilly den alten Vers: „Im Lande zu Hessen hat's große Berge und nichts zu essen, große Krüge und sauren Wein,

wer wollte gern im Land zu Hessen sein," nicht bestätigen wollte. Im
Allgemeinen hat übrigens der Hesse den Ruhm kriegerischer Tapferkeit.

Über Tracht und Lebensweise der Kurhessen möge folgendes
Urtheil Lengerke's (ergänzt durch Landau's Bemerkungen) hier stehen.
„Es gibt wenige Deutsche, welche in allen ihren Gewohnheiten, namentlich auch in der verständigen Sitte der eigen gemachten Landestracht von
Linnen und Beiderwand, so beim Alten geblieben sind, wie die Nachkommen der einfachen Katten, die Kurhessen. Überall haben wir in ihrem Lande die frugalste Lebensweise, und nirgend bei dem Bauersmanne
städtischen Kleiderstaat, freilich aber auch sehr wenig von dem, was den
Gaumen kitzelt und Aug und Herz erfreut, angetroffen. Eine Nationaltracht haben nur die Oberhessen, die Schwälmer, Fuldaer und die
Bauern in einigen Ämtern Niederhessens. Der Oberhesse behielt meistens
noch die weißen Kittel, den niedergekrempten Hut, die kurzen Beinkleider
bei. Die Kleidung der Frauen ist entweder ganz schwarz aus selbstgefertigtem Beidergewand mit eigenthümlich geformten, gleichsam zweifachem
Häubchen, zwei langen auf den Rücken herabfallenden Zöpfen, einem
enganschließenden, in kleinen Falten gelegten Mieder mit kurzen engen
Ärmeln, über die häufig noch weite Ärmel herabfallen, dem aus diesen
Ärmeln hervortretenden schneeweißen Hemd, dem reich mit Gold und
Silber gestickten Bruststücke, dem hundertfach gefalteten, nur bis über
die Kniee herabreichenden Rocke, den mit hohen Absätzen versehenen
Schuhen, wozu bei feierlichen Gelegenheiten noch ein kleines Mäntel-
chen kommt, welches über den Kopf gehängt wird und nur bis an die
Schultern reicht, — oder bunt. Beim Schwälmer bildet die Kopfbedeckung eine halbkugelförmige roth-, zuweilen auch grün-sammtne Mütze,
verbrämt mit Pelz und besetzt mit Goldschnüren, an deren Stelle im
Winter eine cylinderförmige tritt; der verheirathete Mann trägt auch,
wenn er über Feld geht, einen dreieckigen Hut. Die Weste besteht aus
hochrothem Tuch und ist mit vielen kleinen Metallknöpfen besetzt, der
Rock und die Beinkleider aber aus feinen weißen Linnen. Prächtiger ist
die weibliche Kleidung, ein zierlich und verschiedenfarbig gesticktes Häubchen mit rother Einfassung bedeckt den Kopf, eine Korallenschnur schmückt
den Hals. Den Oberleib bekleidet ein Mieder von blauem Battist mit
kurzen reich mit Spitzen besetzten Ärmeln, welche um den Ellenbogen
umgeschlagen werden. Über dieses wird dann noch eine schwarze soge-

nannte Schnürbrust (ohne Ärmel) gezogen, auf der Brust liegt ein schwarzes, mit Gold und Silber, Perlen und Seide gesticktes Bruststück. Von den Hüften fallen 8—10 kurze nur zum Knie reichende Röcke herab, der oberste Rock besteht aus schwarzem Beidergewand, die andern aber sind sämmtlich mit buntem Bande und zwar die einzelnen Röcke verschiedenartig besetzt und so eingerichtet, daß sie von dem äußersten an immer etwas länger werden. Unter den Röcken blickt auch noch das feine mit einem handbreiten Saum besetzte Hemd hervor. Endlich folgen leinene mit baumwollenen Zwickeln verzierte Strümpfe und Schuhe mit hohen Absätzen („Klötzschuhe"). Um den Hals schlagen sie gewöhnlich auch noch ein kleines Tuch, dessen Enden zurückgeschlagen werden, so daß die Bänder, welche an den Zipfeln derselben befestiget sind, mit denen, welche sich an der Korallenschnur befinden, zierlich gelegt über den Rücken fallen. Bei außerordentlichen Gelegenheiten tritt an die Stelle des Häubchens ein anderer Kopfputz, welchen sie „Schappel" nennen, der aus Blumen, Goldflittern u. s. w. verfertiget ist, und diademähnlich auf den Kopf gesetzt wird. Doch hat nur die Jungfrau das Recht, sich mit bunten Farben zu schmücken. Der Fuldaer Bauer trägt grüne oder blaue Röcke von Leinewand und eine Pudelmütze oder einen breitgeränderten Hut; das Malerische der weiblichen Tracht wird noch mehr durch die eigene Weise des Kopfputzes gehoben, indem das lange Haar um die Scheitel gewunden und mittelst einer zierlichen hölzernen Nadel befestiget wird. Die Bewohner des Landgerichts Kassel erkennt man an hellblauer Jacke und langer schmaler Schürze, die der Ämter Melsungen, Spangenberg, Rotenburg an kurzer Schürze, welche den Körper ringsum von der Mitte bis zu den Knien umgibt.

Was den Aberglauben in Kurhessen betrifft, so besitzt derselbe, nach der Versicherung unseres Gewährsmannes Landau, noch immer, ungeachtet der großen Fortschritte der Aufklärung beim Landvolk, seit einem halben Jahrhundert, (und obwohl mit dem alten Volksglauben auch alter Volksbrauch, Volkssage und Volksmährchen immermehr erlöschen), ein weites Feld. „Noch ist dem Teufel, dem Repräsentanten des bösen Prinzips, sein Reich kaum zur Hälfte zerstört; werden auch schon lange keine Hexen mehr verbrannt, so wird doch noch immer an Hexen und Hexereien geglaubt und alle Übel, welche Menschen und Vieh zustoßen, und deren Ursachen das blöde Auge nicht sofort zu erblicken vermag, sind von „bösen Menschen angethan" worden. Noch gibt es unheimliche Orte, wo Gespenster ihr Wesen treiben. Noch liegen viele Schätze verborgen, aber die bösen Geister, welche sie bewachen, müssen erst gebannt werden, was nur zu bestimmten Zeiten und mittelst bestimmter Ceremonien geschehen kann. Noch gibt es gute und böse Tage, und unter allen ist der erste Mai noch immer der bedeutendste. Da ruhen an vielen Orten die ländlichen Geschäfte, es wird nichts verborgt, es wird das Vieh nicht angespannt und auch nicht zur Weide getrieben, und wer an diesem Tage von seinem Nachbar Feuer holt, der macht sich der Hexerei verdächtig. Am Himmelfahrtstage werden Kräuter gesammelt, weil die an diesem Tage gepflückten vorzügliche Heilkräfte besitzen sollen. Hin und wieder werden noch in der Johannisnacht Nothfeuer auf den Kreuzwegen angezündet und das Vieh durch das Feuer getrieben, um es für ein ganzes Jahr gegen Krankheiten zu sichern. In der Sylvesternacht gießt das Mädchen Blei, streut Asche und Salz u. s. w., um seine Zukunft und den dereinstigen Bräutigam zu erblicken. Noch ist der Wehrwolf nicht verschwunden. Erst durch die Taufe wird das Kind vor dem Verwechseln durch die Wichtelmännchen geschützt und um diese bis dahin zu verscheuchen, wird ein brennendes Licht unterhalten. Vielfach sind auch noch die Gebräuche bei Kindtaufen, Hochzeiten, Todesfällen, Begräbnissen, Bezug einer neuen Wohnung u. s. w. und noch kaum erschüttert ist der Glaube an Sympathie, Ahnungen und Vorbedeutungen." Durch ganz Hessen verbreitet finden sich, wie Landau an einem anderen Orte*) erwähnt, Sagen von den Wichtelmännchen, Spuren von ihren Wohnungen (die Wichtelkammer bei Riechelsdorf, das Wichtelhaus unweit Frankenberg bei Ernsthausen, das Wichtelloch am Dosenberg bei Uttershausen an der Schwalm, ein anderes in der Nähe von Ziegenhain zwischen Obergrenzebach und Schönborn oberhalb den Ruchmühlen). Um die Geister zu vertreiben, ziehen die jungen Bursche im Ziegenhainischen in der Nacht vor Walpurgistag vor die Dörfer und knallen mit den Peitschen die halbe Nacht hindurch. Sehr charakteristisch, an das von Kaulbach bei seiner Hunnenschlacht benützte Motiv erinnernd, ist die Sage von der „Todtenhöhe" (einer Hochebene) bei Frankenberg, wo einst in unvordenklichen Zeiten eine Schlacht soll geschlagen worden sein,

---

*) In der Zeitschrift des Vereins für hessische Geschichte und Landeskunde I. Bd. 3.—4. Heft. (Kassel 1837.)

und wenn sich's jährt, stehn jedesmal in der Nacht die Erschlagenen wieder auf und beginnen den Kampf; neuerdings wollen Holzknechte, die einst in einer Winternacht über die Höhe gehen wollten, die Geister= schlacht gesehen haben, warfen, vor Graus übermannt, die Ärte weg, flohen heim, fanden aber am andern Morgen, da sie ihre Ärte zu suchen wiederkamen, nichts als ihre eignen Fußtritte im Schnee. Eigenthüm= lich ist die Art, wie die Bewohner des Schwalmgrundes den Alp erklä= ren. Er ist ihnen entweder ein böser Geist oder das Liebchen des Ge= plagten. Um ihn zu fangen, soll man sich nur mit dem Betttuch zu= decken, und wenn er kommt, dieß über ihn zusammen schlagen, fest= halten und in einen Kasten verschließen; öffnet man denselben früher, ehe ein Mensch ersticken kann, so fliegt eine weiße Taube davon, wo nicht, so setzt man sich der Gefahr aus, wenn es das Liebchen gewesen, dieses erstickt zu finden. — Am Weißner in Niederhessen ist der uralte Holle=Mythus noch nicht ganz erloschen; ein kleiner See an der Ostseite des Weißners heißt der Frauhollenteich, in der Nähe quillt der Gottes= born; wenn es am Weißner nebelt, hat Frau Holle ihr Feuer im Berge, wenn es am Weißner schneit, macht Frau Holle ihr Bette; aus dem Frauhollenteiche, in welchem das Baden Fruchtbarkeit verleiht, werden die kleinen Kinder geholt, Frau Holle bestraft die unordentlichen und trägen Spinnerinnen und verwirrt ihnen Flachs und Garn; die alten Spinnerlieder, worin der Frau Holle gedacht worden, sind zwar ver= klungen, aber noch bleiben am Sonnabend die Spinnräder unberührt und von Weihnachten bis Neujahr wird die Spindel nicht gedreht und es darf kein Flachs am Rocken bleiben.*) Überhaupt aber erinnern noch genug Ortsnamen in Kurhessen an die altdeutsche Götter=, Helden=, Kobold= und Riesensage; so Gudensberg (früher „wuodenesberc"), Donners= kaute, Donnersgraben, Donnershauch (hauck), Ermenswert, Hermen= saffen (jetzt mißbräuchlich Hartmuthsachsen), Ermetheis, schöne Herme, Hermannshain, die Nirbitten (Wiese bei Betziesdorf), der Oldenberg (an der Weser oberhalb Veckeshagen), das Mänkenloch im Schaumbur= gischen u. s. w. In Schmalkalden sind noch folgende Bräuche landüb=

---

*) Schmincke, der Holle=Mythus am Weißner (im IV. Bd. 1. u. 2. Hft. „der Zeitschrift des Vereins für hessische Geschichte und Landeskunde." Kassel 1845.)

lich. *) Am Neujahrstage nach Beendigung der Morgenkirche versammelt sich der Singchor im Schulhause, zieht hierauf zuerst vor die Wohnung des Predigers und trägt hier einige passende mehrstimmige Lieder mit Begleitung von Blasinstrumenten vor, dann aber geht er von Haus zu Haus, um bei jedem so viel Stücke vorzutragen, als Familien in demselben wohnen, und dafür eine Belohnung je nach dem Willen oder Vermögen derselben zu empfangen; dies Neujahrsingen dauert an größeren Orten oft acht Tage. Der zweite Januar heißt das „Laufneujahr," weil dann die Kinder in großen Haufen vor die Wohnungen der Wohlhabenden ziehen und sich kleine Gaben holen, eine Gewohnheit, welche auch an einigen Orten Niederhessens z. B. in Niederalsungen, nur an anderen Tagen stattfindet, wo die Kinder auf Fastnacht umherziehen, jedes mit einem langen spitzen Holz versehen, um daran die empfangenen Geschenke an Backwerk aufzuspießen. Nach dem Neujahrssingen beginnt in Kleinschmalkalden die „Heiligenrechnung," d. i. die Zählung der im letzten Quartal des verflossenen Jahres gesammelten Opfer und Berathung über deren Verwendung durch die Kirchenältesten, die Heiligenmeister, den Schullehrer und Kastenmeister in der Wohnung des Pfarrers, der dafür zwei Tage die Stube heizen muß und das Präsidium bei der Versammlung führt; die beiden „Heiligenmeister" (Klingelmänner, Opfermänner) wählen mit Zuziehung der Kirchenältesten einen neuen Opfermann, welcher dann Kuchen und Braten zum Besten geben muß. Bei Hochzeiten sind so viel Rahmkuchen nöthig, daß es einem Haushalt schwer fallen würde, den Rahm dazu zu liefern, daher senden alle Verwandte und Bekannte an dem bestimmten Tage Töpfe voll Rahm und alle Freundinnen der Braut nehmen Theil am Backen der Kuchen; die jungen Bursche und Freunde des Bräutigams finden sich zwar auch ein, jedoch mehr, um einen Polterabend zu halten, als um zu helfen; haben die Hochzeitsgäste zu Mittag gegessen, so sucht man einem derselben unvermerkt eine Schüssel mit Knochen vorzusetzen und dieser muß dafür dem Hausgesinde ein Geschenk machen. Wer bei lustigen Gelagen oder auf der Kirmeß zu lange ausbleibt, der wird auf einer Leiter geholt, d. h. einige handfeste Bursche bringen eine Leiter vor das Haus des

---

*) „Schilderung einiger Gebräuche und Sagen in Schmalkalden" von Prof. Hoffmeister (Zeitschrift des Vereins für hessische Geschichte und Landeskunde. IV. 1 und 2).

Saumseligen, nöthigen ihn, sich darauf zu setzen und tragen ihn so zur
Gesellschaft; auch bei diesem Scherz ist es auf ein kleines Geschenk abge=
sehen. Von altem Volksglauben hat sich noch unter anderm der erhal=
ten, daß man an vielen Orten das Essen einer Hagebutte (oder Hahnäufe,
wie sie sagen) in der Neujahrsnacht für ein unfehlbares Mittel gegen
Krankheit oder sonstige Anfälle hält, zu welchem Ende Viele diese Frucht
in der Nacht pflücken und sie Freunden und Bekannten, oder, wem sie
sonst wohlwollen, z. B. Ältern ihren Kindern, ohne ein Wort zu re=
den, durch's Fenster reichen, damit sie solche ebenfalls stillschweigend
genießen und auf diese Art vor jedem Unfall für's ganze Jahr gesichert
sind. Wer das ganze Jahr hindurch Geld haben will, der muß (so sagt
man in Schmalkalden) am Neujahrstag Unterkohlrabi zu Mittag essen,
doch darf von dem Gericht nichts übrig bleiben. So lang ein Kind nicht
getauft ist, darf nichts verliehen werden; die Wöchnerin darf selbst nicht
eher unter einer Dachtraufe durchgehen, als bis sie sich mit der Heb=
amme in die Kirche begibt, um durch ein Opfer Gott zu danken; kommt
sie von da wieder zurück, so muß sie dem Kinde dreimal stillschweigend in
den Mund hauchen, damit es auch ferner vor Zauberei bewahrt bleibe.

Charakteristisch ist das Volksmärchen vom dummen Teu=
fel, das in Schmalkalden erzählt wird, wie nämlich ein rechtschaffe=
ner armer Mann, der fünf Kinder hatte, einstmals in der bittersten
Noth zu einem reichen gegangen, der kein gut Gewissen hatte und
sich gewaltig vor dem Tode fürchtete, und ihn gebeten, ihm vier
Metzen Korn zu leihen, worauf dann der Reiche dem Armen acht Metzen
Korn geschenkt, wofern er drei Nächte an seinem Grabe Wache halten
würde, was denn der Arme auch gelobet; als nun der Reiche bald dar=
auf gestorben und begraben worden, hat der Arme die erste und die
zweite Nacht richtig auf dessen Grab gewacht, ohne daß ihm was wider=
fahren, aber in der dritten Nacht hat ihn auf einmal ein gar gewaltig
Bangen überkommen, als er zum Glück an der Kirchhofsmauer einen
alten Soldaten gewahr ward, der sein Abendpfeifchen rauchte und einen
Mantel und weite große Stiefeln trug; dem vertraute er an, weßhalb
er hier sei, und der Soldat erwiederte ihm, wo es Wacht zu halten gebe,
sei er dabei, und wenn was zu verdienen oder zu leiden sei, wollten sie
Halbpart machen; um Mitternacht aber ist der Teufel mit vielem Ge=
töse gekommen und hat den beiden Wächtern geboten, das Grab zu ver=

laſſen, weil der, der drinnen liege, ihm angehöre. Als nun der arme
Mann gerufen: „Alle guten Geiſter loben Gott den Herrn, hebe dich
weg von mir, Satanas," merkt der Teufel, daß er mit Gewalt die Bei=
den vom Grabe nicht wegbringen kann, nimmt alſo zur Liſt ſeine Zu=
flucht und verſpricht ihnen den großen Stulpſtiefel des alten Soldaten
voll Gold zu füllen, wenn ſie ihm die Seele des reichen Mannes über=
laſſen; während er nun weggeht, um das Geld zu holen, ſchneidet der
Soldat geſchwind den Schuh vom ausgezogenen Stiefel rund herum ab,
ſo daß er nur den Stulpen in der Hand hält, und wie nun der Teufel
zurück kommt und den Sack voll Gold in den Stiefel ſchüttet, fallen die
Goldſtücke unten durch ins hohe Gras; da ſagt der Soldat: der Stie=
fel iſt noch nicht voll; muß alſo der Teufel wieder fort und noch mehr
Gold holen, und ſo auch zum drittenmal. Auch das ſchickt noch nicht,
ſagt der Soldat; nun wird aber der Teufel zornig und will ihm den
Stiefel aus der Hand reißen, da kräht der Hahn, und der Teufel muß
auf und davon gehn und hat ſich nicht mehr ſehen laſſen; der Soldat
aber hat dem armen Mann, mit dem er Halbpart gemacht, ſeine Halb=
ſchied geſchenkt und iſt zu ihm gezogen, und ſie haben alle froh und fröh=
lich bis an ihren Tod miteinander gelebt. Bekannt ſind auch in Heſſen
die Legenden von Winfried=Bonifacius (deſſen Standbild jetzt in Fulda
ragt) und von der heiligen Eliſabeth (die ihr geweihte Kirche in Mar=
burg iſt ein Meiſterwerk deutſcher Baukunſt; Landgraf Philipp der Groß=
müthige machte am Sonntag Exaudi 1539 dem Unfug abergläubiſcher
Wallfahrten zu den Gebeinen ſeiner „Ältermutter", der Muhme „Els",
ein Ende). Eine liebliche Barbaroſſaſage knüpft ſich an die Reſte des
Hohenſtaufenpalaſtes zu Gelnhauſen. Eine Sage, die ſich an einen noch
vor 50 Jahren in der Stadtmauer von Hofgeismar befindlichen Thurm,
den ſogenannten Würfelthurm, knüpfte, möge als Probe der nieder=
ſächſiſchen Mundart im unteren Diemelthale hier folgen*). „Süff waff
de Stadt Geismer viel grötter offe jetzunder. Da hiet ſa enmal enen Krieg
ehat mied viellen Heren, de wollen ſe utbrennen. Se kemen mied erren
Lüen un nammen de gantze Feldmark in un liehden ſiek vörr de Dare
(Thore), de to emacht wören, un üemme de Müre, und leten nemes ut

---

*) Firmenich a. a. O. Seite 312 und 313; die Sage findet ſich auch in
einem Aufſatz von Dr. Falkenheiner in der Zeitſchrift des kurheſſiſchen Vereins.
(I. Band 3.—4. Heft, Kaſſel 1837).

noch in. Se hadden auk de Kögge (Kühe) van der Weide elanget, un de Swine hadden se wieg edriewwen, un alles Veh, dat vörr den Heren geit. Dat gantze Feld hadden se afemägget (abgemäht) und streggeden de Frucht mied den Gülen. Un est (erst) wören se käwisch (übermüthig). Se slachteden dat Veh un wollen nir angeres eten, offe (als) Fleesch un Smalt, un Wörste, un Braen, un Zalat derbi. Awer offe alles verterd waff, da hadden de viellen Lüe vörr der Stadt nir meir to etene. Nu waffet in der Stadt awer auk nie bietter. Se maffden drinne Hunger lien, un wuffden nie meir, wovan se lewwen solden. Da waff menker, de dre Kohdeile (Stück Kühe) ehat hadde, un hadde nu kien enziges meir. Den Supen maffden se dünne kaken, un Fleesch hadden se gar nie meir. Da siet (sind) se van beiden Parthiggen eens eworen, se wöllen twe Mann, enen ut dem Lager, den angeren ut de Stadt, mied enanger wöerpele (würfeln) laten, un seen, we de hoigesten Wuorp diedde. De Wüörpeler utem Lager smeit siewwenteine. Da kriechde de, denn se ut der Stadt eschicked hadden, en grauten Schrecken. He verfahr siek (entsetzte sich) un dachde ree (bereits), iet wöre alles verlaren. Aber smieten maffde he doech auk, un smeit achteine! Un da lacheden de Büörger van Geismer de grauten Hense (Prahlhänse) ut, darümmen, dat de Dickedoers maffden mager afgahe, un laten de Stadt mied Friedden. Dem Büörger awer, de so gad wöerpeln konnde, had se in der Stadt en Teken esat (Zeichen gesetzt) up den Tharen, by dem he ewöerpelt habde. Se had dre graute Stene utehagget (ausgehauen), offe de Wüörpel siet, un had se erliegt up üngerste Müre vannen Tharen, un darup siet ewieft to seene (zu sehen) achtein Augen. Den allen Lüe, de nau liewwet, had den Tharen un de Wüörpele, de darup wören, nau (noch) eseen, un daavan hied de Tharen eheiten (geheißen): de Wüörpeltharen.“ —

Die Hanauer haben ein von den Bewohnern der ganzen Gegend weit und breit besuchtes Volksfest, das Lamboifest im Lamboiwald am 13. Juni, zum Andenken an die Entsetzung der 1635 — 1636 von den Schweden unter General Lamboi belagerten Stadt; bis zum Jahre 1806 wurde die Erinnerung an dieses Ereigniß durch Gottesdienst in den Kirchen gefeiert; seit jener Zeit, da man hoffte, auch bald von dem drückenden Joche der Franzosen befreit zu werden, ist auch die weltliche Lust dazu gekommen, und alles Volk, vornehm und gering, jung und alt, zieht am 13. Juni in den Lamboiwald hinaus, wo Sang und

Klang, und Schmaus und Trank ist, den heißen Sommertag über, deffen Glut sich zwischen die wenigen Bäume des Waldes drückend hinein= legt, bis spät in die kühle Nacht hinein. Als Probe der Hanauer Mundart stehe hier der Anfang eines von Jakob Grimm in Radlofs Musterfaal mitgetheilten gar artigen Gedichts:

„Gun Tag main leib Margritge, ach seh: aich glab, sei brotzt (schmollt,
    thut böse)
Was hun aich dann gedan, dass sei su mächtig trotzt?
O mein, wei komt dann des? se daut am ag norzt (nur) schare?" —

„„„No wu führt ihn emohl des Schinnersspiel dahare?"" " —

„Aich was neit, wei des kimt, mer sicht se gor niemie,
Men mag ag noch su oft ihr zu Gefalle gin." —

„„„Ar mant doch ag gewiss, mer hett sunst niks zu schaffe,
Als dess mer nur su thet noch alle Kerle gaffe."" " —

„Na, mer hots ans gesaht, es wer e Kerl su keck,
Dar öfters zou er kem, ar dreg e Schwanzporeck" (Schwanzperücke) —

„„„O, halt ar als (doch nur) sei Maul, ar schwäzt als wei e Narr,
Denk — wes gibts ihn denn an, aich sain ja noch mei Harr"" "

„Harzleib Margritge, es daut am ag gar wieh,
Wenn am en annere Borsch will bei sain Matge gihn." —

„„„'s wohr, mer werd su bies, aich mog nor niks mehr hire,
Wan mich dau aner grist, kan aichs em dann verwihre?" " " — u. s. w.

Als Probe der Fuldaer Mundart folgende Reime (Anfang eines Ge= dichts: „der Promotionsaufzug in Fulda" *)

„Eu goelle Koeng (ihr goldenen Kinder), ich warn ze Foell
    (Fulda)
Es goeng meh doa so hoelig Doll,
Joa saetters, be ich alles soah,
Buas in dem Dolle Foll geschoah,
Ich meint net, doas ichs koenn gegleu.
Doa es en Uhrt, son derrlich seu,
Ich woar noch schoelk noh n loat mich soah,
Doa wellt ich Koes ohn Moelk nih'n troah,
Oh'n wollt sei in der Stadt verkäeuf,
Se woar euch doach aeb Lüth Geläeuf
Ohn oeh Gewot, oeh Murt-Geschrei,
Doas ich net annerst konnt geglei,

———————
*) Radlof a. a. O. I. 328 ff.

Oes staen aeh Kroegesshaer für der Thüer,
Oawer (oder) de Staadt staen schon im Fuer,
Ich hort Getrommel ohn (und) Gepiff,
Ich soak en noach dem Säbel griff,
Aeh Hain-Mohn faist roind bei Kuil
Mitm schwoarze Boarth oam Öbermuil,
En Flehewödel offen Hoth,
Stoo he gespannt off Murth ohn Tod" u. s. w.

Hieran reihe sich eine ander Probe der Mundart im Fuldaischen (aus Götzinger) zugleich ein hübscher Schwank, der vom „Kind Eiszapf": „In Frankfurt da is e Kaufme gwast, dar waer uff der Hannlschaft drey ganze Jar, bis en widder heim kom. Und bi er widder heim kom, da sah er e rächte Bube in sem Huis erumlauffe, dar hot e schneewyßß Haar. Bam gehärt der Bub? das is gar e scheener Bub! saet ar zo syner Frau. Liber Ma, saet se, en is mi. Soll ich dey Wunner sae, be 's mey mit dam Jonge gegangen hat. E mal ben ich im Winter in'n Gaerte gegangen, und da han ich so säendlich (sehnlich) an dich gedacht, daß ich gemeint hae, ich been bey dey, on indam, so nam ich en Yßzapf vom Dach on aß en, on waerd des Keynd druis. Han em dröm an Yßzapf heyße lasse. Dar gode Ma dankt sich syn Theil, on läßt sich wyter nischt maerk. On so is dar jong Yßzopf uffgewaesen on gros woese. Über e Wyl saet dar Kaufma zu syner Frau: Bas mainst de, bann ich dan Yßzapf a Mal mit näm off die Reis, das er au appes säet on la'nt (lernte)? Myntwache, saet se, dou most aber Saerj (Sorge) zo em ha. Dar Ma nemten mit, on hankt en de holländische Selverkeyfer an. Es geht e Zyt lank har, so kömmt er widder heim, aber ohne Sui. Ach, saet de Frau, bo haft den Yßzapf higeta, ons Keynd? Hör, Schatz, saet ar, mey is 's mit dam Keynd Yßzapf racht wunnerlich gegangn. Be mey e Mal oft em Maer fuen, da waers gans uiseraedentlich waerm, en ich häns-em noch verbode, e soll sich net baerhouv ins Schiff saß. Aber bar net folcht, däs waer är. On da hat en de Sonn offn Kopf so staerk gebrannt, das dar gode — a — Yßzapf ganz varschmolzen on widder zo Wasser woen is."

Interessant ist folgende Gegenüberstellung von Dr. Piderit *) über

---

*) Die Ortsnamen in der Provinz Niederhessen (in der Zeitschr. des Vereins f. hess. Gesch. u. Landesk. I. Bd., 3. u. 4. Heft. Kassel 1837).

Duller, deutsches Volk.   33

die Volkssprache in Niederhessen: „Die Grundlage derselben
ist das Mittelhochdeutsche mit vielen Anklängen aus dem Althochdeut=
schen. Neben demselben hat sich in einem nicht unbedeutenden Theile der
Provinz Niederhessen das Mittelniederdeutsche theils geltend gemacht,
theils erhalten. Dr. Piderit nennt das Erstere den fränkischen, das
Letztere den sächsischen Dialekt, und fährt nun also fort: „Der fränki=
sche Dialekt hat die Formen des Mittelhochdeutschen zur Bewunderung
treu bewahrt. Begleiten wir den hessischen Landmann und Bewohner
der kleineren Städte an der unteren Werra, der Fulda, Schwalm und
Eder in sein „Hus“ und seinen „Hof“, so zeigt er uns, wie er „Rum“
genug und „Gemach“ habe, daß die „Mure“ feste und der „Hannebalke“
(oberster Balken) dauerhaft und die „Sule“ (Säule) von gutem Eichen=
holze gezimmert sei. Ein „Lit“ oder „Lêt“ schließt Nachts das kleine Fen=
ster, ein „Zûn“ umgiebt den Hof und die „Schüre“; eine „Thorfahrt“
(das Thor, durch welches das Vieh „gefahren“, d. h. getrieben wird)
ist nur durch eine „Klinke“ verschlossen, oft stets geöffnet, damit das
„Fehe“ ungehindert ein= und ausgeben kann. Er selbst handthiert in
Wintertagen mit dem „Bîle“, der „Bârte“, dem „Kîle“ und zuweilen mit
der „Fîle“, und verfertigt sich am Wagen die Lancwite“ (von Witu=Holz,
also das lange Holz) die „Diffel“ (Deichsel) und den „Plug“. Führt er
ein „Wip“ ins „Hus“, so hat er zuvor unter den „Wibesmenschen“ ge=
wählt und zwar mit „Zît“ und „Wile“, ohne „Ile“ und ohne „Engenste“,
und wenn die „Brût“ ihm einen „Schrin“, eine volle „Lade“, gute „La=
ken“ und etwas Geld mitbringt, so sieht er ohne „Pine“ der Zukunft
entgegen und leidet in der Gegenwart keine „Pin“. Er hat als „Brüti=
gam“ ihr einen silbernen „Reif“ gegeben, und wenn dann zwischen ihnen,
die der „Parr“ (Pfarrer) zusammengegeben hat, auch zuweilen ein „Strît“,
ja ein offener „Kriec“ entsteht, so ist das doch nur eine vorübergehende
„Schûr“, und weiter nichts, und wenn's vorüber ist, so hat keiner ein
„Arc“ (Arges) daraus. Weder der Mann noch die „Fruwe“ thun sich
deswegen ein „Leid“ an, sie wissen beide, daß sie an einem Strange „din=
sen“ (ziehen) müssen. Zwar wünscht er ihr, wenn ihm der Kopf nicht
recht steht, die „Krenke“, aber er faßt kein „Eiter“ (Gift) ins „Herze“,
außer, wenn sie in die „Krümbe“ geht. Als ein verständiger Mann weiß
er „Rede“ zu stehen; auch ist er kein Hase, dem es „gruselt“ bei jeder
Gefahr, wenn auch der „Blic“ (Blitz) einschlägt und der Städter wie

ein „Hirz" (Hirsch) davonläuft. Daß er ein tapferer „Dëgen" sei, hat er immer bewiesen, „bevorab" im „sewwenjährigen" Krieg; auch ist er hart „uffgezogen", und kann einen ganzen „Tac" im „Mülm" und zwar „dräh= te" arbeiten, ohne zu murren, dagegen versteht er es auch, auf „Hoch= ziten" (jedes häusliche Fest) seines „Libes" und „Buches" zu pflegen, wenn auf dem Tische das „sure Krut" mit Schwinefleisch" dampft. Geht er in die „Fremde", so wundert er sich wohl über den „Glast" in der „Staadt" aber er weiß doch die „Heime" zu schätzen und vergißt nicht, was ihm „frommt". Ohne „Brast" (Kummer) geht er über „Berc" und Thal, über „Stëc und Stig" auf geradem „Pade" zur Heimath und läßt die „Lüte" in der „Staadt" thun, wozu ihr „Muthwille" (Wille des Gemüths, Nei= guug) sie treibt. In der Heime ist seine Speise „schlichte"; aber der Napf muß bis an den „Ranst" gefüllt sein; auch hält er noch hin und wieder auf „altfränkische" Kleidung und Sitte, und geräth „dicke" (oft) genug in „Strit", wenn ein „Michel" oder ein Großhanns die Heimath verachtet. In diesem Falle schlägt er „blind" zu, und sollte er auch einen „isernen Hâmer" in der Hand haben. Geht der Streit auf der „Kirmese", Abends im Wirthshause, an, so werden zuerst die Lichter „ausgepustet" und Mancher bekommt dann einen „Slac" in die „Anke" (Nacken), daß ihm „grün un gël" vor den Augen wird. — Diese angeführten mittelhoch= deutschen Formen, deren Zahl sich leicht noch vermehren läßt, besonders durch Adverbien, „reine," „kummerst," „schiec," „lüte," „sêre," „ewen," „allewen," „all' die wile," „die lenge," „itel," „oders," „edder," stehen mit andern in Verbindung, deren wahre Bedeutung sich in der Schrift= sprache verloren hat. So bedeutet „Weinkauf", wie althochdeutsch „Wine", Freundschaft, einen außergerichtlichen Kauf, gleichsam unter Freunden; „Rede" hat noch die alte Bedeutung von „Grund und Ur= sache", und „Rede stehen" heißt Gründe angeben. „Der Schwin" ist noch immer der Schweinehirte. Der Hirte „fährt" noch immer aus. Die „Hochzeit" wird von jeder Feierlichkeit, z. B. von Kindtaufen, gebraucht. Der „Muldwurf" (von Mold, die lockere Erde) und nicht Maulwurf, ist das Thier, das die Erde auflockert, um „bechschwarz", nicht pech= schwarz, von „Beiche" (die Finsterniß) spricht richtig der Landmann. Derselbe geht auch nicht, wie wir uns unrichtig ausdrücken, nach Lie= benau, sondern zur Liebenau (Lieben = owe), zur Lichtenau, zum Hoëm= berge. . . . Dieser fränkische Dialekt hat sich in seinen Grundformen in den Thälern der Fulda bis zum Haunthal, wo der Buchenwald anfing, ferner an der Eder und Schwalm bis zum Übergang in das Ohmthal, wo der rheinische Dialekt sich einmischt, endlich an der Werra bis in die Gegend von Eschwege, wo die thüringische Mundart gehört wird, erhalten, wiewohl Verkürzung und Dehnung der Vokale und Einmischung von Umlauten fast jedem Städtchen einen eigenthümlichen Ausdruck verleihen." Aus geschichtlichen Gründen, die sich auf die Sachsenkriege Karls des Großen zurück beziehen, ist der Umstand zu erklären, daß in Niederhessen, wo das Mittelhochdeutsche vorherrscht, sehr viele altsächsische Wörter und Redensarten vorkommen; wenn der Bauer die Mistjauche „Adelssitte" (von Adel = Sumpf, Pfuhl) nennt, wenn es bei starker Kälte „Bibelsteine friert", wenn das „Gesinde balstürig" (widerspenstig) und die Kleider „kladerig" (von Kladde, Schmutz), wenn sein „Knyf" (Messer) stumpf geworden ist, wenn er in der „Lehmenkuhle" arbeitet, so gebraucht er niederdeutsche Wörter des sächsischen Dialekts, die bei ihm das volle Bürgerrecht erhalten haben. Umgekehrt gestaltet sich dieses Verhältniß an der Diemel, wie mittelhochdeutsche Wörter in die sächsische Mundart eingedrungen sind, woselbst jedoch der herrschende Dialekt vom im nahen Paderbörnschen und in Westphalen gebräuchlichen stark abweicht und sich mehr der Mundart der mittleren Weser nähert, woraus geschlossen werden darf, daß es nicht die Westphalen, sondern die Engern waren, welche in ihrem Vordringen diese Gegenden in Besitz nahmen. Dem Fleiße und der kritischen Sorgfalt des Gymnasialdirektors Dr. Vilmar zu Marburg verdankt man eine reiche Sammlung von hessischen Idiotismen*), aus welcher ich hier einige hervorhebe, welche zum Theil auch auf altvolksthümliche Sitten und Bräuche ein Streiflicht werfen: äbich (verkehrt) in Oberhessen, zumal westlich von Marburg, eppen (etwas schmerzlich empfinden, von etwas unangenehm berührt werden), eppsch (reizbar, leicht zu beleidigen) — in ganz Althessen; Aidche (fuldaisch) aige, äge (oberhessisch) = Mutter (meist in der Kindersprache); der Bêr, auch bähre (im nördlichen Niederhessen) = Eber; die Bitze, Bötz, Betz (im Hanauischen, aber auch in Oberhessen) = Baumgarten; das Brunkel (Bezeichnung von Feldstücken, vorzugsweise von Wiesen; der (oder

---

*) „Probe eines hessischen Wörterbuchs" in der Zeitschr. des Vereins f. hess. Gesch. und Landesk. Bd. IV., Hft. 1 u. 2. (Kassel 1845).

das) Böcht, Bogt = unreinliche Näſſe; derlich = unangenehm,
ungewohnt, wunderlich (am häufigſten in Niederheſſen und in der Graf=
ſchaft Ziegenhain, weniger üblich in Oberheſſen, die Dôn (geſpro=
chen: Doun) = der Hauptträger in den Gebäuden; die Querbalken
= Donbalken; der Dort = Treſpe; die Eide, niederheſſiſche Form
für Egge; Einwart, Ewert, jenes nach der oberheſſiſchen Schrift=,
dieſes nach der landesüblichen Ausſprache, die Geſammtheit der Rechte
eines Dorfes, weßhalb auch jetzt „Einwartsgerechtigkeit“ zu den Attribu=
ten eines Bauernhofes gerechnet zu werden pflegt, ſodann auch Gemar=
kungsgränze eines Orts (doch jetzt ſelten in dieſem Sinn), inpinken
= Feuer (Licht, Schwamm) anzünden (in Oberheſſen, beſonders im
ſüdlichen Theile des kaſſelſchen Antheils); enke, enken, auch enket
= genau (ich will enke aufpaſſen, ich hab's ihm enken geſagt); etzen
= eſſen laſſen, das Vieh freſſen laſſen; flennen = weinen (zumal
das ungezogene der Kinder, und das beſonders bittre und ſchmerzliche
Weinen; ſonſt ſagt man für weinen = kreiſchen), beſonders üblich im
inneren Niederheſſen, im Hersfeldiſchen, in der Grafſchaft Ziegenhain,
nur nicht in Oberheſſen; ſich flenzen = urſprünglich, das Geſicht,
den Mund verziehen, dann aber auch mit Widerwillen an eine Arbeit
gehen; die Garge = Taſche, Gargeſack = Zwerchſack, Garge=
garten = Bezeichnung von Gärten und Flurſtücken (z. B. in Ruhl=
kirchen); gerren, (gurren, geſprochen: goare) = der in Oberheſſen
neben „kreiſchen“ ausſchließlich übliche Ausdruck für weinen, wogegen
flennen und greinen daſelbſt unbekannt ſind; giferig = begehrlich,
heißhungrig, (in Niederheſſen und der Grafſchaft Ziegenhain); der
Gnenn = Vater (früher in ganz Oberheſſen üblich) jetzt nur noch im
Ebsdorfer Grund einzeln vorkommend, im Breidenbacher Grund aber in
Übung; die Gêſchel (Ziegenhain) Giſchel (niederheſſiſch.) = Geißel,
Peitſche, dann auch Deichſel; Grêbe, die bis zum Erſcheinen der Ge=
meindeordnung im ſächſiſchen Heſſen (Kreiſe Hofgeismar und Wolfhagen),
in den Kreiſen Kaſſel, Fritzlar, Homberg, der Grafſchaft Ziegenhain
und zum Theil in den Kreiſen Melſungen und Kirchhain herrſchende Be=
nennung des Vorſtandes der Dorfgemeinden, wogegen die Kreiſe Roten=
berg, Eſchwege, Witzenhauſen, Marburg, Frankenberg, das Fürſten=
thum Hersfeld, ſowie Fulda, Schwarzenfels und Hanau nur die Be=
zeichnung Schultheiß kannten; güſte, gelte (geſprochen gelle), der

erfte Ausbruck, der niederdeutsche, in Oberheffen heimisch und so aus=
schließlich gebräuchlich, daß in manchen Distrikten das oberdeutsche Wort
gar nicht verstanden wird, der zweite, oberdeut'che und gemeinhochdeut=
sche ebenso ausschließlich in ganz Niederheffen und der Graffchaft Ziegen=
hain, = trocken, zeitweise unfruchtbar; hâl = hager, dürr, auch
austrocknend, halen (der Oftwind halt das Land aus), Halgans =
magere Gans; heillang (in ganz Alt=, am meiften in Nieder=Hef=
fen üblich) drückt ganz das aus, was in Niederdeutschland und zum Theil
auch in Oberheffen das einfache heil befagt („den ganz heillangen Tag");
der Heite (Heide) Hête (Hede, Hed) = Vater, am meiften noch üb=
lich an der Schwalm, in einem Theil der Kreife Homberg und Mel=
fungen, sowie einzeln in den Kreifen Fritzlar und Kaffel; hengt =
in dieser Nacht (an der Schwalm); Käje = Elfter (im thüringischen
Heffen, sodann im Kreife Hünsfeld); die Kerbe (niederheffisch) Kim=
me (oberheffisch) = Einschnitt; dann aber auch üblich zur Beftimmung
des Umfangs und der Gemeinderechte der Bauerngüter; (Kerbe = einem
Stück Rindvieh oder zwei Schweinen; ein Gut von vier Kerbe = ein
mit vier Ochsen oder zwei Pflügen beftellbares Bauerngut); Kefper =
Kirfche (niederheffich); die Kulle=Kugel; die Kule = Grube (im
nördlichen Heffen, und einzeln an der Fulda aufwärts bis Rotenburg
üblich; wo Kule nicht üblich, sagt man kaute (Kutt), so auch tief in's
Heffen=Darmftädtifche hinein; Luft, Luftftiel, Luftftrauch (in
Oberheffen und einem Theil der Graffchaft Ziegenhain) die bei Hochzei=
ten und Kirmeffen zum Schmuck der männlichen und weiblichen Dorf=
jugenden dienenden Kunftblumenfträuße (in Niederheffen: Zwick); pi=
fchen = den Laut Pft zur Beruhigung und zum Einschläfern der Kinder
hören laffen (in Oberheffen); das Gepeul, Gepfül = Rupf= oder
Niftel=Stroh, die halb oder ganz ausgedroschenen Ähren und die Stroh=
ftümpfe, welche sich unter die gedroschene Frucht verloren haben (nur
noch im Amt Rauschenberg und einem Theil des Amtes Treyfa noch
üblich; quinfeln = gute Worte geben, schmeicheln (in Oberheffen
sehr üblich); raulich = mager, dürr, — vom Vieh, ohnmächtig —
vom Menschen (in Oberheffen); reide, rêde = fertig mit einer Ar=
beit (in ganz Heffen), ferner gleichbedeutend mit „bereits" (in der Gegend
von Frankenberg); das Geriffel = Geripp; rôm = mager (in Ober=
heffen); fchâren, fchôren = kauen, doch bloß vom Tabak üblich

ein Schärchen (in Niederdeutschland Prümmel) $=$ eine Portion Tabak,
soviel als aufeinmal zum Kauen in den Mund genommen wird; Schorn
(in Niederhessen) $=$ das Weizengebäck von eigenthümlicher Form, wel=
ches in ganz Althessen zu Neujahr von den städtischen Bäckern, zum
Theil für das Landvolk, bereitet zu werden pflegt, in Niederhessen ist ein
Neujahrsschorn das gewöhnliche Neujahrsgeschenk der „Pathen“ an die
von ihnen aus der Taufe gehobenen Kinder, in Oberhessen ist Schorn
eine Scholle, ein Erdstück; schrö, schrä (in ganz Hessen, und auch am
Rhein und in Nordfranken üblich) $=$ rauh beim Anfühlen, schlecht,
dürftig, mangelhaft („es geht mir gar schro“, — „der hat ein schra
Mau“), im sächsischen Hessen lautet das Wort „schreff“; ein Schrö=
wer, Schröer bezeichnet hin und wieder, z. B. im östlichen Ober=
hessen, einen Weltklugen, der sich zumal mit dem Munde wohl zu hel=
fen weiß, Schrabigkeit im Fuldaischen und anderwärts Rauhigkeit,
Dürftigkeit, die Schrä im sächsischen Hessen die Baumrinde; „fremde
Schuhe im Hause haben“ ist eine in Oberhessen übliche Redensart, .
mit welcher die jungen Bursche eines Dorfes die Anwesenheit des einem
anderen Dorfe angehörigen erklärten Liebhabers einer vielbegehrten Schö=
nen in dem Hause der Braut bezeichnen: „die N. N. hat heute fremde
Schuh’ im Hause“. Ihren Unwillen über diese Entführung der Viel=
umfreieten suchen sie auf die Art Luft zu machen, daß sie in ziemlicher
Anzahl (je nach der Größe des Dorfs, zuweilen bis zu zwanzig, ja drei=
ßig) sich Abends vor das Haus des Mädchens begeben und an das Fen=
ster klopfen; auf die Frage, wer da sei und was man wolle, erfolgt die
Antwort: „Ihr habt fremde Schuhe im Hause, die wollen wir suchen“;
der Einlaß wird verweigert und nun von den Eifersüchtigen durch List
oder Gewalt zu erreichen gestrebt, meistens auch wirklich erreicht; sind
sie glücklich eingedrungen, so werden die „fremden Schuhe“, welche sich
möglichst zu verbergen suchen, allenthalben aufgespürt; ist der Gesuchte
gefunden, so endigt sich der Akt meistens damit, daß der begünstigte
Fremdling die Einheimischen für die entzogene Braut gewissermaßen
schadlos halten, d. h. sie in das Wirthshaus führen und für einige Gul=
den bewirthen muß; hin und wieder kommen jedoch bei diesem Schuh=
suchen derbere, ja wirklich gewaltthätige Scenen vor; — die Sîme $=$
Schnur, Strick, Bindfaden, besonders ein dünnerer und kürzerer (in
Niederhessen, doch auch in Oberhessen nicht unbekannt); Steige, dies

alte meist niederdeutsche, und nur hin und wieder auch in Oberdeutsch=
land übliche Zählwort gehört in Hessen zu den üblichsten; in Niederhes=
sen zählt man zwar fast nur Eier und Garnstränge, so wie einige an=
dere Gegenstände nach Steigen (das Linnen mehr nach Schocken als nach
Steigen), in Oberhessen aber, zumal dem nördlichen, und in einem
Theile der Grafschaft Ziegenhain wird nicht allein das Linnen, (hier
ist die Zählung nach Schocken ganz unbekannt), sondern es werden auch
Jahre und Thaler nach Steigen berechnet, was in Niederhessen niemals
geschieht, (so heißt es in den Ämtern Treysa, Rauschenberg, Rosen=
thal: „drei Steig Jahr und zwe" statt: 62 Jahre, „zwei Steig Thaler
und fünf" statt 45; S t r o h , „er hat Stroh in den Schuhen" ist eine
sehr übliche Redensart, um zu bezeichnen, daß seine verborgene Schalks=
natur sich da und dort bei guter Gelegenheit zeige; die S ü s s e, S i e s s e,
S ê s s e, eine in hessischen Feldmarken öfters vorkommende Bezeichnung;
T a g u n d N a c h t, Spuren von der alten Zeitrechnung nach Nächten
finden sich im Gebrauche des hessischen Volkes noch einige wenige bei
Bestimmung ländlicher Verrichtungen; der T r a n t kommt in ganz Alt=
hessen vor in den zwei Redensarten: „bei seinem Trant (alter Gewohn=
heit) bleiben", und „um den Trant herum" (holländisch: „omtrent" =
ungefähr, beinahe); t r ê d e = dicht, häufig (das Korn steht trede,
die Schläge fallen trede) in ganz Althessen bekannt, in Niederhessen
äußerst üblich; s i c h ü b e n = sich bemerklich machen, sich hören lassen,
laut werden; u n d e r n , u n n e r n = Zwischenzeit zwischen Mittag und
Abend (uralt, sämmtlichen deutschen Sprachstämmen angehörig, in
Oberhessen, sowie im nördlichen Theile der Grafschaft Ziegenhain noch
im vollem Gebrauch); û r e s = überdrüßig (in Oberhessen sehr gewöhn=
lich; „das sein ich aber ures" = das bin ich endlich müde); V â l a n d
(alte Bezeichnung des Teufels) jetzt nur noch in der Herrschaft Schmal=
kalden von muthwilligen, unruhigen, unbändigen Knaben gebraucht;
V i e r m a n n , das ehemalige, aus vier Personen bestehende Dorf=Vor=
steher=Amt in Oberhessen, welches neben dem Heimbürger (Amt Wet=
ter) oder Greben (Amt Rauschenberg) bestand, auch Vierer genannt,
unter welchem Namen (Rathsvierer) es, als städtischer Ausschuß, bis
zum Jahre 1835 in mehreren Städten Hessens existirte; g e w ê l i g =
heiter, munter, umgänglich (im Kreise Hünfeld); w e n d e n , die in
der Schriftsprache völlig ausgestorbene alte Bedeutung dieses Wortes =

gränzen ist in Hessen noch überall lebendig und in Oberhessen, wo man Gränzen, Gränze gar nicht kennt, in ausschließendem Gebrauche („dort wo das Korn wendet und das Waizenstück anfängt" d. h. an der Gränze des Korn = und Waizenackers) dahin gehören auch die Ausbrücke: An = wand (Ackerstück, welches die Gränze einer Lage bildet), Anwenden (in demselben Sinne, aber auch von dem Besitzer eines solchen Gränz= stückes gebraucht); wîselôs oder wîsellôs = ohne Vater und Mut= ter, Waise (in der Grafschaft Ziegenhain, besonders im Gebirgstheile derselben noch sehr üblich); der Wulch, Wulg = scherzhaftes Schimpf= wort für einen dicken, auch trägen Menschen; der Zâl, Zael, vom Thierschwanze, am meisten von wilden Thieren (Eichhorn, Fuchs) in ganz Hessen gebräuchlich, Rothzälchen = der gewöhnliche Name des Gartenröthlings, Sauzahl, Sauzäl = Euphemismus für Teufel, die gewöhnliche Bezeichnung des Wirbelwindes durch ganz Hessen, welchen das Volk nicht für einen gewöhnlichen Windstoß, sondern für dämo= nische Wirkung ansieht; die Zinn, (Zinnchen) Handkorb mit Henkel und Deckel (bloß in Marburg und dessen nächsten Umgebungen üblich, wo das Fremdwort Korb nur für unbedecke Körbe mit Griffen, z. B. die zur Wäsche, zur Aufsammlung des Kehrichts bestimmten, gebraucht wird.); Ziwwe = Hündin (in ganz Nieder= und Oberhessen ge= bräuchlich).

Das Volk im Großherzogthum Hessen.

Ich komme nun zu den Bewohnern des Großherzogthums Hessen. Wagner *) entwirft folgende Skizze des Volkscharakters über= haupt: Der Charakter des Volks ist zwar mehr friedlich als kriegerisch, allein die Tapferkeit der Hessen, selbst in Kämpfen, die ihrem vaterlän= dischen Interesse fremde waren, hat sich jedesmal ehrenvoll bewährt und bestätigt. Auch vergißt das Volk nie, was es der Treue gegen seine erb= liche Dynastie, der anerkannten Güte und Milde seiner Regierung und dem hessischen Namen schuldig ist. Die Besonderheiten der Bewohner der

---

*) Statist.=topog.=histor. Beschreib. des Großherz. Hessen. (Darmstadt 1831) IV. B. S. 80.

verschiedenen Landschaften stellen sich also dar. Der Rheinhesse ist beson=
ders lebhaft und leicht beweglich. Der Bewohner des Hochlandes zeichnet
sich vor dem Niederländer durch schärfer hervortretende Eigenthümlich=
keit aus; er ist rauher und härter, genügsam, thätig und betriebsam.
Der Bewohner des in vielerlei Hinsicht so ausgezeichneten Odenwaldes
ist kräftig und ausdauernd in körperlichen Arbeiten, gutmüthig, weich=
herzig und dienstfertig, und hat vielen Sinn für Recht. Die Bewohner
des Vogelberges und des Hinterlandes sind ein starker Schlag Leute, be=
sitzen einen muthigen Sinn, eine große Biederkeit, Ehrlichkeit und
Dienstfertigkeit und wissen noch wenig von verdorbenen Sitten und Ge=
wohnheiten, dagegen aber ist die Geisteskultur noch nicht so groß wie bei
den Bewohnern der niedern Gegenden, der Bergstraße, der Gegenden
am Rhein und namentlich in Rheinhessen. Vieles Volksthümliche haben
indessen die neuern Zeiten mehr oder minder verwischt.

Betrachten wir nun zuerst den R h e i n h e s s e n insbesondere. Der
rheinhessische Landmann ist von starkem Körperbau, geschickt und ge=
wandt zu allen Feldarbeiten, welche er mit Fleiß und Lust betreibt. Von
Natur aus mit glücklichen Anlagen und heiterem Sinne begabt, haben
die äußeren Verhältnisse, in welchen der Rheinhesse sich bewegt, seine
Gewandtheit im Leben erhöht. Leider wurde die gründliche Bildung und
Entwickelung des Gemüthes und Geistes nicht in gleichem Schritt mit
jenen äußeren Einwirkungen gefördert. Die Prozeßsucht, oft Unversöhn=
lichkeit in den vielfachen Beziehungen des geselligen Verkehrs, trüben
nicht selten das ruhige Leben der Familien und ganzer Gemeinden. Die
beständigen Wechselungen der politischen Verhältnisse, der Staatsein=
richtungen gaben seit vierzig und mehr Jahren manchen Anlaß dazu,
außerdem thut es die ansehnliche Bevölkerung der Provinz und das nahe
Beieinanderleben. Doch findet man viele Familien in Rheinhessen, in
welchen das Band der Einigkeit und des gegenseitigen Wohlwollens in
ihrer Reinheit ungeschwächt vorhanden ist. Die Religösität ist in den
meisten Gegenden Rheinhessens ein erfreulicher Grundzug im Volks=
charakter, doch ohne Kopfhängerei und mit breiter Toleranz. Im Allge=
meinen ist die Lebensart des Rheinhessen einfach. Selten finden Tänze in
den Dörfern Statt. Das Kirchweihfest ist das Hauptfest des Ortes. Es
dauert gewöhnlich drei Tage und verursacht einen viel zu bedeutenden
Kostenaufwand. Die Freunde und Verwandten aus der Nähe und Ferne

sind dann eingeladen und werden mit Freude festlich bewirthet. Oft veranlaßt ein solches Fest Streitigkeiten unter den jüngeren Männern,
welche in blutiger Weise ausgekämpft werden und in welcher eine Rohheit zum Ausbruche kommt, die einen starken Zug in der Schattenseite des
rheinhessischen Charakters liefert. Die Erholungen des Rheinhessen sind
außerdem seine Fahrten auf die Märkte, um seine Erzeugnisse zu verkaufen. Den Hauptgenuß gewährt dem Rheinhessen der Wein, Branntwein
wird wenig, Bier nur in Städten getrunken. In guten Weinjahren
versagt der Rheinhesse auch zuweilen das Übermaß des Weines nicht.
Doch kann man den Hang zur Trunkenheit nicht als einen allgemeinen
Fehler im Leben des Rheinhessen bezeichnen; die Kost des Taglöhners
besteht meistens aus Kartoffeln und Milch; auf den Tisch des bemittelten
Landmannes kommt zu mehreren Malen in der Woche Schweinefleisch
und Sonntags Rindfleisch. Kornbrot ist das gewöhnlichste. Die Kleidung des rheinhessischen Landmannes ist wenig von der des Städters
unterschieden. Die blaue, grüne oder graue Farbe des Tuches ist die gewöhnliche. Der Überrock ist das Sonntagskleid, die kurze Jacke das Ar-
beitskleid des Landmannes, die Kopfbedeckung am Sonntag ein runder
Hut, am Werktag eine Tuchmütze. Im Winter trägt derselbe gewöhnlich
bei Reisen einen grauen Mantel, in Sommer Jacke und weite Beinkleider
von Linnen oder baumwollenem Zeuge. Das weibliche Geschlecht auf
dem Lande kleidet sich Sonntags gemeiniglich in baumwollenen gefärbten
Stoffen, im Winter in biebernen oder in tuchenen. Häufig gehen die
Weiber im Sommer ohne Schuhe und Strümpfe. Die Hauben sind bei
den jüngeren Frauen und Mädchen beinahe verschwunden. Die Reinlichkeit hat in den Haushaltungen nicht den Grad erreicht, wie solcher in
Holland und den protestantischen Kantonen der Schweiz gefunden wird,
doch ist sie bedeutender als in vielen anderen Gegenden des mittleren
Deutschlands. Im Allgemeinen hat die Reinlichkeit und Mäßigkeit seit
fünfzehn Jahren sehr zugenommen *).

Sehen wir auf diesem Bilde die Haltung und die Züge des r h e i n -
h e s s i s c h e n L a n d m a n n e s ausgedrückt, so möge ein Gegenstück jene
des S t ä d t e r s zeigen, und zwar des M a i n z e r s, in welchem das
rheinstädtische Wesen aufs Kräftigste und Bewußteste hervortritt. Die

---

*) Vorstehendes nach W. Hesse: „Rheinhessen in seiner Entwickelung von
1789 bis Ende 1834" (Mainz 1835).

Bevölkerung von Mainz (so schildert sie Karl Andree) besteht aus mannig=
fachen Elementen; im Laufe der Jahrhunderte hat sich ein Flötz über den
andern gelagert, aber die einzelnen Schichten haben sich immer sehr bald
zu einem gediegenen Ganzen vereint und wie zu einem Gusse durchdrun=
gen und verbunden. Im Charakter des Mainzer schlägt Offenheit und
Lebhaftigkeit vor: es fehlt ihm nicht an Liebe zur Thätigkeit; seine Frei=
müthigkeit verläugnet sich unter keinen Umständen. Mit dem Worte ist
er schnell fertig, und auf Rede weiß er vortrefflich Gegenrede zu geben.
Er hat im Allgemeinen einen scharfen Blick und eben so scharfen Witz,
der neben seinem zwanglosen Wesen und dem löblichsten Sinn für An=
stand und Ordnung alle Stände durchdringt. Die ärmeren Klassen, so
gründlich derb sie sich auch zu äußern pflegen, sind doch im Grunde
harmlos und gutherzig, und ihre handfeste Derbheit ist jedenfalls der
Verdumpfung oder abgeriebenen Pfiffigkeit, die man wohl in einzelnen
anderen Städten findet, bei Weitem vorzuziehen. Der Mainzer hält viel
auf den Ruhm und die Ehre seiner Vaterstadt, welche Niemand antasten
darf, ohne sich empfindlicher Rüge auszusetzen; wo es sein Mainz gilt,
da scheut er nicht leicht ein Opfer, und Alle vertreten mit Nachdruck die
Stadt und machen gegen außen Front. Es liegt in ihnen ein städtischer
Patriotismus im besten Sinne des Wortes, der weit entfernt ist von der
Beschränktheit einer verknöcherten Pfahl= und Spießbürgerlichkeit ande=
rer Ortschaften oder dem leeren Dünkel mancher Residenzstädte. Aufs
Tiefste ist in Mainz der Sinn für Öffentlichkeit eingewurzelt, der ganz
dem Naturell des Rheinländers entspricht. Dieser erträgt keine Geheim=
nißkrämerei, und lästige Beamtenbevormundung ist ihm vom Grund der
Seele verhaßt. Darum hat auch in Mainz ein widerwärtiges Polizeire=
giment nie aufzukommen vermocht, und man bewegt sich in dieser Stadt,
ungeachtet der Festung, so zwanglos und ungehindert, wie in irgend einer
andern Stadt der Welt. Diesem Sinne für Öffentlichkeit entsprechen
manche von den Institutionen, welche die französische Revolution den
Rheinlanden brachte, und darum eben fanden sie so willige Aufnahme
und gingen so wunderbar schnell in Saft und Blut des Volkes über,
daß dasselbe bis auf den heutigen Tag mit Leib und Leben an seinen
„rheinischen Einrichtungen" hängt. Dies gilt übrigens auch vom Rhein=
hessen insgemein; aber der würde sich sehr irren, der den Rheinhessen
wie den Mainzer insbesondere als französisch gesinnt denunciren wollte.

Die Main- und Rheindialekte scheiden sich nach den Dörfern in verschiedenen Nüancen so, daß unter andern am Main in drei nahe liegenden Dörfern die Wörter: „Gemeinde,“ „Fleisch,“ „Bein,“ im ersten: Gemaan, Flaasch, Baan, im zweiten: Gemoin, Floisch, Boin, im dritten: Gemeen, Fleesch, Been, ausgesprochen werden.

Als Probe der Mainzer Mundart lasse ich hier ein charakteristisches Gedicht „das Mühlrad“ von dem im Jahre 1838 verstorbenen talentvollen und witzigen Volksdichter Friedrich Lennig folgen. Das Schelmenlied *) lautet:

„Stehl' besser! stehl' besser!
Vum Simmer drei Sester,
Ich kann mich for's Mahle
Jo selber bezahle.

Das Nätze, das Nätze
Muss Alles ersetze,
Wo schwerer, wo nasser,
Die Bach hot noch Wasser.

Viel mahle, viel schlucke,
Der Mehlstaab is trucke,
Des Wasser is schlappig,
Die Gorjel micht's babbig.

Wein sauf ich am Krahne,
Dann owwe hot's kahne,
S' kann Alles nix badde
Ich lay uff de Platte.

Un sperre mein Maul uff,
Do krieht mich kähn Gaul uff,
S' leeft in mich die Krenk doch,
Als wär ich ä Senkloch.

So fällt mer mein Lewe
Kähn Treppche dernewe,
Verbrech kähn Budelle
Beim Schwenke un Stelle.

Vum Zeche un Schlemme
Do werd mer nit warem;
Vom Finne un Nemme
Do werd mer nit arem.

---

*) „Etwas zum Lachen. Von Friedrich Lennig.“ 3te Aufl. (Mainz 1839).

Des Kätzi dess seht nix,
Des Mäusi verreth nix,
Wann doppelt ich moltern,
Der Bauer kann poltern.

Er werd doch bedenke,
Am Stähn bleibt viel henke
Sein Korn dhut nix wiehe,
Was dhut erscht verfliehe.

Statt Vorschuss zum Kuche,
Do liwr' ich em Kleye,
Der Bäcker werd fluche,
Gott mag's em verzeihe.

Un klagt er, so krieht er
Kähn Recht, un dann zieht er
Leer ab for Gerieht do,
Er hat sein Gewicht jo.

Gips, Erbsenmehl dhu ich
Aach ebbes derzu ich,
Das kann nix verderwe,
'S werd Niemand dran sterwe.

'S reit Jedes sein Gailche;
Die hot ä beess Mailche,
Die schlumpt for de Nutze,
Die duht sich gern butze.

Der Ähn micht Honores,
Der Anner Botschores,
Der schmausst uff de Jagde,
Was Annern sich pachte.

Der babbelt bestännig:
,,Nein, zehe prozennig,''
Un will dann mit elfe
Seim Nechste noch helfe.

Der do enfiehrt Mädcher,
Der dort feilt Dukätcher,
'S gibt allerlä Diebcher
Vun goldige Liebcher.

Stehl besser! stehl besser!
Vum Simmer drei Sester,
Ich kann mich for's Mahle
Jo selber bezahle.

Eilen wir uns mitten aus dem heißblütigen Leben der Gegenwart, wie es im sonnigen Rheinthal gedeiht, in's geheimnißvolle Halbdunkel der Sage, — welche gewaltige Gestalten schreiten da die Ufer des Stromes entlang auf und nieder und schweben über den Wellen, Siegfried der Drachentödter in Worms, da man noch im uralten Dom die Stelle zu erkennen glaubt, die das Nibelungenlied schildert, und der mannhafte Fiedler von Alzei (welche Stadt noch die Fiedel im Wappen führt); noch bewahrt der Rosengarten bei Worms in seinem Namen wenigstens den letzten Anklang der alten Heldensage. Rings um das goldene Mainz aber, die Wiege Gutenbergs, blüht und duftet die Legende, und in Mainz tönt noch die Überlieferung vom Ursprung des Mainzer Wappens, des Rades, durch Willigis, von Heinrich Frauenlob, zu Ingelheim die Sage von Karl und Elbegast, bei Bingen gilt noch im Volksglauben das Urtheil des Volksgerichts über den bösen Hatto von Mainz im Mäusethurm.

Die Provinz Oberhessen umfaßt die freundliche und fruchtbare Wetterau, den Vogelsberg, dessen Höhen ein um so raueres Klima haben, und das unwirthbare Hinterland. Wie nun in solcher Weise klimatischer Unterschied, so zeigen sich auch volksthümliche in den einzelnen Landschaften Oberhessens, was Mundart, Sitte und Tracht betrifft.

Das sogenannte „Hinterland" ist insbesondere die Heimath jener fleißigen Männer und Frauen, der „Hessenländer," welche zumal zur Sommerzeit nach der Wetterau, der Gegend von Frankfurt a/M. und Darmstadt und noch südlicher wandern, um bei den Ärntearbeiten sich im Tagelohn etwas zu verdienen, und an denen die weibliche Nationaltracht durch das Spottliedchen bezeichnet wird, welches die Kinder den Frauen nachsingen: „Hessenländer Weibercher, mit den schwarzen Häubercher, mit den kurzen Röckelcher, tanzen wie die Böckelcher."

Eine lebendige Ausstellung sämmtlicher Nationaltrachten des Großherzogthums Hessen war im Jahre 1844 in den Festtagen des Augusts zu Darmstadt zu schauen, als alle Landschaften ihre stattlichsten Vertreter beiderlei Geschlechts zur Enthüllung des Lud=

wigsmonuments gesandt hatten, des Denkmals, welches „Ludwig dem Ersten sein dankbares Volk" errichtete. So lautet die Inschrift auf der Vorderseite des Würfels, über welchem die hohe Säule emporsteigt, die das kolossale Erzbild des verewigten Landesvaters trägt, dessen unsterbliche Verdienste um Hebung des Bauernstandes die Worte auf den aufgepflanzten Festfahnen deutlich genug bezeichneten: „Vergütung des Wildschadens 1810," Frohndfreiheit 1811, 1819," „Aufhebung der Leibeigenschaft 1811, 1827," „Gemeinheitstheilungen 1814—1827," „Verwandlung des Zehnten 1816, 1824," „Aufhebung des Novalzehnten 1816, 1820, 1821," „Aufhebung des Mühlbannes 1818," „Ablösung der Grundrenten 1821," „freier Absatz der Produkte — Zollverein, 1828," „Beförderung der Wiesenkultur 1829." Bei dieser lebendigen Ausstellung der sämmtlichen Nationaltrachten des Großherzogthums Hessen hatte nun gerade die Provinz Oberhessen die reichste Mannigfaltigkeit aufzuweisen; da sah man den Burschen aus Gambach (Kreis Hungen), mit der runden Pelzmütze auf dem Kopf, der hellblauen Weste und dunkelblauen Jacke, beide mit silbernen Knöpfen besetzt, den kurzen gelbledernen Hosen, weißen Strümpfen und Schuhen, und das Mädchen, mit der blauen über dem Scheitel kammshoch steigenden, hinten im Nacken mit wallenden weißen und blauen Bändern geschmückten, unterm Kinn gebundenen Haube, deren Rand etwas über dem zurückgestrichenen Stirnhaar aufsaß, das Band unter dem Kinn bildete die in ganz Oberhessen landesübliche schwarze Schleife, hier etwas länger, bis zum Busen herabwallend, ein buntes Tuch um den Hals unter der den Oberleib knapp umschließenden, vorn mit einer Reihe Silberknöpfe geschmückten Mütze, die an der Taille vorn mit einer Schleife geschmückt war, den Rock in zahlreichen Falten bis etwas übers Knie herabreichend, in dunkelblauen Strümpfen und Schuhen. Gar stattlich stand der Bursche aus Rabenau (Kreis Grünberg) da, im kurzkappigen, breiträndigem Hut, schwarzem Halstuch, blauer Weste mit doppelter Reihe von weißen Metallknöpfen, blaßgelbem langem Kittel, blauen Pantalons und Stiefeln, und neben ihm die frische Dirne, das kurze, enge, hellfarbigumsäumte Häubchen auf dem Scheitel, das unterm Kinn zusammen gebunden war, um den Hals eine Perlenschnur, dann ein buntes Tuch drum geschlungen oder gelegt, im buntberänderten Mieder, welches vorn ein zu beiden Seiten mit weißen Metallknöpfen besetztes

breites Brustſtück hatte, während die hellweißen Hemdärmel bis an den
Ellenbogen hervorblickten, der hellgrüne, roth oder blau geränderte
Rock bis an die Knie reichend, um die Taille ein buntes Band, eine
blendend weiße Schürze und desgleichen Strümpfe. Dagegen ſah man
nun wieder das Mädchen aus Heuchelheim (Kreis Gießen), das eben
geſchilderte Häubchen weiß mit dunklem Besatz auf dem Kopf, Halstuch,
violette Jacke vorn geſchloſſen und auf der Bruſt mit grüner Schleife,
den grünen Faltenrock etwas länger, und die violette Schürze davor,
blaue Strümpfe; und ein anderes Mädchen aus Niederweiſel (Kreis
Friedberg) das zierliche rothe Heſſenhäubchen mit ſchwarzem Vorband
über dem ſorgfältig zurückgeſtrichenen Stirnhaar, die ſchwarze Kinn=
ſchleife länger und das Vorband, rundumlaufend, im Nacken lang her=
abwallend, das Halstuch roth, die enganliegende blaue Ärmeljacke mit
langer Taille, vorn zierlich mit zwei Reihen weißer Metallknöpfe, der
bis übers Knie hinabreichende Rock gleichfärbig und eine vielgefältete
violette Schürze drüber, die Strümpfe gleichfarbig mit Jacke und Rock;
der Burſch daneben im gewaltigen Dreimaſter, den Hemdkragen ein
wenig überm ſchwarzen Halstuch umgeſchlagen, eine hellblaue Unter=
weſte, eine dunkle offne Jacke drüber, und über der letzteren wieder den
ehrenfeſten dunkelblauen, kragenloſen, bis zum Knie reichenden Oberrock
mit Seitentaſchen vorn und einer bis über die Taille herabgehenden
Knopfreihe, gelblederne Hoſe, weiße Strümpfe und Schnallenſchuhe.
Minder vortheilhaft ſah das Mädchen aus Angersbach (L. Bez. Lauter=
bach) aus, mit dem weiß und rothgewürfelten auf ziemlicher Kammhöhe
über den Kopf gebundenen Tuch, deſſen breite Zipfel ſich am Halſe bauſch=
ten, im violetten Leibchen, über welches ein buntgewirktes Tuch vorn
kreuzweis bis zur Taille geſchlungen war, die weißen Hemdärmel etwas
bis über den Ellenbogen hervorblickend, der bis übers Knie hinabreichende
hellbraune Rock mit der rothgebundenen weißen Schürze geſchmückt, die
Strümpfe blau; das Mädchen aus Pfordt (L. Bez. Schlitz) trug eine
hohe kegelförmige, zu beiden Seiten mit Wulſten ausgeſchmückte ſchwarze
Haube mit der obligaten ſchwarzen Bandſchleife unterm Kinn, eine
ſchwarze, weitärmelige Mutze (Jacke), drüber einen umgeſchlagenen ge=
ſtickten Kragen, ein über's Kreuz auf der Bruſt geſchlungenes rothes
Tuch und eine ſilberne Kette drüber, einen für Oberheſſen verhältnißmäſſig
ſehr langen, faſt bis an die Knöchel reichenden ſchwarzen Faltenrock mit

blauer Schürze, und weiße Strümpfe; der Schlitzer Bursche eine hohe
rauhe Mütze mit zur Seite lang herabwallenden grünen Bändern, schwar=
zes Halstuch, grüne Weste mit weißmetallenen Knöpfen, langen dunkel=
blauen Oberrock mit kurzem Stehkragen, einer Knopfreihe und zwei
Seitentaschen vorne, weiße Kniehosen und weite Querfaltenstiefel bis
dicht ans Knie. Aus dem Bezirk Büdingen kamen die hübschen Land=
mädchen mit ihren eigenthümlich geformten weißen gesteiften Häubchen,
die sich am Hinterhaupt senkrecht, vorn etwas nach innen gewölbt über
dem glattgescheitelten Blondhaar aufthürmen, und mit schmalen weißen
Bändchen gar nett und reinlich und anspruchlos unterm Kinn gebunden
sind, in ihren dunkleren, (meist braunen) weitärmeligen Mutzen und lan=
gen Röcken, die blaue Schürze vorgebunden, das blaue, rothgeränderte
Tuch kreuzweise über den Busen gebunden, die Schuhe hoch. Viel ori=
gineller sahen die aus dem Breidenbacher Grund aus, mit dem mehr im
Nacken sitzenden kurzen, knappen und hinten bandlosen rothen Hessen=
häubchen, das unterm Kinn durchs schwarze Band gehalten war, um
den Hals ein schwarzes Seidentuch geschlungen, dessen breite Schleife im
Nacken lag, in einer vorn offenen, nur an der Taille tief zusammenge=
haltenen weitärmeligen Jacke, ein langes sehr buntes Bruststück mit
Schleifen vorn über dem Hemd, den dunklen Rock in vielen Falten und
sehr kurz, eine viel gefältete, nur wenig hellere Schürze drüber, gelbe
Strümpfe und Strumpfbänder mit grellfarbigen Quasten und hohe
Stöckelschuhe mit Schnallen. Die Krone von allen aber behielten die
hübschen Dirnen aus dem Kreise Biedenkopf (ehemaligen Amt Gladen=
bach); die stachen Allen durch die natürliche, ungesuchte Eleganz der
kleidsamsten Tracht am meisten ins Auge; da sah man das Hessenhäub=
chen so zu sagen in seiner ästhetischen Ausbildung, die Farbe schwarz,
die Form den ganzen Kopf umfassend, so daß sie sich zierlich an die Bil=
dung des Hinterkopfs schloß, mit einem verjüngten Vorsprung über die
Stirn herabtrat und über dem Scheitel eine artige natürliche Krone bil=
dete, statt der langen Bandschleifen quollen unter diesem Häubchen hin=
ten die schönen dichten Zöpfe hervor den Nacken hinab, und die langen
Bänder vorn wurden nicht knapp unter dem Kinn geknüpft, sondern ent=
weder freigelassen, oder über der Brust lose in einander geschlungen; ein
hellfärbiges Tuch legte sich in weiten Falten um den von einer Kette um=
schlossenen Hals, ein schöngeschwungenes ärmelloses, vorne offenes Leib=

chen um den Oberleib, da quoll nun zu beiden Seiten der blendend
weiße von bunter Saumspange gefaßte Hemdärmel bis nahe an den hal=
ben Unterarm vor, ein buntes, reichgeschmücktes Brustſtück bedeckte den
von jenem Leibchen offengelaſſenen Raum, und kreuzweiſe Schnüre um=
ſpannen unter dem Buſen das bezeichnete Bruſtſtück; ein bunter, in ſchö=
ner Wellenlinie um die Hüften gelegter Gürtel ſchlang ſich über den in
zahlreiche Falten gelegten wenig bis über die Kniee reichenden und vorn
mit einer etwas helleren Schürze verzierten Rock, blendendweiße Strümpfe
und zierliche ſchwarze Schuhe mit hohen Abſätzen vollendeten den reizenden
Anzug, welcher eben ſo ſehr der vollkommenſten Naivetät entſprach, als
er in Beziehung auf Anſtand für ein Auge, welches in der Schönheit
den Anſtand und im Anſtand die Schönheit nicht vermiſſen will, nichts
zu wünſchen übrig ließ. Doch genug dieſes Bildes, das ſich, in viel=
facher Hinſicht intereſſant, bei dem Volksfeſte im Auguſt des Jahres
1844 in Darmſtadt zeigte, einem Volksfeſte, das in jeder Hinſicht die=
ſen Namen verdiente, weil es den ſprechendſten Beweis lieferte, erſtens,
wie das Volk, treuen Herzens und in ſeiner Treue unverwüſtlichen Ge=
dächtniſſes, die Volksliebe eines edlen Fürſten noch nach vielen Jahren
zu ſchätzen weiß und deſſen Andenken zu ehren ſucht, und zweitens, weil
das Volk dabei bewieſen hat, daß es, wenn man ſeinen geſunden Ord=
nungsſinn zu ehren weiß, keiner Polizei bedarf, um bei aller freudigſten
Luſt nicht über die Schranken zu ſchlagen, daß ſein eigener richtiger
Takt die allerbeſte Polizei iſt. Und wahrlich: dieſen geſunden Ordnungs=
ſinn, der eigentlich nichts anderes iſt, als der ſchönſte Ausdruck des im
Volke tiefwurzelnden Rechtsgefühls, der im Volk unausrottbaren Pie=
tät, iſt das genügendſte vom Volk ſelbſt abgelegte Zeugniß für das
innige Verhältniß zwiſchen Fürſt und Volk; ſo ward es von beiden,
von Fürſt und Volk, gleichfreudig erkannt im Großherzogthum Heſſen,
dem als Staatsbürger anzugehören, ich mir zur Ehre rechne; und als
ſolcher wünſche ich nichts ſehnlicher, als, daß dieß ſegensreiche Verhält=
niß wechſelſeitiger Liebe und Treue, auf Wahrheit und Recht begründet,
immerdar ſich erhalten und immer mehr erſtarken möge; der Fürſt iſt
ſtark, der es durch's Volk iſt, das Volk iſt glücklich, das einem Fürſten,
der dem Recht, dem Geſetz, dem Geiſt huldigt, den ſeinigen nennt; da
hebt und trägt und ſtützt ein Theil den andern, da lebt und ſtirbt ein
Theil für den andern, und das nennt man deutſch, und ſo hält man's

hier bei uns im biedern Heſſen, das freu' ich mich ſagen zu können, als
ein freier unabhängiger Mann, der nichts zu hoffen und nichts zu fürch=
ten hat. Aber ich merke, daß mir das Herz abermals die Lippen länger,
als ich wollte, bewegt hat, und ich muß nun das Volk wieder ſelbſt
reden laſſen. Ich meine: es iſt Zeit, auch auf die Mundarten Ober=
heſſens zu kommen, und ich bedaure, daß ich hier nicht weitläufiger
mich auslaſſen darf; halt' ich mich ja doch ohnehin länger bei Heſſen
auf, als bei andern deutſchen Ländern; aber die Ungleichheit, die ich mir
da zu Schulden kommen laſſe, iſt, wie ich denke, entſchuldbar.

Der Vogelsberg hat keinen eigenthümlichen Dialekt, ſondern
bildet, wie die Waſſerſcheide, ſo die Sprachſcheide, ſo daß der ſüdliche
Theil dem Wetterauer zukommt, jedoch mit einzelnen eigenthümlichen
Ausdrücken, der nördliche und nordöſtliche aber dem Buchoniſchen ver=
wandt iſt. Der eigentliche oberheſſiſche endigt nach dem Hinterlande zu
am Schneeberg, wo auch die eigenthümliche Tracht der Hinterländer an=
fängt, die (wie die Hinterländer von Andern ſagen: „Sei winn dai aus=
ſtärriſche Klärer begaffe" [ſie wollen die ausländiſche, ausſtädtiſche Klei=
der begaffen]) von Fremden bewundert wird.

Als Probe der Wetterauer Mundart folgende Sprüchwörter:
„Mr ſchwätzt von naut, es kimmet von aut" (man ſpricht von Nichts,
es kommt von etwas) und: „Klaan trere ahm die Kinner uff die Scherz,
un groß uffs Herz" (Klein treten Einem die Kinder auf die Schürze und
groß aufs Herz), *), ſowie das nachſtehende Bruchſtück aus dem im Jahre
1794 verfaßten, 1842 am 70. Geburtstag des Verfaſſers von deſſen
Söhnen herausgegebenen **) Gedicht von Karl Friedrich Langsdorf „der
Fleiſchträger Römer":

„Wai gitts, Harr Langsdarf? goure Daach!

Da ſai mr ja mennannar!

Doos gung dr mol en aanar Raaſch!

Aich huun üch Schdekkar Oiſſeflaaſch,

Aas ſchiinar, wai ds annar!"‘

*) Beide verdanke ich der gütigen Mittheilung des Herrn Profeſſors Dr.
Ph. Dieffenbach.
**) Mit ſehr verdienſtvollen Erläuterungen, welche ſich über die Wetterauer
Mundarten verbreiten.

(Wie geht's, Herr Langsdorf? Guten Tag! Da sind wir ja mit einander.
Das ging dir einmal in einer Rage! Ich habe euch Stücken Ochsen=
fleisch, eins schöner als das andere).

> „Ass gast *) koom aich fuu Laabàch (Laubach) har;
>
> Da gaabs e Schaiweschäise (Scheibenschiessen).
>
> Dr Uwwarfirschdar (Oberförster) Zimmarmann
>
> (Ach warrlich, 's ess e gaurar Mann!)
>
> Lesst aach de Babbe grouse.“

> „Doos waar e Hezz ou waar e Schdaab! (Staub)
>
> En waar e Last zom schdarwe!
>
> Naa, awwar aich nidd faûl un moocht
>
> Mai Hoisse raff en liif en doocht, *)
>
> Ds Zonk mocht sosst fardarwe.“

> „Moed waar aich; sazt maich hinnarn Baam,
>
> Da koom e Dunnarwarrar.
>
> Ds Fauar fur dai Krouz un Zwarch;
>
> E dekkar Raa (heftiger Regen) fuum Fuchchalsbarch (Vogelsberg)
>
> Nazt maich bs aff ds Larrar (bis auf die Haut) u. s. w.“

„Eine Mundart" (heißt es am Schluß der Erläuterungen zu dem charak=
teristischen Gedicht), „welche noch durch keine Schrift festgehalten wird,
bedient sich ihrer vollen Freiheit, und es entstehen zahlreiche Abschattun=
gen in ihrer Lautung, welche die Schwierigkeiten, sie richtig zu schrei=
ben, nicht wenig vermehren. Die Selbstlaute, besonders der kleineren
Redetheilchen, ändern sich, je nachdem das Lautverhältniß oder der Aus=

---

*) Als gestern, so viel wie: zur Zeit von gestern.

**) Bezieht sich auf die kurzen Hosen der altväterischen Tracht, welche ohne
Hosenträger getragen wurden, sie mußten, wenn sie den Leib zu sehr zwängten,
auf die Hüften heraufgehoben werden, was besonders nöthig sein mochte, wenn
sich ein Lastträger in schnelleren Gang setzen wollte.

druck der Rede dazu auffordern. So lautet im Gedichte das Wörtchen und bald: en, bald on, bald un, und wir erinnern uns, von den zärteren Geschöpfen unter den Redenden oft ien gehört zu haben, und wie weichen „di“ und „dai“ für „die,“ so wie „se“ oder „ze“ und „zou“ für „zu“ nicht von einander ab. Eine sinnige Eigenheit eines solchen Naturzustandes einer Mundart — und namentlich ist es der Wetterauer eigen — ist, daß sich die Lautung oftmals nach der Person ändert, mit welcher der Redende spricht, und häufig auch nach dem Alter nnd den Verhältnissen des letzteren verschieden ist. Die Männer unter einander sprechen rauher als die Frauen oder als wenn sie mit Vornehmeren sprechen; ebenso sprechen die Kinder und die Einwohner der Landstädtchen zärter als die Alten und die Dorfbewohner, und überhaupt die jüngeren Geschlechter glätter als die aussterbenden. Die volleren Selbstlauter machen feineren Platz oder erhalten sich nur in allen Zusammensetzungen.“

Hier noch ein Volksliedchen aus der Wetterau gegen den Vogelsberg hin:

„A'ch sain dr herzegëalle (herzgülden) - gout!
Wore, dou mr âch!
Wann aich daich seh'n, do lächerts maich,
Ja worre, aich daich âch?“ (aus Dr. Weigands wetterauischem Wörterbuch.)

In der Provinz Starkenburg, welche den Odenwald, die Bergstrasse und die Ebene zwischen Rhein und Main umfaßt, finden sich folgende Idiotismen und charakteristische sprüchwörtliche Redensarten. *) Zunächst an einzelnen Wörter: abpflapgen = schlagen, aber — arbeitsam, abkappen, abstumpfen = Jemand mit Worten etwas so vorhalten, daß er schweigt, äbsch = verkehrt, anlaufen = übelwegkommen, anblaten = anstücken, anthun = beheren, aber auch bekleiden, aufbrechen = zum Reden bringen (z. B. brich ihm das Maul nicht auf, (d. h. bring' ihn nicht dahin, daß er Dinge erzählt, die dir zum Nachtheil gereichen), auswischen = Ohrfeigen geben, sich aufblasen = großthun, babbeln = sprechen (besonders von Kindern, wenn sie zu reden anfangen, dann auch: Geheimnisse verrathen), bampeln =

---

*) In G. W. Freih. v. Wedekinds „vaterländischen Berichten für das Großherzogthum Hessen“ 1. Bd. (Darmstadt 1835).

nachläffig herabhängen (die Kleider bampeln auf dem Leib), batten = helfen („batt's nichts, so schadt's nichts"), befabern = sich mit Speichel verunreinigen (daher: Sabermaul), Bettel = geringe Habe, Bleffe = bei den Pferden der weiße Fleck auf der Stirn (daher: „er heißt Bleß," d. h. er hat einmal einen bösen Namen), broßeln = kochen, brodeln, buffen = jemand mit den Händen (Fäuften schlagen), dapper = hurtig, geschwind, deck (oft), dicksatt = vollkommen satt (jemand dicksatt haben = ganz überdrüssig sein), dußlich = schwindlich, fegen = viel tanzen, dann: an vielen Orten in der Welt gewesen sein, endlich: jemand aus-schelten, durchhecheln = über einen Abwesenden Böses sprechen, durch-schwingen = jemand mit Stock, Gerte oder Peitsche schlagen, Fraache = Großmutter, fummeln = säubern, reinigen, galern = im Scherz mit einander raufen, Gackel = ein Mensch, der sich geckenhaft, poffen-haft benimmt, gaafen = fehlen (besonders Kleinigkeiten), geier = Fut-ter verschmähend (meist vom Hausthier gebräuchlich), Gickel = Hahn, Gothe = Pathe weibl. Geschlechts, Hährche = Großvater, hapern = Anstände finden, holgen = fortgehen, Hinkel = Huhn (desgleichen ein furchtsamer oder einfältiger Mensch), kickeln = unnöthigerweise oder auf eine kindische Art lachen, kollern = ohne Ursache zanken, knollern = alles nicht recht finden, langen = herbeiholen (aber auch ausreichen), luck = locker (besonders beim Backwerk) müll = weich, mürb (nament-lich beim Obst), mucksen = regen, mummeln = von einer Sache, die noch nicht lautbar ist, heimlich sprechen (daher: „es geht in der Mumme-lung"), Ohrschlichter = Menschenpocken, otterfett = sehr feist, Pätter = Pathe männlichen Geschlechts, präpeln = im Unmuth sprechen, proßen = schmollen (wenn zwei Personen aus unbedeutenden Ursachen nicht mit einander sprechen), purzeln = herunterfallen, rappelköpfig = jeden Augenblick anderen Sinnes sein, rappeln (von einem Geräusch), rachgierig = habsüchtig, rack = ganz ermattet bis zur Gliederunge-lenkigkeit, rehe = steif in den Gliedern (besonders bei Hausthieren), rinsen = eine Sache wiederholt zur Sprache bringen, rücheln = eine Sache zur Sprache bringen, die ein Anderer nicht gerne hört, schel = schielend, einäugig, ichepp = schief, ungerade, schofel = schlecht, strampeln = mit den Beinen ausschlagen, Schoffel = ein Mensch, der nicht viel überlegt und öfters unbedachtsame und närrische Handlungen begeht (das österreichische „Schuff'l, Schußpartl," schrankeln = einen unsichereu Schritt führen, entweder in Folge der Trunkenheit oder einer Krankheit, Tollpatsch = ein Mensch der sich in seinen Bewegungen oder im Sprechen ungeschickt benimmt, Trappe = ein Tritt, der sich im lockeren Boden stark abgedrückt hat, trappeln = kurze Schritte machen (trippeln), Truckser = ein Mensch, der in allen seinen Handlungen sehr langsam ist, sich tummeln = eilen, tummlich = taumlich, = schwind-lich, Unneressen = das Essen zwischen Mittag = und Abendmahlzeit oder das Vieruhressen, vergeben = vergiften (wie in Österreich), verbabbeln = eine Ungereimtheit begehen oder sich dazu überreden lassen, verkrum-peln = zerknittern, verthun — verschwenden („auf einen Sparer kommt ein Verthuer"), sich verthu'n = sich übereilen, verprassen = die Habe auf eine leichtsinnige Weise durchbringen, wackeln = nicht feststehen („es wackelt bei Jemand" = die Vermögensverhältnisse sind im Verfall), Wassem = Rasen, wetterleinisch = träge, Windhaltung = eine vorm Wind geschützte Stelle im Freien (daher· „in der Windhaltung ist es warm"), winsch = verkehrt, verdreht (1) die Leiter ist winsch = die Leiterbäume sind verdreht oder haben sich geworfen, 2) wenn sich ein Mensch zur Arbeit schlecht anstellt), wuschlich = recht munter und flink, schnell in den Bewegungen des Körpers. Charakteristisch sind folgende sprüchwörtliche Redensarten: Er macht den Bündel noch nicht (er ist noch nicht so arm, daß er nicht bezahlen könnte), er lacht in die Faust (freut sich heimlich über eines Anderen Schaden), er kann eine Faust machen (er ist wohlhabend und kann deßhalb etwas unternehmen), er kann die Hände nicht halten, (er entwendet, wenn sich die Gelegenheit dazu bietet), es gibt zerrissene Hosen, (wenn die Sache schlecht ausfällt, wird der Nachtheil groß sein), er will mit dem Kopf durch die Mauer (eine schwer oder gar nicht ausführbare Sache mit trotziger Beharrlich-keit ausführen), er trägt die Kirche ums Dorf (er sucht eine Sache auf Umwegen zu erreichen, die er auf näheren Wegen leichter erlangen könnte), er muß die Pfanne placken (er muß zuletzt die Schuld Anderer tragen), die Platte putzen (entlaufen), er ist nicht sauber (es ist ihm nicht zu trauen, entweder 1) wegen Unredlichkeit oder 2) daß er die Mittel hat, um seine Absicht zu erreichen), es hängt ihm auf den Rücken (er ist einer Sache ganz und gar überdrüßig), wenn's an Bindriemen geht (wenn die Sache zur Entscheidung kommt), er ist nicht recht bei Gro-schen (er ist nicht recht klug), die Hand im Sack haben (beständig Aus-

gaben haben), wer nicht hinauskommt, der kommt nicht nach Haus
(wer keine Erfahrungen gemacht hat, kann von keiner Sache sprechen),
flüchtig wie Haarpuder (recht schnell), er ist nicht kapitelfest (er ist nicht
gesund), den Karrn umwerfen (Konkurs machen), jemand an der Leine
laufen lassen (jemanden herumnarren, wiederholt versprechen und nichts
halten), vor dem Zapfen wegläugnen (jemand ins Angesicht eine Sache
abläugnen), aus den fünf Nähten schlagen (jemand recht schlagen), es
rappelt ihm in der Perrüke (er spricht etwas ganz Verkehrtes), er hat
Steine im Sack (er handelt falsch gegen Jemand), dafür auch öfters:
er hat sein Pulver nicht in e i n e n Schuß geladen. Zwischen Darmstadt
und Hanau tönen noch immer alte Volksliedchen von gar hübscher Nai=
vetät wie die beiden folgenden: *)

> „Gih mer net über mein Äckerge,
> Gih mer net über mein Wies,
> Gih mer net zou meim schin (schönen) Schätzelge,
> Gih mer net zu meiner Lies!" **)

oder:

> „Gihn ich de Dannewald uff en op
> Sehn' ich (Seh' ich) de Boichewald ohn,
> Hot mer mein Lëibche ***) wos Láads gedon
>
>   o
> Denk ich mein Lebedag dron."

In D a r m st a d t ist alte volksthümliche Sitte ganz erloschen, so z. B.
auch schon längst das einst weitgenannte „Eselslehen" zu Bessungen. Die
Familie der Ritter von Frankenstein, deren Schloß noch in malerischen
Resten Eberstadt gegenüber Eingangs der Bergstraße auf Darmstadt und
die Rhein= und Mainebene hinabblickt, war nämlich von der Stadt
Darmstadt jährlich mit 12 Malter Korn belehnt, die unter dem Namen
des Eselslehens zu Bessungen fielen, der Inhaber dieses Lehens mußte
auf Verlangen der Stadt durch einen besonderen Boten den Esel schicken,

---

*) Ich verdanke deren Mittheilung der Gefälligkeit des Herrn Professors
Dr. Ph. Dieffenbach in Friedberg, der sie in seiner Jugend an Ort und Stelle ge=
hört; Varianten des ersten Liedchens im Schwarzwald s. in Auerbachs Dorf=
geschichten.

**) Das n nasal.

***) Das ëi wird wie einsilbig, aber mit vorherrschendem Laut des e aus=
gesprochen.

auf welchem die Frau, die ihren Mann geschlagen, durch die Stadt zu reiten verurtheilt war; so haben auch seit Ende des vorigen Jahrhunderts die Schießübungen der Bürgerschaft aufgehört, welche früher an jedem dritten Pfingstfeiertag stattgefunden. Auch die Mundart der jetzigen Darmstädter ist nicht mehr ganz dieselbe wie in früherer Zeit, wie denn überhaupt eine Menge alter Stadtgeschlechter erloschen und zumal seit der raschen Vergrößerung der Stadt unter Ludewig I. viele Fremde zugewandert sind; charakteristisch ist jedoch noch immer, daß das r fast überall verschluckt und wie a ausgesprochen wird. Ich lasse hier zur Probe der Mundart der älteren Darmstädter zwei Lokalsagen folgen, deren Aufzeichnung ich der Güte meines Freundes August Nodnagel verdanke. „Von der weiße Fra hob ich allahand geheert, schon mei Vatta unn Großvatta wußte zu vazähle. Wann domols e Soldoht uf dem lange Gang im Schloß Poste gestanne is, hot er gemaant, er mißt die Schwerhacke kriege, do is manch Werfche (Schluck Branntwein) gege die Forcht genumme worn. Die Weiß soll e reich Gräfin von Oalaminde gewese seyn. Sie hatt ihrn Mann in de beste Johr begrowe losse, und manchmol wors ihr ganz wohrm ums Heaz. E Wittfra is freilich e Aft, wo an Bledche nach dem annern erunnerschmeißt, am Enn is er rappelderr. Die Gräfin Agnes hett nun gor ze gern zu ihre zwa Kinnercha nach de zwate Mann gehatt. In der Näh lebte der Ritta Albrecht, e Staatsmann, besonnersch wann er uf seinn Gaul verbeigestaabt is. Sie hott ihm gefalle, er ihr. Hamlich schickt siem e Briefche, wo obedruf e feirig Heaz obgebildt wohr und leßt em sage, wann's ihm recht wär', ihr wär's aah recht, so wollte se e Päer'chen wern. Mei Ritta aber segt, sunst mit dem greßte Vergnige, aber jetz kennt er net, bis der Doht vier Aagen geschlosse hett. Domit hot er sein Eldern gemaant, die er bis an ihrn Doht fläge (pflegen) und net verlosse wollt. Die Gräfin ower versteht en miß und denkt nur an ihr Kinna, die ihr doch gor ze lieb wohrn. Sie greint und waaß sich nett ze helfe. Endlich schickte se en olde Cujon, es wor ihr Hofmeista, mit dene Klane in de Wald, daß er se umbringe sollt, und verspricht ihm zum Deiwelsdank e Schloß und enn Kumb voll breißische Tholer. Der Uldemu (Erzschurke) schleppt die Klaane in die Hecke und mecht se kabutt. Allei jetz treibt en sein Gewisse, er hot kei Ruh und kei Rast meh, bis Alles dem Richta gestanne und gebießt wor am Galge. Der Fra Gräfin konnt mer (man) nix duhn,

dann ihr wißt die Rett (Rede) von de große und klane Dieb. Awer e
Pilga aus dem Morjeland, der gleich dernochert uf dem Schloß wohr,
hott ihr de Text gelese und verkindigt, sie mißt — nett feirig, sonnern
weiß gehn, bis der ganz Stamm von dem Herzallerliebste ausgestorwe
währ. Nu seyn awer mit dem Ritta Albrecht die mehrste Ferschteheisa
(Fürstenhäuser) in Deitschland verwannt, er wor nemlich e Grof von
Zollern. Des hot mein Pilga net iwerlegt; es werd also noch lang
währn, eh daß die weiße Dam zur Ruh kimmt. Jedesmol drei Dag
vorme Dohtesfall leßt se sich in den Schlessa sehe, seifzt und rabbelt mit
eme Gebund Schliffel, und Jedes waaß, was der Mähr is."

„In userm Schloß zu Dammstadt geht aach noch e Baumeista wan=
nern, der soll vor Olders enn große Schatz verschaart howe. Den hatt
em der dozumolig regierende Herr gebe for des Schloß ze baue. Speter
do mußt mei Baumasterche die Platt butze (sich davon machen), weil er
mit dem Schloß net fertig wern konnt. Lang genug hatt er dran getif=
telt, bis die Speckmeis (Fledermäuse) nein zoge. Nu wohr do e Hofjud,
so e Art Agent, dem hot der Hof des Bauwese übergebe, und der hot
nun, wie e Jud is, den fremde Baumeista triebelirt, allein der hett
gern des Geld vor sich behalte, do hott er immer zur Antwort gebe: 'S
is ka Geld do, mein lieba Jud, Jud, Jud! — Dann er hatt gestot=
tert. Am Enn hott der Hofagent dem Landgraf die Sache gesteckt und
der fremd Meista hot sich aus de Äst gemacht. Dann is er in der weite
Welt — in Hamborg oder in Hähnche — gestorbe. Sein Geist duht
aber wannern und kratzt alle Nocht zwische Elf und Zwelf e anzig Staan=
che an der Mauer los. Dänn er kann net erleest wern, bis daß des
ganz Schloß aan Staanhaufe ist. Werd aber vorher noch manch Treb=
che (Tröpfchen) Wassa dem Rhein nunnerlaäfe. — Schittelt nur die
Kebb (Köpfe) nett, sonst seid ihr wie Aaner, der zu Allem segt: Es
werd net geglabt! Unn es gibt doch noch so viel zwische dem Darm un
der Gersprenz, wos viel wunnerbarer klingt."

Ich komme nun zur Schilderung des hessischen Odenwäl=
ders. Da ist ein kräftiger Menschenschlag mit hohem geraden Gliederbau,
doch findet man (nach dem Zeugniß Jägers *) in armen Orten, wo die

---

*) „Die Land= und Forstwissenschaft des Odenwaldes" (eine gekrönte Preis=
schrift) Darmstadt 1843.

Mehrzahl der Bewohner nur sparsam nährende Kost bei schwerer Arbeit erhält, kleinere Menschen mit gebeugtem Nacken, eingedrückter Brust und ungelenken Gliedmaßen, als Folge der früheren Anstrengungen. Die frühere Nationaltracht des Odenwälders bestand (nach demselben Gewährsmann) bei den Männern in einem großen, um den ganzen Hinterkopf gehenden Kamm, einem aufgeschlagenen dreieckigen Filzhut, grüner Kutte von Beiderwolle („Beederwüll") hellblauer Tuchweste, wollenen Strümpfen mit Kniegurten, Schuhen mit großen Schnallen. Die Frauen, welche ihre frühere Tracht so ziemlich beibehalten haben, sind mit dunkelblau = tuchenen Mutzen, dergleichen langen Röcken mit vielen Falten und mit Hauben von schwarzem Kattun, welche an beiden Seiten und oben mit Perlen gestickt sind, bekleidet; die Strümpfe sind ebenfalls von weißer oder blauer Wolle, die Schuhe haben Bändel. Zu diesem Anzug gehört ein großer, über zwei Fuß im Durchmesser haltender Strohhut mit einer großen schwarz = und rothen Kokarde, dieser schwere Hut wird am Arme hängend getragen und mehr gegen den Regen als gegen die Sonne gebraucht. Jetzt sieht man die grüne Kutte nur noch selten und es werden statt derselben lange Röcke von dunkelblauem Tuch mit einer Reihe Knöpfe ganz ähnlich den alten Hofröcken getragen; überhaupt sind Männer und Weiber ziemlich modernisirt. Die gewöhnliche Lebensweise des Odenwälders und seine Nahrungsmittel sind nach den verschiedenen Ständen — Bauern und Taglöhner — sehr verschieden. Die Bauern leben gut und genießen nahrhafte Kost, namentlich viele Mehlspeisen, viel gesalzenes und gedörrtes Fleisch, gutes Brot u. s. w., die Taglöhner dagegen müssen sich meistens von Kartoffeln ernähren und vermischen diese wenigstens zur Hälfte mit Getreidemehl zu Brot. Frisches Fleisch kauft der Odenwälder nur bei ganz besonderen Veranlassungen, nämlich bei Hochzeiten, Kindtaufen und Kirchweihen. Bei solchen Festlichkeiten ist er ausgelassen und sieht gerne, wenn auch Andere, namentlich die höheren Stände an seiner Freude und an seinen Gelagen Theil nehmen. Er wartet auf mit Reis = oder Gerstensuppe, Ochsenfleisch mit Meerrettig, welcher in großen Schüsseln aufgetragen wird, Sauerkraut mit Erbsenbrei und Speck, Braten und Salat, sodann Kuchen in Menge und Kaffee in großen Häfen, welchen besonders die Weiber lieben und gerne sehr süß trinken. Auch vom süßen Wein, sogenannten Zuckerwein, sind die Frauen große Liebhaberinnen und trinken sich nicht selten einen

Rausch, in welchem Zustande sie durch ihr fortwährendes gellendes Jauchzen recht unleidlich sind. Die verheiratheten Männer erfreuen sich mehr
im traulichen Gespräch mit Essen und Trinken, die ledigen Bursche mit
Tanz und der Weinflasche. Eigens ist es, daß in Gesellschaften von
5 — 6 und mehr Personen nur e i n Glas aufgestellt wird, welches die
Runde macht und von jedem, welcher getrunken hat, wieder voll gegossen
wird, ehe es der Nachbar mit den Worten „wohl bekomm's" erhält. Dieser trinkt die Gesundheit seines folgenden Nachbars, füllt das Glas und
gibt es weiter. Wer neu in die Gesellschaft kommt, gleichviel, ob dieses
im Wirths = oder Privathause ist, erhält es zugetrunken, und es wird
als eine Geringschätzung angesehen, wenn man nicht „Bescheid thut,"
d. h. trinkt. Bei Tanzgelegenheiten gibt es unter den Burschen öfters
Streit und dann herrscht leider noch an vielen Orten die sehr üble Gewohnheit, daß die Messer gezogen und gestochen wird, wobei es oft
tödtliche Wunden setzt; durch scharfe Untersuchungen und angemessene
Bestrafungen ist es indessen schon dahin gekommen, daß die Schlägereien
seltener, und wenn sie vorkommen, doch weniger gefährlich werden. Die
Kirchspielsverhältnisse üben einen eigenen und nicht günstigen Einfluß
auf die Odenwälder aus. Der von der Mutterkirche entfernt wohnende
Theil der Bevölkerung findet seine oft einzige Unterhaltung in dem sogenannten Kirchgange; neben der Kirche befindet sich aber meist das Wirthshaus und oft wird in diesem verdorben, was in jener Gutes bewirkt
werden sollte. Die Wohnungen des Odenwälders sind niedrig und nicht
sehr hell, die Stuben in der Regel schwarz, weil statt Lichtern noch
Fackeln, Leuchtspäne von Buchen =, Birken = oder Kiefernholz, gebrannt
werden; die Viehställe sind oft in einem besseren Zustande als die Wohnungen der Menschen; Reinlichkeit ist nicht immer im Hause zu finden,
die Fenster werden selten geöffnet und im Winter wird so stark eingeheizt,
daß Eintretende vor Hitze umfallen möchten; der nächste Stuhl am Ofen
gehört dem Großvater, der zweite Platz auf der Ofenbank dem Vater.
Die Mundart des hessischen Odenwälders hat viel Treuherziges, Derbes
und klingt mitunter an altdeutsche Formen noch stark an. So heißt der
Großvater: Hehrche = Herrchen, alter Herr; die Großmutter: Frache
= alte Frau; die Schwägerschaft: Geschwaih. Eigene Vokallaute sind
a u statt o: sau unn e sau = so und so; wau = wo; doch nicht ganz
das Schriftdeutsche a u. Die Ausdrücke: Kerl und Mensch (statt Bursch

und Mädchen) nehmen mehr ab, dafür wird besonders aus Artigkeit gegen das weibliche Geschlecht Weibsmensch, Weibsbild, Weibsperson gebraucht, welche unter sich synonym, aber fein verschieden sind. Seine Ehefrau nennt der Odenwälder: Mein', höchstens im Scherz: mei Olde; die Frau dagegen braucht bei ihren Bekannten den Vornamen ihres Mannes, bei Fremden sagt sie: Er — wenn sie von ihm als Abwesendem spricht. Das Fürwort man hört man fast nie, dafür Aaner statt unser einer. Eigene Wörter sind: strümpig = in den Strümpfen; hemmig = im Hembde, nach barfüßig gebildet; Knowelich = Knoblauch; Honof = Hanf; sich veraanern oder heiern = heirathen; Umbare = eine Menge Sachen, die sich nicht gut tragen lassen, wohl von baren tragen; meschuffe = geistesverwirrt; dischparot, desparat, rasend; letzteres gehört zu den wenigen Fremdwörtern der Mundart und ist nicht einmal überall gäng und gäbe. *) — Als Probe der Mundart stehe hier das folgende Gedicht auf den Tod eines Zechers (aus Hebel übersetzt):

> Da hawwe se en Man begrawe,
> S'is schad vor seine grosse Gawe,
> Geh, noh un fern, un such so aan,
> Dess is vorbei, du finnst mer kaan.
>
> Er is e Himmelsgelehrter gewest;
> In Norde, Süde, Ost un West
> Hott er nor gefrogt vun Haus zu Haus:
> Hängt nergens dann e Stern heraus?
>
> Er is e tapprer Ritter gewest,
> In Norde, Süde, Ost und West
> Hott er gefrogt in anem fort:
> Is nett e Bär odr e Löwe dort?
>
> Er is e seltsamer Krist gewest,
> In Norde, Süde, Ost 'un West
> Hot er bei Tag, hot er bei Nacht
> Zum Kreiz sein stille Gang gemacht.
>
> Sein Name is in Stadt un Land
> Bei grosse Herrn gar gut bekannt,

---

*) Ich verdanke diese Mittheilung meinen Freunde Nodnagel.

Ze finne is er immer gewest
In de drei König am allerbest;
Jez is er todt un schämt sich wohl,
So geht's seine Brüder allemohl.

Die Volkssagen des Odenwaldes, sind allgemein bekannt und oft ge=
druckt; insbesondere die vom Rodensteiner, dem wilden Jäger, (gewiß
Rest des alt=germanischen Volksglaubens; eine patriotische Deutung ist
gar schön, scheint aber willkürlich aufgeimpft), dann die von Eginhard
und Emma; auch die Siegfriedssage greift hier herein, unzweifelhaft ist
im Odenwalde die Stelle, wo Siegfried erschlagen worden, noch rauscht
da ein Siegfriedsbrünnchen, um welches noch eine kaum mehr erkenn=
bare Erinnerung des Volkes an einen erschlagenen Ritter schwebt. Die
Lieder, die im Odenwald gesungen werden, haben das Weiche, Schwer=
müthige, was fast alle Volksmelodieen charakterisirt; sie sind wenig ori=
ginell. „Es war einmal e feiner Knab“ — „Heinrich schlief bei seiner
Neuvermählten“ — „Geh mir nicht über mei Äckerche“ — „Guter Mond,
du gehst so stille“ — „Es zogen drei Regimenter übern Rhein“ (von
Uhland benutzt), „Wie is daß die Falschheit so groß in der Welt“ —
diese allbekannten Lieder singt man auch hier; ich kenne keins von Werth,
das der Landschaft eigenthümlich angehörte. *) — „Der Charakter des
Landvolkes ist ein seltsames Gemisch aus Treuherzigkeit und Pfiffigkeit,
gesunder Natur und Grobheit, ehrlicher Einfalt und zurückhaltendem
Wesen, fast in jedem Dorfe herrscht eins oder das andere dieser Elemente
vor. Der Mann arbeitet stark und trinkt gern, doch nimmt neuerdings
die Lust zum Branntwein ab und das Bier ist beliebter. Der Verkehr
zwischen den Ledigen beiderlei Geschlechts ist frei; die Keuschheit der Dir=
nen ist eine höchst seltene Erscheinung; es gibt Dörfer, wo die Meisten
schon vor der Ehe geboren und sich in der Stadt als Ammen etwas er=
spart haben.“ Wohlthätigkeit gegen Arme hat der Odenwälder von jeher
bewiesen und sein Wohlthätigkeitssinn verdient noch immer gerechte An=
erkennung. Gegen Unterstützungs=Anstalten hat er einen hartnäckigen
Widerwillen, wohl nur, weil er die Polizei für zu schwach hält, ihn
vor weiterer Bettelei zu schützen. Gastfreundschaft ist ihm ebensowe=
nig als Gefälligkeit abzusprechen. Höflichkeit ist ihm zwar nicht im ho=

*) So schreibt mir Rodnagel darüber.

hen Grabe eigen, doch kann man ihn auch nicht der Grobheit beschul=
digen.*) Als charakteristisch möchte hier noch anzuführen sein: Wenn
Ältern das Gut an ein Kind abgeben, was um einen „kindlichen Anschlag"
d. h. ohngefähr $1/3$ — $1/2$ des wahren Werthes geschieht, so behalten sie
sich entweder noch die Mitbenutzung auf eine Reihe von Jahren aus, oder
sie setzen sich in den Auszug und lassen sich ein jährliches Leibgedinge
geben, welches bei wohlhabenden Bauern etwa in 25 — 50 Fl. an Geld,
10 — 15 Malter Frucht verschiedener Gattung, Futter für 2 Kühe, drei
mageren Schweinen, Kraut, Hanf und Flachs, Holz, Stroh, Biere
u. f. w., bei ärmeren aus Butter, Käse und Milch besteht, und, je
nachdem die Ältern ein mehr oder wenig hohes Alter erreichen, einen
bedeutenden Theil des Gutswerthes beträgt; es ist eine häufige Er=
scheinung, daß von Ältern auf ihre gutsübernehmenden Kinder bei der
Auslieferung wenig freundliche Rücksicht genommen wird, daß aber diese
Leibgedingslasten auch eben oft den kindlichen Sinn schwächen; häufig
findet man, und das scheint das natürlichste, daß sich die Ältern die
Mitbenutzung des Gutes ausbehalten, so lange sie noch arbeitskräftig
sind. Die alte Huben= oder geschlossene Güterverfassung erhielt sich in
den meisten Gegenden des Odenwaldes noch lange. Erst durch Ein=
wanderungen von außen her erschienen mehr Beisaffen, die seither nur
auf den Grundeigenthum eines Hübeners und meist in einer demselben
gehörigen Behausung wohnten; die wenigen Beisaffen, die etwa vorher
in den Ortschaften mit einem eigenthümlichen kleinen Besitze erschienen,
hatten Theile vom Gemeindegut — Alimente — inne und hierzu ge=
hörte in den Ortschaften in der Regel ein Stück Land auf beiden Seiten
des Baches, von welchem das Thal durchflossen war; in manchen Orten
ist dieses Gemeindegut noch förmlich abgesteint, die meisten jetzigen Hu=
bengüter sind schmale aber lange Güterstriche, welche meist von einer
Gränze der Gemarkung nach der gegenüberliegenden ziehen. In der Re=
gel wohnt jeder Bauer auf seinem Gute und daher kommt die zerstreute
Lage der Wohnungen, die man unter dem Namen der „Vereinödungen"
kennt, und die oft sehr bedeutende Länge der Dörfer. In den Städtchen
und Flecken sind die Hubengüter, wenn nicht ganz verschwunden, doch
auf wenige herabgesunken und durch Tausch und Verkauf einzelner

---

*) Jäger a. a. O.

Stücke unkenntlich geworden. *) Überhaupt sind gar manche von den alten Eigenthümlichkeiten des Odenwälders verschwunden; furchtbar haben der dreißigjährige Krieg und die Furie von 1688 — 1699 die ursprüngliche Bevölkerung des Odenwaldes gelichtet, Einwanderer, insbesondere aus der Schweiz und aus Sachsen, drangen in die Lücken und füllten sie. Ein gar wackerer Kern erhielt sich in der Grafschaft Erbach und Herrschaft Breuberg, wo auch noch uralte deutsche Rechtsinstitute, wie allgemeine eheliche Gütergemeinschaft, Allgemeinheit der Erbverträge, Seltenheit der Testamente u. s. w. geblieben sind, während freilich das offene freie Gericht, der Centverband, Recht und Pflicht der Waffen u. s. w. seit der Mitte des vorigen Jahrhunderts verschwunden sind und nur etwa manche „Centlinde" noch heute an jene Zeit erinnert, als das freie Gericht im Freien gehegt wurde. **)

Der Frankfurter.

Den Frankfurter charakterisiren vor allen eine mächtige Anhänglichkeit an seine Vaterstadt und ein stolzes Selbstgefühl, das sich auf das Bewußtsein des Besitzes seiner freien Verfassung gründet; dann ein stark ausgebildeter praktischer Sinn, Folge der vorzugsweisen Beschäftigung mit dem Handel, Solidität, Hochherzigkeit in Pflege von Kunst und Wissenschaft und ein wahrhaft großartiger Wohlthätigkeitssinn; daneben läßt sich aber auch Genußsucht nicht verkennen, ebensowenig absondernde Geringschätzung der Juden. Der Sachsenhäuser ist kräftiger und fleißiger als der Frankfurter, auch derber, seine Derbheit, in Witz und handhafter That ausgeprägt, ist sprüchwörtlich. Frankfurts Gründung und Namen führt die Sage auf Karl den Großen zurück:

---

*) Jäger a. a. O.

**) Ich verweise auf J. K. H. Beck's und Ch. Lauteren's interessantes Werk: „Das Landrecht der Grafschaft Erbach und Herrschaft Breuberg im Odenwalde" (Darmstadt 1824).

Duller, deutsches Volt.

Die besten seiner Helden lagen in Sachsen todt,
Da flohe Karolus Magnus, der Kaiser, in grosser Noth.
„Lasst eine Furt uns suchen längshin am schönen Main.
O weh, da liegt ein Nebel, der Feind ist hinterdrein!‘‘
Nun betete Kaiser Karol auf Knie’n an seinem Speer,
Da theilte sich der Nebel, eine Hirschin ging daher.
Die führte ihre Jungen hinüber zum andern Rand,
So machte Gott den Franken die rechte Furt bekannt.
Hinüber zogen alle wie Israël durchs Meer,
Die Sachsen aber fanden im Nebel die Furt nicht mehr.
Da schlug der Kaiser Karol mit seinem Speer den Sand:
„Die Stätte sei hinfüro der Franken Furt genannt.‘‘
Er kam da bald zurücke mit neuer Heeresmacht,
Damit er der Sachsen Lande zu seinem Reich gebracht.
Doch dort am Main erpranget nun eine werthe Stadt,
Die reich ist aller Güter und edle Bürger hat u. s. w.

(Kopisch)

Andere Sagen, die sich an Frankfurt knüpfen, sind die von Hans Win=
kelsee, dem Wilddieb, den sie gefangen, und der den schönsten Neuner
ins Blech der Windfahne auf dem Eschenheimer Thurm geschossen, dafür
begnadigt und zum Schützenhauptmann gewählt worden, aber lieber
wieder hinaus in die Wälder gegangen; ferner die Brückensagen; die
schaurig=traurige Mähr von der ungerecht gerichteten Magd und von der
falschen Weismutter, davon das Volkslied singt: „Zu Frankfurt an
der Brücken, da zapfen sie Wein und Bier, da haben sie ein Mädchen
betrogen, betrogen um ihre Ehr’“ u. s. w.; dann der (gleichfalls im
Volkslied tönende) Schwank von dem Frankfurter buckligen Fiedler, der
den Weibern, die in der Walpurgisnacht den Rosenkranz getanzt, lustig
aufgegeigt und dafür von der Ersten seinen Lohn erhalten: „Sie griff
ihm behend unters Wamms sofort und nahm ihm den Höcker vom Rü=
cken fort, so gehe nun hin, mein schlanker Gesell, dich nimmt nun jede
Jungfrau zur Stell’.“ Von alten Sitten und Bräuchen ist in Frankfurt
nichts mehr geblieben, so z. B. auch das weiland Pfeiffergericht ver=
schwunden; an Volksfesten ist nur noch die Wäldchensfahrt charakteristisch.
Frankfurts älteres Bürgertreiben hat Malß in seinem Lokal=Lustspiel
„der alte Bürgerkapitän“ meisterhaft geschildert; sein weitbekannter,
„Hampelmann“, der zur stehenden Maske geworden, möchte jetzt auch
immer weniger lebendige Spiegelbilder finden. Zur Bezeichnung der
Frankfurter Mundart stehe hier ein Bruchstück aus dem „alten Bürger=

kapitän": „Kapitän Kimmelmeier (Gastwirth): „Hot mer dann
noch net eraus krie kenne, dorch was das Faier angange is?" Miller
(Kimmelmeiers Ordonnanz): „Gestert beim Brand hots gehäße, es het
e Määd Gensfett brätzeln wolln, un do wer das Fett ins Faier geloffe."
— Kapitän: „Da hammersch Erempel; awer heint nemm ich mein
Määd vor." Miller: „Un wi ich heint Morjend hi uf dem Stuhl ber=
wakird (bivouackirt) hab, do heer ich frei uf der Gaß redde; ich stecke
mein Kopp dem Fenster enaus un guck, da warsch di Bäckerschmääd un
e Balwirerschgesell, di hawe minnanner geredd, un do sagt der Bal=
wirerschgesell, es weer dorch e Tuwakspeipheif angange, es hat e Kut=
scher im Stall geraacht." Kapitän: „Di Knecht wärn aach vorgenomme."
Miller: „Un der Balwirerschgesell hot die Beckerschmääd uf Kawalyrsch
Barol versichert, es wer dorch so e naimodisch Faierzaig angange, wo
mer nordst des Schwefelhelzi in e Glesi stecke duht, ums anzustecke. Er
hots eso verzeelt: die Madam het Närvekoppweh kryt un do het e ge=
schwind schwarze Kaffe koche wolle; aach in soere naimodische Kaffekann,
un mit dem Schwewelsolz do hat se wolle de Speritus anzinne, un do
weer der Speritus iwergeloffe, un in Flamme ufgange, un het de Vor=
hangk erwischt." Kapitän: „Do hammer di Bescherung mit dere Nai=
modischkeit! Di is for nir gut, als for die Haiser anzezinne, dehte di
Lait als Zunner nemme, un e Schwewwelfadden, un en Faierstän, un
dehte se de Kaffe in = eme Dippe (Töpfchen) koche und ornblich selterire,
do weer erschteendlich der Kaffe besser, un zwettendlich deets käne Fairsch=
brinst gewwe. Ich bleiwe beim Alte."

Die Sachsenhäuser Mundart zu charakterisiren, führe ich
folgende Kernflüche an *): „Wann de net schweist, so hag (hau) ich der
an's in die Raffel (Zähne), daß dar das Herz uff der Schnall danzt." —
„Eich wollt, e Gewitter dehte dich in die Erd' enein verschmeiße', daß
dich unser Herrgott am jingste Dag met der Ladern suche mißt." — „Eich
wollt, du heßt e Simmere Leus uff em Kopp, unn so korze Erm, daß
de net kratze kennst." — „Du Neunmol=oos!" — „Neun und neunzig
Stick Steube (Staupenschläge) sollst de krin." — In Sachsenhausen hallt
noch das „hawele, hawele Lane," aus dem alten Kindrelied nach, wie

---

*) Firmenich II. S. 72.

letzteres von den Kindern armer Leute gesungen ward, die zu Fastnacht mit Körben vor die Häuser gingen (Rest des alten Todtaustreibens und Sommergewinnens, dessen Spuren wir bereits in den verschiedensten deutschen Landschaften wahrgenommen haben); das Lied lautet:

,,Hawele, hawele, Lane, *)
Die Fasnacht geht bald ahne,
Unne in dem Hinkelhaus
Hängt ein Korb voll Eier eraus
Drowe in de Fürste (Giebel)
Hängen die Bratwürste.
Gebt uns die lange,
Losst die korze hange.
Glück schlag in's Haus,
Schlage nimmermehr heraus,
Violen und die Blumen
Bringen uns den Summer.
Ri, ra, rum!
Der Winter is bald herum,
Der Summer is so kek
Und wirft den Winter in Dreck.''

Läßt man die Jungen auf die Gabe warten, so fahren sie fort:

,,Wenn ihr uns was gewe wollt,
So gebt uns alsobald,
Denn unsere Händ' und Füsse
Werden uns allzukalt.''

Bekommen sie noch nichts, so singen sie nach einer kleinen Pause:

Stamaus! Stamaus (das alte ,,Stabaus!'')
Kehrt der Mäd das Hemd aus!

und lassen ihren Ärger endlich in den Reimen aus:

Stokfisch, Stockfisch!
Gibst uns alle Jor nix!''

---

*) Nach einer Voraussetzung wäre unter Lane, Lone, Leone die heil. Apollonia zu verstehen, deren der Fastnacht vorangehender Festtag der Tag dieser Frühlingsverkündigung gewesen; nach der Reformation hatte man das alte Fest vom Heiligentag auf Fastnacht selbst verlegt.

Der Nassauer.

In Nassau tönt die mittelrheinische Mundart, welche sich jedoch im Norden schon der westphälischen und kölnischen nähert. Als Probe der westerwälder Mundart folgende Zeilen:

>„Der Wästerwahld dat ess en Gähnd,
>Su ess keen mihn ze fennen,
>On wann et he och manchsmohl rähnt,
>Keen bässer döht mer kännen.
>Doch sahn se an dem Rhein elo (dort),
>He dähten öm Gehanesdag jo
>Die Schlichen (Schlehen) gor erfreeren. *)"

Den Charakter der Nassauer möge uns ein Nassauer schildern, De=kan C. D. Vogel in Kirberg.**) „Der Charakter des nassauischen Volkes im Allgemeinen ist gerade und offen, biederherzig=deutsch. Es hat viel reli=giösen und mit Ausnahme einiger Städte auch vielen kirchlichen Sinn, der sich nur hie und da, jedoch selten, in Pietismus und Sektirerei verirret. Man findet überall noch Fleiß und Arbeitsamkeit, mit Häuslichkeit ge=paart. Die Gebirgsbewohner zeichnen sich durch einen höheren Grad von Gutmüthigkeit vor den flacheren Fruchtgegenden und die Anwohner des Rheins durch ihren leichteren Sinn vor allen aus. Ob es gleich an einzelnen Ausbrüchen der Rohheit beim gemeinen Volke und an Aus=schweifungen in der Genußsucht in den höheren Ständen, wie überall und immer, nicht fehlt, so muß man doch den sittlichen Zustand des Volkes im Allgemeinen gut nennen. Nur ein Übel droht auch hier in neueren Zeiten physisch und moralisch ein furchtbares Verderben anzu=richten; es ist der überhand genommene Genuß des Branntweins; wirken die von der Regierung getroffenen Maßregeln und die Mäßigkeitsvereine diesem Übel nicht bald und kräftig entgegen, so ist eine Demoralisirung besonders des großen Haufens unvermeidlich. Die Lebensart des Volkes ist wie überall, so auch hier, sehr verschieden. Unverkennbar sind hierbei die Einflüsse des Klimas, der Beschäftigung, der Vermögensumstände, der nächsten Umgebung und besonders des Herkommens. Während die Genußsucht in den Kurorten und bei vielen Städtern zu einem hohen

---

*) Firmenich II. S. 87.
**) „Beschreibung des Herzogthums Nassau" S. 435 ff.

Grade von Verfeinerung sich gesteigert hat, finden wir im Allgemeinen
bei dem Landvolk noch eine sehr einfache Lebensweise. Der Fruchtbauer
in den wilderen Gegenden lebt sparsamer und doch besser, als die mit
dem Weinbau beschäftigten; er genießt Fleischspeisen, nimmt reichliche
Nahrung zu sich und kleidet sich gut. Am einfachsten ist die Lebensweise
des Bewohners des hohen Westerwaldes. Er ißt sein von „Mengfrucht“
(Gerste und Hafer) gebackenes Brot und daneben nur Milchspeisen, Kar=
toffeln und andere Vegetabilien. Der Minderbegüterte ziehet zwar auch
Schweine, schlachtet aber keins für sich, und bringt nur an den hohen
Festtagen ein Stücklein gekauftes Fleisch auf seinen Tisch. In den
Ämtern Hachenburg und Selters ißt man rauheres, sogenanntes ge=
schrotenes, nur allein aus Korn gebackenes Brot. Noch vor 50 Jahren
gab es in den Ämtern Usingen, Herborn und auch anderswo Orte,
worin man weder den Genuß des Kaffees noch des Branntweins kannte.
Auch ist es noch nicht lange, daß eine jede Gegend an ihrer eigenthüm=
lichen hergebrachten Mode sich zu kleiden festhielt. In dem alten Amte
Wallau, in Dauborn und Eufingen z. B., wurden die Festkleider zur
Konfirmation so vollständig und solid gemacht, daß sie auch noch zur
Trauung und durchs ganze Leben ausreichten. Jetzt ist die Abwechselung
in der Mode und die Modesucht fast überall eingerissen, und das alte
Sprüchlein: „Selbst gesponnen, selbst gemacht, ist die beste Bauern=
tracht“ kommt immer mehr in Vergessenheit. Auch in Nassau macht man
die Bemerkung, daß sich die Kleidung der Einwohner nach den Kon=
fessionen unterscheidet, der Evangelische liebt die dunklen, der römische
Katholik aber die hellen und bunten Farben. Zu den Hauptvolksfesten
gehören die Kirchweihen, die mit Ausschluß des nördlichen Dillen=
burgischen, fast im ganzen Lande gehalten werden. Sie und die Märkte
bieten Gelegenheit zum Tanze und zu einem lustigen Tage.*) Die

---

*) Trefflich hat Berthold Auerbach in seinen „Schilderungen aus dem Taunus“
(„Vaterland“ No. 203 und 204) eine solche „Kerb,“ das rechte „Kerbholz für
den Hochpunkt der Jahresepoche im Bauernleben“ gemalt,“ wie da ganze Wagen
voll Bäuerinnen zum Einkauf von Zinngeschirr nach Mainz rollten, wie am Kuchen=
backsamstag allerlei Kuchen gebacken und am Abend die Gassen des Dorfes gescheuert
werden, mehr als ob ein Fürst einzöge, und wie am andern Morgen die Musikbanden
einziehen (aber still, auf „höheren Befehl“ dürfen sie nicht mehr auf den Straßen
spielen) und die geputzten Kinder, jedes mit seinem Stück Kuchen in der Hand, auf

früheren mehrtägigen Hochzeitsfeste mit Musik und Tanz sind fast überall abgeschafft worden. Vieles Althergebrachte und darum Ächt-Volksthümliche in den Vergnügungen der Städter und Bauern hat der durch die französische Revolution verbreitete Geist vernichtet. Dagegen hat das tägliche Wirthshaussitzen und Branntweintrinken in manchen Orten überhand genommen und trägt sichtlich zur Verarmung bei."

Das Volk in Luxemburg und Limburg.

Nun noch einen Blick auf das Volk in Luxemburg und Limburg. Im ersteren ist die Bevölkerung theils (und zwar größtentheils) deutsch, theils wallonisch; leider wird aber die deutsche Sprache in einem zum deutschen Bunde gehörigen Lande sowohl durch die Regierung, als auch durch die Gerichte, ja endlich sogar durch die Herrschaft der sogenannten „guten Gesellschaft" als Stiefkind behandelt und die französische bevorzugt; mehr als einmal kam der Fall vor, daß ein deutschredender Luxemburger vor den Schranken stand, wo er, französisch befragt, die Frage und dann auch das französische Endurtheil nicht verstand. — ein Mißstand, wie man sich kaum einen ärgeren denken kann, es müßte denn das dänische Kommando der holsteiner (deutschen) Bundestruppen sein. Übrigens ist's auch für den Deutschen nicht grade leicht, selbst für den nächstgelegenen Moselländer, das Luxemburger Deutsch zu verstehen, mit seiner seltsamen Vertauschung der Vokale, mit seinem eigenthümlich gehobenen Redegesang, mit der lang und träg gedehnten Aneinander-

den Gassen herumlaufen, und nun Wagen an Wagen die „Kerbfremden" bringt, die da fröhlich und herzlich bewillkommnet werden, und wie dann, nach dem Gottesdienst, die Schilde an den Wirthshäusern gar stattlich mit Kränzen von Kunstblumen prangen oder auch sonst an Stangen lebendige Kränze mit Äpfeln und Zitronen geschmückt heraushängen, und der Bursche im Wirthshaus dem Eintretenden mit einer von Rosmarin und gemachten Blumen bekränzten Flasche und einem gleich bekränzten großen Henkelglas, worin die Zitrone im Weine schwimmt, entgegentritt, und der „Schottische" getanzt wird; die alten eigenthümlichen Bauerntänze sind hier bis auf den einzigen, den sogenannten „Kissentanz" ganz und gar verschwunden. In diesen „Schildereien" hat Auerbach auch ein paar sagenhafte Volksüberlieferungen, vom „Büchspfaff" und vom „Rothesbock" (Rathhausbock) mitgetheilt.

schlingung der einzelnen Worte und mit all den hineingemengten fremd= artigen Wortwurzeln, Wortfügungen und Bezeichnungen.

Um die Mundart von Luxemburg hier genauer charakteri= ſiren zu können, müßte ich mich über die dieſem Buche geſteckten Grän= zen hinaus entfernen; darum hier nur einige Bemerkungen über dieſelbe im Allgemeinen:

è wird wie das deutſche e in Geld, Welt, ſchenken, den en u. ſ. w. ausgeſprochen. e lautet faſt wie eï, wovon das e ſanft betont, das i aber verſchluckt wird. ee lautet faſt wie ä. ò wird dumpf ausgeſprochen und zwar ſo, daß der Laut eines verſchluckten u hinter dem ò hörbar iſt. oi wird nicht ganz wie o a, auch nicht wie o ë ausgeſprochen, ſondern theilt ſich in dieſe drei Laute. 't vertritt die Stelle des weiblichen und ſächli= chen beſtimmten Artikels die, das, und auch die Stelle der Artikel des Plurals." So bei Firmenich, aus deſſen trefflichem Werk ich auch das nachfolgende Gedicht als Probe der Luxemburger Mundart entnehme.

De Schneï lait ob de Biërger.

De Schneï lait ob de Biërger,
De Wald diën as staar a wais,
Den Dal as glaat weï e Speigel
A glenert vu kloorem Ais.

Baal schmelzt de Schneï, an d' Sönnchen
De Freileng a Mää ais brengt,
Da get de Wald erem donkel
An d' Oëchtegailche sengt.

Da bleïhen de Armenaien
An och vil Rouse rout,
A wann de Rouse bleïhen,
Da sen ech Meedche Brout.

De Schneï diën as geschmolzen
An d' Oëchtegailche sengt;
De Mäason woël vum Himmel
Su hel, esu leïvelech schengt.

Et bleïhn de Aarmenaien
An och vil Rouse rout,
A weï de Rouse bleïhen,
Du wor d'aarmt Meedchen dout.

An hiren Allerhäärzleïvsten
Dië brecht woël de Rousen aaf
A sträät mat naasen Aën
Der Braitchen se ob dat Graaf.

Was den Volkscharakter des Luxemburgers betrifft, so trägt er die ernste Farbe des Landes; er gemahnt an die gewaltigen Bergrücken, die dichten Wälder, die es durchziehen, an die frischen, aber rauhen Winde, die auf der Hochebene oben sausen. Die Schale des Volkscharakters ist fest, rauh und voll Stacheln, als wolle sich der Kern darin wehren, von jeder nächsten besten Hand angefaßt zu werden; aber es ist immerhin ein kräftiger Kern, der alle Achtung und jede Pflege verdient. Einfach und derb von Wesen, Sitte und Sprache, Jahr aus Jahr ein, Sommer und Winter bloß die blaue Blouse auf dem gedrungenen nervigen Leibe, — unbekannt mit den feineren Bedürfnissen des Lebens, geschweige des Luxus, — hält der Mann hier zu Lande trotzig am Alten und vertheidigt es gegen jeden Angriff mit um so größerer Hartnäckigkeit, je plötzlicher ein solcher geschieht, je unbedingter und unabweislicher sich ein solcher ankündigt. Ja, die Abwehr kann in ihm sogar eine Abneigung erregen, welche sich nachhaltig festsetzt und schwer auszutilgen ist, eine Abneigung gegen Fremde, die übrigens auch durch politische und religiöse Gründe weiter erklärt werden kann. Es ist soviel trefflicher Grundstoff im Charakter dieses Naturvolks, daß es sich wohl der Mühe verlohnte, dem Ziele durch Liebe und Milde, Geduld und Vertrauen näher zu arbeiten. Ein solcher Versuch wird nicht ohne günstige Resultate bleiben. Der Trotz, den kein Gegentrotz bezwingen kann, wenn nämlich letzterer nicht gerade die Übermacht als Schild vor sich schieben kann, fügt sich langsam, man möchte sagen: er bröckelt sich ab. Wenn man dem Luxemburger Beweise gibt, daß man das Schätzenswerthe in seinem Wesen wirklich schätzt, wenn man es frisch und treu erfaßt, so läßt er sich wohl einen Knoten nach dem andern im Netze des Vorurtheils lösen. Und allerdings sind hier noch manche solche Knoten zu lösen. Wo der Mensch wie hier, fast lediglich im Schweiße seines Angesichtes mit der Natur wacker ringen muß, um ihr das abzugewinnen, was sie anderwärts Glücklichen freiwillig spendet, wo der Landmann, wie hier, den widerspenstigen Boden oft mit sechs Pferden pflügen muß, während die Viehzucht wieder durch häufigen Futtermangel beeinträchtigt wird, — da bleibt freilich wenig Zeit und Luft übrig für geistige Entwickelung. Es ist Thatsache, daß bei den untersten Klassen der Bevölkerung bis in die neuste Zeit die Kenntniß des Lesens und Schreibens noch immer etwas Seltenes war. Kommt nun zu so viel Ungünstigem noch der Einfluß einer fremdartigen Gewalt, welcher um ihres eigenen Interesses willen daran gelegen ist, die Entwickelung des Volkscharakters zu Selbstdenken und Selbstprüfen aufzuhalten, welche das Volk bloß ausbeuten will, da muß die schöne Melusine, die liebende Ahnfrau, die in ihren langen weißen Schleiern, in Kreisen, wie fromme Schwalben sie ziehen, über dem Stammschloß und dem Lande schwebt, dann muß sie wohl ihren leisen Klageruf, der Mark und Bein erschüttert, durch die Lüfte ertönen lassen. Wie, und wir andern Deutschen, wir hören ihn nicht? Wir bleiben unbewegt? Wir rühren die Hände nicht, um diesen äußersten Vorposten des Vaterlandes gen Westen auch geistig für Gesammtdeutschland wehrhaft zu machen und in Bollwerk zu verwandeln, an welchem die List und Gewalt des furchtbarsten Erzfeindes von Deutschland, jenes unsichtbaren Feindes alles Fortschrittes, aller Freiheit, aller Gesittung, aller Versöhnung scheitern muß?

Was Limburg betrifft, so gilt davon das Meiste dessen, was über Luxemburg mehr angedeutet als ausführlich ausgesprochen worden. Auch hier ein wackrer, bildungsfähiger, nur an Ausbildung gehinderter, fleißiger, kräftiger, biederer deutscher Volksstamm! Er redet theils „hochdeutsch" (in dem Sinne, wie die Fläminge das „Hoogduitsch" als Gegensatz ihres „Nederduitsch" nehmen) theils flämisch-holländisch, was ich — und mit mir mancher Freund des germanischen Wesens nicht als Gegensatz des „deutschen" betrachtet; denn wer, der gesunder Sinne ist, möchte den Ast als Gegensatz des Stammes betrachten, aus welchem der Ast hervorgegangen, oder den Stamm als Feind des Astes? Ich hoffe vielmehr, und mancher Biedermann hofft mit mir, daß sich noch eine feste unzerstörbare Brücke wölbt, welche die Nächstverwandten gemeinsamgermanischer Abkunft verbindet.

Das Volk in der süddeutschen Staatengruppe.

Motto: Der Süden auch zeugt Männer. Fragst Du: welche?, —
Schau deutschen Frühlings tausend Blütenkelche, —
Dem Licht erschlossen und im Licht erglüht, —
Das, deutscher Norden, ist der deutsche Süd!

Die süddeutsche Staatengruppe umfaßt sechs Staaten, Bayern, Würtemberg, Baden, Hohenzollern-Siegmaringen, Hohenzollern-Hechingen und Liechtenstein, also zwei Königreiche, ein Großherzogthum und drei Fürstenthümer. Die Gesammtbodenfläche, welche diese Staaten einnehmen, beträgt 2045/81 geographische Geviertmeilen und zwar kommen auf Bayern 1390/79, auf Würtemberg 355/25, auf Baden 275/69, auf Hohenzollern-Siegmaringen 17/09, auf Hohenzollern-Hechingen 4/35, und auf Liechtenstein 2/64. Die Gesammtbevölkerung der sechs süddeutschen Staaten beträgt 7,382,222 Seelen, und zwar beträgt die Bevölkerung Bayerns (im Jahre 1840) 4,370,977 Seelen, Würtembergs 1,646,871 *), Badens 1,296,967, Hohenzollern-Siegmaringens 41,656, Hohenzollern-Hechingens 19,451, Liechtensteins 6300. Vergleichen wir nun die Vertheilung der Bevölkerung in den einzelnen Ländern und Landestheilen, so zeigt sich eine auffallende Verschiedenheit; die dünnste Bevölkerung (2000 — 2200, bis höchstens 2400 auf eine Geviertmeile) in einzelnen Theilen des würtembergischen Oberdonaukreises (Oberamt Münsingen), des badischen Seekreises, den Fürstenthümern Hohenzollern-Siegmaringen und Liechtenstein, sowie in den bayrischen Provinzen Oberbayern und Oberpfalz, die dichteste im würtembergischen Neckarkreis (7250 auf eine Geviertmeile), in einzelnen Gegenden desselben (Oberamt Kannstadt) sogar über 12,100, dann im badenschen Mittelrheinkreise und in der bayerischen Rheinpfalz gegen

---

*) 1842: 1,682,328.

5500, im badenschen Unterrhein- und im würtembergischen Schwarzwaldkreise durchschnittlich 5000, im badenschen Oberrheinkreise, in Oberfranken und im Hechingischen über 4500 Menschen auf einer Geviertmeile.

Das Volk in Bayern.

Das Königreich Bayern umfaßt außer dem altbayerischen Volksstamme auch noch den fränkischen und schwäbischen; jeder von diesen dreien scheidet sich noch heute wie vor alten Zeiten schroff vom andern ab, in Charakter, Mundart und Sitte; aber in diesen drei großen Reihen treten wieder mannichfache Besonderungen auseinander; alle zusammen jedoch können das gemeinsame süddeutsche Gepräge nicht verläugnen.

Der Altbayer.

Der Altbayer ist, was sein leibliches Theil betrifft, knochenfest und muskelstark, mehr stämmig als hoch, kernhaften Fleisches, von Charakter durchaus treuherzig und gutmüthig, fest beharrend am Alten, seinem Fürsten wohlgesinnt, der Priesterschaft ergeben, religiös, aber auch mitunter abergläubisch, tapfer trotz Einem, handfest und derb in Handel und Wandel, macht wenig Spaß und macht aus dem Spaß leicht Ernst, sinnlich, dem Fleiß und der Reinlichkeit nicht eben allzuhold, langsamer empfänglich für den Vorwärtsruf des Geistes; dies sein Bild, nicht ohne einzelne Falten auf dem von Gesundheit strotzenden, ehrlichen Angesicht, aber wir wissen auch, wer sie ihm eingegraben, und wir wünschen von Herzen, daß sie unter dem frischen Lebensodem der neuen Zeit verschwinden, wie's auch nicht anders zu hoffen steht bei dem vortrefflichen Kern des altbayrischen Volksstammes, der, hat er einmal das Höchste erkannt, es auch bewahren wird.

Die Trachten wechseln je nach dem Hochland oder der Ebene; im Hochland beim Mann das gemeinsame alpenländische Kennzeichen, der spitze Hut, die kurze Hose mit dem Alpenstrumpf, der Hosenträger, der kurze weite Überwurf, obwohl auch der runde Hut, die Weste und der längere Rock vorkommt; die Weibertracht meist häßlich, entweder eine Art von Männerhut, oder eine gewaltige Pelzmütze, oder ein Tuch um den Kopf, dann eine unelegante Jacke; weiter ab von den Alpen nach den altbayrischen Städten hin und in denselben tritt dagegen eine gar artige Zierlichkeit des weiblichen Putzes hervor; da zeigt sich die blonde, blauäugige Bayerin mit dem schönen Oval ihres Antlitzes und der heiteren Ebenmäßigkeit ihrer Züge, mit dem silbernen Riegelhäubchen auf dem Scheitel, das, kühn aufgesetzt, in Form eines Schwalbenschwanzes, kaum auf dem Haargrunde haften zu können scheint, mit dem dunklen Mieder, das vorne mit Silberketten geschnürt und mit prangenden Schaumünzen geschmückt ist, im übrigen schmiegt sich die Tracht dem jezeitig herrschenden Geschmack mehr oder minder an.

Die altbayerische Mundart fällt nicht so ganz, wie Götzinger meint, in vielem Wesentlichen mit der schwäbischen zusammen, nur daß sie noch breiter und näselnder als die letztere wäre und, da sie mit vollen Backen gesprochen wird, eine Menge Laute ganz und gar verschluckte; allerdings spricht freilich der Altbayer nicht so lebhaft wie der Schwabe (wenn anders auch bei diesem von vorherrschender Lebhaftigkeit die Rede sein kann) sondern langsam, aber doch, als solle und müsse er alles mit Gewalt herauspressen; desto schneller (bemerkt Götzinger) spricht man in den Gebirgsgegenden, aber ohne daß dadurch der Grundzug des Bayrischen, das Trotzige und Protzige, dadurch verwischt würde; und mit dieser letzteren Bezeichnung hat Götzinger den Nagel auf den Kopf getroffen; ja trotzig und protzig, das ist die altbayrische Art, wenn sie sich aufs derbste äußert, und wenn sie beim weiblichen Geschlecht zum Vorschein kommt, so ist's ein freies Wesen von schelmischer Naivetät, allenfalls sogar „abschnalzerisch" (ich weiß keinen gleichkurzen schriftdeutschen Ausdruck für die harmlose bewußte Fertigkeit, auf allzufreies Angehen mit einem derben Scherz abzuweisen). Als Probe der altbayrischen Mundart folgendes Bruchstück eines Gedichts: „des braunen Bieres Tugenden" *):

> „O du edles braun͞s Biår,
> Wie viel Tugend hast a͞n diar

*) Schmeller, Mundarten Bayerns. München 1824.

Is nicks bessas auf da Weeld,

Bist ma liabr als a Huat voll Gäld

Wenn i an branns Biâr hab iad'n Mangng (Morgen)

Kan i an Plundar alle alle zsam schlagng.

Wenn i an brauns Biâr trink, dos is gwis,

Bin i weid störkar was a Ries," u. s. w.

Dann folgende Sprüchwörter: „b' Kindar und b' Fakeln (Ferkel) habm allawal lare (leere) Sackeln", „schlampat macht wampat", böffa a Schabl als a Schabe", „böffa zu'n Schmib als zu'n Schmibl", „böffa a Laus au'm Kraut, als gar kaan Fleisch", „in klaane Hait stöckan oft große Leit", „Got valaßt kaan Deitsche, hungat'sn nöt, so dürschts 'n", „umsunst ist bar Tod, abar ar kostts Löbm", „Liabm und Betn laßt si nät nêtn", „wenn a Staan von Himmel fallt, se fallt er auf a Wittiw;" „es gschihht oft, daß Kapazinar Harbeibl tragng." „Stückeln" ober „Schnabahüpfeln" aus dem Hochland·

„Bin ar frischar Wildschütz
Und i woas mer zwê Ständt,
Bei'n Deanarl aon Fenster
Und bei'n Gamsarl aôn Gwändt."

„Da dobm auf dr Albm
Da thuat's Gamsarl scherzen,
Wo koan Eifarsucht is,
Get koân Liâb von Herz'n."

„Di Falschheit in'n Augngen
Is nöt z'dar gründn,
Da is leichtar an Stern
In 'n Wassar z'finden'n."

Altbayerisches Kinderlied:

„Rumpati pum pum!
Dr Kaisar schlagt um
Mit Händt'n und Füass'n
Mit eisarnen Spiässn,

Hat dFenster ei᷍n gschlagng

Hats Blei davon tragng,

Hat Kugeln draus gossn,

Hat Bauarn darschossn."

Dabei gedenkt man wohl an das Elend Bayerns im Jahre 1704, (Schmeller meint, das vorstehende Lied beziehe sich vielleicht darauf) und an den heldenhaften Aufstand des Volkes 1705 und 1706, der mit der Losung begann: „Lieber bayerisch sterben als kaiserlich verderben" und mit den Mordweihnachten von Sendling endigte, als der starke Schmied= balthes von Kochel, die Fahne festhaltend, sterbend niedersank, um ihn seine zwei Söhne und sein Vetter Reifenstuhl.

Von alten Sitten hat sich im Hochland noch die geistliche Bauernkomödie erhalten, dann in München der Schäfflertanz und der Metzgersprung. Der erstere wird von den Schäfflern (so heißen in München und Bayern die Küfer) gehalten, findet jetzt nun= mehr alle sieben Jahre statt, wird vierzehn Tage vorher eingeübt und währt dann vierzehn Tage vom Morgen bis zum Abend, vom Hof der königlichen Residenz bis zum letzten Münchner Großbräu. Maßmann, der dem Schäfflertanz im Jahre 1830 Tage lang nachgegangen, beschreibt ihn also. *) „Der Zug schreitet, sinnig geordnet, in heiterem Schmucke unter beständiger Musik einher. Voran der Vortänzer oder Vorreigner, mit vergoldetem, bändergeschmückten Scepterstabe; ihm zur Seite die Umfrager, die nach jedem Tanze, sobald sie dem Haufen nahen, dem sie den nächsten Auftanz zugedacht haben, vorauseilen und anfragen, ob der Tanz aufgeführt werden dürfe? Ihnen folgen die beiden Reifschwinger, denen die Kreisreifen über Achsel und Uechse hangen. Hinter ihnen schreitet der Nachtänzer, welchem zwanzig Gesellenpaare, je zwei und zwei, folgen. Diese Paare alle tragen nach hinten zu in zwei Ketten= reihen großbogige, mit Buchs dicht bewundene Halbreifen, welche den Reigen ketten und retten, so zwar, daß den Reifenzug ein mit blauen und weißen Bändern ausgezeichneter Buchsbogen eröffnet, ein eben solcher die Mitte des Zuges bezeichnet, jener Anreifen aber obenein mit einem

---

*) In seinem Aufsatz „Schwerttanz und Reifentanz. 1. Artikel." (Spind= lers Zeitspiegel. 1831. 5. Bd.)

schwebenden Apfel in der Mitte versehen. Dieser Reifer tanzet nie mit, sondern bildet das Thor des An = und Abzuges, ebenso das Merkzeichen des Anfanges, der nicht aus den Augen gelassen werden darf. Alle Reigner oder Reifner sind fein und zierlich in rothe Rundjäckchen gekleidet mit ganz kleinen Schößchen, dazu ein weißes Westchen, schwarz manchesterne Beinkleider bis zum Knie, weiße Strümpfe und Schuhe mit silbernen Schnallen, von der linken Hüfte greift über den Latz und den rechten Schenkel ein feines gelbes Vor = oder Schurzfell. Den Kopf ziert eine grüne Kappe mit einer weißen und blauen Feder über dem linken Ohr. Ein Hanswurst führt den Zug an, ein anderer schließt ihn, beide sind in grün, weiß und blau gekleidet. Der Hanswurst drängt sich bald unter die zuschauende Menge, bald unter die Laubenrose des Reigens, läßt sich darunter krönen und huldigen, wird aber plötzlich unter dem rasch zum Kessel umgekehrten grünen Bogen begraben, er schlüpft jedoch unverwüstlich hervor und tanzt, als wäre ihm kein Scheitern seines Königstraumes widerfahren, siegreich über die langgestaltete, hoffnungsgrüne Hohlgasse fort, springt bald mit einem herbeigehaschten Mädchen im Bannkreise der Bogenreifen, bald mit den blauen silberreifigen Fäßchen außer dem Tanze der Übrigen umher, ganz in sich versunken, oder vielmehr mit dem hölzernen Schäfflerbrüderchen reigend, das auf jenem Fäßchen sitzt, und zecht zur Selbstbelohnung aus dem vielerlei Wein schenkenden Zapfen, bald tanzt er mit seinem scheckigen Wurstbruder und beide pritschen sich brüderlich herzhaft, bald endlich schwärzt er einen kecken Buben oder ein Schelmengesicht unter der Riegelhaube; so ist er der Nimmerstill und der Immermuntre und hält Alles rege. Wir blicken aber jetzt auf die Tänzer selber, die unter immer unermüdlichem Schirme und Scherze weiterziehen und reigen. Sobald der Zug Halt macht, ordnet sich der Reigen Bogen an Bogen zum Reife, wobei die beiden gleich großen, gar nicht niedrigen Bögen das rechte Maß abgeben, indem nun Jeder in jeder Hand des Nebenbogens eines Ende faßt. Ist der Kreis so geordnet, so beginnt der Reigen oder der „große Achter.“ Alle senken zum Gruße zugleich die Bögen erdwärts und nun führet der Vorreigner an, Anfangs zu einfachen Kreisumgängen und Kreiswendungen in gleicher Zwiehaltung der Bögen, wobei, wie bei allen ferneren Bewegungen und Biegungen, der hüpfende Vierschritt bewahrt werden muß, welcher erst rechts angetreten, dann ebenso links wiederholt, ein sanftes,

auch die verschlungenere Bogenführung nie hemmendes Herüber = und
Hinüberwogen oder Schweben des Einzelnen und des Ganzen veranlaßt.
Den einfacheren Bewegungen folgen bald Durchwindungen aller, n i e
losgelaffenen Bögen durch Einen; bald werden Laubengänge gebildet,
durch welche Hanswurst, die schattende Gelegenheit schlau belauschend,
einzeln = behaglich durchschaukelt, und am Ende angekommen, beim letz=
ten anfassend und rücktanzend die Laube wieder auflöst; bald wickelt sich
die Bogenkette zum Knäuel auf, bildet sich dadurch zur grünen Kron=
laube, indem die Reifen richtig berechnet auf die Krongestalt und fernere
Wiederablösung, immer höher über einander gekreuzt werden. Nach=
dem sich diese und andere Ketten, Gewinde, Lauben, Kronen, Rosen,
Brücken oder Bahnen ausgebildet und gelöst haben, steht der vollkom=
mene Kreis still, die Vorreigner oder „Reifenschwinger“ treten in das
Mittel und vollführen unter dem Takt der raschfröhlichen Musik den
Schwung des Reifens und der in ihm stehenden gefüllten Gläser um
Haupt, Hals und Hüften und unter den Beinen weg so rüstig, rasch
und rein, so meister = und musterhaft, daß in den Gläsern nichts man=
gelt, wenn sie zum Lebehoch ausgetrunken werden, nach welchem das
Ehrenglas, aus dem kein anderer Trunk wieder gethan werden darf,
häuptlings oder rücklings in die Luft geschleudert wird; aber Hans=
wurst, der sonst mit Zeit und Waare ziemlich unbesorgt harmlos und
muthwillig Verschwenderische, fängt, wie ein guter knickriger Phili=
sterbruder jenes wegwerfenden Renommisten, das arme Glas, um das
es Schade wäre, — auf Gläser geübt — in seinem Spitzhut geschickt
und sicher wieder auf. So ist er auch hier, wie immer, der vielgestal=
tige Neckspiegel der versteckten und übertünchten Geheimleidenschaften,
der Prediger oder Maler im Narrengewande.“ So weit Maßmann vom
„Schäfflertanz.“

Der „Metzgersprung“ ist viel einfacher und erfordert viel weniger
Kunst. Er findet am Faßtnachtsmontag auf dem Schrannenplatze statt.
Schon vierzehn Tage vor Faßtnacht kommen die Metzger zur Berathung
wie zur Wahl der guten Gesellen aus ihrer Mitte, welche den silbernen
Becher und die Kanne tragen sollen, in ihrer Herberge zusammen. Am
Vorabend des Festtages tanzen die sogenannten „Hochzeitbitter“ mit ihren
Mädchen den „Büscheltanz“ und nehmen Becher und Kanne nach Hause,
wo sie dieselben schmücken. Am Festtage selbst gehen die Metzger im feier=

lichen Zuge zur Peterskirche, wo sie dem Gottesdienste beiwohnen, und nach demselben von Straße zu Straße. Meisterkinder und Lehrlinge reiten auf zierlich aufgeschmückten Pferden, Musikanten spielen ihnen lustige Weisen auf, die Metzgerknechte, der Altgeselle, die Kannen = und Becherträger und die Beilmeister folgen; in der Residenz wird dem Könige der „Willkommen" gebracht; dann ziehen alle zu dem Fischbrunnen auf dem Schrannenplatze. Dort schlüpfen die Lehrlinge in Hosen und Jacken, die über und über mit Kälberschwänzen ausstaffirt sind und der Altgesell spricht sie, indem er die üblichen Ehrenbecher ausbringt und ihnen die Freisagungsschläge auf den Rücken giebt, von der Lehrzeit frei. Nun springen sie in das Brunnenbecken hinein, und werfen aus dem nassen Element, drin sie sich wie Seelöwen ausnehmen, allerlei Zeug, als Bretzeln und dergleichen unter das Volk, das sich aber gar vorsehen mag, denn plötzlich hat der Neugierige und Naschlustige, der dem Rand des Beckens zu nahe bleibt, einen tüchtigen Wasserguß über sich und ein lautes Gelächter der ganzen Menge obendrein; ist des Spaßes zur Genüge, so erhalten sie weiße Binden und silberne Denkmünzen, und es labt dann ein guter Schmaus die wassererprobten Jungen, die sich aus ihren triefenden, oft mit Eiszapfen behangenen Vließen losgeschält.

Ein volksthümliches Gepräge hat die Bockzeit (sie hatte es noch mehr vor einigen Jahren, als noch in der alten Bockhöhle der tollste Muthwille seine Bocksprünge machte), d.h. die Zeit, wann das Bockbier verzapft wird, — dann aber auch der Keferloher Markt drei Stunden von München, eine derbtolle Zigeunerei, da männiglich über die Stränge schlägt und jede Ausgelassenheit mit der Loosung „keferloherisch" entschuldigt wird. Der keferloher Markt findet am ersten Montag im September statt. Den Ursprung desselben weist die Ueberlieferung in die Zeiten der Heidenschlachten zurück, da alles deutsche Land des Schreckens vor dem Centaurenvolk der Ungarn voll war; damals seien dem Kaiser Otto dem Großen die Bayern wohlberitten herbeigeeilt, und voll Freude habe er ihre Hauptleute, — einige in Bauernkitteln — zu Rittern geschlagen und die großen Pferdemärkte, den Keferloher und den Münchner, gestiftet.

Viel manierlicher, viel polizeilich = anständiger ist das Oktoberfest, eigentlich ein landwirthschaftliches Fest, mit Viehausstellung, Preisvertheilung, Pferderennen, Vogel = und Scheibenschießen, Glückshafen

und dergleichen; da sieht die große Theresienwiese bei München wie eine
aufgerollte Musterkarte aller altbayrischen, zumal hochländischen Trach=
ten aus.

Am Würm= oder Starnberger See haben sich aus alten
Zeiten eigenthümliche Gerechtsame und Bräuche der Fischer erhalten; der
Fang ist, was Zeit und Art betrifft, genau geregelt. Im Mai sagen
die Fischer, daß der See "verblüht", da beginnen sie "in die Rohlen zu
fahren", das sind die "Bodenzüge"; in windstillen Nächten, bei Neu=
mond oder trübem Himmel machen sie die "Abendzüge", das geschieht vom
Sonntag nach Ostern bis in den Mai. Bei den "Bodenzügen" ist ihnen
gestattet, zwei "Trümmer" (45 Klafter) weit von den Stangen am Ufer
in die Breite des Sees zu fahren, bei den Abendzügen drei Trümmer weit;
— die Renken und Lachsferchen nur vom ersten Fastensonntag bis zum er=
sten Sonntag nach Ostern, — Karpfen, Hechte und Waller zu jeder Zeit zu
fangen. Zum Hegen der Speisfische, die den Hechten und anderen Raub=
fischen überlassen werden, und der Krebse wenden sie "Fischbaitzen" an, ab=
geästete Baumstämme, die in den Seegrund eingerammt werden, zum
Fange der Hechte und andrer Raubfische die "Hechtstangen", die auf dem
Wasserspiegel schwimmen und an welchen eine mit Widerhaken verbun=
dene Schnur, die hinabgelassen wird, befestigt ist; die Butten wer=
den in "Reisen", die Karpfen, Lachsferchen und Renken in "Segen" (eine
Art von Netzen) gefangen, die Karpfen wohl auch gestochen u. s. w.

Charakteristisch ist im bayerischen Oberland auch noch der
Brauch, daß, wenn in einem Hofe das Dreschen zu Ende geht, Acht
gegeben wird, wer die Los kriege oder die Los werde, d. h. wer den
letzten Drischelschlag thue; dem ist dann beim Drischelmahl ein beson=
ders großer Kuechel, der Loskuechel, beschieden. Ist die Los einer
Dirne zugefallen, so binden die Knechte eine schweinähnliche Figur aus
Stroh zusammen, welche von der Dirne zur Tenne eines anderen Nach=
bars, wo man noch zu dreschen hat, gebracht und der dort gewordenen
Los zur weiteren Förderung übergeben werden muß (Schmeller, bayeri=
sches Wörterbuch. 1828. II. 501 und 502. Artikel: Los).

Noch wäre von den römisch = katholischen Kirchenfesten manches zu
sagen, die in Altbayern zugleich wahre Volksfeste sind; den ersten Rang
unter ihnen nimmt das Frohnleichnamsfest ein, eine Schaustellung alles

Glanzes, aller Pracht und alles Reichthums des Hofes und der Resi=
denzbewohner. So viel denn vom Altbayer.

Der bayrische Franke.

Nun auch vom Franken und vom Schwaben, und vom
Rheinpfälzer, die ja nunmehr gleichfalls allzumal Gesammtbayern
sind. Was für ein Kobold der Neckelust sein Wesen treibt, um die
Stammverschiedenheiten an einander zu reiben, das läßt sich aus folgen=
dem landsmannschaftlichen Neckstückchen entnehmen, das bei Schmeller*)
aufbewahrt ist: Ein Franke, ein Schwabe und ein Altbeyer gingen
mit einander. Auf dem Wege fanden sie einen Dukaten. Nachdem sie
sich der Theilung wegen lange gestritten, kamen sie auf den Antrag des
Franken dahin überein, daß der Fund demjenigen gehören sollte, der
am schnellsten und kürzesten drei Vögel bei ihrem Namen nennen würde.
Da sagt der Franke zuerst: „Fink, Krä, Rab,“ der Schwabe: ä Fenkle,
ä Zeisle, ä Radschwenzle,“ der Altbayer: „an Starl, an Dahhl, an Span=
farkl.“ Zieht hier der Altbayer vor dem Muthwillen den Kürzeren, so
bleibt freilich auch der Franke nicht verschont, von dem Taubmann sagte:
„Ich lobe mir meine Franken, die sich rücklings neigen, um volle Kannen
auszutrinken,“ und von dem der Volksspruch geht: „Einen Franken, der
nicht gern Kannten fegt, auf Erden wird man nicht bald man sehen.“
Das macht nun einmal der Wein, und das alte Frankenblut, das nicht
auszutilgen ist; da ist — dem Phlegma des Altbayern gegenüber — ein
rührigeres Leben, da sind raschere Pulsschläge des sanguinischen Tem=
peraments, ein kühnerer Unternehmungsgeist, größere Arbeitslust (nur
die Ausdauer vielleicht etwas geringer als beim Altbayern), ein feiner
Kunstsinn und reger Kunstfleiß, vorzugsweise im kerngediegenen ächt=
deutschen Nürnberg, mehr Sinn für politische Freiheit, und die Lustig=
keit bei weitem energischer in Sang und Klang und poetischem Drang;
Eins in Allem gesagt: mehr Aufgewecktheit nach innen und außen; die
Persönlichkeit macht sich kräftiger geltend.

Zwischen dem Franken und dem Altbayer steht der ernstere rauhere
Oberpfälzer in der Mitte.

---

*) Mundarten Bayerns. S. 458.

Was die fränkische Mundart betrifft, die sich nördlich von der schwäbischen und bayerischen zu beiden Seiten des Mains lagert, so unterscheidet sie sich, wie verschieden sie auch in Einzelnheiten nach den verschiedenen Gegenden ihres Vorkommens erscheint, doch als eine im Wesentlichen eine und dieselbe, auffallend von den südlicheren. Götzinger bringt Folgendes zur Charakterisirung bei: „die Aussprache der in- und auslautenden ſt und ſp als ſchd und ſchb hört plötzlich auf, dagegen tritt nun als Regel die fatale Aussprache des einfachen s als ſch auf, sobald es sich an ein r lehnt, z. B. Perſchon, Hirſche. Die Nasentöne nehmen ab, ohne jedoch ganz zu verschwinden, und die ganze Sprechweise ist eine andere. Der breite, kräftige, aufgeblasene Ton der südlicheren Mundarten verwandelt sich in einen geschmeidigeren und spitzigeren, und dem Schwaben und Bayer kommt die Sprache der Franken, daher immer wie jüdisch vor, und in der That hat die fränkische Modulation der Stimme viel ähnliches mit derjenigen, die wir an den Juden gewohnt sind. Das eigentliche Gebiet dieser Mundart ist Franken im engeren Sinne, also der nördliche Theil Bayerns; aber schon hier lassen sich zwei von einander unterschiedene Formen wahrnehmen. In denjenigen Gauen, die nördlich von der bayerischen Mundart liegen, erscheint manches andere, als in denen nördlich der schwäbischen; wir müssen daher ostfränkische und westfränkische Mundart unterscheiden, und sowie wir den Lech als Gränze zwischen schwäbischer und bayerischer Sprache annehmen, so können wir die Regnitz als Gränze zwischen westfränkischer und ostfränkischer ansehen, ohne jedoch behaupten zu wollen, daß gleich am linken Ufer dieses Flusses anders gesprochen wird als am rechten. In beiden Zweigen verschwinden die in den südlichen Mundarten so beliebten Doppellaute ie und ue, und gehen nun im Ostfränkischen in die Verbindung ey und oa, im westfränkischen in einfache i und u über, so daß also aus lieb und guet dort leyb und goat, hier lyb und gut wird. Als Proben der Mundarten folgende. Vom Mittelmain:

„Drai rüber, drai nüber,
Drai Fader auff'm Huat,
Sen' un'er drai Brüeder,
Tuet kêner kê Guâd,
Sen un'er drai Brüeder,
Und i bin der tlenst,

ä jeder hat e Medla
Und i ha di schenst.

ober:

Du darfst mi net schende
Bist gar net i'n Stand,
Du bist die allerschlechste
In'n Werzborgher Lond.‘‘

Um Erlangen:

„Schetzla, sei trai, ich will der trai bleiben,
Ich will der mein Traihait ins Herzla ’nein schreiben.‘‘

Abergläubische Sprüche: „Wenn mer i'n Charfreitagh arbait'n tut in der Arb'n, so hat mer kan Ru i'n Grub‘‘; „wenmer a'n in 'e'n Haus e Bräd gi't, so muß mersch ganz eß'n, obber wenmersch net ganz eße tut, so muß mer des Bregele ein schiebm, wo mer net eße tut, sunst krieght merr Zinschmarzn‘‘; „wenn en Mannsbild auf en Bam nauf sieght, wu en Wei'ßbild drobm is, so werd er blind.‘‘

Nürnberger Mundart:

„Non Fre Bàs, wêi gfellts ere denn
Heunt ba unsern Kränzle?
Wenn i när ka'n Brummer hèit,
Machet mer en Tänzle,
Denn es wär mei Schuldikeit,
Mit euch Weibern all'n,
Aber, sêg s’, es gèit halt nit,
Könnt mer èppet fall'n.‘‘   (aus Grübels „Kränzlein‘‘)

Oberpfälzer Mundart. „Wey une Härrget b' Länbla ve'n ganze Aeibud'n (Erdboden) vertaalt haut, is'n af b' Litzt no an vizige Winke übe blibm. Wäl dän gau nemeds gmüggt haut, se haut 'n Teufl aetragng. Ober a dän is e z'schlaecht gewefte, und haut frei zer unen Härr=gesaggt: Pfalt’s! Däeftweegng heißt me’s bis heitis Tachs b' Pfalz.‘‘

Als Probe der rheinpfälzischen Mundart (von Speyer und der Umgegend) stehe hier ein Frühlingslied, das die Kinder am Sonntag zu Mittfasten (auch „Rosensonntag“) singen; sie gehen auf der Straße herum mit hölzernen farbigen Stäben, an welchen eine mit Bändern geschmückte Bretzel hängt und singen von Haus zu Haus den Sommer an, wofür sie dann etwas erhalten:

„Ri, ra, ro!
Der Summertaagk iss do!
Veilcher unn die Blumme
Giebt en schöne Summer.
Ri, ra, ro!
Der Summertaagk iss do.

Wichsel, wechsel,
Kriech mer's Kätzel!
Wuhin?
Uff de goldne Wisse
Kummt der Summ'r geschliche.
Ri u. s. w.

Zum Behret, zum Behret! (Behrets Wühl, Hof bei Speyer)
D' Kellerleut' empfange,
Den, der nit derzukummt,
Schlage mer mit Stange.
Ri u. s. w.

Drei Kante voll Wein,
Drei Bretzel drein,
Wolle mer heute fröhlich sein.
Ri, ra, ro!
Der Summertaagh iss do.‟

Erhalten die Kinder nichts, so singen sie:

„Stockfisch! Stockfisch!
Gebscht mer alle Johr nicks.‟

im entgegengesetzten Falle.

„Ich hör' 'etwas klinge,
D' Madamm dhut etwas bringe!
Ri, ra, ro!
Der Summertaagk iss do!‟ *)

Der Schwabe.

Der Schwabe hat in unserm Arndt einen trefflichen Deuter seines Charakters erhalten. Und Arndt hat in der Hauptsache Recht, wenn er

---

*) Firmenich a. a. O. II. Bd. 15.

sagt, daß der Schwabe schwer aus sich herauswill und herauskann, daß er etwas in sich Abgeschlossenes und Festes hat, was schwer in Anderes und Fremdes übergeht, daß er gleichsam in sich versperrt und abgesperrt ist, wie man von einem sehr abgeschlossenen Manne wohl zu sagen pflegt: er hat die Thüre seines Zimmers in der Leidenschaft zugeschlagen und zuerst die Schlüssel hineingeworfen; er ist reich in einer tiefen Leidenschaft, in vielen wallenden und unbewußten edlen Trieben und Kräften. Diese tiefe Innerlichkeit bewährt sich in der schönen Innigkeit des Familienlebens, gibt sich kund im religiösen Stillleben, und sprudelt als wunderbar herrliche Dichterkraft. Späterhin näheres über den Würtemberger, den Badner.

Betrachten wir jetzt zuvörderst die Gränzen und die Unterschiede der s ch w ä b i s ch e n Mundart und der a l e m a n i s ch e n.*) Die alemannische herrscht (außer in dem größten Theile der deutschen Schweiz) noch am rechten Rheinufer bis gegen die Allgäuer Alpen, weiter westlich zieht sie sich zwischen dem Rhein und dem Schwarzwalde hin, bis sie immer mehr von ihrer Eigenthümlichkeit verliert und endlich nordwärts von Baden=Baden in die pfälzische Mundart übergeht. Als Probe der Mundart von Karlsruhe und dem ehemaligen Baden = Durlach folgende in Reime gebrachte Anekdote**):

„Enn a Örtle kommt a Mann*):
Unn frogt nach a 'mm Vogt.
Sagt a Bu: „net finda kanu,
Spitzbu Rothhaus hockt."

Laaft der Mann uff's Rothhaus 'nuff,
Macht sei G'scheftle ab,
Frogt da Vogt, was a der B'ruf
Ihm werft jehrlich ab.

„Gar nicks haww e, als wie d' Ehr!"
Sagt darr Vogt unn sperrt
Weit sei Maul uff. „Freut mer sehr,"
Sagt darr Fremd', — „habs g'hert."

---

*) Nach Götzinger a. a. O.
**) Firmenich a. a. O. II. 29.

Die schwäbische Mundart im engeren Sinne herrscht zwischen dem Schwarzwald und dem Lech, und von den Allgäuer Alpen bis zum Kocher hin, also im größten Theile des Königreichs Würtemberg und drüber hinaus bis Augsburg. In der alemannischen Mundart ist die rauhe Aussprache ch charakteristisch, je weiter nördlich, desto gelinder wird dieser Gurgellaut. Durch das öftere Vorkommen desselben, namentlich im Anfange der Wörter, sowie überhaupt durch das Vorherrschen rauher Blase-, Zisch- und Stoßlaute (z, pf) und durch den Mangel vieler sanfteren Töne wird die Mundart etwas rauh, gewinnt aber wieder viel Angenehmes durch die unendliche Modulation, die in der Aussprache herrscht; das a wird bald zwischen a und o, bald noch dunkler als o ausgesprochen. Die beiden Dehnlaute y und au, anstatt der hochdeutschen ei und au, sind wesentlich in allen alemannischen Mundarten. Das andere hochdeutsche ai hingegen wird sehr verschieden umgewandelt. Es finden sich neben der reinen Aussprache e i noch ey, âi, äi, ä und aa. Nasentöne besitzen die alemannischen Mundarten eigentlich nicht, sondern sprechen alle Laute rein und ungetrübt aus, werfen auch nicht regelmäßig Konsonanten mitten aus Wörtern heraus, wie die schwäbischen und bayerischen Idiome. Dagegen haben sie Gaumentöne, d. h. sie sprechen Vokale hinten in der Kehle aus, so daß sich ein leises i oder j an den eigentlichen Vokal anschmiegt; das geschieht stets dann, wenn zwei Vokale in verschiedenen Sylben zusammentreffen würden, wie z. B. in säen, wehen, mähen. In der schwäbischen Mundart hören die rauhen Gurgeltöne auf und dafür treten Nasentöne in Fülle auf, die ganze Art der schwäbischen Sprachweise hat etwas höchst Sonderbares und Auffallendes. Der Schwabe spricht, als wundere er sich immerwährend, und dehnt daher alle Sylben zu einer außerordentlichen Länge. Nehme man dazu die Menge Diphthonge, die vielen Nasentöne, die Häufung von Konsonanten, und man muß gestehen, daß es keine angenehme Mundart ist, zwar keineswegs so rauh als die alemannische, aber weit unbequemer, und deren Kraft nie erreichend. Weniger breit und gedehnt spricht man südlich der Donau, wo der Sprachgesang sich mehr dem des Alemannischen nähert, nördlich gegen Heilbronn wird die Sprachweise spitziger und nähert sich der fränkischen; am breitesten, gröbsten und häßlichsten ertönt die Mundart in der Gegend von Tübingen und bei dem gemeinen Bürger Tübingens selbst. Überhaupt ist die Modulation des Schwäbischen nach den verschiedenen Gegenden außerordentlich verschieden, was auf jeden Fall davon herrührt, daß Schwaben früher in eine Menge Reichsstädte und kleine Herrschaften zerfiel und die Einwohner nach Sitte, Religion und Verfassung ganz von einander verschieden waren. Namentlich unterscheidet sich Oberschwaben gar sehr von Unterschwaben; die oberschwäbische Sprachweise ist härter, die unterschwäbische breiter. Die in- und auslaufenden sp und st verhalten sich wie im Alemannischen, d. h. es wird „Luscht, Gascht, Wuscht (Wurst), du hascht" gesprochen. Die Aussprache des in- und auslautenden g verhält sich ebenfalls wie im Alemannischen; nur in Unterschwaben wird die Nachsylbe ig nicht mehr wie igg gesprochen, sondern ich oder y. Der Diphthong ai erscheint ebenfalls in verschiedenen Umwandlungen, man hört Stoi (Stein) Stoa, Stai und Staa; doch muß man wohl Stoi und Stoa als rheinschwäbisch anerkennen. Das alemannische y wandelt sich zum ei um wie im Hochdeutschen, wird jedoch in vielen Gegenden wie ey ausgesprochen. Durchaus schwäbisch und durch ganz Schwaben herrschend ist die Wandlung des breiten ë in ea mit dem Nachdruck auf e, z. B. Léaba, Stéare, Wéader (Wetter); in den meisten Gegenden wird vor Zungenlauten das r entweder ganz weggeworfen, oder doch fast unhörbar ausgesprochen; z. B. Heaz, Wiat, Steara, Baat, Hanswuscht. Ich lasse nun einige Proben der Mundarten folgen. Zuvörderst aus Sebastian Sailer's „Bauernpredigt:"

„Meine liaebe Baura! Jhar wearat schau oft g'hairt hau, wia a moal zwea Ma g'wea, vo deane oiner hoat Abraham, dar ander Loth g'hoißa. Vetter seand boid g'sai, und zwoar, wia d' Schrift sait, zimmle noab. Jetz loasat, wia as boid so wunderle ganga. Dia zwea Ma haund älles gnua g'hett, was sie haund wölla: Euta, Gais, Dauba, Henna, Koppa, Schoaf, Küah, Kälber, Ora, Roß oder Geul, und Kameel. Ar wearat schau wissa, was dees für Dhier seand: sie hand lange Häls, und an Burra uffam Buckel; oder wenn ar noh an's Krippele denkt, wia di hoilige Drei König haud mit broacht. Nu, was g'schieht? Wia as halt ällamoal Leut geit, dia nu a Sächle verdirbat, so ischt as grad doa auh g'scheah. Wia sie halt lang mit anander, wia's braf ischt, rumzoga seand, so hand ihre Hialaß ih moi, ih müaß deane Schtroahlnarra äll da Grind bis uf d' Schtumpa ra beissa — so hand, sag ih, dia Lumbbähund misanand uf dar Woid, grad wia eusare Roß-

buaba, Händel ag'hebet, g'scholta, g'schlaga, g'rissa, daß b' heatza
darvo g'floga, Löcher hand sie oft g'hett, wia b' Ofahäfa. Jetz denkat,
was Balbierer wearat koschttat han!" u. s. w.

Aus dem bayerischen Theile Schwabens: Kinderliedchen:

> "Bet, Büebli, bêt!
> Morege kommt der Schwéd,
> Morege kommt der Oxensteere,
> Wurd dés Büebli bêden lêere."

Mundart um Memmingen.

> "'s ischt Aubed ietz, me sihht necks me
> D Nachtarbeil thuet de Augge weh,
> Drom will i 's Schafe blêybe lau
> Und ietz no uf e Mässle gau.
>
> Gang, Wêyb, rib mier mêyn Schope rey,
> Mey Pfêyfe wird em Sack no sey;
> Tobak ond Schlüssel haun i scho,
> Brouch kai Latern, as schêynt der Mo" u. s. w.

Oberschwäbisch an der Donau (aus Waitzmanns Gedicht: der
Winter):

> "Was stoht döt doba uffem Bergk
> Und sihht so feischter (finster) drei?
> Es ist der Winter, still und stumm,
> Er goischtat (spukt) uffem Bussa (Berg Bussen) rum
> Und lueght ins Dörflle rei."

Niederschwäbisch (aus Wagners Lustspiel: die Schulmeisterwahl zu
Blindheim): "Dees ischt a Mensch dees, a fuonützigs! Wart, i will
birs anderscht sagga! Dui dumm Gans merkt net, was i mit ihr voar
hau. 's sott ihra so selber au einfalla. Es ischt jo im gaze Flecka fuo
Mädle, dees zura Schuolmaschtere taugt, as dui. 's ischt a saubers
Mensch und derno — Jo, dees thuo; net anderscht. 's ischt so nunz
mai, seit dear nui Schultes (Schultheiß) do ischt, dees ischt eaba a
Herra=Schultes. Dear loßt mi und mein Mann nunz mai gelta. Der
alt ischt vil bräfer gwea" u. s. w.

Vom Schwarzwald: *)

„Steig i auf de Kirschebaum,
De Kirsche z'wege net,
Haun gmoant i wott mein Schätzle seh'n
I gsies nes aber et.

Es hot emol gregnet
Die Bäumle tröpflet no,
I haun emol e Schätzle ghätt,
I wollt i hätt es no.

Jetzt ist es aber gwandret
Dem Unterländle zua,
Jetzt haun i wieder en andre —
's ist au e braver Bua."

Deßgleichen vom Schwarzwald folgender alter Spruch aus der Spinn=
stube, wenn der Bursch zur Jungfer tritt und ihre Kunkel oben erfaßt:

„Jungfer derf i eu' bitte,
Lent (lasset) mi eurre Engele schüttle,
Die kleine wie die grosse
Auf dere Jungfere Schoosse,
Jungfer, warum seind Ihr so stolz?
Eure Kunkel ischt doch nau von Holz,
Wenn se wär mit Silber beschlage,
No wett' i (nachher wollt' ich) eu' was andres sage."

worauf dann die Jungfer Spindel und Wirtel (einen Ring von hartem
Holz oder Stein, den man ins Ende der Spindel steckt) auf den Boden
fallen läßt, der Bursch beide Gegenstände aufhebt und die Jungfer ihm
für die Spindel ein „Knöpfle" (schwäbische Mehlspeise) und für den
Wirtel ein Fastnachküchle verspricht, und wenn er die Kunkel freigibt,
erhält er als Ablösung einen Kuß. Das beim Großherzogthum Hessen
erwähnte Liedchen „Geh mir nicht über mein Äckerge u. s. w." lautet
auf dem Schwarzwald:

„Geh mir nit über mein Aeckerle
Geh mir nit über mein Wies,
Oder i prügl di wäckerle,
Oder i prügl di gwies,"

_____

*) Auerbachs Dorfgeschichten, in denen ein köstlicher Schatz von Volksliedern
bewahrt ist. II. S. 362.

Zum Schluß als Probe der alemannischen Mundart ein paar Stro=
phen aus Hebel's Wächterruf:

> „Loset, was i euch will sagge!
> D' Glocke hat Zehni gschlagge.
> Jez bättet eud iez göed ins Bett,
> Und wer e rüejigg Gwisse het,
>
> Schlaf sanft und wohl. Im Himmel wacht
> E heiter Augg die ganzi Nacht.

> „Loset, was i euch will sagge!
> D' Glocke het Ölfi gschlagge,
> Und wer no an der Arbet schwitzt,
> Und wer no by de Charte sitzt,
>
> Dem bieti jez zum letschemal —
> 's isch hochi Zyt und schlafet wohl!

> „Loset, was i euch will sagge!
> D' Gloke het Zwölfi gschlagge.
> Und wo no in der Mitternacht
> E Gmüet in Schmerz und Chummer wacht,
> So geb der Gott e rüejge Stund,
> Und mach di wider froh und gesund." u. s. w.

Desgleichen, aus Hebel, die ächt deutschen Wahlsprüche, die des
liebenswürdigen Dichters Denkstein im Schloßgarten zu Karlsruhe
schmücken:

> 1. „Wenn de amme Chrüzweg stohsch,
>   Und nümme weisch, wo's ane goht,
>   Halt still und frog' di G'wisse z'erst,
>   's cha dütsch Gottlob, und folg sin Roth."

> 2. „Und isch's so schwarz und finster do,
>   Sa schine d' Sternli no so froh,
>   Und us der Heimath chunnt der Schi,
>   's muss lieblig in der Heimath sy!"

Hieran reihe ich nun noch aus Augusts Stöbers trefflichem „el=
säßischem Volksbüchlein den oberrheinischen Kinderspiel=
reim:

> „Riedde, riedde Ressle,
> Z' Basel steht e Schlessle,

Z' Rom steht e Glockehuss,
's luege scheene Jumfre druss.
Eine spinnt Siede,
D' andre spinnt Wiede, (Weide)
D' dridde die spinnts klore Guld,
D' vierde isch mie'm Bäwele hold.

Mich dünkt, es hallt altes germanisches Heidenthum draus.

Der Würtemberger und Badner.

Betrachten wir nun Bau, Charakter und Lebensweise des Würtembergers und des Badners. Im Allgemeinen sind die Gestalten kräftig gebaut und wohlgebildet; am schönsten und frischesten finden wir sie im Schwarzwald, dann in einigen Nordwestthälern der Alp, namentlich im oberländischen Theil und in einigen kleineren Gegenden des Unterlandes; am meist gleichmäßig gesund ist der Menschenschlag im Odenwald und Seewald. Analog dem heimathlichen Schooß seines thalreichen Landes (sagt Schwarz vom würtembergischen Schwaben) ist die charakteristische Eigenthümlichkeit, sein gemüthliches Wesen, und dieses Gepräge des schwäbischen Volkes wird sich wohl noch lange erhalten, das so ziemlich abgeschlossene, nicht so bloß geöffnete Land zwischen Schwarzwald, Alp und Hohenlohe hat im Schooße seiner halbverborgenen Gründe Heimath genug, um dem Bewohner seine Individualität vor den verwischenden Einflüssen der Nachbarvölker zu bewahren, wie der Schwarzwald gegen das Eindringen der leichteren westlichen, so schützt sie die Alp gegen das Vorschreiten des gemeinen oberschwäbischen Wesens. Diese Gemüthlichkeit ist aber die Wurzel seines einfachen, ruhigen, stillen, häuslichen, fleißigen, biederen, religiösen Sinnes, seiner gewissenhaften Gründlichkeit, seiner Herzlichkeit, seiner lyrischen Gefühlsweise und Dichtungsgabe, die Wurzel der mannigfachen Originalität, die oft in dem bescheidensten Gewande verborgen und sehr selten gehoben durch den Glanz der Geisteskräfte mehr aufgesucht werden muß, als die Bande zu sprengen weiß. Wie übrigens sein schönes Ländchen alle Erzeugnisse der mittleren gemäßigten Zone hervorbringt, zu aller Kultur fähig ist, wie die wechselnden Formen seiner abgestuften Terrassenlandschaften ein so mannichfach reizendes Land bilden, so auch der

Geist und das Gemüth seines Bewohners, er ist nicht in e i n e geistige
Richtung eingeengt, in allen Gebieten lernt er sich bewegen, weiß und
sucht alle Fortschritte des Auslandes sich anzueignen, auch hat es zu
allen Zeiten und in allen Richtungen geistiger Erhebung große Schwaben gegeben, und an allgemeiner Volksbildung ist das schwäbische vielleicht das erste Volk in Europa, wenigstens dasjenige, in welchem die
Elemente der Kultur am allgemeinsten verbreitet sind und die Achtung
vor Sittlichkeit und Religion am tiefsten wurzelt. Von einem Fehler seines Charakters, einem Auswuchs seiner gemüthlichen Häuslichkeit, welcher vielleicht in der, in kleineren Formen sich gefallenden und nicht ganz
freigebigen Natur seines Landes wurzelt, scheint er allmälig und gerade
jetzt sich freimachen zu wollen, nämlich von einem ängstlichen, kleinlichen
und im selbsteigenen Kreise beschränkten Sinn, den ihm das Ausland
und die Geschichte vorwirft und der besonders in seinem häuslichen Leben,
in seiner Erziehung, in seiner persönlichen Erscheinung, in seiner Politik sich ausspricht, der den Gebildeten zu einem scholastischen Verehrer
des Alterthums oder zu einem alles umfassenden Forscher des Auslandes
macht, während beiden das Heimische unbekannt bleibt, der bei dem
Landvolk bis zum Eigennutz herabsinkt, der jedoch, obgleich der Druck
der Feudalverhältnisse und der Abgaben ihn noch gebunden hält, wohl
längst einem freieren Schwung, einem kräftigerem Selbstgefühl, einer
edleren Gesinnung gewichen wäre, würde nicht das Stillleben seines Gemüthes ihn angestrengter Aufregung abgeneigt machen.

Der O b e r s ch w a b e bildet eine nahe Übergangsstufe zum eigentlich
alemannischen Stamm und nähert sich mehr dem Schweizer, in seinem
derberen Sinn dem benachbarten Bayer. „In seinen flachen feuchten
Gauen hat das Extensive die Oberhand gewonnen, wie in den hoch auf-
strebenden Gebirgen das Intensive, und die behagliche Ruhe, in welcher
der Oberschwabe bei friedlichem Spiel und Tanz seines Lebens sich freut,
ist das treue Abbild der vollen runden, aber nicht kräftigen Formen seines Körpers, dessen wohlgenährtes Aussehn seine ihm von der Natur
dargebotene Kost, in Bier, Mehl und Fleisch, nicht verbirgt. Überdieß
gibt leicht erworbener Wohlstand ihm ein gewisses Selbstgefühl, einen
heiteren, lebensfrohen, behaglichen Sinn. Weniger zu ausdauernden Anstrengungen fähig, ist er auch kein Freund von Handarbeiten, liebt darum auch die Gewerbe nicht.“

Das badische Volk bezeichnet ein Sohn desselben (Joseph Baber) als ein fleißiges, treues, offnes, redliches, im Kriege tapfres. Je in ihren Besonderheiten treten der Schwarzwälder, der Odenwälder, der Rheinthäler wieder auseinander.

„Der Schwarzwälder zeigt in vielen Gegenden eine sehr friedsame Gemüthsart, während in manchen anderen ein äußerst händel- und raufsüchtiges Volk wohnt, doch hat sich bei diesen noch am meisten von der Einfalt und Biederkeit der altdeutschen Sitten erhalten; sie sind verständig, nachdenkend und ausdauernd, sparsam, begnüglich und sittsam, überhaupt sehr religios, aber auch ebenso munter und lebensfroh.

Der Odenwälder, obgleich im Ganzen arm, ist doch lebensfroh, weil er bei der altererbt väterlichen Weise keine unnöthigen Bedürfnisse kennt und sein Haidekornbrot und seine Milch genügsam verzehrt. Er lebt still, erweist sich gastfreundlich und ebenso freigesinnt als gemüthvoll.

Die Bewohner des Rheinthals werden von fremden Reisenden im Ganzen als ein wohlgebautes, verständiges, arbeitsames und mäßiges Volk geschildert; im Einzelnen offenbaren sie einen ebenso großen Unterschied ihrer geistigen und körperlichen Beschaffenheit als das Erdreich, auf dem sie wohnen. Nicht nur steht der Pfälzer dem Oberländer ebenso schroff entgegen, wie der Wäldner dem Flachländer, sondern selbst jede Landschaft hat ihren eigenthümlichen, auszeichnenden Charakter. Der Markgräfler, die Thalleute, die Märker, die Kaiserstuhler, die Hanauer, Hardwälder und Bruhreiner sind sich sowohl in Gestalt und Tracht, als an Sprache und Bildung auffallend ungleich, nur leider durch fast ebensoviele Fehler als Vorzüge, denn an manchen Orten hat die herrschende Wohlhabenheit einen übermächtigen stolzen Geist erzeugt; in den meisten Weingegenden der launenhafte Wechsel von fruchtbaren und Mißjahren einen verderblichen Leichtsinn, hin und wieder das Zusammenwirken anderer Ursachen eine ausgelassene Rohheit, Streit- und Raufsucht. Gewandter und scheinbar aufgeklärter als die Wäldner sind die Rheinthäler allerdings, aber bei weitem nicht so gewandt, genügsam und moralisch, vielleicht im Allgemeinen auch nicht so wohlhabend. Jene biedere Treue und Redlichkeit unserer Voreltern verschwindet da und dort mehr aus den Gemüthern. Übrigens hat sich ein reges Nationalgefühl, Staatsbürgersinn und Gemeingeist in neuerer Zeit ausgesprochen.“

Was Lebensweise und Sitte betrifft, so wird *) dem würtembergischen Landmann selbst von einheimischen Kennern eine nachtheilige Verfeinerung vorgeworfen. Man klagte längst, daß der geringe Mann in Würtemberg, namentlich in der Nähe der Städte, seine alten Trachten mehr und mehr abwerfe (aber wo ist dies nicht in höherem oder geringerem Grade der Fall?) Eine Nationaltracht gibt es übrigens im Königreich nicht, jede Gegend hat ihre eigenthümlichen Abweichungen in der Kleidung, so der Schwarzwälder, der Älpler, der Steinbacher, der Baarer. Am größten ist die Verschiedenheit in Neuwürtemberg. Auch die Tracht der Protestanten und der Katholiken hat etwas auffallend Heterogenes. Das meiste Gefallen findet man hier an der Tracht der Steinlacher, besonders der des weiblichen Geschlechts. Hauptgegenstände in der Tracht des würtembergischen Landmannes sind ein dreieckiger Hut über dem glattgekämmten Haar, wohl allenfalls noch ein Kamm darin, ein warmer Kittel mit blinkenden Metallknöpfen, Schnallenschuhe, Mieder, rothe Strümpfe, hohe Hacken, also allerdings der ganz gewöhnliche Refrain deutscher Bauerntracht.

Ebensowenig gibt es auch Nationalsitten, dagegen manche merkwürdige Lokalgebräuche, besonders bei Leichen und Hochzeiten. Vermöge seiner Gutmüthigkeit, bemerkt Memminger, hat der Würtemberger auch Neigung zur Fröhlichkeit; er singt gern, tanzt gern und macht sich gern bei einem Glase Wein oder Bier lustig, und, wie seine Freundschaft, so ist auch seine Fröhlichkeit mit der größten Innigkeit und Herzlichkeit verbunden. Die gewöhnlichste Veranlassung zur Fröhlichkeit geben Märkte, Kirchweihen, Taufen und Hochzeiten, wovon die beiden letzteren auf dem Schwarzwald und in Oberschwaben noch sehr umständlich gefeiert werden. In den Weingegenden giebt auch die Weinlese, in den Fruchtgegenden das Erntefest, Sichelsauge, und in vielen Orten auch das hauptsächlich für die Jugend bestimmte Maienfest, Gelegenheit, fröhlich zu sein. Dazu kommen noch die landwirthschaftlichen Feste. Ein Hauptvergnügen der jungen Leute ist das Kegelspiel (wie dies auch in Bayern obenansteht, woran sich dann beim Bayer das Scheibenschießen, Hosenlaufen, Sackrennen, Tellerlaufen, Schubkarrenrennen und Pferderennen reihen).

---

*) Lengerke a. a. O.

Die Lebensweise des badenschen Landmanns ist im Ganzen eine einfache, nur in einzelnen Gegenden wird die Klage über zunehmenden Luxus in Nahrung, Kleidung und geselligen Vergnügungen, allgemein aber doch von einsichtsvollen Kennern der heimischen Zustände die Beschwerde über den Verfall der Sittlichkeit, über die Ausgelassenheit und den Freiheitsschwindel der Jugend, das Pietisten- und Separatisten-Unwesen vernommen. Herrschende Nationalgebräuche gibt es nicht, man wolle denn die allerdings auch hier einiges Eigenthümliche darbietenden, bei Taufen, Leichen, Kirchweihen, Märkten u. s. w. dazu rechnen. Charakteristische Tänze sind der Eier-, Hahnen-, Holzäpfel-, Hammel-Tanz u. m. a. Ich führe hiermit Einiges über die letzteren bei.

Bei dem Hammeltanz zu Hornberg (Hornberg liegt an der Gutag, in einem der schönsten Thäler des Schwarzwaldes) bezeichnet ein Tuch an einem Stabe, der Preis der Tänzerin, den Schauplatz; Knaben führen einen mit Bändern und Kränzen gezierten stattlichen Hammel herbei; im Sonntagsputz sammeln sich die jungen Bursche mit ihren Mädchen und der Tanz beginnt im Freien nach der ländlichen Musik. Ein Pärchen walzt im Kreise herum, dann ein zweites, dann ein drittes bis die Reihe durch ist, und nun beginnt sie wieder von vorn. In einem doppelten Reif, der an einer brennenden Lunte befestigt ist, hängt ein mit Wein gefülltes Glas, und dem Tänzer, der eben an der Reihe ist, da das Glas fällt, wird der Hammel als Preis zu Theil; er muß dann die übrige Gesellschaft in der Schenke bewirthen, weßwegen es immer so eingerichtet wird, daß das Loos des Tages auf einen Reichen fällt.

Der Holzäpfeltanz wird in Dossenheim (anderthalb Stunden von Heidelberg an den Vorhöhen des Odenwaldes) alljährlich am Sonntag nach Mariä Himmelfahrt gefeiert. Da legen die jungen Bursche des Dorfs, welche an dem Feste Theil nehmen wollen, am Vorabend ihren Mädchen einige Holzäpfel vors Fenster, als Zeichen der Einladung. Die wohlhabenden Mädchen holen sich nun die Hüte ihrer Tänzer und schmücken sie mit Bändern, Kunstblumen und Citronen aus. Des Sonntags, nach geendigtem Gottesdienst, versammelt sich das ganze Dorf in und um einen ziemlich kleinen, eingeschlossenen Hofraum. An einem Tische in der Mitte sitzen die Musikanten, auf der Mauer ein Junge, der, an einer Fichtenstaude, den Preis des Tages hält, einen mit Bändern geschmückten runden Hut für den Sieger und ein Paar Strümpfe für seine Tänzerin. Zu beiden Seiten des Kreises stehen vier Bürger des Orts mit Gewehren, als Kampfrichter, wovon einer den Zweig eines Wallnußbaumes in der Hand hält. Ehe der Tanz beginnt, geht ein Mann mit einem Sack voll Holzäpfel rings im Kreise umher und leert die Äpfel auf den Boden aus. Außer dem Hofe hängt an einem Baum eine geladene Flinte mit einer brennenden Lunte. Die Mädchen kommen nicht mit ihren Tänzern; sie stehen in Gruppen außer dem Kreis und lassen sich zum Tanze nöthigen. Dies ist auch der Fall mit manchem jungen Burschen, dem nun das lustige Volk den Hut vom Kopfe nimmt und in den Kreis wirft, wo er sich jetzt an den Reihen anschließen muß. Wenn der Tanz beginnt, erhält der Erste in der Reihe den Wallnußzweig und behält ihn in der Hand bis zum nächsten Kreiswärtel, der ihm denselben abnimmt und an den zweiten Tänzer übergibt. So wälzt sich nun der fröhliche Haufe unter Scherz und Lachen der Tänzer und Zuschauer über die Holzäpfel hin, wobei hie und da ein Pärchen auf die Erde zu liegen kommt, bis die Flinte losgeht und derjenige den Preis davon trägt, in dessen Hand sich in demselben Augenblicke der Zweig befindet. Die Gesellschaft begibt sich jetzt auf den Tanzboden im Wirthshaus und der Sieger muß die Übrigen bewirthen, weßwegen denn auch nur die reicheren Bursche des Dorfes an dem Feste Antheil zu nehmen pflegen.

Der gleichfalls erwähnte Hahnentanz findet in der Baar statt, die hoch auf dem Schwarzwald liegt. Die Scene ist in einer Scheune, die Zeit nach der Ernte. Inmitten des Raumes ruht der Hahn auf einer Stange, von welcher ein Querholz ausgeht, mit dem symbolischen Dreieck, worin ein Glas steht. Um die Stange dreht sich der lustige Walzer in mancherlei mimischen Bewegungen. Hat ein Pärchen den Fleck unter dem Dreieck erreicht, so wirft die Tänzerin sich rasch mit dem Knie auf die Tenne und hebt den Tänzer mit nervigem Arm empor; berührt er nun mit seinem Kopfe das Dreieck und fällt das Glas, so ist der Preis des Tages gewonnen und Lust und lärmende Freude beginnen erst recht.

Nun noch von einigen Festbräuchen in Würtemberg. Zuerst vom Dreschflegelhängen. Wenn nämlich der Bauer die Früchte beinahe ganz aufgehoben hat und der Drescher das letzte Stroh drischt, so ladet ersterer die Drescher zur „Flegelhenket" ein, diese bedanken sich in einer herkömmlichen Formel und wollen, „weil's so sein muß," kommen.

Nun beginnen sie das letzte Stroh mit einem freudigen Flegeltakt abzu=
schlagen und hängen dann, nachdem sie in des Bauern Stube getreten,
die Flegel herum. Den Anfang zum Schmaus macht ein mächtiger Krug,
welcher, ehe das Essen kommt, zu Grunde gezecht wird. Nun dampft die
Fleischsuppe auf der Tafel, Schweinefleisch und Blunzen (derbe Blut=
wurst) belasten ein darunter geschmeidig gewordenes Sauerkraut und ein
Rösterbraten äugelt hellbraun den gierigen Gaumen entgegen. Die Dre=
scher lagern sich um die befrachtete Tafel und erwarten das Zeichen zum
Angriff, welches in einem von dem breitschultrigen Knecht gesungenen
Amen besteht. Nach dem Mahl wird der Spielmann geholt und nun be=
ginnen schwäbische Schleifer mit den Mädchen der Nachbarn, welche un=
geduldig lange schon durch das Fenster auf ihre Tänzer hinüberäugelten
und auf das Abholen zum Tanze harrten. Der Drescher thut herzhaft
mit seiner Dirne und nicht selten wird hier eine Liebschaft angeknüpft.
Erst, wenn der Morgen anbricht, denkt der Drescher dran, seine Freude
zu unterbrechen und geht, vergnügt wie ein König, von hinnen.

Ein anderes Bauernfest ist das „Sichelhenket" (Sichelhängen), wel=
ches das Heimbringen der Ärnte beschließt, dem mit Garben beladenen
Wagen ziehen die Schnitter voran, jeder die Sicheln im Arm, nach dem
Hause des Bauern, der den Amtmann oder Pfarrer oder Schultheißen
zum festlichen Mahle eingeladen. Im Sonntagsstaate treten die Schnitter
in die Stube, werden vom freundlichen Hausvater willkommen geheißen
und stecken die Sicheln nach uraltem Brauch reihenweise im Zimmer um=
her in die Dielen. Sodann beginnt der Schmaus, an dem die Schnitter
mit ihren Frauen und Mädchen Theil nehmen; das Mahl besteht aus
einer großäugigen Fleischsuppe mit Schwarzbrot, Rindfleisch mit Meer=
rettig, Sauerkraut mit fettem Schweinefleisch und Blunzen (Würsten),
Gans= und Schweinebraten, und einem fetten Salat, so wie kleinem
Backwerk und dicken mürben Butterkuchen. Nach dem Schmaus folgt
Karten= oder Pfänderspiel, Kegelschieben und ein Tanz; nach beendigter
Lustbarkeit und geleertem Erntebecher rechnet der Erntevater mit seinen
Schnittern ab, bezahlt sie, und gibt noch jedem sein besonderes Bescheid=
essen mit nach Hause.

Andere Volksfreuden im Würtembergischen sind das Eierlesen
und der Maientag. Das Eierlesen findet am Nachmittag des
Ostermontags statt und ist eine Art Wette, welche zwei Partheien mit

einander anstellen. Die Handelnden sind Bäcker und Mahlknechte und ledige Bursche. An die Spitze jeder Parthei stellen sich die Kämpfer, deren einer die Eier auflesen und der andere inzwischen nach einem bestimmten Ziele laufen muß. Sind die Partheien auf dem Platz, meist einer ebenen Wiese, so werden die Eier in gleicher Reihe hingelegt; dann eilt der Springer auf ein gegebnes Zeichen dem gesteckten Ziele zu, während der Leser mit der möglichsten Geschwindigkeit ein Ei nach dem andern in den ihm mit Spreu vorgehaltenen Korb zu werfen sucht; er darf von jedem Einhundert Eier nur zwei zerbrechen. Kommt der Springer an, bevor die sämmtlichen Eier im Korbe sind, so ist die Wette für ihn und seine Parthei gewonnen. Die verlierende Parthei muß die Eier bezahlen, einen großen Kuchen backen lassen und die siegende Parthei noch mit Wein, so lange sie trinken kann, frei halten.

Der Maientag ist ein Kinderfest; fast jedes würtembergische Städtchen hat eine Stiftung zu einem jährlichen Fest für die Kinder, besonders zeichnet sich aber der Maientag zu Laufen am Neckar aus, welcher, gleichfalls auf der Stiftung eines Jugendfreundes beruhend, seit einiger Zeit nur noch alle zwei Jahre gefeiert wird. Da sieht man schon am frühen Morgen die Straßen voll festlich geputzter Knaben und Mädchen mit Maizweigen, an welchen viele farbige Bänder und Flittergold, sie schreiten wohl auch in militärischer Haltung mit einem Wachtmeister an der Spitze unter Trommelschlag einher. Um zehn Uhr beginnt der Gottesdienst in der rings mit Maien ausgeschmückten Kirche, nach demselben ziehen die Kinder paarweise und der Magistrat um die Kirche herum. Nach dem Mittagsmahle wallen die Kinder gereiht, ihren Schullehrer an der Spitze, in ein nahes Forchenhölzchen, welches, gleichsam zu diesem Tage geschaffen, am westlichen Ufer des Neckars zwischen gesegneten Fluren sich erhebt; Alles folgt ihnen. Hat sich die Menge versammelt, so schließen Soldaten einen Kreis und die Vorsteher des Ortes bilden zu der bevorstehenden Feierlichkeit ein Amphitheater; nun treten niedlich geschmückte Mädchen und Knaben von 8 bis 14 Jahren mit Hirschfängern in den Kreis und sprechen passende Reden in Prosa oder Versen, sogenannte „Maisprüche" (meist Auszüge aus Gleim, Kleist oder Hölty, oder von den Lehrern verfaßt). Nach geendigter Rede wird eine Art von Wettlauf eröffnet, der ausgesetzte Preis, der in Papier besteht, steckt an einem langen Pfahl, um welchen Knaben und Mädchen herum=

springen, bis das Zeichen zum Sprung nach dem Ziele gegeben wird. Ist es einem Glücklichen gelungen, den Preis vom Pfahle herab zu gewinnen, so folgt ein ländlicher Tanz, welcher das Kinderfest beschließt. *)

Eine uralte Belustigung hat sich in Ulm noch bis in unsere Tage erhalten, das Schifferstechen, obwohl dies nicht mehr in regelmäßigen Terminen, sondern nur jezeitig bei besonderen festlichen Anlässen gehalten wird. Ich entnehme aus dem Bericht über das jüngste Folgendes: „Zuerst zogen die kampflustigen Jünglinge mit ihren weißgekleideten und bekränzten Mädchen in ihre „Herberge." Hier legten sie ihre malerischen Kostüme an und begannen nun den Zug durch die Stadt in Begleitung der türkischen Musik. Ihnen vorangetragen ward das „Hauptspeer," d. h. eine große Lanze, an welcher mehrere Zinken angebracht sind, welche zur Aufnahme der Geschenke dienen, die den Kämpfenden während dieses Umzuges von den Einwohnern der Stadt gemacht werden; diese Geschenke sind in der Regel werthvoll und bestehen aus Uhren, silbernen Pokalen, Ringen, silbernen Leuchtern und Löffeln, seidenen Halstüchern, Bändern u. s. w. Über die Donau war an dem Platze, wo das Stechen vor sich gehen sollte, eine Schiffbrücke geschlagen, auf welcher diejenigen Zuschauer, welche die beiderseitigen Ufer nicht faßten, Plätze fanden. Um die Schiffbrücke lehnte sich stromabwärts ein Halbkreis von Kähnen an, innerhalb dessen der Kampf geschehen sollte. Der Umgang in der Stadt hatte lang gedauert. Endlich nahte sich der Zug von der Wilhelmshöhe herab und die Kämpfer, so wie auch ihre Mädchen, bestiegen besondere Kähne; es waren 13 Streitbare, sie hatten folgende Charaktermasken gewählt: zwei Harlekins, ein Bauer und eine Bäuerin, zwei Mohren, zwei Türken, zwei Neapolitaner, zwei Tyroler, zwei Ritter, zwei Banditen, ein Herr und eine Dame aus der Zopfzeit, zwei Griechen und drei Paare Weißfischer. Über die Wahl der Masken (natürlich kämpft zuerst Gleich mit Gleich) kommen sie miteinander überein; wäre dies unmöglich, so entscheidet das Loos. Ebenso verloost werden die Ufer, da das bayerische mehr Strömung gegen das würtembergische hat, folglich dem Kämpfenden den Vortheil gewährt, daß er einen stärkeren Stoß führen und seinen Gegner leichter zuerst über Bord werfen kann; weiterhin ist es gleichgültig, da mit jedem Umgang das Ufer gewechselt

*) Reimann, deutsche Volksfeste im 19. Jahrhundert. Weimar 1839.

wird. Je drei Umgänge hält jedes Kämpferpaar unter sich. Die nicht
Gefallenen — nach ihrem Kunstausdruck „die Trockenen" — streiten so
lange mit einander fort, bis alle ins Waffer gefallen sind. Sollte
Einer mit Allen der Reihe nach den Umgang gemacht haben und doch
trocken bleiben, so ist er König des Festes, d. h. er darf auf dem Balle,
welchen Abends die Schiffer ihren Mädchen geben, in seinem Kostüm erscheinen und tanzen. Einen anderen Preis gibt es nicht, damit die
„gute Harmonie" unter den Gesellen erhalten werde. Dagegen werden die
Geschenke am Hauptspeer unter alle Kämpfer verloost, so daß jeder etwas gewinnt, nur mit dem Unterschiede des Werthes. Auch hängen zu
dem Stechen die Mädchen ihren Freunden alte Medaillen von Gold oder
Silber an seidenen bunten Bändern an, diese Medaillen sind sinnreich
geprägt, aus dem 17. und 18. Jahrhundert, mit Wappen und In-
schriften, ohne Zweifel Geschenke der weiland Reichsstadt an die Innung.
Wie diese Geschenke von Generation an Generation übergehen, so auch
die Rüstungen; so standen sich bei dem in Rede stehenden jüngsten
Schifferstechen zwei Söhne in demselben Kostüm wie ihre Väter vor 18
Jahren gegenüber. Ihre Waffen sind lange hölzerne Speere, unter dem
Arme mit einem Anhalt und vorn mit einer runden hölzernen Kappe
versehen; die Ritter tragen schwere Lanzen, die eben deswegen an der
Spitze mit Leder gepolstert sind. Von weißgekleideten Ruderern nach
Leibeskräften getrieben, stoßen die Kähne, welche die feindlichen Kämpfer tragen, gleichzeitig vom entgegengesetzten Ufer. Der Hauptvortheil
ist Schnelligkeit und Stetigkeit im Rudern, das Boot darf so wenig als
möglich schwanken; denn die Gegner stehen auf dem äußersten, nur
einen Fuß breiten Hintertheile. Wenn sie sich einander nähern, erheben
sie langsam die Waffen und stoßen sich auf die linke Brust, dann muß
der Speer schnell zurück gezogen werden, weil nicht nur der Stoß des
Gegners, sondern auch der Gegendruck des eigenen Stoßes aus der Haltung bringen kann. Liegt Einer zu weit vor, so hat er zu befürchten,
in den eigenen Kahn hineinzufallen, was schmählich und gefährlich ist.
Gewöhnlich stürzt der Überwundene seitwärts rücklings in den Fluß und
wird schwimmend von seinem Boot aufgenommen. Hat sich ein Neuling
sehr schlecht gehalten, so erhält er beim Heraufziehen von den Ruderern
einige Schläge auf Rücken und Gesäß. Oft geschieht es, daß beide zugleich die Haltung verlieren und mit einander fallen. Recht ergötzlich ist

es, wie sie ihren Rollen getreu bleiben, die Harlekins z. B. schnitten ihre Gesichter, machten Faxen und drehten sich künstlich auf dem schmalen Kiele, stießen dagegen, gleichsam um das Publikum zu täuschen, nicht auf einander, sondern parirten die fingirten Stöße mit dem Speere. Besonderen Spaß machten die Masken aus der Zopfzeit. Indessen wurde nicht immer Spaß getrieben, die kräftigen Bursche versetzten sich im Verlaufe des Spiels recht lebhafte Stöße und es galt, ihre Kunst und Gewandtheit zu bewundern. Die zwei Ritter hielten, trotz ihrer schweren Lanzen, dreimal ohne Erfolg den Umgang, und unter den Weißfischern bewies besonders Einer glänzende Tapferkeit. Von ihm wurde der siegreiche Ritter auf seinem fünften Umgange hinabgestoßen, wobei indessen beide fielen. Am Schlusse des Stechens warfen sich alle zumal ins Wasser, um nach solcher Anstrengung ihre Kunstfertigkeit im Schwimmen zu zeigen. Wie übrigens die Kraft in den Generationen abgenommen, beweist der Umstand, daß noch vor einigen Dezennien von den Rittern mit spitzen Lanzen in eisernen, sechszig Pfund schweren Harnischen gekämpft wurde, was jetzt des Schwimmens wegen für zu gefährlich gehalten wird. — Eine ähnliche Lust ist das „Panzenstechen" auf dem bayrischen Würmsee (Stahremberger See) unweit München. „Panz," „Panzen," „Ponz," „Punzen" ist das Faß. Im See wird ein Faß, über und über mit Reifen beschlagen, an einer Stange befestigt, so daß es sich leicht umdreht. Die Fischer treten auf die hintere Spitze ihres Ainbaumes, d. i., des kleinen Nachens, der aus einem Eichstamme gehöhlt ist und auf allen bayerischen (wie auch auf dem oberösterreichischen) Seen gebraucht wird; er ist sehr leicht und kann von einer Person ohne Mühe fortgerudert werden. Da steht nun der Fischer mit seiner Stange, von einem Ruderer gefahren, der sich im Vordertheil befindet und mit aller Gewalt nach dem Faß hin und vorüber treibt. Entweder glitscht nun die Stange, mit welcher der Fischer nach dem Faße stößt, an den Seiten desselben ab, oder, wenn er selbes in der Mitte faßt und die Kräfte nicht hat, es durchzustoßen, so fällt er rückwärts in den See. Dieß wird von den nachfolgenden so lange fortgetrieben, bis der Panzen durchgestoßen ist. *)

Ich kann nicht umhin, aus unserm deutschen Elsaß, für das

---

*) Schmeller, bayerisches Wörterbuch. Stuttgart 1827. I. S. 289.

uns die lieben Gebrüder Stöber wie der getreue Eckhard für deutsche
Art dastehen, noch einige Volksbräuche anzufügen.

Am ersten Mai trägt in Thann ein Kind „das Mairresele"
(Maienröschen), eine mit Blumensträußen und Bändern geschmückte
Maie, ein anderes einen Korb, um die Gaben in Empfang zu nehmen;
die übrigen folgen nnd singen vor den Häusern:

> „Maireesele, kehr di dreimal erum,
> Lass die b'schoie 'rum ue-n-um.
> Maireesele kumm, merr wänn in griene Wald hinein,
> Merr wolle-n-alli lustig sein!
> So fahre mir vo Maie in die Rose u. s. w.

Um Pfingsten gehen (in den alt=hanauischen Dorfschaften) die
Knaben Truppenweise, je nach dem Alter, im Dorf herum mit reichge=
schmückten Maien, von welchen seidene Bänder herabflattern, die für die
Mädchen bestimmt sind; sie sammeln Eier, Speck, Semmelkuchen
(Moze) in einen Korb und Wein in ein kleines Fäßchen. Das Gesammelte
wird sodann Abends von jeder Parthie besonders verzehrt; oft langt der
Vorrath noch bis zum folgenden Tage, wo dann ein zweites Mal gehal=
ten wird. Die kleineren Knaben singen:

> Pfingstequack het d' Eier gefresse,
> Het d' Ochse unn d' Ross im Stall vergesse.
> Heb' eige-n-uss! Heb' owe-n-uss!
> Heb' alli bludd unn blingi Vejel uss?
> E-n-Ei eruss! e-n-Ei eruss!
> Oder i schick i de Marder in's Hiehnerhuss!

Die größeren Knaben singen:

> Da kommen die * * mer Maieknecht,
> Sie habe gern ihr Pfingsterecht:
> Drei Eier und ein Stück Speck,
> Von der Mohre Seite eweck,
> Ein halb Maas Wein
> In den Kübel 'nein,
> So wollen die * * mer Maieknecht zufrieden sein,

In einigen alt=hanauischen Dorfschaften des untern Elaßes geht
(nach Stöber) *) der Hochzeiter, vom Brautführer begleitet,

---

*) „Elsäßisches Volksbüchlein." Straßburg 1842.

Sonntags vor der Feier, von Haus zu Haus, die Gäste einzuladen. La=
den sie in anderen Ortschaften ein, so besteigen sie zwei stattliche Rosse,
immer die wildesten, die sie im Stalle haben. Über die Sonntagskleid=
dung werfen sie oft, auch im höchsten Sommer, einen Mantel, am Hut
und vor der Brust prangen mächtige Sträuße von künstlichen Blumen
und rauschendem Flittergolde; der Kopf des Pferdes, sowie die oberste
Spitze des Peitschenstockes, sind mit rothen Bändern geschmückt. Zwei
Pistolenschüsse vor dem Hofthore kündigen das Erscheinen der Hochzeit=
lader an. Im Dorfe selbst bleiben natürlich Pferde, Mantel und Peitsche
weg; an die Stelle der letzteren tritt sodann eine lange weißgeschälte
Gerte, die der Sprecher, um nicht aus dem Konzept zu kommen, stets
nach dem Rhythmus der Verse herumdreht und schwenkt. Der Sprecher
ist der Brautführer. Nachdem Eintrittsgruße: „B'hied i Gott!" „Sein
alli bisamme?" Ist dieß nicht der Fall, so wartet er solange bis sämmt=
liche Hausbewohner, Großältern, Ältern, Kinder, Knechte und Mägde
da sind; ist die Versammlung vollzählig und haben alle andächtig die
Hände gefaltet, so hebt er mitten in der feierlichsten Stille seinen Spruch
an. Einer derselben, der an Ort und Stelle aufgezeichnet wurde, lautet
wörtlich also:

„Ihr ehrsame und bescheidene gute Freunde!
Möchtet ihr auch wissen, was das möchte bedeuten,
Dass ich und mein Vetter Hochzeiter euch die Thür und Schwelle über-
          schreiten?
Ich komme nicht vonwegen meiner,
Sondern vonwegen meinem Vetter Hochzeiter
Und seiner Jungfer Hochzeiterin,
Zum Ersten lad' ich ein den Hausvater und die Hausmutter,
Zum Zweiten Söhne und Töchter,
Zum Dritten Knecht und Mägde,
Zum Vierten Gross und Klein,
Soll keines ausgeschlossen sein!
Derweil ich nicht alle hab' lernen kennen,
So kann ich sie auch nicht alle bei Namen nennen,
Jetzt will ich sie geladen haben
Auf den nächsten künftigen Dienstag
In's Hochzeiter Vater's Haus,
Da wird man theilen aus
Ein Kränzlein oder ein Strauss.
Da wirds auch nicht lang währen,

So werden sie in die christliche Kirch begehren,
Gottes Wort zu hören,
Nicht allein zu hören,
Sondern auch zu behalten,
Die Jungen sowohl als die Alten.
In der Kirch vor dem Altar da ist ein Tritt,
Wo der Herr Pfarrer die jungen Eheleut zusammengitt.
Und wenn die Ehe bestätigt ist,
Und der Segen gesprochen ist,
So werden wir uns nach Haus begeben.
Der Kellermeister hat zu mir gesagt:
Der Keller ist wohl belegt
Mit guten weissen und rothen Wein.
Der Koch hat zu mir gesprochen:
Er will auftragen und wohlfeile Irten (Zeche) machen;
Thut er's, so ist mir's lieb,
Thut er's nicht, so ist mir's leid!
Gott schenk' uns Allen die selige Ewigkeit! Amen."

Und hiermit, — mit diesem Blick auf deutsche Frühlings= und Hochzeitsluft in Elsaß, wie sie uns durch des braven Stöber's treue Sorgfalt (seines gleichbraven Bruders nicht zu vergessen!), schwarz auf weiß gefestet ist, — schließe ich nicht bloß die süddeutsche Staatengruppe, sondern auch — dies Buch!

Grad in dieser letzten Hochzeitfeierstätte des Elsaßes (das uns Deutschen trotz allen Staatsvertragssiegeln doch nicht verloren ist und unverloren bleibt, so lang das deutsche Siegel im deutschen Herzen des Elsäßers nicht geschmolzen oder zerstäubt ist) tritt uns wieder so recht das ächt=patriarchalische unser heimischen Urart lieb und traulich entgegen. Welch eine Herrlichkeit, welch eine unverwüstliche Saat liegt in dieser Urart! O laßt sie uns getreulich bewahren, getreulich, bis daß der letzte Blutstropfe in uns versiegt ist und der letzte Athemzug eines deutschen Menschen ans Herz des großen heiligen Menschenvaters dort oben wieder zurückgeflogen ist.

So lang aber — bei der Fahne geblieben, ihr lieben Deutschen! So lang nicht bloß den Namen getragen, der uns vor allen Völkern immerdar ehren soll, sondern auch die Gedanken in That gewandelt, durch welche allein der deutsche Name Ehre verdient. Und wie Du, liebes deutsches Volk, zu gutem Ende dieses Buches, noch Frühlings=

42 *

und Hochzeitsbrauch wahrgenommen, so pflege auch deines Frühlings und rüste Dich zur Hochzeit!

Frühling? Ja! Frühling Deines Geistes, der vom langen Winterschlaf erwacht! Tausend Blumen duften Dir! Tritt sie nur nicht nieder!

Hochzeit? Ja, Hochzeit sollst Du halten, deutscher Geist! Du, o Geist des deutschen Volkes, bist der heitre, gesunde, aus blauen keuschen Augen weit ausblickende Bräutigam; so stehst Du da in Deiner Kraft und Pracht, den Strauß an der Brust, die Hand ausgestreckt, die Nerven und Sehnen stramm.

Und Deine Braut!

Die Freiheit! das Recht ihr Gürtel, das Gesetz ihr Brautkranz, der Rhein und die Donau, die Elb' und Weser und Oder rauschen euch das Brautlied zu, die Alpen glühn euch und werfen euch ihre Rosen hernieder, die Nordsee wogt euch die Grüße zu aus der neuen Welt!

Braut und Bräutigam, verjünget die alte Welt durch ein neues, starkes, glückliches Geschlecht!

Inhalt.

Inhalt.

Illyrier.

Jllyrier.

BAUERSLEUTE

aus der Herrschaft Chotieschau im Pilsener Kreise

Böhmen.

Julius Döring fec.   Lith. Anst. v. Goedsche & Steinmetz.

Goedsche & Steinmetz in Meissen.

Bauer aus dem Pongau.   Pinzgauer.

im Salzburgischen.

Aus dem Thale Montafon. ——— Aus dem Bregenzer Walde.

Vorarlberg.

Coedsche & Steinmetz in Meissen.

Aus dem Passeyer - Thal.

Tyrol.

Döring fc.

Lith. Anst. v. Goedsche & Steinmetz in Meissen.

Ober-Inn-Thal. ———— Oetz-Thal.

Tyrol.

Aus dem **Sarn-Thal** ohnweit Botzen.

Tyrol

Goedsche & Steinmetz in Meissen.

Ziller – Thal.

Tyrol.

Goedsche & Stenmetz in Meissen.

Bauer vom St. Gilgen See.   Salzburgerin   Landmädchen vom Fuschl See.

Ober-Oesterreich.

Ober - Steyermarker.

Goedsche & Steinmetz m Meissen.

Hannacken.

Mähren?

Lith.Anst. v.Goedsche & Steinmetz in Meissen.

Ober-Schlesier.

Sonntagtracht

aus Lengerah bei Osnabrück.

Mädchen aus Osñabrück.

Lith. Anst. v. J. G. Bach. in Leipzig.

BAUERSLEUTE

Hunosrück. Reg. Bezirk Coblenz.

Ahrthal.

Regierungsbezirk Coblenz.

Schnitterinnen aus **Niederklee**.

Regierungsbezirk Wetzlar.

Lith. Anst. v. J. G. Bach in Leipzig

Männer von Kahla

Großherzogthum Weimar

Butterhändlerin

aus dem Hollsteinschen.

Landmädchen

aus der Helsa bei Cassel.

Schäfer

aus der Göttinger Gegend.

Dorfschulze

aus dem Braunschweigschen.

Bauersleute

aus dem Herzogthum Braunschweig.

Aus der Umgegend von Magdeburg.

Landleute in Sonntagstracht

aus der Erfurter Gegend.

Bauersleute

aus der Umgegend von Lüneburg.

Nenndorfer

Aus dem Schaumburgschen.

Kirchengängerin aus Saderland

Ostfriesland.

Schiffmeister mit einem Dienstmädchen

aus Leer in Ostfriesland.

M Mühlig

Lith. Anst. von J C Bach in Leipzig.

Fischerfrau mit ihrem Kinde.

Ostfriesland.

Wirthsleute
auf dem Schwarzwald bei Schramberg.

Altenländerinnen.

Vierländer.

Mühlig

Lith. Anst. v. J.G. Bach in Leipzig.

ALTENBURGER.

Odenwald.

Kreis Heppenheim. Großherzogth. Hessen.

Bauersleute.

Dorf Wallau, Herzogthum Nassau.

Julius Döring fec.

Lith.Anst.v.Goedsche u.Steinmetz in Meissen.

ALLGAÜER.

bei Kempten. Schwäbisch-Bayern.

Bauersleute vom Jahrmarkt kommend

Ober-Landgericht Neu-Ulm, Baiern.

Lith. Anst. v. Goedsche u. Steinmetz in Meissen.

Bauern vom Kochel-See,

Ober = Bayern.

Bürgers-Frau ——— Frauen aus Dachau.

Ober-Bayern.

Lith. Anst. v. Goedsche u. Steinmetz in Meissen.

Frau aus der Jachenau. —— Mann vom Schlier-See.

Ober-Bayern.

Lith. Anst. v. Fr. Krätzschmer in Leipzig.

Schäfer aus dem Hauenstein'schen.

Großherzogthum Baden.

Bauermädchen
aus Schramberg in Ober Rheinkreis
Grossherzogth: Baden?

Bauersleute auf der Kegelbahn.

Oberrheinkreis, Amt Hornberg.

Baden.

Goedsche & Stemmetz in Meissen.

Bauermädchen.

Ober Rheinkreis. Amt Furtwangen Baden.

C. Geyer gest.

Dorfschulze aus dem Odenwalde.

Kreis Heppenheim.

Flachsbrecherinnen.

Steinlachthal. Oberamt Tübingen. Würtemberg.

Heuernte.

Oberamt Reutlingen. Würtemberg.

Brautleute

aus dem Dorfe Tallheim, Ober-Amt Tuttlingen
Königr. Würtemberg.

Bauersleute in der Schenke.

Oberamt Schorndorf

Königr: Würtemberg.

Goedsche & Stemmetz in Meissen.